Wirtschaft als Schicksal

Leonard Silk

WIRTSCHAFT ALS SCHICKSAL

Die großen Ökonomen Amerikas

Belser Verlag Stuttgart · Zürich

Aus dem Amerikanischen übertragen
von Gerhard Willke

Die amerikanische Originalausgabe ›The Economists‹
erschien 1976 bei Basic Books, New York.

Satz: Fotosatz Schönthaler, Ludwigsburg
Druck: Druckhaus Dörr, Ludwigsburg
Buchbinderei: C. Fikentscher, Darmstadt
Printed in Germany.
ISBN 3-7630-1189-7

INHALT

Vorwort
Seite 7

Paul Anthony Samuelson
Enfant Terrible Emeritus
Seite 11

Milton Friedman
Der Prophet der alten Orthodoxie
Seite 51

John Kenneth Galbraith
Sozialismus ohne Tränen
Seite 99

Wassily Leontief
Der Jünger der Planung
Seite 151

Kenneth E. Boulding
Die Ökonomik des Friedens und der Liebe
Seite 189

E Pluribus Unum
Seite 239

Anmerkungen
Seite 271

Personenregister
Seite 283

VORWORT

John Maynard Keynes prophezeite mitten in der Weltwirtschaftskrise der 30er Jahre, daß die Ideen seines Hauptwerkes, *The General Theory* – vorausgesetzt sie seien richtig –, mächtigen Einfluß auf eine ganze Epoche‹ haben würden! Man wartete damals verzweifelt auf eine gründlichere Diagnose der wirtschaftlichen Übel der Zeit, und man war bereit, neue Lehren auszuprobieren. Abgesehen von dieser zeitgenössischen Stimmung, schrieb Keynes,

›... sind die Ideen der Ökonomen und politischen Philosophen, ob nun richtig oder falsch, wirksamer als man gemeinhin annimmt. Ja, die Welt wird durch kaum etwas anderes bestimmt... Ich bin sicher, daß die Macht gesellschaftlicher Interessen stark übertrieben wird im Vergleich zum allmählichen Wirksamwerden von Ideen. Sicher, das geht nicht sehr schnell, es dauert seine Zeit; denn im Bereich der ökonomischen und politischen Philosophie gibt es nicht viele Leute über fünfundzwanzig oder dreißig, die noch von neuen Ideen beeinflußt werden. Folglich sind die Ideen, mit denen Beamte und Politiker oder gar Agitatoren die Tagesfragen angehen werden, sicherlich nicht gerade die neuesten. Aber ob nun schnell oder langsam, es sind jedenfalls Ideen und nicht organisierte Interessen, die gefährlich sind, sei es zum Guten oder Bösen.‹

In diesem Buch habe ich versucht, die Ideen von fünf führenden Ökonomen der Generation, die auf Keynes folgte, zu untersuchen. Sie alle haben Ideen erarbeitet, die bereits einen beträchtlichen Einfluß auf die gegenwärtige Gesellschaft ausgeübt haben. Ich glaube, daß sich der Einfluß dieser Ideen auf das ökonomische und politische Denken und Handeln der nächsten Jahre fortsetzen wird.

Seit der Weltwirtschaftskrise hat das öffentliche Interesse an den Ideen der Ökonomen so stark zugenommen, daß die Kommunikation zwischen Ökonomen und Politikern und Öffentlichkeit über wirtschaftliche Vorschläge und Ideen nicht mehr das frühere Maß an

Verschwommenheit aufweist. Keynes sagte seinerzeit, daß ›Praktiker, die von sich glauben, sie seien ziemlich frei von irgendwelchen intellektuellen Einflüssen, meistens die Sklaven irgendeines verstorbenen Ökonomen sind. Verrückte in amtlichen Positionen, die Stimmen aus der Luft hören, beziehen ihren Blödsinn meist von irgendeinem akademischen Schreiberling von vorgestern‹. Aber neuerdings ist es eher so, daß Praktiker und Politiker, ob nun normal oder verrückt, ob im Amt oder noch auf der Suche danach, direkt mit Ökonomen sprechen, um ihren ›Blödsinn‹ und ihre Programme den Darlegungen dieser Gelehrten zu entnehmen, die ihnen direkt am Tisch gegenübersitzen. Manchmal werden die Ideen der Ökonomen in Gutachten vorgebracht, die dann zusammen mit anderen politischen Ideen, Umfrageergebnissen und Interessenbekundungen in den Fleischwolf der politischen Willensbildung eingehen.

Alle fünf Ökonomen, die in diesem Buch portraitiert werden, waren politisch engagiert, aber keiner war lediglich Dienstmann für Politiker. Sie sind alle hervorragende Wissenschaftler, deren Ideen sicherlich auch weiterhin über die Grenzen der Wirtschaftswissenschaft und ihrer aktuellen politischen Zusammenhänge hinaus ausstrahlen werden. Jeder von ihnen war Präsident der American Economic Association, und drei – Paul Samuelson, Wassily Leontief und Milton Friedman – haben den Nobelpreis für Wirtschaftswissenschaften bekommen.

Ich habe diese fünf aus einer größeren Gruppe von hervorragenden Ökonomen ausgewählt, weil sie mir am besten die breite Hauptströmung der amerikanischen Wirtschaftswissenschaften zu repräsentieren schienen und weil sie sich nicht nur zu technischen Fragen, sondern auch zu Problemen geäußert haben, welche die heutige Gesellschaft zutiefst beunruhigen.

Zu diesen Problemen gehören die traditionellen Fragen des Wirtschaftswachstums und der Stabilität – Inflation und Arbeitslosigkeit, bisweilen zusammenfallend in der schwierigen Mischung, die man heute ›Stagflation‹ nennt –, aber auch die zunehmenden Spannungen und Kriegsgefahren, die aus der Ungleichheit der Vermögens- und Einkommensverteilung zwischen Individuen und Nationen entstehen; die Bedrohung der natürlichen und sozialen Umwelt durch die unablässig sich ausbreitende industrielle Zivilisation; das verwirrende Problem der sozialen Wohlfahrt – was das ist und wie sie verbessert werden kann; die konkurrierenden oder komplementären Rollen von

Marktkräften und staatlicher Planung bzw. Regulierung. All diesen und weiteren Problemen liegen moralische und ethische Belange zugrunde, von denen die Wirtschaftswissenschaft sich nie völlig hat lösen können.

Es war meine Intention, durch die Untersuchung der Ideen, der Karrieren und, bis zu einem gewissen Grad, der Persönlichkeiten dieser fünf Ökonomen, die ich alle seit vielen Jahren kenne, ein Bild vom heutigen Zustand der Wirtschaftswissenschaften geben zu können. Ich betrachte Paul Samuelson als das Lebenszentrum innerhalb des amerikanischen wirtschaftswissenschaftlichen Establishment. Er vertritt intellektuelle und moralische Ansichten, die ihrerseits ein breites Spektrum abdecken und schwierig einzuordnen sind.

Trotzdem, eindeutig zu seiner Rechten ist Milton Friedman und zu seiner Linken John Kenneth Galbraith und Wassily Leontief. Kenneth Boulding paßt eigentlich nicht gut in ein links-rechts-Spektrum; seine Ideen sind ebensosehr tief religiös wie ökonomisch und wissenschaftlich. Er strebt nach einer Sozialwissenschaft, die eines Tages die Ökonomik selbst überflüssig machen könnte.

Ökonomik ist, was die Ökonomen tun, wie der verstorbene Professor Jacob Viner von Princeton zuerst feststellte. Das ist nicht nur trivial oder ein Ausweichen vor dem Problem der Definition dieser subtilen, geheimnisvollen, aber nicht notwendigerweise düsteren Wissenschaft. Denn die Ökonomen sind ebensowenig wie andere kreative Künstler oder Wissenschaftler in ihrer Arbeit an die formalen Ideen einer einzelnen Disziplin gebunden. Ihr Leben, ihre Philosophien und die Breite ihres Wahrnehmungsvermögens erklären vieles, was in der expliziten Logik ihrer wissenschaftlichen Arbeiten nicht zu finden ist.

Ich meine, daß dies besonders für die fünf komplexen und faszinierenden Persönlichkeiten zutrifft, die hier betrachtet werden. Nach den fünf biographischen Aufsätzen möchte ich in einem abschließenden Kapitel einige Anmerkungen über die gegenwärtige Lage – und die Unzulänglichkeiten – der heutigen Wirtschaftswissenschaft anbieten, wie sie durch die Beiträge dieser fünf Ökonomen beispielhaft repräsentiert werden.

Bei der Arbeit an diesem Buch hat mir mein ältester Sohn Mark, Doktorand und Assistent im Fach Geschichte an der Harvard-Universität, großartig geholfen. Er hat viele Arbeiten in Bibliotheken und bei der Materialsammlung auf so überlegte und einfallsreiche Art erledigt, wie es sich ein Autor nur wünschen kann. Die Kapitel über Friedman, Galbraith und Boulding haben durch seine Anstrengungen besonders gewonnen.

Ich möchte Emma Rothschild und Robert B. Silvers, Schriftleiter der *New York Review of Books*, dafür danken, daß sie mir ihre Tonband-Interviews mit Wassily Leontief zugänglich gemacht haben.

Ebenso bin ich Amelia North dankbar, die schlaue Detektivarbeit für das Leontief-Kapitel leistete, und Jean Kidd, die das Manuskript gekonnt verarbeitet hat.

Ohne die ursprüngliche Konzeption und ohne den Nachdruck – und später die Ermutigung und die Anregungen – von Martin Kessler, meinem Verleger, wäre dieses Buch nicht geschrieben worden. Ich wünschte, jeder Autor wäre in einer so glücklichen Lage! Schließlich möchte ich den Professoren Samuelson, Friedman, Galbraith, Leontief und Boulding für ihre Mitarbeit und Geduld danken.

Montclair, New Jersey
30. Mai 1976

PAUL ANTHONY SAMUELSON

Enfant Terrible Emeritus

›Die Bezeichnung ‚Bourgeois' wird vom Gesindel auf das angewandt, was respektabel ist, und von Aristokraten auf das, was anständig ist.‹

Anthony Hope

Paul Anthony Samuelson

I

Im Bereich der Wirtschaftswissenschaften, wo weißes Haar und ein gutdotierter Lehrstuhl oft als ein Zeugnis für Weisheit angesehen werden, war Paul Samuelson ein Wunderkind. Seine natürliche Begabung für die Ökonomik war erstaunlich: den größten Teil seiner *Foundations of Economic Analysis* schrieb er im Jahre 1937, als er ein 22jähriger Doktorand in Harvard war. In dieser Arbeit versuchte er, den Augiasstall der Wirtschaftswissenschaften auszumisten, weil er ihn voller Widersprüche, Überschneidungen, Irrtümer und anderem Unrat fand. Er hielt seinen Kollegen vor, sie hätten eine ›geistige Gymnastik von besonders armseliger Art‹ betrieben, und sie seien wie ›hochtrainierte Athleten, die nie bei einem Rennen starten‹.

Obwohl er selbst ein Blitzstarter war, bewies Samuelson, daß er Herz und Ausdauer eines Langstreckenläufers besaß. Er hat alles gemacht, Mikroökonomik, Makroökonomik, Wohlfahrtsökonomik, internationale Währungstheorie und, wie er sich ausdrückt, ›Umkehrpunkt-Theoreme und Theorie der Kurvenscharen, Nichtsubstitutionalitätsbeziehungen in Minkowski-Ricardo-Leontief-Metzler-Matrizen vom Mosak-Hicks-Typ; Gleichgewichtsbudget-Multiplikatoren unter der Bedingung normalverteilter Ungewißheit bei lokal begrenzter Inzidenz in topologischen Räumen und molaren Äquivalenzen‹. Aber er hat auch das Bestseller-Lehrbuch mit der höchsten Auflage aller Zeiten geschrieben, er hat für Zeitungen gearbeitet, war Kolumnist eines Nachrichtenmagazins, Präsidentenberater und Nobelpreisträger für Wirtschaftswissenschaft – der erste Amerikaner, der diesen Preis erhielt.

Früher wurde er von den Trägern des Ökonomen-Establishment als ungestüm und als arrogant angesehen, heute ist er selbst zur Verkörperung dieses Establishment geworden. Der Angriff auf die – oder die Verteidigung der – gegenwärtigen Wirtschaftswissenschaften muß mit Paul Samuelson beginnen, der sich durch seine eigenen Talente und seine Fleiß mit der Zeit Ruhm, Reichtum und Respekt erworben hat. Er ist zum führenden Praktiker dessen geworden, was man als bürgerliche Wirtschaftswissenschaft bezeichnen kann.

Samuelson sieht die Ökonomik nicht als bourgeoise Wissenschaft, sondern im Kern als eine Wissenschaft der bürgerlichen Gesellschaft. ›Es hat den Anschein‹, schreibt er, ›als zerfalle die Ökonomik unter einer nicht-bürgerlichen Gesellschaft‹. Zwei Ökonomen, die er als gescheite und produktive Wissenschaftler bewunderte, nämlich Oskar Lange und Michael Kalecki, hätten später, als sie nach dem Zweiten Weltkrieg ins kommunistische Polen bzw. in die Tschechoslowakei zurückkehrten, keine wissenschaftlichen Arbeiten mehr hervorgebracht, die mit denen vergleichbar wären, die sie früher im Exil im kapitalistischen Westen geschrieben hatten. Und Samuelson ist von den sowjetischen Ökonomen, die er trifft, nicht beeindruckt, ›es sei denn, sie sind einfach angewandte Mathematiker; in diesem Fall können sie extrem gut sein, wie z. B. in der Wahrscheinlichkeitstheorie‹.

›Das alles‹, sagt Samuelson mit seiner einzigartigen Mischung von Stolz und gespielter Selbstherabsetzung, ›ist nur eine Art Anerkennung der Tatsache, daß meine eigene Familie aus einem Mittelklasse-Milieu kommt. Üblicherweise zeigt sich bei einem einigermaßen herausragenden Gelehrten, daß er einer langen Ahnenreihe von Rabbis entspringt. Ich weiß nicht, wie es damals wirklich war, zumal meine Mutter immer gewisse übertriebene Vorstellungen von einer edlen Herkunft pflegte. Soviel ich weiß, bestand dafür überhaupt keine Rechtfertigung, mit der Ausnahme, daß ihrem Großvater, der vor dem Bürgerkrieg zur Zeit des Goldrausches in dieses Land kam, ein goldenes Ei ins Nest fiel, was ihre Familie auf der sozialen Leiter etwas nach oben brachte. Durch einen Irrtum ging er nach Europa zurück – in jenen Teil Polens, der an die DDR grenzt.‹

Samuelsons Vater war Drogist, der in Gary, Indiana, einen Laden hatte, wo Paul 1915 geboren wurde. ›Er schlug sich sehr gut in dieser *new-frontier*-Stadt‹, so Samuelson, ›dieser von U.S. Steel gegründeten Unternehmens-Stadt, wo an der Spitze des Michigan-Sees Kohle und Erz aufeinandertreffen. Dann kam der Erste Weltkrieg, und ich sog den Keynesschen Multiplikator sozusagen mit der Muttermilch ein, weil die Stahlwerke aufblühten und dies zur Folge hatte, daß der Laden meines Vaters ebenfalls aufblühte.‹

Samuelson spricht von den ›bürgerlichen Genen‹, die er von beiden Elternteilen geerbt hat. Er erzählt vom Besuch der Knott's Berry Farm in Kalifornien mit seiner ›uralten Mutter‹, seiner Frau und den sechs Kindern. ›Die Leute von Los Angeles fahren zum Hühnchenessen dorthin; man kann auf einer alten Lokomotive fahren, und es gibt auch ein Bergwerks-Dorf – für Kalifornien ist das ungefähr die beste Annäherung an die geschichtliche Vergangenheit, die man vorfinden kann. Als wir uns diese alte Bergwerks-Stadt anschauten, sagte ich, ‚also, Mutter, du hast immer von Großvater erzählt, der den Goldrausch von '49 mitgemacht hat. Was hat er bloß hier draußen getrieben?' ‚Was glaubst Du wohl, was er hier gemacht hat. Er hat den Indianern Kinkerlitzchen verkauft.'‹

Samuelson meint, es sei kein Zufall, daß eine beträchtliche Anzahl guter Ökonomen Juden sind. Aber er gibt zu, daß diese Erklärung eher marxistisch als darwinistisch sein könnte. ›Folgt man der Marxschen Vorstellung, daß die materiellen Produktionsbedingungen den ideologischen Überbau, also auch Forschung und Themenwahl bestimmen, dann hat es für die Juden mehrere, wenn auch nicht immer selbstgewählte Gründe gegeben, unternehmerisch tätig zu werden, was sie in den Stand setzte, gute Ökonomen zu werden und vor allem, vom Geld etwas zu verstehen.‹ (Milton Friedman, Samuelsons hervorragender zeitgenössischer und intellektueller Rivale, glaubt, in den Wirtschaftswissenschaften und in anderen freien Berufen sei ›der Markt günstig für Juden‹ gewesen, weil die durch unterschiedliche Herkunft und Gewohnheiten bedingten Barrieren weggeräumt wurden.)

Samuelson meint jedoch, daß es noch ein ganz anderes Element in der jüdischen Tradition gibt, das die Affinität zwischen Juden und Wirtschaftswissenschaften erklären könnte – er nennt es den ›Aspekt des Unruhestiftens‹. ›Als ein *outsider* ist der Jude gegenüber der Kultur, in der er lebt, etwas entfremdet, und deswegen ist er kritischer.‹ Thorstein Veblen, der abtrünnige norwegisch-amerikanische Ökonom, drückte den gleichen Gedanken vor einem halben Jahrhundert so aus:

> Ein Jude, der Gelehrsamkeit sucht, muß die Grenzpfähle seines eigenen Volkes hinter sich lassen. Wenngleich er sein eigenes Erbe unhaltbar findet, übernimmt und assimiliert er deswegen jedoch noch nicht die Tradition der Gewohnheiten und Ansichten, die die neue Rolle zu bieten hat. Die Idole seines eigenen

Stammes sind zerbröckelt und verstellen ihm nicht mehr den Weg, aber diese Befreiung führt nicht dazu, daß er sich neuen Idolen – Anleihen bei einem fremden Stamm – verschreibt.

Intellektuell wird er wahrscheinlich ein Entfremdeter. Geistig bleibt er eher, was er war – denn die Herzensbindungen der Zuneigung werden früh geknüpft, und im späteren Leben werden sie nicht ohne weiteres neu geknüpft. Genausowenig ermöglicht die feindliche Aufnahme, welche die Gemeinschaft der Gesunden und Gesicherten für ihn bereithält, seine persönliche Integration in diese Gemeinschaft, unabhängig davon, was er aus seinen mitgebrachten intellektuellen Schätzen macht. Das Volk dieser Gemeinschaft wird nicht unbedingt sein Volk, dessen Götter nicht die seinen. In der Tat, die Herausforderung, sich von ihnen abzuwenden und ihnen nicht nachzufolgen, ist immer gegenwärtig. (1)

Samuelson glaubt, die jüdische Tradition könnte ›eine Einheit von Widersprüchen‹ beinhalten. Manchmal kann das zu einem erfolgsorientierten Opportunismus führen. Er sagt, ›man muß mitmachen, um mitzukommen‹. Aber er fügt hinzu, daß diese Einheit der Widersprüche auch zu ›einem bestimmten Grad Äsopischer Verdopplung – wie Onkel Remus sagen würde‹ führen kann. ›Man geht in Deckung, wenn es nützlich ist, und dann macht man einen Vorstoß – wie ein guter Südstaatler, der weiß, wie man für die richtige Sache, sagen wir Rassenbeziehungen, kämpft. Ich meine nicht den ›alten Dickkopf‹; ich meine das Gegenteil – den guten Südstaatler, der genau weiß, wie weit man gehen kann. Er weiß, wann er hart vorstoßen kann und wann es besser ist, sich opportunistisch in die Deckung zurückzuziehen und eben darauf zu warten, bis die Gefechtslage für seinen nächsten Zug besser aussieht.‹

Samuelson sieht diese Einheit der Widersprüche sowohl bei seinem Vater als auch bei sich selbst. ›Mein Vater hätte für Norman Thomas gestimmt‹, sagt er. ›Ich habe früher Bücher aus dem Familien-Bücherregal gelesen, die mein Vater gekauft hat, wahrscheinlich, als er noch Junggeselle war, viele davon in Antiquariatsläden in Chicago, wie z. B. die Debatten zwischen Clarence Darrow und anderen Leuten über Pazifismus und Religion und so weiter. Ich war, glaube ich, ziemlich *new-dealish* angehaucht, bevor es den New Deal gab.‹

Samuelsons Familie zog 1923 von Gary nach Chicago. Er besuchte dort die Grundschule und die Hyde Park High School, die jetzt fast völlig schwarz ist, sagt er. ›Die ist nicht weit von der Chicagoer Universität, und es bestand eine lange Tradition, gute Studenten an die Chicagoer Universität zu schicken.‹

›Ich hatte eine berühmte Mathematiklehrerin in der Schule, die eine ganze Reihe hervorragender Wissenschaftler ausgebildet hat – Malcolm Smiley, den Mathematiker; Norman Davidson, den Chemiker; mich selbst; der Ökonom Roy Radnor kam von der Hyde Park High School, wie ich später erfuhr; mein Bruder Bob, der auch Ökonom ist. Diese Mathematiklehrerin, Beulah Shoesmith, war ein echter Drachen der alten Art. Es stellte sich heraus, daß sie der Universität von Chicago zwei Millionen Dollar vermacht hatte, als sie starb, was ihre Sparwut kennzeichnet, denn sie wechselte ihre Kleider sehr selten. Einmal fragte ich meinen Bruder, wie sie das gemacht habe. Er sagte, er wisse es nicht, aber er würde es für mich herausfinden. Aber alles, was er in Erfahrung bringen konnte, war, daß sie einen guten Makler hatte. So einen Kerl haben wir alle doch immer schon gesucht, war meine Reaktion darauf.

In jenen bescheidenen Tagen der Weltwirtschaftskrise ging man entweder zum nächstgelegenen College oder zu dem des Vaters. Mein Vater hatte ein Pharmazie-College besucht, und sein letzter Wunsch war, daß einer seiner drei Jungen Apotheker werden sollte. Ich glaube, er sah die Schatten der Ketten-Großmärkte voraus. Also ging ich auf die Universität von Chicago.‹

›Wenn ich so zurückdenke, zeigt sich auch, wie sich die Dinge verändert haben. Es wäre mir – als ziemlich guter Student, obwohl ich in der Schule etwas lernschwach war, wie man das jetzt nennt, wenn man sich schämte, ein Büffler zu sein –, es wäre mir nie eingefallen, nach Harvard gehen zu wollen. Ich glaube nicht, daß ich irgend jemand kannte, der nach Harvard ging. Meine Frau, die aus einer kleinen Stadt in Wisconsin kommt und Radcliffe besuchte, hatte ein halbes Jahr, bevor sie dorthin ging, zum erstenmal von Radcliffe gehört. Jeder, der zum Studium in die Oststaaten oder auf Privatschulen ging, kam gewöhnlich aus einer zerbrochenen Familie, und in diesem Fall mußten die armen Jungs auf Militärakademien. Natürlich gab es auch die winzige Oberschicht, deren Familien immer schon nach Groton etc. gingen, aber diese Leute waren praktisch unsichtbar für den größten Teil der Bevölkerung.‹

Auf diese Weise schrieb sich Samuelson, der *New Dealer* vor dem *New Deal,* in der Universität von Chicago ein, deren wirtschaftswissenschaftliche Abteilung Zentrum und Spitze der ›Laissez-faire-Philosophie‹ in den Vereinigten Staaten war. Dies entfachte neue Spannungen in ihm – zwischen Individualismus und der Notwendigkeit gemeinschaftlichen Handelns. Seine Lebensarbeit kann als Versuch gesehen werden, eine neue ›Einheit von Widersprüchen‹ zu schmieden.

II

›Ich wurde als Ökonom geboren‹, sagte Samuelson, ›und zwar am 2. Januar 1932; zeitlich bedeutet das, daß ich ungefähr sechzehneinhalb Jahre alt war.‹ Das war an dem Morgen, als er – zwar noch in der Schule, aber schon zum ersten Semester zugelassen – eine Acht-Uhr-Vorlesung von dem hervorragenden Soziologen Louis Wirth hörte, der über Malthus sprach. Das war die erste Vorlesung seines ersten Kurses an der Universität von Chicago. ›Ich fand Malthus sehr sexy‹, erinnert er sich.

Die Theorie von Malthus über das Bevölkerungswachstum als Ursache der Armut, weil die Bevölkerung 1, 2, 4 . . . wächst und die Mittel für den Lebensunterhalt nur 1, 2, 3 . . ., erschien ihm so einfach, daß er dachte, da müsse einfach mehr dahinterstecken, und später, wenn er erwachsen wäre, würde er das herausfinden. ›Aber ich entdeckte, daß nicht mehr dahintersteckt als der einfache Syllogismus, den ich an diesem Morgen aufnahm.‹

Als Samuelson ein halbes Semester zu spät zur Universität kam, weil er nicht rechtzeitig die Hyde Park High School abgeschlossen hatte, steckte man ihn in einen ›Nachhilfe‹-Kurs. Es war eine Einführung in die Wirtschaftswissenschaften, die von Aaron Director durchgeführt wurde, einem so orthodoxen Chicagoer Liberalen, daß er später Milton Friedman seinen ›radikalen Schwager‹ nannte. Samuelson sprang auf Directors Ökonomik an ›wie eine Katze auf Katzenfutter oder wie meine Tochter auf Eiskreme, als sie neun Monate alt war und mal lecken durfte. Sie drehte richtig durch – da gab es Dinge, von denen sie noch nie gehört hatte! Und genau so ging es mir mit der Wirtschaftswissenschaft.‹

Samuelson mochte Director. ›Er hatte einen sehr kühlen, sardonischen Humor. Er war ein Bilderstürmer. Wir waren am Tiefpunkt der Weltwirtschaftskrise, und zu hören, wie ein Mitglied der Chicagoer Schule so viele der damals vorgebrachten Heilmittel mit Verachtung behandelte, war ein Nervenkitzel.‹

Intellektuell richtig wach wurde Samuelson erst in Chicago. Er dachte, weil er ein halbes Semester zu spät angekommen war, müsse er besonders hart arbeiten, nur um mitzukommen. Er sagt, es sei ihm wie dem Soziologen Robert K. Merton gegangen, der in den 30er Jahren von der Temple Universität zur Harvard Graduate School wechselte und ein Arbeitspensum von ungefähr fünf Jahren in zweien erledigte, weil er nicht wußte, was man von ihm erwartete. ›In ähnlicher Weise‹, sagt Samuelson, ›wurde ich in eine Leistungshaltung geködert. Mir gefielen alle meine Fächer – Ökonomik, Physik, Biologie, Soziologie, Anthropologie. Es gab einen Zeitpunkt, wo ich mit dem Gedanken spielte, Soziologie als Hauptfach zu nehmen, wahrscheinlich, weil mir Louis Wirths Vorlesungen so gefielen.‹ Er bewunderte viele Wissenschaftler und lernte sie auch privat kennen, so den Mathematiker Golbert Bliss, den Biologen Anton Carlson, die Anthropologen Fay-Cooper Cole und Robert Redfield, den Paläontologen Alfred Romer, die Politologen Frederick Schuman und Harold Lasswell, und den Historiker W.T. Hutchinson, dessen Vorlesungen er immer noch als die besten ansieht, die er je gehört hat.

Er nahm an Jacob Viners Oberseminar in Wirtschaftstheorie teil, das sowohl wegen seiner Gründlichkeit wie auch wegen Viners Grobheiten gegenüber Studenten berühmt war. ›Neunzehnjährig und unschuldig‹, sagt Samuelson, ›marschierte ich unversehrt durchs Inferno und wies ganz naiv auf Fehler in Viners Diagrammen an der Tafel hin. Mit diesen Akten christlicher Nächstenliebe gewann ich die Zuneigung der Jungs im Assistentenzimmer der *graduate school:* George Stigler, Allan Wallis, Albert Gaylor Hart, Milton Friedman und dem Rest von Frank Knights ›Schweizer Garde‹. Ich führte verschiedene, eher nutzlose Arbeiten für den Fachbereich aus – Abstauben der von Stigler und Wallis organisierten Bilder von Böhm-Bawerk, Menger und Mill im Magazin des Fachbereichs – und dabei tratschten wir stundenlang über die Unzulänglichkeiten unserer Vorgesetzten und die verrückten Ideen dieser kleinen Könige, die versuchten, die Mängel des Marktes auszubügeln.‹ (2)

Samuelson verließ Chicago nach dem Examen, weil er ein Stipendium des Social Science Research Council gewonnen hatte, das im Jahre 1935 versuchsweise den acht besten Diplomökonomen gewährt wurde. Diese Stipendien deckten die Kosten für die gesamte Post-

Gradutierten-Ausbildung und hatten nur eine Auflage: daß die Stipendiaten für ihre weiteren Studien das College wechseln mußten. Samuelson wählte Harvard.

III

Er wählte Harvard und nicht Columbia (in jenen Tagen eine der drei besten wirtschaftswissenschaftlichen Fakultäten) aus irrationalen Gründen – ›auf der Suche nach dem Elfenbeinturm auf der grünen Wiese‹. Er sagt, nach seinem ersten Blick auf Harvard Yard, dem er ›unglücklicherweise vom Central Square aus‹ entgegenging, wäre er aus Enttäuschung beinahe wieder zurückgefahren.

Auch beim Dekan des wirtschaftswissenschaftlichen Fachbereichs, Harold Hitchings Burbank, hatte er einen schlechten Start. Der neue Doktorand aus Chicago sagte dem Dekan von Harvards ökonomischem Fachbereich, daß er an dem berühmten Seminar von E.F. Gay über Wirtschaftsgeschichte nicht teilzunehmen beabsichtige, weil er in Harvard nur ›absahnen‹ wolle, da er nicht sicher sei, ob er länger als ein Jahr hierbleibe. Professor Burbank fragte Samuelson auch, warum er sich nicht vorher für das Harvard Post-Graduierten-Programm beworben habe, und Samuelson versicherte ihm, daß ein Stipendiat des Social Science Research Council überall unterkommen könne.

›Es war nicht Liebe auf den ersten Blick‹, sagt Samuelson. ›Aber das hätte wirklich nichts ausgemacht, denn Burbank verkörperte all die Züge des akademischen Lebens, für die ich nur äußerste Verachtung und Abscheu übrighatte.‹

Und dennoch – in Harvard blühte Samuelson auf. Er hatte großartige Lehrer – Alvin Hansen, Joseph Schumpeter, Wassily Leontief und E. B. Wilson, ein Statistiker und Physiker, den er verehrte. Daneben hatte er Freunde unter einer munteren Gruppe von jungen Assistenten und anderen Post-Graduierten – John Kenneth Galbraith, Alan und Paul Sweezy, Robert Aaron Gordon, Abram Bergson, Richard Musgrave, Shigeto Tsuru, Lloyd Metzler, Robert Triffin, James Tobin, Walter und William Salant, Richard Goodwin, Henry Wallich, Sidney Alexander und andere. Niemand kann eigentlich erklären, warum irgendeine Hochschule auf einmal zum heißen Tip wird, aber wenn das anfängt, kommt es zu einer Zusammenballung der bestqualifizierten Doktoranden. In den späten 30er Jahren hatte Harvard sie im Überfluß. Wie Samuelson später sagen würde: ›Harvard hat uns geprägt. Aber wir haben Harvard geprägt.‹

Als Post-Graduierter in Harvard war Samuelson der Kopf der Bewegung zur Klärung und Systematisierung der Wirtschaftstheorie mittels strenger mathematischer Methoden. Bevor er dreiundzwanzig war, hatte er schon eine ganze Liste brillanter Artikel geschrieben: *A Note on Measurement of Utility* (3), *Some Aspects of the Pure Theory of Capital* (4), *A Note on the Pure Theory of Consumer's Behavior* (5), *Welfare Economics and International Trade* (6), *The Empirical Implications of Utility Analysis* (7). Dieser Strom setzte sich Jahr für Jahr fort, und vertiefte sich mit der Zeit.

Von Anfang an wurde Samuelson als Wunderkind, als *enfant terrible* angesehen (als er älter wurde, nannte Professor Peter Kenen von Princeton ihn ein ›enfant terrible, emeritus‹). Ein Artikel, den Samuelson als ›Fingerübung‹ für Professor Alvin Hansen schrieb (veröffentlicht im Mai 1939 unter dem Titel *Interactions between the Multiplier Analysis and the Principle of Acceleration* (8) brachte ihm schnell Weltruf ein. Es war ihm gelungen, Keynes' statische Analyse der Kräfte, die Depression und hohe Arbeitslosigkeit verursachten, in eine dynamische Beschreibung derjenigen Faktoren zu transformieren, die bewirken, daß kapitalistische Wirtschaften sowohl Abschwungs- wie auch Aufschwungsphasen durchlaufen. Indem er die Zusammenhänge zwischen Konsum, Investitionen und Volkseinkommen darstellte, konnte Samuelson auf ein paar elegant formulierten Seiten zeigen, daß die Wirtschaftsentwicklung nicht lediglich zurückgeht, bis ein neues Gleichgewicht erreicht ist, sondern daß der Rückgang sich verlangsamen und schließlich umkehren würde. In gleicher Weise, so seine Analyse, würde ein Aufschwung sich verlangsamen und den Wendepunkt erreichen. Samuelson benutzte das grundlegende keynesianische Instrumentarium und zeigte, daß kapitalistische Wirtschaftssysteme inhärente Schwankungen aufweisen, aber nicht völlig instabil sind. Die Wirtschaft als Ganze beruhe nicht auf irgendeinem Maximierungsprinzip, sondern sei zyklisch dynamisch.

In Samuelsons Erinnerung erscheinen die Tage als Assistent in Harvard wie das Paradies, ›mit Stapeln von weißem Papier, gespitzten Bleistiften, keinen Pflichten, angemessener Bezahlung und – das Beste von allem – in einer Situation, in der das meiste von dem, was in der Wirtschaftswissenschaft getan werden mußte, noch unerledigt war‹. Neben all dem hatte er Marion Crawford geheiratet, Ökonomin und auch Postgraduierte. Er spricht von ihr fast wie vom Co-Autor seiner Dissertation, *Foundations of Economic Analysis* (9), die ihm immer noch über alles gefällt und die er nie verändert hat über all die verschiedenen Auflagen hinweg. ›Die Bücher eines Wissenschaftlers sind wie seine Kinder‹, sagt er, ›obwohl sie später ein eigenes Leben führen, möchte er sie in der Erinnerung so haben, wie sie am Anfang waren.‹

Im Gedanken an diese glorreichen Tage in Cambridge der Vorkriegszeit sagt er, mit Talleyrand, daß ›nur diejenigen, die das Ancien régime gekannt haben, seine Süße ermessen können‹. Er erinnert sich daran, daß einige der Theoreme seiner *Foundations* auf Spaziergängen entlang der Charles entwickelt wurden, andere ›im Beifahrersitz des von meiner Frau gefahrenen Wagens, der mit siebzig Meilen pro Stunde westwärts brauste‹. Oft habe er von Theoremen geträumt – und einige davon seien sogar richtig gewesen. ›In jenen Tagen war jede Stunde damit angefüllt, über ökonomische Fragen nachzudenken.‹ Er dachte nicht nur andauernd nach, sondern las auch wie wild; er studierte die Geschichte wirtschaftswissenschaftlicher Doktrinen und kennt sie wie sonst kaum einer. Er hatte keine Angst vor der Entdeckung, daß er nicht der erste war, der eine bestimmte Idee hatte; die Art von ›Originalität‹, die aus der Unkenntnis der Literatur resultiert, interessierte ihn nicht. Im Gegenteil, er war stolz darauf, der vorhandenen Literatur seine Reverenz zu erweisen.

Aber seine Originalität schien trotzdem durch. Für seine so kühn betitelte Dissertation gewann er den David-Wells-Preis. Die Veröffentlichung wurde durch den Zweiten Weltkrieg verzögert, und als das Buch im Jahre 1947 herauskam, fing Samuelson an zu befürchten, daß diese Beschäftigung mit der reinen Wirtschaftstheorie ›etwas dekadent‹ erscheinen könne. Aber das Buch wurde sofort ein großer Erfolg. Das war eine große Genugtuung für ihn, vor allem, wenn er an den verhaßten ›Burbie‹ dachte, Harold Hitchings Burbank, den Dekan des ökonomischen Fachbereichs von Harvard, der sein Feind blieb – nicht sein einziger Feind dort, besonders unter den älteren Mitgliedern des Lehrkörpers. Zwanzig Jahre nach der Veröffentlichung der *Foundations of Economic Analysis* schrieb Samuelson im Vorwort zur japanischen Übersetzung: ›Es ist eine süße Rache am früheren Dekan des wirtschaftswissenschaftlichen Fachbereichs von Harvard – den man dazu zwingen mußte, tausend Exemplare drucken zu lassen, und der die Druckstöcke danach sofort zerstören ließ, trotz der hohen Setzkosten für mathematische Texte –, daß von diesem Buch immer noch jedes Jahr so viele Exemplare verkauft werden wie er insgesamt drucken lassen wollte.‹ (10)

IV

Im Jahre 1940 bot Harvard Samuelson eine Dozentur im ökonomischen Fachbereich und eine Assistentenstelle in der Abteilung Geschichte, Politik und Wirtschaftswissenschaften an; er sagte natürlich zu. Doch einen Monat später wurde ihm vom Massachusetts Institute of Technology (MIT) eine Professur angeboten – und Harvard strengte sich nicht an, ihn zu halten. Damals war Antisemitismus die gängige Erklärung dafür, daß Harvard Samuelson gehen ließ. Tatsächlich versuchte Harvard in der Nachkriegszeit mindestens zweimal, ihn zurückzuholen, aber Samuelson lehnte ab. Nach einer ›Kosten-Nutzen-Analyse‹, behauptet er, habe er sich ganz einfach entschieden, am MIT zu bleiben.

Er behauptet, Antisemitismus sei eine zu einfache Erklärung dafür, daß Harvard ihn gehen ließ. Dennoch – man denke an Onkel Remus oder seinen ›guten Südstaatler‹ –, als die richtige Zeit gekommen war, erlaubte er sich, seinen Abscheu über den Antisemitismus auszudrücken, der in den nicht immer sehr süßen Tagen des Ancien régime nicht nur Harvard, sondern auch andere amerikanische Colleges und Universitäten kennzeichnete:

> Damit ich nicht mißverstanden werde, möchte ich klarstellen, daß das amerikanische Universitätsleben vor dem Zweiten Weltkrieg auf eine Weise antisemitisch war, wie es sich die heutige Generation kaum vorstellen kann. Und Harvard, ebenso wie Yale und Princeton, waren besonders schlimme Fälle. Wer also verstehen möchte, warum Juden zu jener Zeit im Lehrkörper von Harvard unterrepräsentiert waren, kann mit Recht den Faktor Antisemitismus anführen. (In vielen geisteswissenschaftlichen Fachbereichen glaubten die Bigotten wirklich, daß Juden zu schlecht seien; in den Naturwissenschaften und im mathematischen Fachbereich bestand der Glaube, sie seien zu gut; man konnte sozusagen gleichzeitig seinen Kuchen essen und ihn behalten, indem man glaubte – wie es der hervorragende Mathematiker Georg D. Birk-

hoff und in gewissem Grade auch der hervorragende Ökonom Joseph Schumpeter taten –, daß Juden ›Frühstarter‹ seien, die auf unfaire Weise mehr Belohnungen bekämen als ihnen bei freiem Wettbewerb zustünden. Um aber auch hier nicht mißverstanden zu werden, möchte ich gleich die übliche Einschränkung hinzufügen, daß diese beiden Männer zu meinen besten Freunden zählten und daß beide, glaube ich, wirklichen Respekt vor meinen Fähigkeiten und Möglichkeiten hatten.) Immerhin, wenn man demonstrieren will, daß die komplizierte Realität monokausal unmöglich erklärt werden kann, braucht man – sofern man die Ökonomen der damaligen Zeit gut kennt – nur die folgenden Fragen zu stellen: 1. Warum wurde Lloyd Metzler nicht nach Harvard berufen, obwohl er nur das Handicap aufwies, aus Kansas zu sein? 2. Wenn man über die in den USA gemachten akademischen Karrieren dreier Männer nachdenkt – Oskar Lange, Jacob Marshak und Abba Lerner –, wie kann man diese mit der einfachen Theorie des Antisemitismus erklären? (11)

Harvard könnte noch andere Gründe dafür gehabt haben, ihn nicht zu halten. Seine Unfähigkeit, Dummköpfe zu erdulden, besonders unter seinen akademischen Vorgesetzten, hat ihm sicher nicht sehr geholfen. Er kennt seine Neigung, sich mit den besten Geistern zu messen (wie er es als Student gegenüber Jacob Viner getan hatte), und er weiß, daß er nicht jeden Kampf gewonnen hat. In seiner Nobelpreis-Rede erzählte Samuelson (obwohl ihn der schwedische Vorsitzende, Professor Erik Lundberg, ermahnt hatte, daß er ernsthaft bleiben müsse) von seinem Zusammentreffen mit ›Goliath‹ – dem großen Mathematiker John von Neumann. ›Irgendwann im Jahre 1945‹, sagte er vor der illustren Zuhörerschaft in Stockholm, ›hielt von Neumann eine Vorlesung in Harvard über sein allgemeines Gleichgewichtsmodell. Er behauptete, daß es neue Arten der Mathematik voraussetze, die von den üblichen mathematischen Ansätzen der Physik und der Maximierung völlig verschieden seien. Vom hinteren Teil des Raumes tönte ich los, daß meines Erachtens die Unterschiede zur Mathematik, die wir an der Opportunitätskosten-Front benützen, gar nicht so groß seien; dort werde für gegebene Mengen jedes Input-Faktors und n-1 Output-Mengen das gesamtwirtschaftliche Maximum für den letzten Output-Faktor gesucht. Mit der für ihn charakteristischen Blitzgeschwindigkeit antwortete von Neumann: ›Was wetten wir? Eine Zigarre?‹ Ich muß schamhaft berichten, daß dieses eine Mal der kleine David mit eingezogenem Schwanz das Feld räumte. Und dennoch, wenn ich eines Tages bei Sankt Petrus anklopfen werde, habe ich immer noch eine halbe Zigarre gut – nur eine halbe, weil von Neumann auch zum Teil recht hatte.‹ (12)

So schwierig (oder arrogant) Samuelson auch gegenüber seinen Vorgesetzten in Chicago und Harvard war, zu seinen Studenten am MIT war er freundlich und großzügig. Er blühte als Lehrer auf und trug dazu bei, die wirtschaftswissenschaftliche Abteilung des Instituts zu einer der besten des Landes zu machen. Obwohl er einen Teil der Kriegsjahre im Strahlen-Laboratorium von MIT verbrachte, wo er Computer-Systeme für die Flug- und Raketenkontrolle entwikkelte, und obwohl er später Berater des War Production Board und des Finanzministeriums war, veröffentlichte Samuelson weiterhin wissenschaftliche Arbeiten über ein ganzes Spektrum unterschiedlicher Themen sowohl im Bereich der Ökonomik wie auch der theoretischen Mathematik.

Am Ende des Krieges übernahm Samuelson am MIT die mühselige Arbeit des Anfängerkurses in Wirtschaftswissenschaften; daraus entstand sein Lehrbuch *Economics* (›Volkswirtschaftslehre‹). (13) Unter den wirtschaftswissenschaftlichen Lehrbüchern wurde es zum Bestseller aller Zeiten. Als es herauskam, sagte Professor George Stigler von der Universität Chicago: ›Nachdem Professor Samuelson berühmt geworden ist, versucht er jetzt, reich zu werden..‹ Von diesem Buch wurden über 3 Millionen Exemplare verkauft, und der Autor und seine Familie haben daran Millionen von Dollar verdient.

V

Samuelsons *Volkswirtschaftslehre* verursachte einen Aufruhr unter den Ökonomen, denn es war das erste Lehrbuch, das für die Anfangssemester die Keynesianische Theorie darbot. Samuelsons wissenschaftlicher Ruf trug dazu bei, das Buch zu verkaufen, so wie Keynes' Prestige damals den Ideen seiner *General Theory of Employment, Interest and Money* (›Allgemeine Theorie der Beschäftigung, des Zinses und des Geldes‹) Gehör verschafft hatte, die seit Generationen als Häresien betrachtet (und abgelehnt) worden waren. Junge Professoren, Kinder der Keynesschen Revolution, waren entzückt darüber, wie

Samuelson mit Intelligenz und Originalität die damals noch radikale Idee darstellte, Arbeitslosigkeit durch zusätzliche Staatsausgaben oder durch Steuerermäßigungen und daraus resultierende defizitäre Staatshaushalte zu beseitigen – und, symmetrisch hierzu, die Inflation durch Kürzung der Staatsausgaben, Steuererhöhungen und durch ausgeglichene oder überschüssige Staatshaushalte zu stoppen.

Wenn Wirtschaftswissenschaftler in den Nachkriegsjahren internationale Konferenzen besuchten, stellten sie oft fest, daß sie eine Gemeinsamkeit aufwiesen: sie hatten ihre Ökonomik aus Samuelsons Lehrbuch gelernt. Sein Buch wurde ins Französische, Deutsche, Italienische, Spanische, Koreanische, Japanische, Chinesische, Ungarische, Polnische und in andere Sprachen übersetzt; es ist oft als Raubdruck herausgebracht worden – entweder ganz unverblümt, oder weniger offensichtlich in der Form von Lehrbüchern anderer Autoren. Manche Ökonomen sind der Meinung, daß Samuelsons Lehrbuch nicht nur ein Nebenprodukt seiner ernsthafteren wissenschaftlichen Arbeit ist, sondern vielleicht sein größter wissenschaftlicher Einzelbeitrag, weil es der Welt eine gemeinsame ökonomische Sprache gegeben hat.

Viele Konservative glauben, daß Samuelsons ›Popularisierung von Keynes‹ für einen Großteil der andauernden Nachkriegsinflation verantwortlich zu machen ist. Sie behaupten, daß dieses Buch die wachsende Rolle des Staates begünstigte, indem es Haushaltsdefizite als ein Mittel gegen Arbeitslosigkeit legitimierte. Es gab einen Kaufhausbesitzer, der in den Vereinigten Staaten herumreiste und vor Rotarien über Samuelsons gefährliche Lehrmeinungen sprach. Einige Geschäftsleute kämpften gegen die Benutzung dieses Lehrbuches in Colleges. Der rechtsgerichtete Verleger und Kolumnist William F. Buckley Jr. griff Samuelsons Einfluß in seinem ersten erfolgreichen Buch *God and Man at Yale* (›Gott und die Menschen an der Universität Yale‹) an. ›Im ersten Kapitel‹, so Samuelson, ›mußte der Kaplan von New Haven eine Menge Kritik einstecken, und im zweiten Kapitel bekam ich dann meine Abreibung.‹

Samuelson verbrachte zahllose Stunden mit der Abwehr dieser konservativen Angriffe; er verteidigte sein Buch vor Universitätsaufsichtsgremien, bereitete vervielfältigte Blätter mit falschen Zitaten seiner Kritiker vor, und das alles, um zu verhindern, daß sein Buch als ›radikal‹ abgelehnt werde. Samuelson sagt, das Letzte, was er gewollt habe, sei ›ein unversöhnlich formulierter Text, der von niemandem gelesen würde‹; aber er wollte die Substanz der ökonomischen Ideen, die er zu vermitteln versuchte, nicht preisgeben. Seine grundlegende Verteidigung bestand im Streben nach empirischer Genauigkeit und logischer Konsistenz. Aber er gibt zu, daß ein derart defensiver Stil den Elan des Buches schwächt. Die zehn Auflagen durchlaufen einen Zyklus unterschiedlichen Elans; der größte Schwung kommt in den frühesten Ausgaben zum Ausdruck, die mittleren Ausgaben sind vorsichtiger gefaßt, und gegen Ende wird er wieder mutiger.

Samuelson hat immer zu vermeiden versucht, in eine doktrinäre ideologische Position gedrängt zu werden. Als die Universität von Chicago im Jahre 1948 versuchte, ihn vom MIT wegzulocken, sagte ihm der Dekan des Chicagoer wirtschaftswissenschaftlichen Fachbereichs, Theodor Schultz: ›Wir haben dann zwei führende Geister mit unterschiedlichen philosophischen Ausrichtungen – Sie und Milton Friedman –, und das wird sich fruchtbar auswirken‹. Samuelson dachte darüber nach und lehnte ab. Er glaubte, der Wechsel und die Kontroversen würden sich als Zeitverschwendung erweisen. Er sagte zu Professor Schultz, ›das würde zu einer Polarisierung führen, es würde mich in einer Art radikalisieren, wie ich das nicht haben möchte‹. Er hatte Angst, daß ›lediglich in Reaktion auf eine meines Erachtens viel zu rechte Position ich selbst viel zu linke Positionen einnehmen würde, die von der ausgewogenen Wahrheit zu weit entfernt wären; ich wollte lieber eine Position genau in der aristotelischen goldenen Mitte, einnehmen‹.

Im Laufe der Jahre hat Samuelson mehr Druck von der Linken als von der Rechten verspürt. Er behauptet, daß die meisten der jungen Leute, die sich selbst ›neue Linke‹ oder ›radikale Ökonomen‹ nennen, eigentlich keine Nonkonformisten sind ›in dem Sinne, daß sie einen reaktionären Vater hatten und jedesmal diesen Vater umbringen, wenn sie einen Dekan herumschubsen‹. Er glaubt im Gegenteil, daß sie fast immer Kinder erfolgreicher Geschäftsleute und Freiberufler mit ziemlich liberalen Anschauungen sind. Er meint, daß die jungen Linken durch ihre eigene frühere Umgebung geprägt worden seien und den Kampf ihrer Eltern in der neuen Umgebung weiterführten – ›der gleiche alte Krieg des Herrn Clausewitz, nur mit anderen Mitteln‹.

Samuelson hat den Eindruck, sein eigener Familienhintergrund habe es ihm sehr erleichtert, heterodoxe Anschauungen zu vertreten.

Was dem entgegenkam, war nicht so sehr ein Gefühl der Selbstzufriedenheit oder die Identifizierung mit der herrschenden Ordnung, als vielmehr etwas, das für seinen gesamten wissenschaftlichen Stil typisch ist. ›Ich lehne mich gegen jede Art von Romantik und Wunschdenken auf‹, sagt er. Genau diese Eigenschaft mochte er an John F. Kennedy, der Samuelson in den späten fünfziger Jahren zu sich geholt hatte.

›Als ich Berater von Kennedy war, in seiner Funktion als Senator, als Präsidentschaftskandidat, als gewählter Präsident und später, mehr am Rande, als Präsident‹, so Samuelson, ›bestand eine meiner Funktionen darin, die Notwendigkeit einer expansiven Finanzpolitik zu propagieren. Es war ein schwarzer Augenblick, als Kennedy seinen Wirtschaftsberatern sagte, daß es keine Steuerermäßigung geben würde, weil er dem Senator Kerr und dem Fraktionschef Rayburn versprochen habe, daß er nicht um eine Steuerermäßigung nachsuchen würde. Nun, als Berater besteht das Problem darin, so weit zu gehen wie die Umstände erlauben. Im Fall John F. Kennedys ließen es die Umstände eben nicht zu.

›Zunächst einmal konnte man ein Argument nicht einfach wiederholen, denn wenn man das einige Male gemacht hatte, würde er sagen: ‚Ja, ich verstehe schon, Sie brauchen dieses Argument nicht noch nochmal zu bringen.‘ Eine der Auffassungen, die wir nachdrücklich vertraten, war die: ‚Also, Sie müssen für die richtige Sache kämpfen; wenn Sie dann verlieren, haben Sie wenigstens für die richtige Sache gekämpft.‘ Seine Antwort darauf war: ‚Ach was, das ist doch nur Eitelkeit. Wenn ich das nur mache, um für die richtige Sache zu kämpfen und um sagen zu können, ich hätte auf der richtigen Seite gestanden, und dann verliere – wohl wissend, daß ich verlieren würde –, dann würde das nur bedeuten, daß ich etwas anderes gefährden würde, das ich ansonsten bekommen könnte.‘

Nun, mit dieser Art von Argumentation stimmte ich völlig überein, und ich hatte dem nichts mehr entgegenzusetzen.‹

Im Grunde, so betont er, ist es eine Frage des Stils. ›Von dem, was ich geschrieben habe – und ich habe zu viel geschrieben –, mußte ich nur sehr wenig zurücknehmen. Manche Leute – das ist wiederum eine Frage des Stils – schreiben einfach anders. Milton Friedman z. B. würde sich so ausdrücken: ›Ich kann mir nicht vorstellen, daß die Rezession von 1970 nicht schlimmer werden wird als die Rezession von 1960/61, oder so schlimm wie die von 1957/58.‹

So, wie ich Milton lese – und immerhin bin ich seit 40 Jahren sein Freund, schätze ich –, bedeutet das einfach, daß die Dinge seiner Ansicht nach so verlaufen werden. Aber bei seiner Schreibweise kommt es so heraus, daß er *sicher* ist, daß es so und nicht anders passiert, daß jeder vernünftige Mensch zustimmen muß, daß es so kommen wird. Nun, so etwas könnte ich einfach nicht über die Lippen bringen. Es gehört zu meiner Schreibweise dazu, daß ich das Spektrum der Ungewißheit, das den Dingen anhaftet, anzudeuten versuche.‹

›Für einen utopischen Reformer ist das ziemlich schlecht, aber es ist gerade dieses Element gewesen, das in meinem eigenen Denken dominierend war. Ihre Grundanschauungen verändern die Leute kaum mehr, wenn sie einmal über 30 sind. Es gibt Ausnahmen. Leontief, ein alter Lehrer von mir, den ich seit Jahren kenne und mag, ist eine Ausnahme; er ist radikaler geworden. In den ersten Jahren, nachdem ich ihn kennengelernt hatte, war er fast völlig unpolitisch. Aber er ist eine Ausnahme.‹

Samuelson meint, daß sich seine eigene Gedankenwelt über die Jahre hinweg nur wenig verändert hat. Er glaubt, in der Universität von Chicago habe er ›etwas Gehirnwäsche‹ abbekommen: ›Ich wurde von Jesuiten erzogen, also weiß ich, was eine jesuitische Ausbildung bedeutet. Doch das meiste von dem ist inzwischen verbraucht.‹

Samuelson hat zwar seine Resistenz gegenüber der Chicagoer Schule und ihrem fast vollständigen Vertrauen in den Markt und in die Laissez-faire-Philosophie bewahrt, er ist jedoch auch vorsichtiger geworden, zu viel Vertrauen in die Regierung zu setzen. Eine der wichtigsten Veränderungen in seiner politischen Philosophie wurde durch Senator Joseph McCarthy von Wisconsin und seiner ›Hexenjagd‹ verursacht. ›McCarthy‹, sagt er, ›hatte eine starke Wirkung auf mich. Ich glaube, daß McCarthy dieses Land ziemlich nahe an den Faschismus heranbrachte. Ich weiß nicht warum, aber mir scheint, daß Richard Nixon davon ziemlich weit entfernt war. Er hätte weitergehen können, aber er tat es nicht.‹

›Es war eine Ehre für mich, auf Nixons ›Feindliste‹ zu stehen – auch wenn ich dort als Journalist eingetragen war (d.h. als Kolumnist der Newsweek) und nicht als Universitätslehrer… –, aber Joseph McCarthy drängte mich tatsächlich etwas nach rechts ab, wenn man diese platte Einteilung benutzen möchte. Nicht, daß er mir etwas getan hätte, aber ich sah die Schrecken einer ›Ein-Unternehmens-

Stadt‹, wo Leute, die ihren Arbeitsplatz verlieren... keinen neuen Job mehr bekommen, weil sie auf einer schwarzen Liste stehen. Die Zentralisation der Regierung engt die pluralistischen Möglichkeiten ein.‹

Samuelson sagt, mit der Zeit – und ›mit dem, was man in einigen Kreisen Urteilsvermögen und in anderen Senilität nennt‹ – habe er das Auseinanderklaffen von hohen Ansprüchen und wahrscheinlichem Erfolg erkannt, im öffentlichen wie im privaten Bereich. Seine Befürchtungen gegenüber den Gefahren einer allmächtigen Regierung machen ihn jedoch nicht zu einem enthusiastischen Anhänger der Sozialethik der Privatwirtschaft oder gar der Privatuniversität, wenn sie der Macht einer sich selbst-bedienenden Elite überlassen ist. Er weiß, daß Filmproduzenten aus Hollywood ebenso schwarze Listen haben können wie das State Department. Er erinnert sich daran, daß jüdische Ökonomen, die in den Vorkriegsjahren von privaten Colleges und Universitäten ausgeschlossen worden waren, schließlich im Wirtschaftsministerium, im Arbeitsministerium und in anderen Regierungseinrichtungen Arbeit fanden.

›Wissen Sie‹, sagt er, ›die eine Person, die es in Massachusetts vor dem Zweiten Weltkrieg ablehnte, als Lehrer den Diensteid zu unterschreiben – als die Kirtley Mathers und andere Anführer den Rücken krumm machten, um ihre Jobs zu behalten oder um zu verhindern, wie sie sagten, daß Harvard wegen ihnen benachteiligt werde –, war ein Quäker, ein Mann namens Winslow, damals Dekan des wirtschaftswissenschaftlichen Fachbereichs des Tufts College. Und wurde er belohnt? Nun, vielleicht im Himmel. Jedenfalls bekam er keinen anderen akademischen Posten. Er landete in der Zollkommission, wo er arbeitete und starb.‹

›Aber‹, sagte Samuelson, indem er die Frage noch einmal überdenkt, ›das sagt auch etwas über die Regierung aus – und was sich verändert hat.‹

VI

Der Kern der Ökonomik wie auch der sozialen und politischen Philosophie von Samuelson besteht in seiner Fähigkeit, Spannungen zwischen Alternativen auszuhalten und auf der Grundlage der Logik und der empirischen Fakten sorgfältig nach Lösungen zu suchen.

So unsympathisch ihm ein Argument zunächst auch erschienen sein mag, er ist immer bereit, es noch einmal zu überprüfen. Beispielsweise im Jahre 1945 in Harvard; Friedrich von Hayek, der berühmte Ökonom und Philosoph, dessen Ansichten viel konservativer als die von Samuelson sind, hielt einen Vortrag über die Verwendung von Informationen in der Gesellschaft. Hayek behauptete, daß einer der größten Vorteile einer freien Marktwirtschaft gegenüber einer Planwirtschaft darin zu sehen sei, daß in der freiwilligen Zusammenarbeit von Marktteilnehmern weit mehr Wissen und Informationen genützt würden als ein Individuum oder eine Regierung zur Verfügung haben könnten. Die Individuen, so argumentierte von Hayek, stimmen ihr Verhalten darauf ab, wie das Handeln anderer ihre eigene Situation beeinflußt; und die freiwillige Zusammenarbeit und die Interaktionen von Individuen führen zu besseren und nützlicheren gesellschaftlichen Institutionen als sie ein Staat schaffen könnte. Im Grunde, lautete Hayeks Argument, die menschliche Gesellschaft sei einfach zu komplex für staatliche Planer. Um soziale Probleme zu verstehen und dafür die besten Lösungen zu finden, müßte die Regierung all das wissen, was alle Individuen zusammen wissen, und so etwas liegt jenseits der Grenzen irgendeiner Person oder eines Amtes. Hayek behauptete also, bezogen auf die Wirtschaftswissenschaften, daß die Möglichkeiten der Analyse, Vorhersage und Steuerung gesellschaftlicher Ereignisse schlechthin begrenzt seien und daß Versuche, diese Grenzen zu ignorieren, zu ernsthaften Fehlentwicklungen führen müßten.

Ursprünglich fand Samuelson diesen Vortrag ›ziemlich schwach, kalten Kaffee‹. In der Folgezeit kam Samuelson allerdings zu der Überzeugung, daß dies von Hayeks ›bester Beitrag‹ war. Er habe entdeckt, sagt Samuelson, daß Hayek ›im Laufe der Jahre an Weisheit zugenommen habe, so wie Mark Twains Vater in der Zeit zwischen Marks 14. und 21. Geburtstag den Dingen auf die Schliche kam‹.

Doch trotz seines erhöhten Respekts vor Hayeks Arbeit über die Information hält Samuelson an den Folgerungen fest, die er in einem Aufsatz von 1956 über *Intertemporal Price Equilibrium: A Prologue to the Theory of Speculation* (14) entwickelte, daß nämlich zusätzliche Informationen in einem Markt zwar einen bestimmten Wert hätten, dieser aber viel geringer sei als der Nutzen, den ein Spekulant aus der Relation zwischen solchen zusätzlichen Informationen und ihrem sozialen Wert herauszieht.

Die Bewunderer des Kapitalismus rechtfertigen Spekulationsgewinne aus drei Gründen: 1. Man ›verdient‹ die Profite aus erfolgreicher Spekulation als Belohnung für Wissen und Wagemut; 2. je größer die Zahl der Spekulanten, desto besser, weil die Gesellschaft dann besseren Zugang zu den Informationen und Bewertungen hat, von denen sie profitieren kann; und 3. bei freiem Marktzugang zum Wettbewerb der Spekulation verringern sich die Profite der Spekulanten und summieren sich zu null oder zu dem ›richtigen Betrag‹, der dem Wert der Informationen und Aktionen der Spekulanten entspricht.

1956 sagte Samuelson, daß keine dieser Aussagen richtig sei. Was die Wirtschaftstheorie wirklich aussagt, sei lediglich, daß die aus den Handlungen aller Spekulanten resultierende Gleichgewichtslage jedem anderen Ergebnis überlegen sei. Doch dies befähige einen noch nicht, den Beitrag jeder einzelnen Handlung oder jeder Gesamtheit von Handlungen eines Spekulanten zu bestimmen. Als jemand, der wie Keynes spekulative Wertpapiermärkte nicht nur beobachtet, sondern sich an ihnen aktiv beteiligt hat, stellte Samuelson die Frage: ›Angenommen, meine Reaktionen sind nicht besser als diejenigen anderer Spekulanten, sondern nur eine Sekunde schneller?‹ Dies könne durch seine gute Nase oder durch die Schnelligkeit seiner Neuronen verursacht sein, sagt er. In einer Welt der Ungewißheit könne er die Konsequenzen jedes Ereignisses eine Sekunde schneller wahrnehmen als alle anderen und so zu Reichtum kommen – und das nicht nur einmal, sondern jeden Tag, an dem wichtige Ereignisse vorkommen:

> Würde jemand so dumm sein, zu behaupten, daß bei meiner Abwesenheit die Gleichgewichtslage nicht wieder hergestellt werden würde? Mein einziger Beitrag, so die Hypothese, besteht darin, daß das Gleichgewicht eine Sekunde schneller als sonst erreicht wird. Auch diese Sekunde zählt: Wenn es Mißernten gibt, sollte die Gesellschaft sogar in der ersten Sekunde anfangen, den Konsum von Getreide zu reduzieren. Dieser Vorsprung von einer Sekunde ist für die Gesellschaft vielleicht fünf Dollar wert, und wenn wir für die Zwecke dieser Überlegung mit Clark eine naive Produktivitätstheorie des ethischen Verdienstes unterstellen, können wir sagen, daß ich die fünf Dollar tatsächlich verdiene. Tatsächlich habe ich jedoch ein Vermögen gemacht. Meine Schnelligkeit beschert mir den Einkommenseffekt von Preisveränderungen

ohne Rücksicht darauf, ob nur ich allein in der einzigartigen Lage bin, die erwünschten Substitutionseffekte zu bewirken oder zu signalisieren. (15)

Der freie Wettbewerb unter Spekulanten würde also nicht notwendig zu optimalen gesellschaftlichen Ergebnissen führen. Genausowenig würde eine Erhöhung des Wettbewerbs in diesem Markt – d. h. eine Erhöhung der Zahl der Spekulanten – zum Verschwinden spekulativer Profite führen, da in dieser Welt die Spekulanten nicht mit ›allwissenden‹ Kristallkugeln zur Börse kommen. Vielmehr würde aus der theoretischen Analyse folgen, daß ein größeres Maß an ›Allwissenheit‹ – oder Wissen, und wenn es von einer zentralen oder amtlichen Quelle käme – und eine Verringerung der Unwissenheit wünschenswert seien. Dieser Schluß, der eine Verbesserung der sozialen Wohlfahrt bringen könnte, steht im Gegensatz zum Ergebnis der Laissez-faire-Überlegung à la Hayek. Auch wenn Erntevoraussagen und andere Maßnahmen des Landwirtschaftsministeriums sicher unvollkommen wären, bliebe die Frage, ob die Gesellschaft sich ohne zentrale Prognosestelle und mit einem Markt, der völlig den Spekulanten überlassen wäre, besser stellen würde.

Was zunächst wie ein ziemlich enges technisches Argument aussieht, erweitert sich so zu einer umfassenderen philosophischen Rechtfertigung der ›mixed economy‹, in welcher sowohl das wirtschaftliche Handeln der Privaten als auch Regierungsaktivitäten der Informationssammlung, der Kommunikation und der Planung ihren Platz haben, um die soziale Wohlfahrt zu fördern. Samuelson hatte mit seinem Angriff auf die traditionelle Rechtfertigung der Spekulation nicht die Absicht, den spekulativen Märkten jegliche Funktion abzusprechen. Nach seiner Untersuchung des Beitrags von Warenterminmärkten zur Verbesserung der ökonomischen Effizienz folgert er heute, daß ›sie nicht lediglich Casinos sind, in denen stattliche Herren mit leicht überlegenen Rechenfähigkeiten anderen Leuten das Geld wegnehmen, selbst wenn es auch diesen Aspekt gibt‹. Sie dienen der Gesellschaft, indem sie den Produktions- und Verteilungsprozeß erleichtern und die Last des Risikos denen abnehmen, die sie nicht tragen wollen oder können.

Er würde zustimmen, wenn die Regierung zu anderen Zwecken – wie z. B. dem Schutz des Landes vor der Erpressung durch ein Kartell ölexportierender Länder – auf dem Markt als Käufer oder Verkäufer auftreten würde, um Monopolpreise zu verhindern und die Interessen der amerikanischen Konsumenten, und möglicherweise die nationale Sicherheit, zu schützen. Aber er macht sich keine Illusionen derart, daß die Regierung ihre Rolle immer genau richtig spielen würde. ›Ich bin alles andere als zuversichtlich‹, sagt er, ›daß Regierungen Experten darin sind, Warenlager zum richtigen Zeitpunkt auf- oder abzubauen. Es gibt einen riesigen politischen Druck gegen die Freigabe von Waren.‹ Die eigentliche Streitfrage ist jedoch nicht, ob man von der Regierung ein optimales Verhalten erwarten kann, sondern, ob bei Berücksichtigung der tatsächlichen Marktverhältnisse (bzw. der Handlungen anderer Regierungen) ein besseres Ergebnis herauskommt, wenn die US-Regierung überhaupt nichts tut.

Er glaubt einfach nicht, daß private Märkte bestimmte Problemtypen lösen können, besonders solche, die mit ›Externalitäten‹ behaftet sind – d.h. wirtschaftliche Handlungen von Privaten und Unternehmen, die weitreichende Auswirkungen auf die Gesellschaft haben, sei es in Form externer Nutzen (wie z.B. Verbesserungen im Bereich der Gesundheit, Erziehung oder Stadtentwicklung) oder externer Kosten (wie z.B. Umweltverschmutzung und -zerstörung). Samuelson glaubt, daß *Wissen* einerseits ein knappes Gut ist, andererseits aber starke Externalitäten aufweist, die von großem potentiellen Nutzen für die Gesellschaft sind. Er sieht keinen Grund für die Annahme, daß private Märkte zu einer optimalen Verteilung des Wissens führen würden. Wissen ist ein ganz besonderes Gut, das sich von allen anderen unterscheidet. Im Falle eines gewöhnlichen ökonomischen Gutes, wie z.B. Brot, ist es so, daß der Bestand abnimmt, wenn man davon hergibt. Beim Wissen hingegen hat der Besitzer noch genausoviel wie zuvor, wenn er sein Wissen an andere abgibt. Obwohl der ursprüngliche Besitzer einen wirtschaftlichen Vorteil davon haben könnte, sein Wissen zu horten, könnte der Gesellschaft daraus ein Nachteil erwachsen.

Auf der anderen Seite wünscht die Gesellschaft eine Vermehrung des Wissens, und das kostet Geld (›was jeder Patentanwalt weiß‹, sagt Samuelson). Einen Laib Brot zu backen, kostet auch Geld. Aber der Brotlaib gehört dem Bäcker, der so lange Brot backen wird, bis der gesellschaftliche Nutzen daraus (gemessen am Marktpreis, zu dem die Leute freiwillig kaufen) gleich den monetären und sozialen Kosten ist, besonders dann, wenn zwischen den Bäckern Wettbewerb besteht. Auch hier ist es mit dem Wissen anders: Der Wissensproduzent weiß im voraus, daß andere seine Entdeckung nachahmen werden. Er weiß auch, daß jede Art der Anwendung seiner Entdeckung der Gesellschaft in vollem Umfang nützt. Ebenso weiß er jedoch, daß er leer ausgehen kann, wenn er nicht aufpaßt, weil die Erträge in vollem Umfang nur unter sehr speziellen (und meist nicht-kompetitiven) Umständen dem Produzenten zufließen. Wenn der einzelne Produzent sein Eigeninteresse verfolgt, leitet ihn keine *invisible hand* zu einem sozialen Optimum. (16)

Was das soziale Optimum tatsächlich herbeiführt, ist schwer zu sagen, weil es sowohl um die *Produktion* wie um die *Verteilung* des Wissens geht. Joseph Schumpeter kam zu dem Schluß, daß vollständiger Wettbewerb den dynamischen Fortschritt lähmt; folglich rechtfertigte er private Wissensmonopole auf der Grundlage von Patenten und Copyrights oder einfach durch geheimen und ausschließlichen Besitz. Aber Wassily Leontief argumentiert umgekehrt, daß, unabhängig von der Art der Finanzierung der Wissensproduktion,

> der ökonomische Nutzen wissenschaftlicher und industrieller Forschung nur dann vollständig ausgeschöpft werden kann, wenn niemand, überhaupt niemand, daran gehindert wird, die Forschungsergebnisse zum gegebenen Marktpreis zu nutzen... In einer Zeit, in welcher der wirtschaftliche Fortschritt so stark von der wissenschaftlichen Forschung abhängt, könnte eine chronische Unterausnützung technischen Wissens auf lange Sicht sogar noch schädlichere Wirkungen auf das wirtschaftliche Wachstum haben als Überkapazitäten und Unterbeschäftigung. (17)

Leontiefs Argument besagt, daß die Regierung selbst die Produktion neuen Wissens finanzieren sollte, um dessen vollständige Anwendung sicherzustellen, statt private monopolistische Wettbewerbsbehinderungen zuzulassen. Auf der anderen Seite argumentieren Anhänger des Laissez-faire sowohl gegen öffentliche Subventionen als auch gegen private Patente und Monopole.

Nach Samuelson kann die Frage nicht theoretisch oder mit abstrakter Logik gelöst werden. Man müsse das Problem völlig pragmatisch sehen: Jede Lösung verlangt ein sorgfältiges Abwägen des Schadens, der aus monopolitischen Beschränkungen nach der Wissensproduktion resultiert und den Anreizen zu schöpferischen Wandel, die sich aus staatlichen finanziellen Beihilfen für Investitionen in neues Wissen ergeben können.

In jedem Fall jedoch wird die Privatwirtschaft, sogar bei monopolistischer Protektion, nicht in alle für die Gesellschaft wünschenswerte

Arten der Wissensproduktion investieren – sei es, weil es für bestimmte Arten von Wissen keine Märkte gibt oder weil es viele Jahre dauern kann, bis das neue Wissen Erträge abwirft, oder weil das Risiko für die Erfindung neuen Wissens oder anwendbarer Technologien zu groß ist, oder sei es, weil die anfallenden Kosten jenseits der Möglichkeiten einer einzelnen Unternehmung oder einer interessierten Unternehmensgruppe liegen. Deshalb muß die Gesellschaft durch ihre Regierung kollektiv in bestimmte Bereiche der Forschung, welche die gesellschaftliche Wohlfahrt fördern, investieren, wenn man in den Genuß dieses Nutzens kommen möchte. Das kann sich auf verschiedene Bereiche beziehen, von der Untersuchung einfacher Mikroorganismen bis zur Experimentalforschung über Kernfusion und Sonnenenergie.

VII

Von Anfang an war Samuelson hinter dem Irrlicht (oder heiligen Gral) der sozialen Wohlfahrt her – zweifellos eines der ältesten und grundlegendsten Ziele der Ökonomen. Das große Thema, das Adam Smiths *Wealth of Nations* zugrunde liegt, ist der Glaube, daß die Verfolgung individueller Interessen und das Erreichen sozialer Wohlfahrt harmonierten: ›...(kein) Individuum... beabsichtigt, das öffentliche Wohl zu fördern... Jeder hat nur seinen Eigennutz im Auge, wird darin aber, wie in vielen anderen Fällen, von einer *invisible hand* geführt, um ein Ziel zu fördern, das außerhalb seiner Absichten liegt.‹

In Anlehnung an Arbeiten seines Kollegen in Harvard, Abram Bergson, konnte Samuelson zeigen, daß Smiths Grundannahme – der Kern der klassischen und zeitgenössischen Argumentation für freies Unternehmertum und gegen Staatsinterventionen – auf der Voraussetzung *vollkommenen Wettbewerbs* beruht. Die liberalistische Position steht und fällt deswegen mit dem Wettbewerbsgrad, der in der ökonomischen Realität vorherrscht. Doch eine der grundlegenden intellektuellen Revolutionen in der Wirtschaftswissenschaft des 20. Jahrhunderts – kurz vor der keynesianischen Revolution – war der Nachweis, den Edwin H. Chamberlin von Harvard und Joan Robinson von Cambridge im Jahre 1933 führten, daß nämlich in modernen Industriegesellschaften der *monopolistische Wettbewerb* (nach

Chamberlin) oder der *unvollständige Wettbewerb* (nach Robinson) der Normalfall sei; beides bedeutet, daß wichtige Märkte von einer kleinen Anzahl von Firmen dominiert werden, deren Verhaltensweisen voneinander abhängig sind. Die ganze liberalistische Laissez-faire-Position schien (und scheint) Samuelson auf schwachen Annahmen zu beruhen: ›Was Liberale gemeinsam haben‹, sagt er, ›ist die Hoffnung, daß Abweichungen von der vollständigen Konkurrenz in unserer Gesellschaft nicht zu stark ausfallen.‹ Er merkt an, daß Milton Friedman offensichtlich von der Auffassung überzeugt ist, daß öffentliche Monopolaufsicht ein größeres Übel sei als die sich selbst überlassene Wirtschaft. Andere Größen des klassisch-liberalen Lagers unterstreichen jedoch die Bedeutung der Anti-Kartell-Politik oder anderer Maßnahmen der Wettbewerbspolitik.

Als Beschreibung der tatsächlichen Situation der amerikanischen Wirtschaft war die Theorie des monopolistischen Wettbewerbs für die liberalistischen Ökonomen der Universität von Chicago äußerst unbequem; sie versuchten, diese Theorie als schlampig und wirtschaftspolitisch gefährlich abzutun. Frank Knight, der Dekan der Chicagoer Schule, verkündete bei einem Treffen in Princeton im Jahre 1950: ›Wenn es irgend etwas gibt, das ich nicht ausstehen kann, dann ist es ein Keynesianer und ein Anhänger der Doktrin des monopolistischen Wettbewerbs.‹ Samuelson, der anwesend war, stichelte Knight mit der Frage: ›Und wie steht es mit Leuten, die an den Nutzen der Mathematik in den Wirtschaftswissenschaften glauben, Frank?‹ Knight antwortete, daß er die auch nicht ausstehen könne, und Samuelson wußte, daß dieser negative Chicagoer Urteilsspruch haarscharf auf ihn zutraf. (18)

Die Bedrohung der Laissez-faire-Doktrin durch die Wirklichkeit des monopolistischen Wettbewerbs wurde von Milton Friedman deutlich gesehen; um ein tumorhaftes Anwachsen dieser Bedrohung zu verhindern, versuchte Friedman, sie mit seinem Exkurs über ›positivistische Wirtschaftstheorie‹ zu bannen. Er behauptete, daß die Richtigkeit und Nützlichkeit einer Theorie unabhängig davon sei, ob deren Annahmen exakt mit der Wirklichkeit übereinstimmten oder nicht. Die Wirtschaftswissenschaften sollten ›positivistisch‹ vorgehen und aus allgemeinen Annahmen spezifische Schlüsse ableiten; wenn diese Ableitungen sich als richtig erweisen würden, könne man davon ausgehen, daß die Annahmen zureichend seien. Samuelson warf Friedman vor, er habe seiner Theorie einen ›Dreh‹ gegeben

– durch die Behauptung, daß ›eine Theorie bestätigt ist, wenn (einige) ihre(r) Ableitungen in einem befriedigenden Grad der Approximation mit der Empirie übereinstimmen; für die Richtigkeit und den Wert einer Theorie ist es ziemlich unwichtig, ob die Theorie selbst oder ihre ›Annahmen‹ (empirisch) realistisch sind oder nicht‹. (19)

Samuelson brandmarkte das Argument als unsinnig, daß faktische Ungenauigkeiten irgend etwas anderes als eine Schwäche einer Theorie oder Hypothese sein könnten. Zugegeben, manche Ungenauigkeiten sind schlimmer als andere, aber das bedeutet lediglich, daß manche Sünden schlimmer sind als andere, ›nicht jedoch, daß eine Sünde ein Verdienst ist oder daß eine kleine Sünde gleichbedeutend mit keiner Sünde ist‹. (20)

Samuelson betrachtete Friedmans ›Krypto-Positivismus‹ zwar als ziemlich bedeutungslos für einen Philosophen oder Wissenschaftler, fand seinen ›Dreh‹ jedoch interessant für Ökonomen, und zwar wegen dessen Motivation, von der er sagte, sie sei als Verteidigung der vollkommenen Konkurrenz in den Laissez-faire-Modellen der Ökonomik aufzufassen. Diese Sichtweise wurde seit über einem Jahrhundert kritisiert, sowohl von Leuten außerhalb der Ökonomenzunft, von Humanisten, Nationalisten, Romantikern und anderen, als auch innerhalb der Zunft seit der Revolution des monopolistischen Wettbewerbs Anfang der dreißiger Jahre. Der ›Friedman-Dreh‹ diente auch zur Absicherung der traditionellen Hypothese, daß das Ziel der Unternehmen einfach darin bestehe, Profite zu maximieren – eine Hypothese, die Samuelson als eine Mischung von ›Truismus, Wahrheit und Unwahrheit‹ bezeichnete. Friedmans Krypto-Positivismus hatte den Zweck, dessen und der Chicagoer Schule eigenen ›nicht-positivistischen‹ – das heißt normativistischen – Zweck zu unterstützen, der sowohl darin bestand, Laissez-faire und privates Unternehmertum zu verteidigen, als auch darin, den Zusammenbruch eines ökonomischen Modells zu verhindern, in welches einige Ökonomen ihr gesamtes intellektuelles Kapital investiert hatten.

Die Positivismus-Debatte beleuchtete ein wichtiges Problem, das sowohl die Ökonomen wie auch die breitere Öffentlichkeit irritiert: daß nämlich die Wirtschaftswissenschaften dazu tendieren, aus sehr allgemeinen Modellen, Theorien oder Paradigmata schlüssige Erklärungen für eine Vielzahl verschiedener und nur unzureichend beobachtbarer und meßbarer Phänomene abzuleiten. Die ökonomischen Paradigmata schließen ein bestimmtes Maß an Vermutung oder Glauben ein, eine Art künstlerischer Vereinfachung der Wirklichkeit. Zwar besteht Samuelson darauf, daß die Wirklichkeitsnähe der Annahmen einer Theorie von Bedeutung ist, er gibt jedoch zu, daß ›die Annahmen natürlich idealisiert sein können – wenn man versuchen würde, alles bis zum letzten Komma zu erklären, würde man Theorien bekommen, die von ihrem eigenen Gewicht erdrückt würden‹. Es sind nicht nur die Theorien der Ökonomen, welche die Wirklichkeit lediglich bis zu einem gewissen Grad der Annäherung beschreiben. ›Jede Theorie‹, so Samuelson, ›und das galt schon lange vor den Tagen der Quanten-Theorie, steht vor dem Problem der Meßfehler, der Streuung um die Gesetzmäßigkeiten. Bei höheren Approximationen kann man etwas über die Streuung erfahren.‹ Aber dies ist so ziemlich das Gegenteil zu der Aussage, daß eine Theorie wegen ihrer Unvollkommenheiten nur desto besser sei.

Neue Auffassungen der Realität – oder neuer und sich entwickelnder Realitäten – erfordern neue Paradigmata, wie Thomas Kuhn in seinem Buch ›Die Struktur wissenschaftlicher Revolutionen‹ (21) zeigte. Das Paradigma der monopolistischen oder unvollständigen Konkurrenz hat Relevanz für das Marktverhalten von Großunternehmen, für die Produktionstrends bestimmter Branchen, für Probleme der Arbeitslosigkeit und der industriellen Mobilität und für viele andere Vorgänge in einer fortgeschrittenen Industriewirtschaft. Samuelson gesteht zu, daß von dem Paradigma des vollkommenen Wettbewerbs oder von demjenigen der reibungslosen Marktanpassung vielleicht immer noch einige ›robuste‹ Hypothesen über bestimmte Sachverhalte oder bestimmte Märkte abzuleiten seien. Aber wenn man erklären möchte, warum eine schrumpfende Wirtschaftsbranche die Zahl ihrer Arbeitskräfte konstant hält, aber nur während eines Bruchteils des Jahres produziert, dann sind die Abweichungen vom Modell der vollkommenen Konkurrenz der Kern des Problems, und man sollte sich nach einem neuen Modell umsehen, statt am alten festzuhalten, das doch nur aussagt, was ›passieren sollte‹, aber nicht passiert.

Im Gegensatz zur Mathematik geht es in der Ökonomik nicht darum, schöne, kohärente und logische Modelle zu konstruieren, sondern um die wahrheitsgetreue Abbildung der Realität und um das Aufspüren und Erfassen der Regelmäßigkeiten in ökonomischen Erscheinungen und im wirtschaftlichen Verhalten der Menschen. ›Ökonomen werden oft beneidet‹, sagt Samuelson, ›weil ein Teil von dem, womit sie sich beschäftigen sollen – und für viele schon alles, mit dem sie sich tatsächlich beschäftigen – oft ein hohes Maß an Regelmäßigkeit aufweist. Andere Sozialwissenschaftler beneiden uns, weil wir die einfachen Fragen zu beantworten haben.‹ Aber er glaubt nicht, daß ein guter Ökonom nur Ökonom sein kann. Er findet es traurig, daß ein Ökonom, der auf Gebieten arbeitet, die in andere Disziplinen hinüberreichen, ein Amateuranthropologe oder -soziologe oder -psychologe werden muß. ›Wie schön wäre es‹, meint er, ›wenn man wirklich eine Arbeitsteilung haben könnte, und einer den Gurt halten würde, während der andere seinen Salto macht. Diesen anderen haben wir immer schon gesucht, wie wir immer auch den einen guten Makler gesucht haben – den Mann von der anderen Disziplin, der zu unseren Interessen paßt.‹

Er urteilt skeptisch über die Eignung der Wirtschaftswissenschaften, in fremde Sozialbereiche einzudringen und dort sinnvolle Beiträge zu leisten. Seit einiger Zeit schreiben Ökonomen über soziale Diskriminierung, Kriminalität, Entfremdung, Erziehung und andere soziologische und psychologische Themen. ›Diese Literatur begeistert mich nur mäßig‹, sagt Samuelson, ›weil mir scheint, daß ein Großteil davon die Dinge nur in wirtschaftswissenschaftlicher Sprache ausdrückt – eine Umformulierung in der Absicht, die Nichtökonomen zu schockieren und den Ökonomen zu schmeicheln.‹

Samuelson glaubt, daß der Ökonom oft weit hergeholte Vergleiche bemüht, wenn er sich außerhalb seines Bereiches bewegt. ›Um die demographische Revolution nach 1939 und die darauf folgende Gegenbewegung nach 1957 zu verstehen‹, meint er, ›nützt es nicht viel, einen ausgetüftelten Vergleich zwischen Kindern und Cadillacs und inferioren Gütern anzuführen. Die Familien haben weniger Kinder, aber Kinder sind keine inferioren Güter – auf diese Aussage laufen die Anstrengungen dieser Literatur hinaus.‹

Die besonderen formalen Modelle, die von Ökonomen zur Erklärung der Bevölkerungsentwicklung angeboten werden, scheinen ihm unfruchtbar und leer. ›Wenn wir den demographischen Wandel verstehen wollen‹, sagt er, ›würde der Test für mich nicht darin bestehen, angeblich zu erklären, was sich ereignet hat, sondern darin, erklären zu können, was sich in der Zukunft ereignen wird.‹ Statt die Kindernachfrage durch eine Analogie mit der Nachfrage nach inferioren Gütern zu analysieren, so sein Vorschlag, könnten die Ökonomen ›ebenso aus der Anwendung von *Seventh-Avenue*-Analogien auf Rokklängen und Moden lernen, weil die Ausbreitung des Geschmacks wichtiger ist als die Geschmacksstruktur zu jedem gegebenen Zeitpunkt‹.

Er nimmt ein Beispiel aus seiner eigenen Familienerfahrung; er und Marion Samuelson werden unter Ökonomen gefeiert, weil sie sechs Kinder haben – erst ein Mädchen, dann ein zweites; dann einen Jungen; und dann männliche Drillinge. Er interpretiert das sozialwissenschaftliche Material, das mit seiner Familiensituation gegeben ist, folgendermaßen: ›Als wir heirateten, haben wir acht Jahre lang keine Kinder gehabt; davon sechs oder mehr Jahre nach unserer eigenen Wahl. Damals war es nicht modisch, Kinder zu haben. Aber die Zeiten änderten sich. Es kam so weit, daß die Leute einen für homosexuell hielten, wenn man nicht verheiratet war – und das war schlecht. Heute wendet sich das Blatt wieder.‹

Aber er besteht darauf, daß er nichts Sinnvolles darüber zu sagen habe, in welcher Richtung die Entwicklung der Fortpflanzung sich wieder verändern werde; er verfügt über kein Expertenwissen über mögliche Verlagerungen der sozialen Kurven. ›Nur solche Leute haben etwas Lohnendes über Mode zu sagen, die nahe an der Mode dran sind.‹ Und wenn man etwas über die Entwicklung des Verfassungsrechts wissen möchte, so muß man Leute fragen, die dem Verfassungsgericht nahestehen. ›Im Prinzip‹, so folgert er, ›geht es darum, ob man den Test der ‚Frank-Ramsey-Wette' anwenden kann: Experten machen auch Fehler, aber man kann darauf wetten, daß sie seltener Fehler machen als andere.‹

Diese Denkart unterliegt Samuelsons vorsichtiger Haltung gegenüber wirtschaftswissenschaftlichen Prognosen. Er erzählt von dem Yale-Professor Tjalling Koopmans, einem überaus gewissenhaften Mathematiker und Ökonometriker, der später den Nobelpreis Wirtschaftswissenschaft erhielt, wie er im Jahre 1950 zu Samuelson kam, um seine Ansichten über aktuelle und mögliche zukünftige Fortschritte im Bereich wirtschaftswissenschaftlicher Prognosen kennenzulernen. Samuelson sagte ihm, daß die Ökonomen besser als je zuvor prognostizieren würden und daß mehr Leute als früher gut prognostizierten, aufgrund umfassenderer und besserer Informationen und besserer Prognosemodelle. ›Aber‹, so fügte Samuelson hinzu, ›ich glaube nicht, daß wir uns einer immer größeren Genauigkeit annähern. Ich meine, wir nähern uns immer mehr einer Art irreduzibler Brownschen Bewegung an – man könnte es auch mit einem so hochgestochenen

Namen wie dem Heisenbergschen Unbestimmtheitsprinzip benennen, weil der liebe Gott noch nicht recht weiß, wie die Investitionstätigkeit im nächsten Jahr verlaufen soll –, wie sollen *wir* dann herausfinden können, was tatsächlich passieren wird?‹

Samuelson glaubt, daß sich seine Beobachtung als nur zu wahr erwiesen hat, und er sieht immer noch ›keine Anzeichen für eine Annäherung an große Genauigkeiten bei den gegenwärtigen Methoden‹. Diese Schlußfolgerung, sagt er, ›mag bescheiden klingen, aber sie ist wirklich arrogant – weil ich behaupte, daß mein Wissen in der Erkenntnis dessen besteht, was ich nicht weiß‹. Samuelson selbst prognostiziert nur in einer äußerst behutsamen Weise; seine Ausblicksartikel für die Londoner *Financial Times* oder die Tokioter *Nihon Keizai Shimbun* bestehen eigentlich nur darin, die Prognosen anderer zu kommentieren.

Er hält viel vom Schätzen. Aber eine Schätzung sollte eine bewußte oder unbewußte empirische Grundlage haben. ›Arthur Burns‹, sagt er, ›hatte seine beste Stunde im Aufschwung von 1955. Er prognostizierte höhere Werte als alle seine Mitarbeiter. Ich fragte einen von ihnen nach dem Grund, und er sagte: ‚Wer weiß, Burns hat Gründe, die wir nie kennen werden.‘ Aber Samuelson glaubt, daß Burns' wirklicher Grund damals die gute Aufnahme der neuen Modelle von General Motors war: ›Im Frühherbst 1954 konnte man das am Zigarettenqualm in den Verkaufsräumen sehen.‹ Er hält die Wissenschaft für eine besondere Art des ›common sense‹, der den Willen zur Erkenntnis dessen einschließt, was man nicht wissen kann.

Wenn er vom US-Finanzministerium oder von der Zentralbank in Boston um Rat gefragt wird, was bisweilen vorkommt, dann sagt Samuelson seinen Kunden, daß sie sich nicht zu eng an die aktuell besten Prognosen halten sollen. Seine Vorhersagen haben weite Bandbreiten, und er geht davon aus, daß diese 2/3 bis 4/5 der Prognosen anderer Beobachter abdecken. Den Wirtschaftspolitikern sagt er, sie sollten ihre Maßnahmen auf solche Annahmen mit weiten Bandbreiten basieren. Bei seinen eigenen Geldanlagen am Aktienmarkt erweitert er immer die ihm von Maklern oder Beratern genannte Risikostreuung.

VIII

Auf diese Weise versucht Samuelson, der Aktienspekulant und Sozialreformer, die positive von der normativen Wirtschaftswissenschaft getrennt zu halten. In Anlehnung an Lionel Robbins' *The Nature and Significance of Economics* (›Wesen und Bedeutung der Wirtschaftswissenschaften‹ – 1930) sagt Samuelson, wesentlich sei die Erkenntnis, daß alle normativen (präskriptiven) Aussagen eine andere grammatikalische Form hätten als positive Aussagen: Es sind Sollens-Aussagen, keine Ist-Aussagen. ›Es mag ein positives Faktum sein‹, sagt er, ›daß es in einer Gesellschaft mit sehr gleichmäßiger Einkommensverteilung weniger Rachitis und eine geringere Streuung der Lebenserwartungen verschiedener Bevölkerungsgruppen gibt. Aber die Aussage, daß diese Einkommensverteilung realisiert werden *sollte,* ist grammatikalisch von ganz anderer Art. Das scheint mir sehr wichtig zu sein. Es gibt keine normative Wirtschaftswissenschaft ohne Normen, ohne Ethik, ohne Vorurteile.‹

Aber sind ethische Normen rein subjektiv, oder können sie begründet und festgelegt werden? Samuelson löst diese Frage nicht in einer endgültigen Weise. Stattdessen versucht er zu klären, wie die Leute die subjektive Wohlfahrt ihrer Gesellschaft erhöhen können – das heißt, wie die Wohlfahrt der ganzen Gemeinschaft nach den subjektiven Normen der Individuen erhöht werden kann, welche die Gemeinschaft bilden. Er behauptet, daß die Leute tatsächlich das, was sie für ihre Normen halten, realisieren können, wenn sie individuell und gemeinschaftlich handeln. ›Ich zum Beispiel‹, sagt er, ›habe mein ganzes Leben und auch jetzt noch ein stark egalitäres Vorurteil.‹ Dennoch erkennt er an, daß Gleichheit nicht die einzige Norm ist. Produktion und Einkommen sind auch wichtig. Gleichheit könnte ihren Preis haben, auch für die Armen. Wenn sie zu einem Weniger an Gesamtanstrengung und Produktion in der Gesellschaft führt, dann bedeutet das ein geringeres Nationalprodukt und folglich kleinere Anteile für alle. Das Problem der sozialen Wohlfahrt, so betont er, muß dynamisch gesehen und gelöst werden, und nicht statisch, das heißt aufgrund der Annahme gegebener Ressourcen und Wünsche.

Er findet es naiv, wenn Professor James Coleman, der Soziologe, dessen Forschungen über Rassenintegration im Erziehungswesen der *busing*-Bewegung (Bustransport von Negerkindern in weiße Schulen und von weißen Kindern in Negerschulen) viel von ihrem Schwung verliehen haben, heute herausfindet, daß es störende Nebeneffekte bei dem Versuch gibt, die Schulen zu integrieren. ›Das ist nur ein weiterer Zug auf dem Schachbrett‹, sagt Samuelson. ›Es mag ein Zug sein, der uns nicht gefällt, wie zum Beispiel die Entleerung der Stadtzentren, so daß man am Ende mehr Rassentrennung hat. Aber genau dies muß ein guter Schachspieler vorher berücksichtigen.‹

Samuelson glaubt, daß ethische Normen aufgestellt werden müssen, wenn es eine langfristige Verbesserung der sozialen Wohlfahrt geben soll. Diese Normen können jedoch nicht ›von Leuten kommen, die durch eine Promotion in den Wirtschaftswissenschaften oder in irgendeinem anderen Gebiet ausgewiesen sind, und sie können nicht von irgendwelchen meßbaren Größen – wie der Lichtgeschwindigkeit oder der gesamtwirtschaftlichen Nachfrage – abgeleitet werden‹.

Wie werden ethische Normen dann aufgestellt?

Die Antwort auf diese Frage ist relativ einfach, wenn sie positivistisch interpretiert wird: Ethische Normen werden durch heilige Texte oder durch eine Priesterschaft aufgestellt; oder durch einen Diktator oder durch eine herrschende Bürokratie; oder durch das Prinzip, daß jedes Individuum oder jeder Stamm seine Normen selbst bestimmt; oder durch einen evolutionären Prozeß des Aushandelns zwischen Individuen und Gruppen – so, wie zum Beispiel religiöse Toleranz sich in den amerikanischen Kolonien als eine Konsequenz ›des gemeinsamen Interesses der zahlreichen Sekten, die Vorherrschaft irgendeiner Sekte zu verhindern‹, entwickelte. (22)

Aber es ist eine ganz andere Frage, wie ethische Normen aufgestellt werden *sollten* und wie diese Normen aussehen *sollten,* und sie ist sehr viel schwieriger zu beantworten. Wie wir gesehen haben, bot Adam Smith die intuitive These an, daß die gute Gesellschaft unter der Bedingung des freien Wettbewerbs aus der Verfolgung des Selbstinteresses entstehen würde, ohne daß eine mächtige politische Autorität die Ergebnisse bestimmen würde. Verschiedene Ökonomen des 19. Jh., darunter Thomas Malthus, John Stuart Mill, Léon Walras und Alfred Marshall, erkannten, daß der freie Wettbewerb nur dann zu einem ›gerechten‹ Zustand führen würde, wenn die anfängliche Vermögensverteilung gerecht wäre; sind die Ausgangsbedingungen ungerecht, dann sind es auch die gesellschaftlichen Ergebnisse, denn der Markt kann ebensosehr wie der Staat eine Quelle des Zwangs sein. Malthus verstand diese Marktzwänge sehr gut;

er schrieb, daß das Schicksal einem Arbeiterkind die Karten sehr grausam mische, dem Wohlgeborenen dagegen günstig. Mill sagte, es sei sehr viel mehr als Schicksal mit im Spiel; das von den Gerichten durchgesetzte Recht auf Privateigentum wirkt sich sehr negativ auf die Armen aus; die Ungerechtigkeit der heutigen Einkommensverteilung würde zukünftige Generationen zu Elend und Hunger verurteilen und der Markt würde daran nichts ändern.

Samuelson glaubt, daß es Ungerechtigkeiten sowohl bei den marktmäßigen wie nicht-marktmäßigen Formen des Zwanges geben kann, und daß die Wirkungen tatsächlich gleich sein können. Als Test bietet er die einfache Aussage an: ›Ich werde nicht zur Universität zugelassen. Meine Familie ist - - -.‹ In verschiedenen Gesellschaften mit unterschiedlichen ethischen Normen könnte die Lücke mit *schwarz, bürgerlich, jüdisch* oder *arm* ausgefüllt werden. Samuelson stimmt mit Anatole France' ironischer Bemerkung zur Gleichheit unter dem Gesetz überein: ›Wie majestätisch ist doch die Gleichheit des Gesetzes, die es Armen und Reichen gleichermaßen gestattet, nachts unter den Brücken zu schlafen.‹ (23)

Samuelson ist jedoch nicht notwendigerweise gegen alle Formen von Zwang, und sei es staatlichem Zwang, wenn eine wertvolle ethische Norm es erfordert. Darin unterscheidet er sich ebenfalls von Milton Friedman, der argumentiert, es sei besser, wenn ein Gegner der Rassentrennung versuche, andere zu überzeugen, als überhaupt nichts zu tun; wenn die Überzeugungsversuche jedoch nicht gelängen, sollte es keinen Zwang geben, nicht einmal demokratisch legitimierten, weil allgemeine Rezepte gegen Diskriminierung willkürlich und unsinnig seien. (24)

Samuelson meint, er könne die ›Absurdität‹ der Behauptung, die durch deren abstrakte Form nur verdeckt sei, mit einem einzigen Gegenbeispiel beweisen. Er paraphrasierte Friedmans Behauptung folgendermaßen:

> ›Wenn freie Menschen in einer bestimmten Weise X handeln, was Sie und einige andere als schlecht ansehen, ist es prinzipiell falsch, sie zur Aufgabe dieser Praxis X zu zwingen; im Prinzip kann man nur versuchen, sie durch eine ‚freie Diskussion' von ihrem Handeln.‹ (25)

Samuelsons Widerlegung sieht so aus: Ersetze Praxis X durch den Satz: ›Vergasung von fünf Millionen Menschen einer bestimmten Art.‹ ›Wer stimmt dem Rezept jetzt noch zu?‹, fragt er. Samuelson beantwortet seine Frage selbst mit der Feststellung, daß nur zwei Typen möglicherweise zustimmen würden:

1. Naive, die glauben, daß Überredung die Hitlers davon abhalten könnten, Millionen zu vergasen, und
2. solche, die glauben, daß der durch Überrredung erreichbare Status quo ›ziemlich bequem, wenn nicht sogar perfekt ist‹.

Einen dritten Typ schließt er aus: Jene, die ein Axiom ohne Rücksicht auf dessen Konsequenzen annehmen oder die dessen Konsequenzen nicht verstehen.

Samuelsons dramatische ›Ausnahme‹ von Friedmans allgemeinem Argument gegen politischen Zwang (auch für eine wertvolle Sache) beleuchtet seine eigene Überzeugung, daß moralische Fragen üblicherweise einen Ausgleich zwischen verschiedenen ›Gütern‹, wie zum Beispiel Freiheit und Gerechtigkeit, beinhalten. Samuelson glaubt, das Leben bestehe in der Maximierung einer Vielzahl von Übeln und in der Maximierung einer Vielzahl von Zielen, wenn möglich durch Kompromisse und unter Beibehaltung eines möglichst großen Maßes an persönlicher Freiheit – wobei jedoch politische Verfahren nicht ausgeschlossen werden sollen, wenn sie zur Erreichung eines gesellschaftlich-nützlichen Gutes erforderlich sind.

Die Grundprinzipien der menschlichen Gerechtigkeit sind für Samuelson ein echtes Anliegen, ebensosehr wie sein starker Wunsch, daß jedes Individuum seine eigenen Werten wählen können sollte. Er hält nichts davon, seine eigenen Ideen anderen aufzudrängen. ›Man stellt mir sehr oft diese Art von Fragen: Wenn Sie unbegrenzte Macht hätten, was würden Sie tun? Das ist eine Art von Frage, der ich auszuweichen versuche, aber wenn ich antworten muß, wie z. B. vor einem Kongreßausschuß, dann sage ich immer: ‚Sehen Sie, meine Antwort beruht zum Teil auf meinen wissenschaftlichen Kenntnissen (ich sage das nicht so geschraubt), und teilweise ist es ein Werturteil.'‹

Nicht einmal für seine eigenen Kinder möchte er die Verhaltensregeln festlegen. ›Man könnte vermuten, ich sei ein ziemlich permissiver Vater; ich habe keine festgelegte Meinung darüber, wie ein Kind erzogen werden soll oder welche Entscheidungen es treffen soll.‹ Anderen Ratschläge zu erteilen, findet er ziemlich einfach und billig, sowohl im persönlichen wie im politischen Bereich.

Das soziale, politische und ökonomische Leben sieht er als einen konstanten Prozeß der Konfliktlösung an. Aber nicht jeder Konflikt kann freiheitlich, friedlich und rechtzeitig gelöst werden. Er sieht ein, daß man ›nicht erwarten kann, daß die Abgeordnete Shirley Chisholm, die den Wahlkreis Bedford-Stuyvesant in Brooklyn vertritt, und ein Abgeordneter von St. Petersburg, Florida, der eine Gruppe alter, pensionierter Leute des Mittelstandes vertritt, einen Kompromiß in der Frage Inflation versus Arbeitslosigkeit erreichen können, wenn man annimmt, daß das eine Ziel nur auf Kosten des anderen erreicht werden kann‹. Sollte die Bürde der Arbeitslosigkeit denen aufgelastet werden, deren Beschäftigung am stärksten von Änderungen der gesamtwirtschaftlichen Nachfrage abhängt, wie zum Beispiel den Schwarzen von Bedford-Stuyvesant? Oder sollen die Kosten der Inflation den Pensionären von Saint Petersburg zugemutet werden? ›Ich kann nicht sehen‹, sagt Samuelson, ›wie diese Leute in der genannten Frage eine Übereinstimmung erzielen sollten.‹ Neben dem unmittelbaren Interessen- und Wertekonflikt gibt es auch noch intertemporale Differenzen: ›Einige dieser Leute werden bald tot sein. Manche sorgen sich um die Nachwelt, andere werden wie Louis XV – Louis XVI war dafür nicht gewitzt genug – sagen: ‚Après moi, le déluge.‘‹

Solche Konflikte, behauptet er, können nicht mit Hilfe von Fakten oder mit Logik gelöst werden; es gibt keine Möglichkeit, den Konflikt ohne Werturteile zu klären. In dieser Hinsicht, meint Samuelson, habe er mit Gunnar Myrdal ein Stück gemeinsamen Weges zurückgelegt, und er habe entdeckt, daß es viel schwerer ist, Werturteile von positiven Aussagen zu trennen, als er ursprünglich dachte. ›Wenn man eine Variationsanalyse der zehn Ausgaben meines Lehrbuches machen würde‹, sagt er, ›könnte man in dieser Frage Textveränderungen erkennen.‹

Um gesund und stabil zu sein, meint er, müsse eine freie Gesellschaft – in welcher die Individuen unterschiedliche Auffassungen vertreten und Zwecke ihrer eigenen Wahl verfolgen können – irgendeinen ethischen Wertkonsens entwickeln. Konsensfähig sind solche Werte, von denen die Leute glauben, daß sie sowohl in ihrem eigenen wie im Interesse der Gesellschaft sind. Wer solche ethischen Prinzipien verletzt, erkennt die Verfehlung normalerweise und hat Schuldgefühle.

Manchmal profitiert die gesamte Gesellschaft von einem gemeinsamen Wert und von politischen Maßnahmen, die im Namen dieses Wertes Veränderungen herbeiführen. ›Es gibt Dinge in einer Gesellschaft‹, sagt Samuelson, ›die so unsinnig sind, daß jeder durch eine Veränderung etwas gewinnt. Wenn die Gesamtsituation einmal verbessert ist, fällt für jeden eine kleine Belohnung ab.‹

Aber die meiste Zeit, fürchtet er, geht es nach dem Motto ›Bruder gegen Bruder – und dann muß man einfach an gemeinsame Werte appellieren, weil einige gewinnen und einige verlieren werden.‹ (In anderen Worten, wenn es die Reichen tatsächlich etwas kostet, den Armen zu helfen, dann muß man an die Reichen und an die Mittelklasse im Namen solcher gemeinsamer ethischer Werte wie Liebe, Barmherzigkeit, Gleichheit oder Bedürftigkeit appellieren.) Samuelson findet es am besten, wenn die Mitglieder einer Gesellschaft frei und durch ihre eigenen Überlegungen und Überzeugungen zu einem ethischen Wertkonsens gelangen. Er hält es ›für eigentlich ziemlich falsch – jetzt spricht meine persönliche Schuld-Philosophie –, irgendeine meiner eigenartigen Ansichten einer aufgeklärten größeren Öffentlichkeit aufzuzwingen, nur weil ich ein guter Debattierer bin und mich in den ökonomischen Tatsachen einigermaßen gut auskenne.‹

Die Rolle eines Rabbi oder Propheten lehnt er ab. ›Kenneth Boulding‹, sagt er, ›ist ein Mystiker. Ich dagegen habe keinen waschechten religiösen Hintergrund.‹ Seine Offenheit bezüglich seines Mangels an religiösen Einflüssen ist erfrischend, wenn auch etwas überraschend: ›In Yale war ich als Whyte Fellow am Calhoun College, und der damalige Dekan des Colleges, ein Professor für Altes Testament, sagte zu mir: ‚Oh, Sie müssen die Bibel in- und auswendig kennen.' ‚Wie kommen Sie darauf', fragte ich. Darauf er: ‚Sie zitieren doch laufend aus der Bibel.' Ich erwiderte: ‚Also, wie die Dinge liegen, kenne ich zwar *Poor Richards' Almanach* und Shakespeare in- und auswendig – aber die Bibel habe ich nie gelesen, das ist nur eine literarische Bekanntschaft.'‹

IX

Samuelsons weltliche und demokratische Sozialphilosophie ist ein organischer Bestandteil seiner wirtschaftspolitischen Grundsätze. Er ist ein Philosoph der *mixed economy,* in welcher privater und öffentlicher Sektor, Marktprozesse und politische Entscheidungen, individuelle Freiheiten und soziale Verantwortung, persönliche und gemeinschaftliche Wohlfahrt sich mischen. Der Mensch ist für ihn wie für den Biologen Lewis Thomas (26) ein soziales Wesen. ›Nicht einmal die Vollkommenheiten eines Individuums sind seine eigenen‹, sagt Samuelson, ›wie seine Unvollkommenheiten sind sie gesellschaftlich bedingt. Wir kamen in eine Welt, die wir selbst nicht gemacht haben, und wir verlassen sie ziemlich unverändert. Wenn man den Begriff des Individuums ins Extrem denkt, wird ein Monstrum daraus, genauso wie beim Begriff der Gesellschaft, wenn man ihn bis an seine Grenzen denkt.‹

Seine sozialen und politischen Ideen sind durch seine wirtschaftstheoretischen Arbeiten geschärft worden. Das andauernde Abwägen von Alternativen, die Berechnungen von *trade-offs,* die Suche nach ›katetischen Sattelpunkten‹ und Gleichgewichten und Maxima und Minima und Optima – all das hat sein politisches und gesellschaftliches Denken geprägt. Seine geistigen Modelle sind diejenigen der Wirtschaftstheorie.

Für ihn ist die Mathematik Sprache im wörtlichen Sinne (nicht nur *eine* Sprache, wie Willard Gibbs sagte), und sie macht obendrein noch großen Spaß. Er sagt: ›Ich glaube, die größte Freude im Leben besteht darin, Kinder zu haben; natürlich sieht die Generation von heute das völlig anders; aber unabhängig davon besteht für mich die größte Freude – das größte persönliche Vergnügen – im Rätsel-Lösungs-Aspekt der Ökonomik, in der mathematischen Arbeit. Aber am Ende ist ein Rätsel um so besser, wenn es nicht nur ein Rätsel ist, sondern auch noch Relevanz für Probleme der Wirklichkeit hat.‹

Zeitlebens war es Samuelsons Ziel, seine mathematische Begabung in den Dienst der Menschheit zu stellen. Er glaubt nicht, daß er eine blutleere Kunst praktiziert oder den Status quo verteidigt hat. Er beendete seine Nobelpreis-Rede in Stockholm mit der Bemerkung: ›Vor zwei Generationen sagte ein amerikanischer Ökonom, H.J. Davenport, der Thorstein Veblens bester Freund war – Veblen lebte tatsächlich einige Zeit in Davenports Kohlenkeller: ‚Es gibt keinen Grund, warum die theoretische Ökonomik ein Monopol von Reaktionären sein sollte.‘ Mein ganzes Leben habe ich versucht, mir diese Warnung zu Herzen zu nehmen, und ich nehme mir die Freiheit, Ihre geschätzte Aufmerksamkeit darauf zu lenken.‹ (27)

Das Wunder besteht darin, daß ökonomische Abstraktion manchmal einen wichtigen Einfluß auf die Gesellschaft haben und dazu beitragen, schwierigste Probleme zu lösen, von denen Millionen Menschen überall in der Welt betroffen sind. Samuelson war ein Pionier bei der Rekonstruktion der Wirtschaftswissenschaft zu einer kohärenten und ordentlichen Disziplin. Mehr als jeder andere hat er dafür getan, seine Einsichten weiterzugeben und die Regierungspolitik auf höchster Ebene zu beeinflussen. Zusammen mit Keynes und mit anderen hervorragenden Ökonomen seiner Zeit hat Samuelson dazu beigetragen, die kapitalistischen Länder von der Geißel der Massenarbeitslosigkeit zu befreien und die Gefahr des Systemzusammenbruchs zu vermeiden. Trotz all der ungelösten Probleme, die noch verbleiben – von der Inflation bis zur Umweltverschmutzung –, sollte der große Beitrag von Wirtschaftswissenschaftlern zur ökonomischen Stabilisierung nicht unterschätzt oder als selbstverständlich hingenommen werden. Damit ist die Hoffnung verbunden, daß freie Gesellschaften überleben und letztlich die andersartigen Probleme einer neuen Zeit lösen können.

Doch Samuelson, der mit Leib und Seele Ökonom ist, scheint zu spüren, daß die Wirtschaftswissenschaften nicht dafür gerüstet sind, die vor ihnen liegenden Aufgaben zu meistern. Er gibt zu, daß bei vielen gesellschaftlichen Problemen ›die Zeit nur für hastige und unsaubere Lösungen ausreicht‹. Die besten Berater, sagt er, hätten einfache Modelle – und Mut. Genial sein heißt, solche Modelle wie ›den Markt‹ oder ›den volkswirtschaftlichen Kreislauf‹ zu finden, die mit wichtigen Aspekten der Wirklichkeit gut übereinstimmen. Braucht die Gesellschaft neue Modelle? Müssen diese außerhalb der Ökonomik gesucht werden, einer Wissenschaft, die durch ihre früheren Triumphe unflexibel geworden ist?

MILTON FRIEDMAN

Der Prophet der alten Orthodoxie

›Kapitalismus und Altruismus sind unvereinbar; es sind philosophische Gegensätze; im gleichen Menschen oder in der gleichen Gesellschaft können sie nicht koexistieren.‹

Ayn Rand

›So etwas wie ein freies Mittagessen gibt es nicht.‹

Anonym; auch Buchtitel von Milton Friedman

Milton Friedman

I

Adam Smith wird gewöhnlich als der Vater der modernen Wirtschaftswissenschaften gepriesen und Milton Friedman als sein hervorragender geistiger Sohn.

Auf der Grundlage der deistischen Theologie, wonach Gott das von ihm in Bewegung gesetzte Universum aufgab und die Naturkräfte sich selbst überließ, unternahm Smith den Nachweis, daß eine Wirtschaft am besten funktioniere, wenn sie durch Eigennutz und Wettbewerb gesteuert würde. Ein solches ökonomisches System, so behauptete er, benötige keinen Altruismus; im Gegenteil, Nächstenliebe – ein seltener menschlicher Zug – sei eine weniger zuverlässige und schwächere Kraft als Eigennutz, wenn es um die Schaffung gesellschaftlichen Wohlstandes und um die Erfüllung der Bedürfnisse anderer gehe. Die natürliche Kraft des Eigennutzes, die, so Smith, ›uns im Mutterleib mitgegeben wird und uns bis ins Grab hinein nicht mehr verläßt‹, dient dem Gemeinwohl jedoch nur dann, wenn die Regierung oder sonst ein mächtiges Monopol sich nicht in das freie Handeln der Individuen und Unternehmen einmischt. Smiths Anweisung an den Staat lautete ›machen lassen‹ – *Laissez-faire*. Die Geschäftsleute und Individuen sollen ihre eigennützigen Interessen ohne Einmischung des Staates verfolgen können.

Bei Ausbruch der Weltwirtschaftskrise der 30er Jahre, die das System des freien Unternehmertums im Kern seiner Existenz bedrohte, bestand Milton Friedmans bemerkenswerter Beitrag in dem Nachweis, daß in den überkommenen Glaubenssätzen von Adam Smith noch viel Leben steckte – und daß viele kluge Vorkehrungen getroffen werden könnten, um das Eigeninteresse und die Marktkräfte auf die Lösung sozialer Probleme hin auszurichten.

In einer Zeit, als die meisten seiner führenden Kollegen nach Möglichkeiten suchten, wie durch Staatsinterventionen bessere Wirtschaftsergebnisse und eine höhere soziale Wohlfahrt erreicht werden könnten, wurde Friedman zum feurigen Vorkämpfer für Kapitalismus und wirtschaftliche Freiheit. Seine Hingabe an die Laissez-faire-Philosophie und sein Geschick, dessen anhaltende Bedeutung auch für eine hochindustrialisierte und entwickelte Gesellschaft herauszustellen, machten Friedman zum gefeierten konservativen Wirtschaftswissenschaftler Amerikas, zu einem Helden der Geschäftswelt in den Vereinigten Staaten und in vielen anderen Ländern. Aber er war nicht nur ein Adam Smith *redivivus*. Smith war mißtrauisch gegenüber den Interessen der Wirtschaft und deren Tendenz zur Monopolbildung gegen die Konsumenten; er schrieb zu einer Zeit, als die industrielle Klasse sich gegen den Widerstand der Feudalschicht durchzusetzen versuchte; Friedman trat als Verteidiger einer Klasse auf, die bereits im Sattel saß.

Friedmans eigene Herkunft war bescheiden. Er wurde im Jahre 1912 als Sohn eines jüdischen Einwanderers in Brooklyn, New York, geboren. Vor seiner Geburt arbeitete seine Mutter als Näherin in einem New Yorker Ausbeuterbetrieb, und sein Vater arbeitete im Textilgroßhandel. Ein Jahr nach Miltons Geburt zogen die Friedmans über den Hudson nach Rahway, New Jersey, und machten dort einen Textileinzelhandel auf. Sein Vater starb, als Milton fünfzehn war; er hinterließ der Mutter wenig Geld für die Ausbildung des Sohnes. Milton war religiös erzogen worden, aber als er dreizehn war, kam er zu dem Entschluß, daß Religion Unsinn sei, und hatte künftig damit nichts mehr zu tun.

Seine größte Begabung lag in der Mathematik. Er war ein hart arbeitender Student, der gescheiter und jünger als die Klassenkameraden war. Bevor er sechzehn wurde, machte er an der Rahway High School seinen Abschluß und gewann ein Stipendium des Staates New Jersey zum Besuch der nahegelegenen Rutgers University in New Brunswick. In Rutgers verdiente er sein Geld als Kellner und als Verkäufer in einem Warenhaus. Aus Spaß arbeitete er als Redakteur bei der Studentenzeitung mit. Am College mußte er einen zweijährigen Reserveoffizierskurs mitmachen, was bei ihm eine lebenslange Abneigung gegen den Pflichtwehrdienst auslöste.

Während der ersten Semester am Rutgers College suchte er nach praktischen Möglichkeiten, aus seiner mathematischen Begabung Kapital zu schlagen. Er entschloß sich, Versicherungsmathematiker zu werden und legte dafür in Rutgers das Examen ab. Aber als er dieses College verließ, hatte er ein anderes Fach entdeckt – und sich darin verknallt –, die Ökonomik.

Zwei junge Männer, nämlich Arthur F. Burns und Homer Jones, waren für Friedmans Einführung in die Wirtschaftswissenschaft verantwortlich. Beide lehrten am Rutgers College, während sie an anderen Instituten – Burns an der Columbia University und am National Bureau of Economic Research, und Jones an der Universität von Chicago – ihre Doktorarbeiten abschlossen. Die von diesen Lehrern und ihren jeweiligen Instituten ausgehenden Einflüsse schienen auf den ersten Blick sehr unterschiedlich zu sein. Chicago war ein Zentrum der theoretischen Wirtschaftswissenschaften und Heimat einer sehr konservativen ökonomischen Ideologie. Columbia dagegen – oder genauer, das National Bureau of Economic Research unter dem beherrschenden Einfluß von Wesley C. Mitchell, seinem eminenten Gründer, Präsidenten und Forschungsdirektor – betonte einen angeblich wissenschaftlichen Empirismus, die Suche nach ›Fakten‹ statt nach abstrakten Theorien ökonomischen Verhaltens.

Später versuchte Friedman zu zeigen, daß der Unterschied zwischen der Suche nach Fakten und der Suche nach Theorien mehr scheinbar als wirklich sei. In einer Festschrift für Mitchell schrieb Friedman:

> Wesley C. Mitchell wird gewöhnlich vorrangig als Empiriker und weniger als Theoretiker angesehen. Meiner Meinung nach ist dieses Urteil richtig; es kann jedoch leicht mißverstanden werden. Das letzte Ziel einer jeglichen Wissenschaft ist eine Theorie – eine umfassende ›Erklärung‹ beobachteter Phänomene, die zur Ableitung richtiger Voraussagen über noch unbeobachtete Phänomene verwendet werden kann. Viele Arten wissenschaftlichen Arbeitens können zu diesem letzten Ziel beitragen und sind für dessen Erreichung wesentlich: Das Sammeln von Beobachtungsdaten über die betreffenden Phänomene; die Aufbereitung und Darstellung der Beobachtungsdaten und die Ableitung empirischer Verallgemeinerungen aus den Daten; die Entwicklung verbesserter Methoden für die Quantifizierung und Analyse von Beobachtungen; die Formulierung partieller oder umfassender Theorien zur Vervollständigung des bestehenden Wissens.
>
> In diesem Sinne ist Wesley Mitchells empirische Arbeit selbst ein Beitrag zur ökonomischen Theorie – und ein Beitrag von größter Bedeutung... Natürlich gibt es keine scharfe Trennlinie zwischen dem Empiriker und dem Theoretiker – es handelt sich nicht um eine Dichotomie, sondern um ein Kontinuum, das die

unterschiedlichsten Verbindungen zuläßt. ›Der leichtsinnigste und trügerischste aller Theoretiker ist derjenige, welcher verkündet, er lasse die Fakten und Zahlen für sich selber sprechen.‹ Und, so könnte man hinzufügen, der leichtsinnigste und trügerischste aller Empiriker ist derjenige, welcher Theorien zur Erklärung von Beobachtungsdaten formuliert, die das Ergebnis unzuverlässiger und ungenauer empirischer Arbeit sind. (1)

Mitchells Protégé Arthur Burns war im Kern ein Empiriker. Die fast abgeschlossene Dissertation über Produktionstrends in den Vereinigten Staaten, die Burns bei Mitchell schrieb, diente als Grundlage für das Seminar, das er am Rutgers College während Friedmans Abschlußsemester gab. Aus diesem Seminar nahm Friedman eine Wertschätzung der Rolle ›wertfreier‹ statistischer Forschung mit.

In der Zwischenzeit stopfte Homer Jones den Kopf seines Musterschülers mit Träumen von Chicago voll und ermunterte und unterstützte Friedmans Bewerbung für ein Doktorandenstipendium in Chicago. Als Friedman im Jahre 1932, zur schlimmsten Zeit der Weltwirtschaftskrise, in Rutgers seinen Doppelabschluß in Ökonomie und Mathematik machte, erhielt er Stipendienangebote von Brown für Mathematik und von Chicago für Ökonomik. Er wählte Chicago.

Das Chicago der dreißiger Jahre war ein hochinteressanter Ort für einen angehenden Ökonomen. Frank Knight war das philosophische Schwergewicht unter den Konservativen im wirtschaftswissenschaftlichen Fachbereich. Er vertrat die Ansicht, daß der Staat, selbst wenn er das Gute beabsichtige, sehr viel eher dazu neige, das Schlechte zu tun. Knight war überaus pessimistisch gegenüber der menschlichen Rasse und ihrem angeblichen Altruismus; er glaubte, der vorherrschende menschliche Zug sei Habsucht, und er hielt es für wesentlich, ein ökonomisches System zu konstruieren, das dieser Tatsache Rechnung trug, die Habsucht in nützliche Bahnen lenkte, und sie dadurch unter viele konkurrierende Machtzentren aufteilte. Das war die vorherrschende Chicagoer Philosophie.

Aber Chicago war sehr viel mehr als nur Heimat oder Museum der Ideologie von Adam Smith. Knight selbst war ein begabter Theoretiker; sein Buch *Risk, Uncertainty and Profit* (›Risiko, Ungewißheit und Profit‹ – 1921) war grundlegend für die moderne Theorie der Unternehmung. Aaron Director (Paul Samuelsons erster Ökonomiklehrer) war ein bissiger Kritiker staatlicher und sozialer Institutionen.

Jacob Viner war einer der größten Theoretiker und Historiker wirtschaftswissenschaftlicher Doktrinen, der je gelebt hat; Friedman nennt Viners Theorie-Vorlesungen ›ein absolutes Aha-Erlebnis – eines der zwei oder drei größten Ereignisse in meinem Leben‹.

Ideologisch war der wirtschaftswissenschaftliche Fachbereich von Chicago sicherlich nicht monolithisch. Henry Simons, ein brillanter und origineller Geldtheoretiker, war ein entschiedener Gegner des *Big Business* und der Monopole; und er war für Verstaatlichungen, wenn der Marktmechanismus versagte. Einer der größten Stars des Chicagoer Fachbereichs war Paul Douglas, der auf einer Farm in Maine aufgewachsen war und der seinen neuzeitlichen Liberalismus und Reformismus mit einer bemerkenswerten Begabung für Wirtschaftstheorie verband. Douglas, der später ein einflußreicher Senator der Demokraten für Illinois wurde, leistete hervorragende Beiträge zur Theorie der Grenzproduktivität, der Lohntheorie und zur Analyse der Faktoren, die der Produktion und dem Wirtschaftswachstum zugrunde liegen.

In Chicago wurde sowohl empirisches wie auch theoretisches Arbeiten respektiert. Als Friedman dort ankam, wurde er Assistent bei Henry Schultz, der mit grundlegenden Arbeiten über die statistische Ableitung von Nachfragekurven beschäftigt war.

Chicago bedeutete für Friedman ›Theorie mit empirischem Inhalt‹. Sich um zutreffende Theorien zu bemühen, darum ging es in der Wirtschaftswissenschaft. Obwohl Friedman hauptsächlich unter dem philosophischen Einfluß von Knight stand, wurde der junge Gelehrte nicht sofort ein ›Rechtgläubiger‹. Nach seiner Erinnerung ist Knight nicht gerade ein guter Lehrer gewesen. ›Zwei Drittel seiner Studenten‹, sagt Friedman, ›hatten nichts von Knights Vorlesungen, und das verbleibende Drittel hatte während zwei Dritteln der Zeit nichts davon – aber was dann übrigblieb, war großartig.‹

Knight zog viele Schüler an, aber Friedman sagt heute, sein Einfluß auf sie sei gewöhnlich nicht sehr förderlich gewesen. Knights Neigung zu scharfer Kritik und sein wachsendes Gespür für die Grenzen der ökonomischen Analyse hatten oftmals auf diejenigen, welche bei ihm Anleitung und Unterstützung suchten, einen lähmenden Einfluß. Friedman zufolge lähmte Knights natürlicher ›Widerspruchsgeist‹ oft die wissenschaftliche Produktivität. Sein Lieblingswort lautete: ›Alle einfachen Aussagen sind falsch‹ und ›Keine Aussage ist so absurd, daß sie nicht auch ein wenig Wahrheit enthielte.‹

Es hat den Anschein, als habe Friedman diese beiden Kernsätze von Knight seinem eigenen Wesen einverleibt. Es macht ihm Spaß, kurze, dramatische Aussagen zu formulieren, deren partielle Unrichtigkeit er sofort zugibt, während er auf deren grundsätzlicher Wahrheit besteht. Dieser Stil und seine Strategie machen ihn zu einem gewaltigen und scharfsinnigen Debattierer und zu einem Gegner, an den man nur sehr schwer herankommt. Seine Opponenten bringt das manchmal auf die Palme. Joan Robinson nannte Friedman nach einer frustrierenden Begegnung in Chicago einen ›Papiertiger‹. Paul Samuelson sagt: ›Ich glaube nicht gerade, daß Milton ein Scharlatan ist... Er glaubt, was er sagt, zu dem Zeitpunkt, in dem er es sagt. Aber er hat auch einen sehr eigenen Respekt vor seiner Zuhörerschaft. Einem Tölpel gibt er auch eine blöde Antwort. Wenn er einen wichtigen Vortrag hält, formuliert er vorsichtiger und sorgfältiger... Es ist einfach eine Frage des persönlichen Stils.‹

II

Aus finanziellen Gründen mußte Friedman nach dem akademischen Jahr 1932–1933 Chicago verlassen. Sein Job als Kellner hatte sein 300-Dollar-Stipendium nur unzureichend aufgefüllt. Er war gezwungen – das einzige Mal in seinem Leben –, Schulden zu machen.

Als ihm die Columbia-Universität ein 1500-Dollar-Assistenten-Stipendium in Aussicht stellte, ließ er sich dieses großzügige Angebot nicht entgehen. Nachdem er seine Schulden in Chicago bezahlt hatte, zog er nach New York, wo er das folgende Jahr damit zubrachte, seine Dissertation vorzubereiten, das Broadway-Theater zu besuchen und besser zu leben als jemals zuvor. In Columbia wurde er am stärksten von Mitchell und Harold Hotelling beeinflußt. Hotelling war ein theoretischer Mathematiker mit einem unheimlichen Instinkt dafür, statistische und ökonomische Probleme aufzuspüren, die erst später als wichtig erkannt wurden. Einer seiner Artikel in den frühen dreißiger Jahren handelte zum Beispiel von der Ökonomie begrenzter und erschöpfbarer Ressourcen. Des Weiteren machte er eine bahnbrechende Untersuchung über die Wirkungen der Besteuerung, der Eisenbahnen und der Tarife öffentlicher Versorgungseinrichtungen auf die allgemeine Wohlfahrt; sie eröffnete den Weg zu einer wissenschaftlichen Bewertung sozialer Kosten und Nutzen. Wie Paul Samuelson bemerkt hat, war es das Columbia der Vorkriegszeit, wo ›Hotelling zum Mekka wurde, dem sich die besten jungen Ökonomik- und Statistikstudenten zuwandten‹. (2) Und Friedman war einer von ihnen.

Eine Versuchung für Friedman war Wesley Mitchells *institutional economics,* jene eigenartige amerikanische Gegenrevolution gegen eine abstrakte und deduktive ökonomische Wissenschaft; aber Friedman erlag dieser Versuchung nicht. Mitchell war ein Schüler von Thorstein Veblen und John Dewey und überaus skeptisch gegenüber der Wirksamkeit deduktiven (vom Allgemeinen zum Besonderen fortschreitenden) Denkens in den Sozialwissenschaften. Mitchell glaubte nicht daran, daß allen ökonomischen Entscheidungen rationale Interessenabwägungen zugrunde lägen. Zum Beispiel meinte er, es sei falsch, anzunehmen, daß Konsumenten ihr Handeln an rationalen Überlegungen ausrichteten. Da ihr Verhalten nicht notwendig rational war, mußte es beobachtet und nicht von abstrakten Prinzipien abgeleitet werden. Den Wirtschaftstheoretikern, die das ignorierten, las Mitchell die Leviten. Seine eigene Arbeit war hauptsächlich der eingehenden Untersuchung der Konjunkturzyklen gewidmet. Er sammelte riesige Mengen von Daten an, oft in der Form statistischer Zeitreihen; wenn Friedman später auch nachzuweisen versuchte, daß Mitchells Arbeit implizit theoretischer Art war, so schenkte sie tatsächlich der theoretischen Analyse wenig Beachtung.

In Columbia nahm Friedman an zwei Seminaren von Mitchell teil, einem über Ideengeschichte und einem zweiten über Konjunkturzyklen. Vom ersten sagt er, es sei nicht inspirierend gewesen. Aber das zweite, Mitchells wahre Leidenschaft, war erhellend und faszinierend. Friedman sagt, niemand verkörpere mehr den ›wissenschaftlichen Geist‹ für ihn als Mitchell.

Im Jahre 1935 nahm Friedman einen kurzen Urlaub von der Universität, um sich dem *New Deal* anzuschließen – und um, ausgerechnet, in einem Amt für langfristige Planung zu arbeiten! Die Industrie-Abteilung des *National Resource Committee* stellte eine Gruppe zur Untersuchung längerfristiger Trends des Familienkonsums zusammen, und Friedman arbeitete als Mitglied der Konsumforschungsgruppe unter Hildegarde Kneeland. Die Studie sollte ›faktisches Wissen über die Verbraucherseite der Wirtschaft bereitstellen, um auf dieser Grundlage die vielen aktuellen Vorschläge für die wirtschaftliche Erholung und den Aufschwung bewerten zu können‹.

(3) Friedman hatte offensichtlich keine Skrupel, bei einem solchen Unternehmen mitzumachen; er hatte den Respekt des klassischen Ökonomen vor dem freien Markt, aber noch nicht den liberalistischen Glauben, daß der Markt das Allheilmittel für alle sozialen und ökonomischen Probleme sei. Darüber hinaus war die Studie nicht mit politischen Fragen befaßt; seine Arbeit war die eines Statistikers, der Methoden erarbeitet und statistische Ergebnisse interpretiert.

Obwohl die Untersuchung *Consumer Expenditures in the United States* (›Konsumausgaben in den Vereinigten Staaten‹) erst 1939 veröffentlicht wurde, war Friedman nur zwei Jahre in Washington. 1937 erreichte ihn ein Angebot von Simon Kuznets – der später den Nobelpreis für seine bahnbrechenden Arbeiten über das Bruttosozialprodukt und über Wirtschaftswachstum erhielt –, beim National Bureau of Economic Research in New York mitzuarbeiten. Friedman nahm dies Angebot an; gleich zu Beginn seiner Arbeit beim Bureau übernahm er von Kuznets eine Untersuchung über die freien Berufe in den Vereinigten Staaten. Das Projekt, eine Untersuchung der Einkommen von Ärzten, Zahnärzten, Rechtsanwälten, Wirtschaftsprüfern, beratenden Ingenieuren, wurde zu Friedmans Dissertation.

Friedman fertigte eine Voruntersuchung an, die das Bureau 1939 herausbrachte. Während dieser Vorarbeiten nahm Wesley Mitchell, der Forschungsdirektor des Bureaus, Friedman beiseite und kritisierte ihn heftig wegen der schlechten Qualität seines Schreibstils. Kuznets könne man seinen schlechten Stil nachsehen, sagte Mitchell, er sei als Jugendlicher in die Vereinigten Staaten eingewandert, ›aber für Sie gilt diese Ausrede nicht‹. Von da an gab sich Friedman immer sehr große Mühe mit seiner Prosa; sein einfacher und lebendiger Stil half ihm später, Überläufer zum ›Friedmanismus‹ zu gewinnen.

Neben seiner Arbeit an der Studie über die Einkommen der Selbständigen war Friedman auch Generalsekretär der Arbeitsgruppe ›Einkommen und Vermögen‹ des Bureaus; er gab den zweiten und dritten Band der *Studies in Income and Wealth* (›Forschungsbeiträge zu Einkommen und Vermögen‹) heraus. Interessant sind seine Kommentare über eine dieser Studien, *The Correction of Wealth and Income Estimates for Price Changes* (›Die Berücksichtigung von Preisänderungen bei Vermögens- und Einkommensschätzungen‹) von M. A. Copeland und E. M. Martin, weil sie etwas von den intellektuellen Neigungen des jungen Friedman zeigen. Das Arbeitspapier von Copeland und Martin war ein Versuch, die realen statt nur die nominalen

Einkommens- und Vermögensveränderungen zu bestimmen – ›ein Versuch‹, wie Friedman es ausdrückt, ›hinter den monetären Schleier zu blicken... und die Veränderungen solcher Größen zu messen, die in einem bestimmten Sinne für grundlegender gehalten werden als Wertsummen‹. (4) Friedman hielt dies für eine Aufgabe von ungeheurer Komplexität, einer Komplexität, deren sich Copeland und Martin seiner Meinung nach nicht recht bewußt waren. Als Beispiel skizzierte er, was bei der Bereinigung der Effekte des technischen Fortschritts berücksichtigt werden müßte:

> Um für irgendein bestimmtes Jahr die beiden benötigten Zahlen zu erhalten – nämlich das tatsächliche ›reale Produktionsvolumen‹ und das hypothetische Produktionsvolumen, das bei unveränderter Technik produziert worden wäre – muß man vier verschiedene Dinge bestimmen: Erstens verschiedene mögliche Zusammensetzungen des Outputs, deren Produktion mit den in einem bestimmten Jahr gegebenen Ressourcen bei unveränderter Technik möglich gewesen wäre; zweitens, eine bestimmte Output-Kombination multipliziert mit dem hypothetischen Produktionsvolumen; drittens, das ›reale Produktionsvolumen‹, das dieser Output-Kombination entspricht; viertens, das ›reale Produktionsvolumen‹ derjenigen Output-Kombination, die tatsächlich produziert worden ist. Um die erste Größe zu bestimmen, müßte man die ›Produktionsfunktion‹ kennen, welche der Technik des Ausgangsjahres entspricht; um die zweite Größe zu bestimmen, wäre es theoretisch erforderlich, die Gleichungen des allgemeinen Gleichgewichts zu bestimmen – wohlgemerkt nicht die klassischen Gleichungen, die unter Bedingungen des vollkommenen Wettbewerbs anwendbar sind, sondern jene, die auf die wirkliche Wirtschaft zutreffen; die Bestimmung der dritten und vierten Größe erfordert die Lösung des Problems, das ›reale Produktionsvolumen‹ nicht nur für tatsächlich konsumierte Güterbündel zu bestimmen, sondern auch für hypothetische.
>
> Bei dieser Art der Problemdarstellung besteht meine Absicht natürlich nicht darin, irgendwelche praktischen Lösungen vorzuschlagen, sondern eher darin, die Komplexität und Schwierigkeit des Problems und die Art des für eine exakte Lösung erforderlichen Wissens zu umreißen. Das wirkliche Problem besteht freilich darin, auf der Grundlage beobachtbarer Daten Annäherungen an diese exakte Lösung zu erarbeiten, von denen vernünftigerwei-

se erwartet werden kann, daß sie ausreichend genau für die beabsichtigten Zwecke sind. (5)

Es schien, als wollte Friedman andeuten, daß solche Annäherungen entweder nicht möglich seien oder – günstigstenfalls – daß die Ergebnisse nicht nützlich genug sein würden, um die Anstrengung zu rechtfertigen. Er warf Copeland und Martin auch vor, ihre Analyse sei seiner Meinung nach ideologisch voreingenommen. Ihre Arbeit impliziere das Postulat, daß das Einkommen der Wirtschaftssubjekte dem entsprechen sollte, was sie produzieren. Solche ethischen Vorlieben sollten, so Friedman, strikt von wissenschaftlichen Aussagen unterschieden werden.

Es mag sein, daß die Wirtschaftssubjekte in einer Laissez-faire-Wirtschaft in der Lage sind, das ihrer Leistung entsprechende Wertprodukt zu bekommen; aber dies ist etwas völlig anderes als die Aussage, daß ein solches Verteilungssystem ethisch wünschenswert sei. ›Jedem nach seinen Fähigkeiten‹, mag die Regel sein; ›jeder nach seinen Fähigkeiten, jedem nach seinen Bedürfnissen‹ könnte dennoch das ethische Ziel sein. (6)

Zeigte sich in diesem Argument eine Sympathie für Wesley Mitchells soziale Anliegen – oder lediglich Friedmans strenge Maßstäbe für wissenschaftliche Objektivität? Wie immer die Antwort aussieht, Copeland und Martin nahmen Friedmans Kritik nicht sehr freundlich auf; in ihrer Antwort sagten sie, er benutze ›die etwas hochtrabende Sprache einer absolutistischen Philosophie‹.

III

Im Jahre 1938 heiratete Friedman Rose Director, die Schwester von Aaron Director und ihrerseits eine Ökonomin. Sie war eine von Friedmans Studienkolleginnen in Chicago, und sie hatte auch an der Konsumentenuntersuchung des National Resources Committees teilgenommen. Sie wurde und blieb bis heute eine eifrige Mitarbeiterin bei seinem Werk. Von seinem ›philosophischsten Buch‹ *Capitalism and Freedom* sagt er, es sei ›unter Mithilfe von Rose D. Friedman geschrieben‹; im Vorwort schreibt er, sie sei ›unentwegt die treibende Kraft bei der Fertigstellung dieses Buches gewesen‹. (7) Es scheint, als habe Professor Friedman ein gerüttelt Maß seines liberalistischen Eifers von seiner Frau.

Am Ende seiner Karriere schien er es jedoch vorgezogen zu haben, als objektiver Sozialwissenschaftler und erstklassiger ökonomischer Experte statt als politischer Vorkämpfer bekannt zu sein. Beim National Bureau of Economic Research traf er während des akademischen Jahres 1939–40 Harold Groves, einen Wirtschaftsprofessor von der Universität Wisconsin. Groves war ein hervorragender Finanzwissenschaftler und ein liberaler Held für eine Generation junger finanzwissenschaftlich orientierter Ökonomen einschließlich seiner Studenten Walter W. Heller, der unter den Präsidenten Kennedy und Johnson Vorsitzender des Rates der Wirtschaftsberater war, und Joseph A. Pechman, dem Direktor für Wirtschaftsstudien an der Brookings Institution.

Harold Groves war von Friedman beeindruckt und arrangierte für ihn eine Gastprofessur an der Universität Wisconsin im akademischen Jahr 1940–41. Es war klar, daß Groves hoffte, Friedman würde in Madison bleiben. Zu dieser Zeit war Wisconsin unter dem immer noch starken Einfluß von John R. Commons und seiner Studenten Selig Perlman, Edwin E. Witte und anderer das Zentrum der amerikanischen *institutional economics*. Die Tradition Wisconsins war ebenfalls ›liberal‹ im neuzeitlich-amerikanischen Sinne und unterstützte soziale Reformen, Regierungsinterventionen und ein gemäßigt populistisches oder sozialistisches Programm.

Stellt man sich Friedmans Ankunft in Wisconsin vor, dann kommt einem das Bild eines liberalistischen Daniel, der in die institutionalistische Höhle des Löwen geht – eine historische Konfrontation zwischen den Lehrmeinungen von ›Chicago‹ und ›Madison‹. Tatsächlich aber gab es keine derartige Konfrontation. Obwohl Friedmans ideologische Sympathien auf seiten des freien Marktes lagen, hatte er noch nicht angefangen, aktiv dafür Partei zu ergreifen. Seine Verbindung mit Wesley Mitchell – dem Schüler und Bewunderer Thorstein Veblens, und selbst einer der ›wissenschaftlichsten‹ amerikanischen Institutionalisten – war für Friedman eine unanfechtbare Empfehlung. Darüber hinaus hatte der junge Friedman vor allem als mathematischer Statistiker gearbeitet. Als professioneller Ökonom glaubte er an eine ›wertfreie‹ Wissenschaft; politisch war er passiv. Doch trotzdem wurde Friedman in Wisconsin in Kontroversen verstrickt.

Die Streitfrage, die im Jahre 1941 den wirtschaftswissenschaftlichen Fachbereich von Wisconsin erregte (irgendeine Streitfrage gab es immer, welche den Fachbereich spaltete), war, ob man sich mit den Betriebswirten zusammenschließen sollte. Der Fachbereich war in zwei Lager geteilt: die Konservativen favorisierten den Zusammenschluß, und die Liberalen waren dagegen. Mitten in diesem Streit erhielt Friedman das Angebot für eine längerfristige Berufung und akzeptierte es; dieses Angebot wurde dann zu einem zusätzlichen Stein des Anstoßes zwischen den beiden Lagern. Ironischerweise waren diejenigen, die Friedmans Berufung ablehnten – die Kräfte, die von Professor Walter Morton geleitet wurden und die den vorgeschlagenen Zusammenschluß favorisierten –, die politisch *Konservativen*, mit denen Friedman ideologisch am ehesten sympathisierte. Die *liberalen Institutionalisten,* Anhänger eines starken und unabhängigen wirtschaftswissenschaftlichen Fachbereichs, unterstützten Friedman ohne Abstriche. Walter W. Heller, ein liberaler Doktorand, kämpfte für die Sache Friedmans und organisierte Plakatdemonstrationen für ihn.

Ein häßliches Stück Antisemitismus kam in die Kontroverse hinein. Selig Perlman, ein ausgezeichneter Historiker der Arbeiterbewegung, war der einzige Jude im Lehrkörper von Wisconsin, und einige Mitglieder des Fachbereichs vertraten die Auffassung, daß *ein* Jude ausreiche. Darüber hinaus war Friedman ›aus New York‹, ›vom Osten‹, ›aus Chicago‹, und wurde deswegen als eine Art Eindringling angesehen. Der Dekan des Fachbereichs, Professor Witte, war unentschlossen. Später sagte Friedman, daß Witte ›den Mut eines Fisches‹ gezeigt habe. Am Ende verzichtete Friedman auf seine Berufung und kehrte nach New York zurück.

Im Jahre 1941 schloß er seine Dissertation ab. Die Verleihung des Doktorgrades wurde jedoch wegen bestimmter Widerstände innerhalb des National Bureau of Economic Research verzögert. Die meisten Ergebnisse, zu denen Friedman in seiner Arbeit kam, waren ziemlich harmlos; er fand jedoch einen beträchtlichen Unterschied in den Einkommensniveaus von Ärzten und Zahnärzten heraus. Dieser Unterschied könne, so folgerte er, auf die zahlenmäßige Begrenzung der Ärzte zurückgeführt werden; diese Begrenzung habe sich aus der Einführung restriktiver Aufnahmebedingungen für das Medizinstudium in den 20er Jahren ergeben. Die starke Erhöhung der Ausbildungsanforderungen, so schrieb Friedman, ›war von einem deutlichen Sinken der Studentenzahl begleitet. Demzufolge stieg die Zahl der Ärzte viel langsamer als die Bevölkerung während der 30er und 40er Jahre, wohingegen in den anderen freien Berufen das Gegenteil der Fall war. Tatsächlich nahm die absolute Zahl der Ärzte zwischen 1910 und 1920 ab, und im Jahre 1930 war sie nicht viel höher als 1910‹. (8) Friedman folgerte, diese Beschränkungen hätten die Kosten für ärztliche Versorgung über diejenigen für zahnärztliche Versorgung steigen lassen; und er stellte die Hypothese auf, daß die daraus sich ergebenden höheren Ärzteeinkommen von den Medizinern beabsichtigt gewesen seien.

Einige Mitglieder des Bureaus betrachteten diese Aussagen als einen Angriff auf die amerikanische Ärzteschaft und verlangten deren Streichung. Wesley Mitchell unterstützte die Analyse von Friedman, aber er war dagegen, daß das Bureau irgend etwas veröffentlichte, das nicht von einem ausreichenden Konsens getragen war. Dies gefährdete Friedmans Promotion, weil die damalige Promotionsordnung der Columbia-Universität vorsah, daß alle ökonomischen Dissertationen veröffentlicht werden müßten. So war Friedman gezwungen, sein schroffes Urteil zu mäßigen und es tief in seiner langen Studie zu vergraben. Er fügte noch zwei ziemlich kindische Erklärungsalternativen für die relativen Zulassungsbeschränkungen bei den Ärzten hinzu: das Fehlen echter Begabung seitens der meisten Bewerber und eine Knappheit an Ausbildungsplätzen. Erst nach dieser Absicherung wagte Friedman die Hypothese, daß ›der Unterschied in den Zulassungsbedingungen eine bewußte Politik der Begrenzung der Gesamtzahl an Ärzten reflektiere, um eine sogenannte ›Überbesetzung‹ in diesem Beruf zu vermeiden.‹ (9) Um sicherzugehen, fügte er hinzu: ›Eine angemessene Beurteilung dieser Erklärung wäre überaus schwierig und liegt sicherlich außerhalb der Absichten dieser Studie...‹ Wie immer die Erklärung für die höheren Kosten der ärztlichen Versorgung aussieht, jedenfalls haben die Zulassungsbeschränkungen ›ein Niveau des Ärzteeinkommens ermöglicht oder perpetuiert, das dasjenige der Zahnärzte stärker übersteigt, als dem freien Spiel des stark mißbrauchten Gesetzes von Angebot und Nachfrage zugeschrieben werden kann.‹ So umsichtig war Friedman nie wieder bei der Beurteilung der Auswirkungen der Medizinerzunft oder irgendeiner anderen restriktiven Berufsgruppe auf Einkommensanteile oder die Kostenbelastung der Konsumenten.

Bis schließlich ein ausreichender Konsens über Friedmans Dissertation im Bureau erreicht werden konnte, kam der Krieg dazwischen und verzögerte deren Veröffentlichung bis zum Jahre 1945; erst 1946 wurde Friedman der Doktorgrad verliehen. Diese Episode ist bedeutsam – neben der Tatsache, daß sie Friedman persönlich anwiderte –, weil sie seine feste Verwurzelung im Lager der Anhänger des freien Marktes markiert. Er hatte die Wirksamkeit der Anwendung einfacher ökonomischer Theoreme auf komplexe institutionelle Erscheinungen entdeckt. Er war von den schlimmen Folgen beeindruckt, die von der scheinbar fortschrittlichen Maßnahme ausgingen, das Medizinstudium in der erklärten Absicht der Verbesserung der ärztlichen Versorgung neu zu regeln. Und er fand es abstoßend, wie selbst gute Ökonomen den Folgerungen seiner Analyse Widerstände entgegensetzten, besonders dann, wenn sie einer starken Interessengruppe gegen den Strich gingen. Die Feinde des freien Marktes waren stark und zahlreich; ein Kampf war zu führen im Namen des ›stark mißbrauchten Gesetzes von Angebot und Nachfrage‹. Die Anwendung dieser Angebots- und Nachfrage-Analyse auf das gesamte Spektrum der sozialen Wirklichkeit sollte seine stärkste Trumpfkarte werden.

Auch Wisconsin hatte bei ihm einen schlechten Nachgeschmack hinterlassen. Seine Abneigung vor Institutionen, sogar liberalen und intellektuellen Institutionen, nahm zu. Er kam zu dem Schluß, daß es für Juden oder Mitglieder anderer Minoritäten auf dem Markt mehr Freiheit und Sicherheit gäbe als in Institutionen – ob liberal oder konservativ, akademisch oder politisch.

IV

Wieder in New York, nach seinem Jahr in Wisconsin, nahm Friedman das Angebot von Professor Carl Shoup von der Columbia-Universität an, bei einer Studie zur Schätzung der zukünftigen Inflation und zur Bestimmung der zu ihrer Verhinderung notwendigen Besteuerung mitzuarbeiten. Wegen der stark erhöhten Militärausgaben wurde damals, im Jahre 1941, von vielen Seiten eine Inflation befürchtet; Shoup hatte von der New Yorker Carnegie Corporation die Mittel zur Durchführung dieser Studie erhalten. Friedman und Ruth Mack vom National Bureau of Economic Research wurden seine beiden leitenden Mitarbeiter.

Bis dahin hatte sich Friedman noch nicht mit der makroökonomischen Theorie, der Entwicklung von Modellen der gesamten Volkswirtschaft zur Simulierung wechselnder Niveaus der Beschäftigung, des Einkommens und der Preise befaßt. Dieses neue Projekt, das unter dem Titel *Taxing to Prevent Inflation* (›Inflationsverhinderung durch Besteuerung‹) veröffentlicht worden ist, stellt einen ersten Versuch dar, die Quantitätstheorie des Geldes und die neue Keynesianische Analyse zu verstehen und anzuwenden. Die jahrhundertealte Quantitätstheorie des Geldes behauptet, daß das Preisniveau direkt proportional zur Quantität des Geldes sei. Die Konzepte, die dieser Theorie zugrunde liegen, wurden von Professor Irving Fisher von der Yale-Universität mit seiner ›Transaktionsgleichung‹: $MV = PT$ geklärt, wobei M die Quantität des Geldes, V die Umlaufgeschwindigkeit (wie oft das Geld pro Jahr umgesetzt wird), P das Preisniveau und T den Wert des realen Sozialprodukts darstellen. Die Gleichung ist trivial, weil beide Seiten das gleiche Phänomen beschreiben – auf der linken Seite steht der Geldbetrag, der für Güter ausgegeben wird; auf der rechten Seite der Geldbetrag, der im Austausch für Güter eingenommen wird. Aber wenn man die Voraussetzung macht, daß V konstant bleibt, und wenn die Theorie umformuliert wird in $M = kP$, dann ist die Gleichung nicht mehr trivial, sondern bedeutet, daß das Preisniveau eine direkt proportionale Funktion des Geldes ist. Einfach ausgedrückt bedeutet dies, daß, wenn die Konstante $k = 1$ ist und das Geldangebot verdoppelt wird, das Preisniveau sich ebenfalls verdoppelt.

Friedman fand diese Formulierung viel zu einfach und zu ungenau als Beschreibung der Realität. Da er mit dem Problem beschäftigt war, die Kriegsinflation zu dämpfen, verwendete er die Methode der ›inflationären Lücke‹, die früher in britischen regierungsamtlichen Wirtschaftsberichten verwendet worden war. Friedman dazu:

> Wenn die Regierung in einer Zeit relativer Vollbeschäftigung zusätzliche Ressourcen in Anspruch nimmt, dann müssen andere auf diese Ressourcen verzichten. Dieser Ressourcen-Transfer kann ohne Preiserhöhung vonstatten gehen, wenn die Erhöhung der Staatsausgaben für zusätzliche Ressourcen gleich der Senkung der privaten Nachfrage ist. Folglich entspricht die ›inflationäre Lücke‹ dem ›Betrag der Staatsausgaben, der über die entsprechende Freisetzung realer Ressourcen (Produktionsmittel und Arbeitskräfte) durch andere Mitglieder der Gesellschaft hinausgeht‹... Wenn es solch eine ›Lücke‹ gibt, dann kann die Regierung zwar die realen Ressourcen bekommen, aber nur über Preiserhöhungen, die andere dazu zwingen, die Ressourcen freizugeben. (10)

Um also Inflation zu verhindern, so Friedman, müßte die private Nachfrage durch Besteuerung in dem Maße reduziert werden, wie die Staatsnachfrage steigt. (11)

Die erste Aufgabe bestand nun darin, zu bestimmen, wann mit einer inflationären Lücke gerechnet werden müsse. Dies schloß eine Reihe schwieriger Fragen ein, welche die Analyse sehr rasch vom Staatshaushalt und dem gesellschaftlichen Produktionspotential weg und hin ins *monetäre* Gebiet führten. Um die Breite dieser Problemstellung anzudeuten, benützte Friedman ein Zitat aus einem britischen Regierungspapier von F. W. Paish:

> Die Frage, was genau eine inflationäre Lücke ausmacht, ist äußerst schwierig zu beantworten. Allgemein gesagt, müssen Antworten auf zumindest vier Teilfragen gefunden werden: 1. War die Finanzierung des Haushaltsdefizits von einer Erhöhung der Geldmenge oder der Bankeinlagen begleitet? 2. Wollen die Leute, denen diese erhöhten Bankeinlagen gehören, diese Beträge sparen oder beabsichtigen sie, diese Einlagen bei der nächsten Gelegenheit für Konsumgüter auszugeben? 3. Wenn sie vermehrt sparen wollen, möchten sie ihre Ersparnisse dann in dieser Anlageform beibehalten? 4. Wenn sie ihre Ersparnisse ausgeben wollen, sind dann ausreichend Ressourcen vorhanden, um die erhöhte Nachfrage ohne ernsthafte Preiserhöhungen zu befriedigen? Im gegenwärtigen Fall sind die Antworten auf die erste und die letzte Frage klar. Es gab tatsächlich eine ganz deutliche Erhöhung des Volumens der Bankeinlagen, während die erforderlichen Ressourcen *nicht* vorhanden sind, die eine konsumtive Verwendung dieser erhöhten Einlagen ohne ernsthafte Preiserhöhungen ermöglichen würden. (12)

Diese Passage ist wichtig für das Verständnis späterer Entwicklungen in Friedmans makroökonomischer Theorie. Die erste Frage führt das Problem der Geldmenge ein und weist eine Unterscheidung auf, die Friedman immer wieder betont hat: Die Art, in der ein Haushaltsdefizit finanziert wird und deren Wirkung auf das Geldangebot ist der Kern des Inflationsproblems.

Friedmans Vorschlag eines Vollbeschäftigungs-Haushaltsdefizits (er präsentierte diese Idee in einem Artikel von 1948 *A Monetary and Fiscal Framework for Economic Stability* – ›Ein geld- und fiskalpolitischer Rahmen zur Stabilisierung der Wirtschaft‹), bedeutet eine solche ›fiskalische‹ Ausdehnung der Geldmenge, welche die Vollbeschäftigungs-Annahme der ›Gap‹-Analyse erfüllen würde. Aber das löst nicht das Problem, das in der Frage 4) enthalten ist: Ob die Erhöhung der monetären Nachfrage zu einer größeren realen Produktion oder zu einer Erhöhung des Preisniveaus führt. Friedman hat nie richtig unterschieden zwischen dem Produktions- und dem Preiseffekt einer monetären Expansion; das ist eine große Schwäche monetärer Modelle bei der Vorhersage kurzfristiger wirtschaftlicher Veränderungen.

Prognosen des ›nominalen‹ Bruttosozialprodukts – die Gesamtproduktion zu jeweiligen Preisen – haben nur einen geringen Wert für Geschäftsleute oder Wirtschaftspolitiker, weil man nicht sagen kann, wieviel von der erwarteten Erhöhung der Gesamtproduktion und des Einkommens real sein wird und wieviel sich nur in höheren Preisen niederschlagen wird. Friedman ist zweideutig bezüglich der kurzfristigen Prognosemöglichkeiten auf der Basis von Veränderungen des Geldangebots. Was die langfristigen Beziehungen betrifft, ist er völlig eindeutig; Veränderungen im Geldangebot, so sagter, sind die einzige Ursache für längerfristige Veränderungen des Preisniveaus. In den Schlußfolgerungen seiner Studie von 1943: *Taxing to Prevent Inflation*, drückt sich diese eigenartige Mischung aus Vorsicht und Zuversicht aus:

> Diese Analyse mit dem Konzept der ›inflationären Lücke‹ enthält keine spezifische Technik zur Bestimmung von Einkommens- oder Preiserhöhungen, die aus einer bestimmten Erhöhung der Staatsausgaben resultieren. Gleichwohl scheint sie überaus nützlich zu sein. Sie stellt einen wichtigen Bezugsrahmen zur Interpretation der Wirtschaftspolitik bereit und kennzeichnet die grundlegenden Faktoren, auf denen die Wirkungen der Wirtschaftspolitik basieren. Sie verbindet die monetären und die ›realen‹ Aspekte des Problems auf eine Weise, die jedem Aspekt seine angemessene Rolle zuweist. (13)

Aber im Jahre 1941 räumte Friedman den monetären Faktoren noch lange nicht den ersten Platz ein. In einer kritischen Antwort auf eine seines Erachtens zu optimistische Bewertung der ›Inflationäre-Lücke-Analyse‹ durch Walter Salant vernachlässigte Friedman weitgehend monetäre Faktoren als Ursachen der Inflation. (14) Zehn Jahre später, als Friedman seine *Essays in Positive Economics* herausbrachte, fühlte er sich gezwungen, diese Unterlassung zu korrigieren:

> Die nächsten sieben Absätze und das darauffolgende Material in Klammern sind Zusätze zu dem ursprünglich veröffentlichten

> Artikel. Ich glaube, das neue Material macht deutlich, daß die Auslassung monetärer Effekte aus der ersten Fassung ein schwerwiegender Fehler war, der nicht entschuldigt, aber vielleicht erklärt werden kann durch die damals vorherrschende keynesianische Stimmung. (15)

Zweifellos war Friedman während der Kriegsjahre, in denen er mit Professor Shoup von der Columbia-Universität arbeitete, von dem beeinflußt, was er ›die keynesianische Stimmung der damaligen Zeit‹ nennt. Die britische Ökonomin Joan Robinson hat zugespitzt formuliert, daß Friedman zusammen mit seinen monetaristischen Schülern zu den ›mißratenen Abkömmlingen‹ von Keynes gehört – weil sie, trotz ihrer Betonung monetärer, statt fiskalischer Faktoren, ebenfalls daran glauben, daß die Steuerung der gesamtwirtschaftlichen Nachfrage die grundlegenden Übel der kapitalistischen Wirtschaft heilen würde. In jedem Falle war Friedman sicherlich kein ›Monetarist‹, als er während des Zweiten Weltkriegs in Washington arbeitete.

Im Herbst des Jahres 1941 ging Friedman mit Shoup in das Finanzministerium, wo er Chefökonom der Abteilung Steuerforschung wurde. Er war dort mit den Entwürfen zu den wichtigen Steuerreformgesetzen der frühen 40er Jahre beschäftigt. Als Nebenprodukt erwarb er dort eine gewisse Verachtung für den gesetzgebenden Prozeß der Bundesregierung. Er erinnerte sich später:

> Im Verlauf eines Vortrages vor dem Finanzausschuß des Parlaments über das Erfordernis zusätzlicher Steuern zur Verhinderung inflationärer Impulse wurde ich von einem Abgeordneten unterbrochen, der ausrief: ›Warum müssen wir uns über die Inflation Gedanken machen, wenn es um Steuern geht? Wir haben gerade die Höchstsätze verabschiedet (die Maßnahme, die allgemeine Höchstsätze für alle Lohn- und Preiserhöhungen festlegte). Jetzt ist es die Sache von Leon Henderson (dem Direktor des Preisüberwachungsamtes), die Inflation zu zügeln.‹ Ich hatte kaum damit angefangen, einen gelehrten Vortrag darüber zu halten, warum die Höchstsätze nicht funktionieren würden, wenn sie nicht durch Maßnahmen ergänzt würden, welche die Kaufkraft reduzierten, als er mich erneut unterbrach. ›Das verstehe ich schon‹, sagte er. ›Mag sein, daß Mr. Henderson Schiffbruch erleidet; aber wir haben unsere Pflicht getan, indem wir ihm die Befugnis gegeben haben. Jetzt liegt es an ihm.‹ (16)

In diesem Punkt war sich Friedman mit Leon Hendersons Generalsekretär bei der OPA (Office of Price Administration), John Kenneth Galbraith, einig. Aber obwohl Galbraith immer ein starker Anhänger von Rationierungen und Kontrollen war – vorausgesetzt, sie sind nicht die einzigen Waffen, die zur Verhinderung der Inflation eingesetzt werden –, war Friedman persönlich gegen Kontrollen.

Friedman unterstützte die ›Ausgabensteuer‹, die von seinem Chicagoer Freund und Kollegen Allen Wallis vorgeschlagen wurde. Dies war nicht eine Einkommen-, sondern eine Ausgabensteuer; sie hätte den Vorteil gehabt, das Sparen zu begünstigen und die Kaufkraft zu reduzieren, ohne daß eine Bürokratie erforderlich gewesen wäre, um die Kontrollen durchzusetzen. Die Steuer würde sich auf den zu Konsumzwecken ausgegebenen Teil des Gesamteinkommens beziehen, nicht auf den Kauf einzelner Konsumgüter, wie etwa bei einer Verbrauchsteuer. Der Vorteil gegenüber einer Verbrauchsteuer bestand darin, daß sie progressiv gestaltet werden konnte. Einer ihrer Nachteile war, daß sie zumindest vierteljährlich hätte erhoben werden müssen, um unmittelbar wirksam gegen die Inflation zu sein; ein weiterer Nachteil bestand in der Schwierigkeit, die Richtigkeit der Steuererklärungen zu überprüfen. Aus diesen Gründen verwarf Carl Shoup die Ausgabensteuer in dem Artikel *Taxing to Prevent Inflation*.

Friedman fand die Ausgabensteuer trotzdem interessant, weil sie einerseits die Inflation zurückhielt, andererseits die Wirkungsweise des Marktmechanismus nur geringfügig störte. Er schrieb im Jahre 1943 einen Artikel, in dem er die Annahme einer Verbrauchsteuer als Teil eines integrierten Finanzprogramms für die besonderen Bedingungen des Kriegszustandes empfahl, nicht jedoch als eine Alternative zu direkten Kontrollen. (17) Wie immer er auch über Kontrollen zu jener Zeit dachte – es scheint, als habe er sie wie der junge Jurist in der OPA, Richard M. Nixon, als in Kriegszeiten unvermeidlich akzeptiert –, im Nachhinein jedenfalls verurteilten sowohl Friedman als auch Nixon diese Kontrollen sehr scharf:

> Während des Zweiten Weltkrieges, als es fast überall Preiskontrollen gab, entwickelten sich Schwarzmärkte, willkürliche Rationierungen, Vetternwirtschaft und Bestechung in vielen Bereichen, Stahl, Fleisch, Bananen – was weiß ich. (18)

Nicht einmal den 60000 Bürokraten, die von 300000 Freiwilligen und von einem verbreiteten Patriotismus unterstützt wurden, gelang es während des Zweiten Weltkrieges, gegen den Einfallsreichtum von Millionen von Leuten anzukommen, die Wege herausfanden, um die Preis- und Lohnkontrollen zu umgehen, was sie dazu noch in Konflikt mit ihren jeweiligen Rechtsvorstellungen brachte. (19)

Bis zum Jahre 1943 war die Arbeit an der Steuerreform zum größten Teil abgeschlossen, und Friedman kam zu dem Schluß, seinen Kriegsbeitrag am besten dadurch abzuleisten, daß er der statistischen Forschungsgruppe der *Division of War Research* beitrat, die von Allen Wallis, damals an der Columbia-Universität, angeführt wurde. Seine Erinnerungen an Reserveoffizierskurse während des Studiums unterbanden in ihm den Wunsch, der Armee beizutreten. Friedmans Arbeit an der Columbia-Universität hatte überhaupt keine Beziehung zu den Wirtschaftswissenschaften; sie bestand vielmehr darin, solche Projekte wie die Entwicklung von Hochtemperaturverbindungen und des Nahzünders statistisch zu analysieren. Bis zum Ende des Krieges erreichten Friedmans Fertigkeiten als mathematischer Statistiker einen später nie wieder erreichten Höhepunkt.

V

Nach dem Krieg verbrachte Friedman ein Jahr als außerplanmäßiger Professor für Wirtschaftswissenschaften an der Universität von Minesota, dann ging er zurück nach Chicago, wo er blieb. In den zehn Jahren seit Friedmans Studentenzeit hatte sich der ökonomische Fachbereich von Chicago grundlegend verändert. Paul Douglas, der nach einer steilen Karriere im *Marine Corps* an die Universität von Chicago zurückging, hat diese Veränderung in seiner Autobiographie gut beschrieben:

> Zu meinem Bedauern stellte sich heraus, daß die Konservativen eine fast vollständige Vorherrschaft über mein Department errungen hatten; sie lehrten, daß Marktentscheidungen immer richtig seien und daß das Profitziel das Höchste sei. Die Doktrin der Nichteinmischung in den Markt bedeutete in der Praxis, den Weg für das *Big Business* zu ebnen. Ungleichheiten in der Verhandlungsmacht, im Wissen und im Einkommen wurden beiseite gefegt, und die Wirklichkeit des Monopols, des Quasi-Monopols und des unvollständigen Wettbewerbs wurden entweder als nicht exi-

stent oder als unwesentlich behandelt. Ebenso wurden Interessenkonflikte zwischen Produzenten und Konsumenten zur Seite gefegt, wie auch die Möglichkeiten privater Unternehmungen, die sozialen Kosten auf die Gemeinschaft und die Umwelt abzuwälzen. Luft- und Wasserverschmutzung und übermäßiger Lärm schienen den herrschenden Konservativen unwichtig zu sein. Da im übrigen die Marktnachfrage von der Einkommensverteilung, oder genauer vom Einkommen über dem Existenzminimum bestimmt wurde, reflektierte diese Nachfrage all die Ungerechtigkeiten der modernen Gesellschaft und das Denken von Ruskin und Hobson.

Ich konnte das nicht als die wahre Lehre akzeptieren. Die Abneigung gegen die Regierung, die richtig war im Falle andauernder Preisfestsetzungen, wurde in viele andere Gebiete übertragen, in denen der Staat als brauchbare Einrichtung zur Durchsetzung weithin benötigter Reformen im Gesundheitswesen, im Wohnungswesen, im Erziehungswesen, bei der Umwelterhaltung und der Erholung erschien. Nach Auffassung meiner Kollegen hätte sich der Staat, wie im 18. Jh., auf die Funktionen Rechtsprechung, Polizei und Verteidigung beschränken sollen, was ich für unzureichend hielt, sowohl für jene Zeit als auch um so mehr für unsere. Diese Leute wollten weder statistische Daten zur Entwicklung ökonomischer Theorien benutzen, noch hätten sie eine kritische Analyse des ökonomischen Systems akzeptiert. Trotz ihres intellektuellen Scharfsinns waren ihre Ansichten jedoch unrealistisch und lieferten für die Probleme, die uns auf den Nägeln brannten, keine brauchbaren Antworten. Was sie vertraten, ähnelte stark der Ökonomik der Zeit vor dem Ersten Weltkrieg. Mit vielen meiner Kollegen im Lehrkörper verstand ich mich immer weniger und war mir ihrer Ungeduld und ihrer Abneigung mir gegenüber voll bewußt. Die Universität, die ich so geschätzt hatte, schien ganz anders geworden zu sein. Schultz war tot, Viner war weggegangen, Knight war jetzt offen feindselig und seine Schüler schienen überall zu sein. (20)

Henry Simons, der heftige Gegner der Monopole, war tot, und Knight war tatsächlich komisch und eigenartig geworden. Douglas selbst blieb nicht lange: Im Jahre 1948 wählten ihn die Wähler von Illinois in den Senat der Vereinigten Staaten. Friedman war natürlich Teil der neuen Welle, über die Douglas sich beschwert hatte.

Als Friedman nach Chicago zurückkam, war er bereits ein offener Verfechter des freien Marktsystems. Zusammen mit George Stigler hatte er ein Traktat gegen die Mietkontrollen der Nachkriegszeit geschrieben: *Roofs or Ceilings? The Current Housing Problem* (›Mindest- und Höchstmieten. Das gegenwärtige Wohnungsproblem‹). Friedman und Stigler legten darin überzeugend dar, daß der freie Markt die beste Lösung für die akuten Wohnungsprobleme sei, die nach dem Zweiten Weltkrieg entstanden waren:

1. In einem freien Markt gibt es immer eine bestimmte Menge an Wohnraum, der sofort gemietet werden kann – und zwar in allen Preislagen.
2. Durch Mieterhöhungen werden einige Leute gezwungen, Wohnraum einzusparen. *Diese Einsparungen sind die einzige Lösung, solange es nicht genügend neu gebaute Wohnungen gibt.*
3. Hohe Mieten wirken als starker Anreiz zum Bau neuer Wohnungen.
4. Ein komplizierter, teurer und expansiver Verwaltungsapparat ist unnötig. Die Rationierung wird leise und unpersönlich durch das Preissystem bewerkstelligt. (21)

Roofs or Ceilings? wurde von Leonard Reads konservativer ›Stiftung für Wirtschaftserziehung‹ herausgegeben. Die Gefahr einer Verbindung mit Ideologen des freien Marktes außerhalb der Ökonomen-Zunft wurde Friedman und Stigler bald klar. Andere Wirtschaftswissenschaftler griffen sie an, weil sie ihre Namen mit einer Organisation in Verbindung brachten, die als offensichtlich propagandistisch angesehen wurde. Gleichzeitig jedoch waren die Geldgeber der ›Stiftung für Wirtschaftserziehung‹ mißtrauisch gegenüber einigen unorthodoxen Andeutungen, die sie in den Ausführungen der Autoren entdeckten. Denn Friedman und Stigler hatten eine ungeziemende Aufgeschlossenheit gegenüber dem Vorwurf gezeigt, daß der Markt die Reichen begünstige, und sie waren sogar so weit gegangen, mehr wirtschaftliche Gleichheit zu unterstützen:

> Die Tatsache, daß unter den Bedingungen des freien Marktes die besseren Wohngegenden denjenigen vorbehalten bleiben, die höhere Einkommen oder mehr Vermögen haben, ist schlicht und einfach ein Grund für langfristige Maßnahmen zur Verringerung der Ungleichheit der Einkommens- und Vermögensverteilung. Für diejenigen, die wie wir für mehr Chancengleichheit nicht nur bezüglich des Wohnungsmarktes, sondern bezüglich aller Gü-

ter eintreten, ist es sicherlich die bessere Lösung, bestehende Ungleichheiten der Einkommens- und Vermögensverteilung direkt an ihrer Wurzel anzugehen, als Hunderte von Waren und Dienstleistungen, die unseren Lebensstandard ausmachen, zu rationieren. Es ist im höchsten Maße unsinnig, den Wirtschaftssubjekten zunächst zu erlauben, ungleiche Einkommen zu erzielen, und dann komplizierte und teure Maßnahmen einzusetzen, um sie an der Verwendung ihrer Einkommen zu hindern. (22)

Derart gleichmacherische Gefühlsäußerungen durften so nicht stehenbleiben; deswegen wurde von der Stiftung eine ›Anmerkung der Herausgeber‹ zur ideologischen Klarstellung angefügt:

Die Autoren lassen uns im unklaren darüber, ob die von ihnen empfohlenen ›langfristigen Maßnahmen‹ über die Abschaffung spezieller Privilegien, wie die jetzt von der Regierung protektionierten Monopole, hinausgehen. In jedem Fall verdient jedoch die Bedeutung ihrer Argumentation zu diesem Punkt besondere Beachtung. Sie bedeutet, daß Mietkontrollen sogar vom Standpunkt derjenigen, die Gleichheit über Gerechtigkeit und Freiheit stellen, in höchstem Maße unsinnig sind. (23)

In dieser Anmerkung wurde die Bedeutung des Arguments wahrscheinlich richtig beurteilt; trotzdem waren Friedman und Stigler wütend darüber. Jahrelang wollten sie mit Leonhard Read und seiner Stiftung nichts mehr zu tun haben. Für Friedman blieb jedoch das ärgerliche Problem bestehen, wie seine extremeren Bettgenossen in der aufkeimenden liberalistischen Bewegung zu behandeln seien.

Eine andere Sache war dagegen die Kritik, die *Roofs or Ceilings?* bei den anderen Ökonomen hervorrief. Wie Paul Samuelson später bemerkte, ›war die Ökonomen-Zunft über dieses Pamphlet wirklich empört – das zeigt, welche Einstellung wir in der unmittelbaren Nachkriegszeit hatten‹. Die Ökonomen als Gruppe hatten sich ziemlich weit von einer angemessenen Bewertung der Rolle des Marktes und der Preise als Mittel der effizienten Allokation knapper Ressourcen entfernt. In ihrem Zorn pickten viele Ökonomen die Förderung des Friedman-Stigler-Pamphlets durch eine ›Interessentengruppe‹ als Beweis für dessen ›Korruption‹ heraus. Die Autoren waren für dieses liberalistische Traktat bezahlt worden – sie hatten es selbst zugegeben!

Aus der Entrüstung über *Roofs or Ceilings?* ergab sich für Friedman die schwierige Frage, wie die beiden konkurrierenden Bestrebungen – öffentliche Parteinahme einerseits und die von Wesley Mitchell so inbrünstig vertretene Haltung wissenschaftlicher Objektivität und akademischer Verständigung andererseits – zu vereinbaren seien. Auch das tiefergehende Problem der Wertkonflikte zwischen Ökonomen war aufgeworfen: Liegen ethische Werte außerhalb der ökonomischen Analyse oder sind sie ihr inhärent?

Unsicher geworden mit seiner Wissenschaft und unglücklich über die seines Erachtens bestehende Verwirrung bezüglich der Natur der Ökonomik als Wissenschaft schrieb Friedman den Aufsatz *The Methodology of Positive Economics*, der eine Aufsatzsammlung einleitete, die er forsch *Essays in Positive Economics* betitelte. (24) In Anlehnung an John Neville Keynes' (John Maynard Keynes' Vater) Unterscheidung zwischen einer *positiven* Wissenschaft, einer *normativen* Wissenschaft und einer Kunstlehre, führte Friedman aus:

> Positive Wirtschaftswissenschaft ist prinzipiell unabhängig von ethischen Einstellungen oder Werturteilen. Wie Keynes sagte, handelt sie von dem, ›was ist‹, nicht von dem, ›was sein sollte‹. Ihre Aufgabe besteht in der Erstellung eines Systems allgemeiner Aussagen, die zur Ableitung richtiger Prognosen über die Konsequenzen von Veränderungen in den Umweltbedingungen benützt werden können. Die Qualität positiver Ökonomik wird an der Genauigkeit, Anwendungsbreite und empirischen Richtigkeit der von ihr abgeleiteten Prognosen gemessen. Kurzum, die positive Wirtschaftswissenschaft ist eine ›objektive‹ Wissenschaft genau in dem gleichen Sinne wie die Naturwissenschaften – zumindest kann sie es sein. (25)

Friedman vertrat die Auffassung, daß normative Differenzen (d. h. Wertkonflikte in wirtschaftspolitischen Fragen) mit den Fortschritten in der positiven Ökonomik tendenziell verschwinden oder zumindest abnehmen würden. Denn die positive Wirtschaftswissenschaft würde Politikempfehlungen bereitstellen, ›die – zu Recht – weithin akzeptiert werden‹. (26) Offensichtlich implizierte Friedman, daß den Ökonomen, die mit ihm nicht übereinstimmten, nicht nur fragwürdige Wertvorstellungen und politische Zielsetzungen vorgeworfen werden könnten, sondern auch eine unwissenschaftliche Methode, eine Vernachlässigung der ›positiven Wirtschaftswissenschaft‹.

Aber was war nun die exakte Bedeutung des Begriffs ›positive Ökonomik‹? Es ging um die Formulierung von Hypothesen, von denen überprüfbare Voraussagen abgeleitet werden können; die Richtigkeit der Prognosen sei der Prüfstein für die grundsätzliche Haltbarkeit der Hypothesen. Natürlich seien auch expost-Prognosen zugelassen – d. h., es mußten nicht Prognosen über zukünftige Ereignisse sein, sondern konnten auch Prognosen ›von zurückliegenden Phänomenen sein, die entweder noch nicht beobachtet worden waren oder dem prognostizierenden Ökonomen noch unbekannt sind‹. (27)

Friedman glaubte der Tradition des großen britischen Ökonomen Alfred Marshall zu folgen, wenn er betonte, daß die Hauptaufgabe der Ökonomik darin bestehe, Hypothesen mit prognostischem Wert aufzustellen. Er stellte Marshalls Ansatz demjenigen von Leon Walras gegenüber, dem Schweizer Ökonomen, der ein logisch konsistentes, aber empirisch leeres Gleichungssystem zur Beschreibung des allgemeinen ökonomischen Gleichgewichts aufgestellt hatte; dieses Gleichgewicht sei die Ruhelage, die das System anstrebe. Friedman hielt ›reine‹ Wirtschaftstheoretiker für Walrasianer; im großen und ganzen fand er ihre Arbeit geistlos. Aber er betrachtete auch solche Ökonomen als Walrasianer, die komplizierte Gleichungssysteme auf der Basis empirischer Daten aufstellten (dieser sich entwickelnde Wissenschaftszweig trug den Namen ›Ökonometrie‹); auch diese Ökonomen bastelten nur schöne Modelle, die keinen positiven und prognostischen Wert hatten. Friedman stieß sogar Wassily Leontief mit seinen ausgeklügelten Input-Output-Matrizen des ökonomischen Systems in diese Walrasianische Hölle.

Der prognostische Wert von Hypothesen war jedoch noch nicht alles; der umstrittenste Teil von Friedmans Theorie der positiven Wirtschaftswissenschaft steht noch aus. Denn er behauptete nicht nur, daß der Wert der Hypothesen durch die Genauigkeit der von ihr abgeleiteten Prognosen getestet werden *könne*; vielmehr sei dies die *einzige* Möglichkeit ihrer Überprüfung. Unzulässig sei eine Überprüfung von Hypothesen anhand der Realitätsnähe ihrer Voraussetzungen. Er stellte es also als falsch hin, die Hypothese, daß die Preise in einer Branche sich unter Wettbewerbsbedingungen bildeten, zurückzuweisen, wenn sich in der Überprüfung herausstellt, daß die Voraussetzung des vollkommenen Wettbewerbs in dieser Branche unzutreffend sei; entscheidend ist allein, ob die Preise sich so bilden, *als ob* vollkommener Wettbewerb bestünde. Friedman ging so weit, daß er ›unrealistische‹ Annahmen als etwas Löbliches hinstellte.

Insofern man überhaupt davon sprechen kann, daß eine Theorie auf ›Annahmen‹ beruhe, und insoweit deren ›Realitätsnähe‹ unab-

> hängig von der Richtigkeit der Prognosen beurteilt werden kann, ist die Beziehung zwischen der Bedeutung einer Theorie und der ›Realitätsnähe‹ ihrer ›Annahmen‹ fast das Gegenteil dessen, was die hier kritisierte Denkrichtung vertritt. Es zeigt sich nämlich, daß wirklich wichtige und bedeutungsvolle Hypothesen auf ›Annahmen‹ beruhen, die als Realitätsbeschreibungen offensichtlich ungenau sind, und daß im allgemeinen eine Theorie um so bedeutungsvoller ist, je unrealistischer ihre Annahmen (in diesem Sinne) sind. Der Grund dafür ist einfach. Eine Hypothese ist bedeutungsvoll, wenn sie viel durch wenig ›erklärt‹, d. h., wenn sie die allgemeinen und wichtigen Elemente aus der Masse komplexer und detaillierter Fakten abstrahiert, welche das zu erklärende Phänomen umgeben, und auf deren Grundlage zutreffende Prognosen möglich sind. Um also wichtig zu sein, muß eine Hypothese in ihren Annahmen deskriptiv falsch sein; sie kann all die anderen zugehörigen Fakten und Umstände vernachlässigen, denn es ist ja gerade ihr prognostischer Erfolg, der beweist, daß sie für das zu erklärende Phänomen irrelevant sind. (28)

Er behauptete, daß Annahmen lediglich zur Spezifizierung der Umstände benützt werden könnten, unter denen eine Theorie Geltung habe, nicht jedoch zu deren Festlegung. Das könne nur durch einen Test der prognostischen Genauigkeit erreicht werden. Hier zielte Friedman in eine andere Richtung – auf diejenigen Ökonomen, wie z. B. Leontief, welche die Wirtschaftstheorie dadurch zu verbessern suchten, daß sie sie ›realistischer‹ gestalteten. Sie begingen den Fehler, meinte er, deskriptive Genauigkeit mit analytischer Relevanz zu verwechseln. In diese Gruppe gehörten vor allem jene, welche die größte Entdeckung der Ökonomik, nämlich die Funktionsweise des Marktes, komplizierten und durcheinanderbrachten. Und die größten Missetäter waren E. H. Chamberlin von Harvard und Joan Robinson von Cambridge, deren Theorien des monopolistischen oder unvollkommenen Wettbewerbs von vielen Ökonomen gelobt und akzeptiert wurden, weil sie die Wirtschaftstheorie in bessere Übereinstimmung mit der Realität brachten. (29) Als Verbündeter von Frank Knight und als Gegner von Paul Samuelson vertrat Friedman die Auffassung, daß die Modelle von Chamberlin oder Robinson tatsächlich nur geringen analytischen Wert hätten, auch wenn sie realitätsnäher erscheinen würden als die traditionellen Modelle des wirtschaftlichen Wettbewerbs:

Die Theorie des monopolistischen Wettbewerbs stellt keine Instrumente zur Analyse von Branchen bereit und folglich auch kein Unterscheidungskriterium für die Analyse der Unternehmung auf der einen Seite und des allgemeinen Gleichgewichts auf der anderen. Sie ist deswegen ungeeignet, zur Untersuchung von wichtigen Problemen beizutragen: Einerseits ist sie zu begrenzt, um von großem Interesse zu sein; andererseits ist sie zu breit, um relevante Verallgemeinerungen zuzulassen. (30)

Friedmans methodologisch begründetes Festhalten am freien Markt als Grundhypothese der positiven Wirtschaftswissenschaft paßte gut zu seiner Laissez-faire-Ideologie und zu seiner Opposition gegen Staatsinterventionen und -planung.

Am Schluß seines Aufsatzes umriß Friedman die gegenwärtige Lage der Wirtschaftstheorie. Die Preistheorie war in Ordnung; die statische Geldtheorie ebenfalls; auf der Basis der Quantitätstheorie des Geldes konnte sie das Preisniveau und den nominalen Wert des Sozialproduktes erklären. Sehr unbefriedigend sah es in der monetären Prozeßanalyse aus, deren Aufgabe in der Erklärung gesamtwirtschaftlicher Anpassungen an monetäre Veränderungen bestand. (31)

Betrachtet man Friedmans Beurteilung der Erfolge der Wirtschaftswissenschaft, dann erscheint seine Methodologie der positiven Ökonomik als rückwärts orientiert oder sogar als reaktionär. Die von Friedman befürworteten einfachen und prognostischen Hypothesen waren nur in solchen Bereichen angemessen, in welchen die Ökonomik bereits erfolgreich war – Preistheorie und statische Geldtheorie. Die Wahrscheinlichkeit, einfache Hypothesen zu finden, war jedoch dort gering, wo es darum ging, komplexe Entwicklungsprozesse im nationalen oder internationalen Wirtschaftssystem zu erklären. Und dort, wo es nicht den freien Markt, sondern dominierende Monopole gab, konnten ›unrealistische‹ Hypothesen des Wettbewerbsmarktes kaum zu richtigen Voraussagen führen. Im Sommer 1974 sagte Friedman z. B. voraus, daß das internationale Ölkartell bald zusammenbrechen würde und die Preise auf den Stand fallen würden, den sie vor dem Yom-Kippur-Krieg hatten. (32) Zwei Jahre danach hatte sich diese Voraussage noch nicht erfüllt.

Einfache ökonomische Modelle, Daumenregeln, Blaupausen der Zukunft, ›Gesetze‹, die auf sehr eng begrenzten Fällen aus der Vergangenheit beruhen – all das eignete sich nicht für die Bewältigung einer komplexen und sich verändernden Wirklichkeit. Gemessen an ihren eigenen Ansprüchen ist Friedmans positive Ökonomik nicht erfolgreich; seine einfachen und positiven Voraussagen sind oft falsch. Ein ökonomisches Modell – nach Georgescu – Roegen lediglich ein Gleichnis – kann nicht als Ersatz dienen für wohlbegründete Hypothesen, genaue Kenntnis der tatsächlichen Situation, die untersucht wird, und für jene seltenste aller analytischen Tugenden, gesunder Menschenverstand und Gespür. ›Eine kunstlose Analyse ist einer Kunst unzuträglich.‹ (33)

VI

Friedman ist vor allem wegen seiner geldtheoretischen Arbeiten berühmt, und wegen der von ihm entwickelten Doktrin des *Monetarismus.* Diese Doktrin besteht aus zwei Thesen: 1) Veränderungen des Geldangebots sind der einzige systematische Faktor, der das gesamtwirtschaftliche Ausgabenniveau und die Konjunktur beeinflußt; daraus folgt: 2) die einzige Maßnahme zur Sicherung von Wachstum und Preisstabilität besteht darin, daß die Zentralbank das Geldmengenwachstum auf einem Niveau hält, das demjenigen des realen Wirtschaftswachstums entspricht – etwa vier bis fünf Prozent pro Jahr. Die Theorie schließt Veränderungen der Steuersätze, der Staatsausgaben und mehr noch der privaten Investitions- und Konsumausgaben als systematische Einflußfaktoren des Wirtschaftsprozesses wirkungsvoll aus.

Die der Entwicklung des Monetarismus zugrunde liegende Motivation scheint in Friedmans allgemeiner Abneigung gegen den Keynesianismus zu liegen sowie in seiner Aversion gegen Wirtschaftstheorien, welche die intellektuelle Vorrangigkeit des Individualismus und des freien Unternehmertums dadurch unterminieren, daß sie Interventionen zulassen oder auf andere Art der staatlichen Einmischung in den freien Markt (und damit dem Sozialismus) die Tür öffnen. Aber der unmittelbare Anlaß seiner Entdeckung des Monetarismus war ganz einfach die Zuteilung einer bestimmten Arbeit durch das National Bureau of Economic Research, mit dem Friedman auch nach seiner Rückkehr zur Universität von Chicago noch weiter zusammenarbeitete.

Es war klar geworden, daß der alternde Wesley Mitchell mit seiner letzten, breit angelegten Studie der amerikanischen Konjunkturzyklen nicht mehr fertigwerden würde. Irgend etwas mußte jedoch mit der Unmenge von Daten angefangen werden, die er dafür angesammelt hatte. Arthur Burns, Mitchells Nachfolger als Forschungsdirektor des Bureau, beauftragte die verschiedenen Mitglieder der Forschungsgruppe mit je einem Aspekt der Studie; Friedman fiel der Teil ›Monetäre Geschichte der USA‹ zu.

Im Verlauf der Arbeit an der Studie, die später als *A Monetary History of the United States* (34) veröffentlicht wurde, nahm seine Überzeugung von der Wichtigkeit der Geldtheorie und Geldpolitik stetig zu. Das kann man den Aufsätzen entnehmen, die in seinem Band *Essays in Positive Economics* wieder abgedruckt sind. Zusätzlich zu einer überarbeiteten Fassung seines Artikels über die inflationäre Lücke bot er eine ausführliche Diskussion von Vorschlägen für eine Warenreservewährung an. In dem Aufsatz *A Monetary and Fiscal Framework for Economic Stability* ist Henry Simons Vorschlag eines Zentralbanksystems mit 100%iger Mindestreserve eingearbeitet. Friedmans Plan, den er für ein ›Minimalprogramm‹ hielt, von dem er hoffte, ›daß die Ökonomen der gemäßigten Denkrichtung es zu ihrer gemeinsamen Sache machen können‹, enthielt vier Elemente: 1) eine Reform des Geld- und Bankwesens mit dem Ziel, die private Geldschöpfung und die private Geldvernichtung abzuschaffen (d. h., Einrichtung eines Zentralbanksystems mit 100%iger Mindestreserve), sowie eine Zentralbank, der die Aufgabe der diskretionären Steuerung der Geldmenge zufällt; 2) eine Politik der Festlegung des Volumens öffentlicher Ausgaben für Güter und Dienste ausschließlich nach den Wünschen und Bedürfnissen und der Zahlungsbereitschaft der Öffentlichkeit für öffentliche Güter; 3) ein im voraus festgelegtes Programm der öffentlichen Sozialausgaben, in welchem Umfang und Bedingungen der Unterstützungen, Hilfen und sonstigen sozialen Aufwendungen festgelegt sind; und 4) ein progressives Steuersystem, das in erster Linie auf der persönlichen Einkommensteuer beruht. (35)

In diesem Aufsatz von 1948 stellte Friedman seine Opposition gegen diskretionäre fiskalische oder monetäre Wirtschaftspolitik zur Konjunkturstabilisierung klar heraus. Die eine Konzession, die er den Keynesianern machte, war eine frühe Version des Vollbeschäftigungsbudgets; er wollte die Staatsausgaben an demjenigen Niveau der Steuereinnahmen orientieren, das sich bei einer Vollbeschäftigungssituation ergeben würde. Für den Fall der Unterauslastung der Wirtschaft wollte er Haushaltsdefizite akzeptieren und für den Fall einer Überauslastung in Boomzeiten Haushaltsüberschüsse. Als Präsident Nixon zu Beginn des Jahres 1971 seine Absicht bekanntgab, zur Anhebung der Wirtschaft auf ein Vollbeschäftigungsniveau einen unausgeglichenen Haushaltsentwurf einzubringen, konnten seine Wirtschaftsberater zum Beweis für die konservative Herkunft dieser Doktrin auf Friedmans frühe Fassung des Prinzips eines ausgeglichenen Vollbeschäftigungsbudgets verweisen.

In seinen *Comments on Monetary Policy* (›Anmerkungen zur Geldpolitik‹ – 1951) wandte sich Friedman erneut dem Problem der Inflation zu, das aufgrund des Koreakrieges wieder virulent geworden war. Er empfahl zur Verhinderung der Inflation sowohl den Einsatz der Fiskal- als auch der Geldpolitik. Allein in seiner Empfehiung, daß die Geldpolitik die Auswirkungen auf die Zinssätze ignorieren solle, kündigte sich seine spätere Auffassung an, daß die Bundesbank die Zinssätze unberücksichtigt lassen und sich allein auf die Wachstumsrate des Geldangebots konzentrieren solle. Friedman befand sich auf dem Weg zurück zur Quantitätstheorie des Geldes. Bei seinem Versuch, die monetäre Politik als Hauptinstrument der Wirtschaftsstabilisierung zu rehabilitieren, vertrat Friedman die Auffassung, daß die richtig verstandene Quantitätstheorie der keynesianischen Theorie gleichwertig sei; er meinte, eine Geldpolitik zur Eindämmung der Ausgaben mit dem Ziel der Inflationsverhinderung könne in zwei alternativen Sprachen ausgedrückt werden – in jener der Quantitätstheorie oder in jener der keynesianischen Analyse.

Aber das war im Jahre 1951, und als die 50er Jahre zu Ende gingen, machte Friedman Anstalten, seinen neuen Monetarismus als Basis für die Gegenattacke der Chicagoer Schule auf die keynesianische Revolution zu benutzen – eine angebliche ›Gegenrevolution‹, wie Professor Harry Johnson von der Universität von Chicago dies genannt hat. 1959 brachte Friedman eine moderne, verfeinerte Version der Quantitätstheorie des Geldes heraus; er behauptete, seine Theorie sei der einzigartigen Tradition eines fortgeschrittenen und ›modernen‹ quantitätstheoretischen Denkens entsprungen, das seine früheren Lehrer in Chicago praktiziert hätten. Don Patinkin, einer von Friedmans damaligen Kommilitonen in Chicago und ein Spezialist auf monetärem Gebiet, hat diese Behauptung säuberlich widerlegt. (36) Im privaten Gespräch hat Friedman zugegeben, daß Patinkin recht habe, aber nur soweit es die Theorie selbst betreffe. Wirklich wichtig, so Friedman, sei die starke Betonung monetärer Faktoren in Chicago gewesen; dies hätte die Studenten von der keynesianischen Revolution und ihrer Abwertung monetärer Faktoren abgeschirmt. Dieser Anspruch klingt etwas hohl im Lichte von Friedmans eigener Vernachlässigung monetärer Faktoren während der Kriegsjahre, als er, wie er sich ausdrückte, vom ›keynesianischen Geist der Zeit‹ beeinflußt war.

Dennoch hat Friedman recht, wenn er die Wichtigkeit der Tradition von Chicago – personifiziert in Frank Knight – als Schlüsselfaktor seiner Opposition gegen die keynesianische Revolution unterstreicht. Aber was Friedman und andere Chicagoer in ihrem Angriff gegen die Keynesianer anfeuerte, waren nicht so sehr die technischen Aspekte der monetären Theorie als vielmehr die Chicagoer Tradition des politischen Konservatismus und der Ideologie des Laissez-faire.

Die wirkliche ›alte Orthodoxie‹ der konservativen Ökonomen besagte, daß die Regierung sich aus dem Wirtschaftsprozeß einschließlich der Schöpfung zusätzlichen Geldes heraushalten solle. Denn, so das Argument, jede Veränderung der Geldmenge bewirke Verzerrungen in der Wirtschaft, die nur durch eine entgegengerichtete Geldmengenänderung wieder begradigt werden könnten. Aber man dürfe es der Regierung nicht überlassen, mit dem Geld herumzuhantieren. Angesichts der Ausgabenneigung von Königen und Politikern müsse man damit rechnen, daß sie immer zu viel Geld schaffen, die Inflation anfachen, den Sparfleiß ordentlicher Bürger und die vorausschauenden Investitionen der Verantwortungsvollen zerstören und Bedingungen schaffen würden, welche die Regierung zwängen, eine immer größere Rolle im System zu spielen. Unvermeidlicherweise würde die Inflation zu wirtschaftlichem Zusammenbruch, steigender Arbeitslosigkeit und folglich zu einer noch größeren Staatseinmischung führen. Am besten wäre es, die Regierung ganz einfach von der Geldpresse fernzuhalten – wirkliches Geld solle aus den Goldminen kommen, und der Kredit solle von freien Bürgern geschaffen werden, die miteinander in Geschäftsbeziehungen stehen.

Dies war die Doktrin, die Abba Lerner ›hundertprozentigen Kapitalismus‹ (37) genannt hat. Aber für Friedman gab es noch eine ernsthafte Schwierigkeit. Wenn die Wirtschaft bei einer im wesentlichen unveränderten Geldmenge wachsen sollte, dann müßten die Preise kontinuierlich fallen; in einer modernen Gesellschaft mit ihrem starken Widerstand gegen Preis- und Lohnsenkungen wäre es zu viel erwartet, wenn man Deflation mit hohem Beschäftigungsgrad und stetigem Wirtschaftswachstum in Übereinstimmung bringen wollte. Im Gegenteil – dies zeigte die Erfahrung der Weltwirtschaftskrise – eine Deflation (sinkende Löhne und Preise) würde wahrscheinlich sehr viel eher zu einem sinkenden Sozialprodukt und zu steigender Arbeitslosigkeit führen.

Folglich bedeutete Friedmans Vorschlag, das Geldangebot solle konstant mit einer jährlichen Rate von 4 bis 5% zunehmen, eine – wenn auch minimale – Aufgabe der rein kapitalistischen Position. Der Vorschlag berücksichtigte die Schwierigkeit (oder Unmöglichkeit), eine Deflation der Löhne oder Preise zu erzwingen. Er enthielt jedoch eine *Regel* für die Geldmengenexpansion, welche die Hände von Regierung und Zentralbank binden und die Inflation dadurch verhindern würde, daß nur eine solche jährliche Zunahme des Geld- und Ausgabenvolumens zugelassen werden sollte, die gerade dem normalen Zuwachs des Sozialprodukts entsprach. Dadurch sollte der Bedarf an diskretionären wirtschaftspolitischen Eingriffen zur Bekämpfung von Arbeitslosigkeit und Inflation verringert oder gar völlig beseitigt werden.

Auf diese Weise könnte das Laissez-faire in einem modernen Gewande wieder etabliert werden. Die der Regierung von der Keynesianischen Revolution aufgezwungene ›sozialistische‹ Verantwortlichkeit für die Erhaltung der Vollbeschäftigung würde zusammen mit der davon ausgehenden inflationistischen Bedrohung der kapitalistischen Gesellschaft zurückgewiesen; ebenso die vom *New Deal* im Namen der Erhaltung oder Herstellung von Wachstum und Vollbeschäftigung vorgenommene Einzelsteuerung bestimmter Märkte für Waren oder Dienstleistungen. Das alles wäre dann überflüssig; stetiges Geldmengenwachstum, eine staatliche Einlagensicherung, einige eingebaute Stabilisatoren (einschließlich einer Regel für einen ausgeglichenen Vollbeschäftigungs-Haushalt) wären Schutz gegen eine neue Depression; im übrigen wäre das Marktsystem bestens geeignet, mit fast allen anderen Problemen fertig zu werden.

Sicher, da gab es Probleme. Wenn das Preisniveau nun doch steigen würde, aus welchen Gründen auch immer – Übernachfrage aufgrund früherer Fehler der Wirtschaftspolitik, Inflationserwartungen, Nachwehen früherer Inflationen, preistreibende Effekte militärischer Aufrüstungen, die Macht der Gewerkschaften oder internationaler Kartelle, weitverbreitete Dürren oder andere Engpässe –, was dann? Würde die Regel der konstanten Geldmengenexpansion ausreichen? Wenn das Geldangebot nur um sagen wir 5 % pro Jahr ausgedehnt würde, die Preise aber um 10% stiegen, dann würde das reale Ausgabenvolumen, in konstanten Preisen gerechnet, abnehmen und folglich müßten auch Sozialprodukt und Beschäftigung zurückgehen.

Die Monetaristen hatten darauf eine einfache Antwort. Es gab nur eine Inflationsursache: zu viel Geld. Äußere Faktoren wie Kriege, Dürren oder Streiks könnten eine Inflation nicht verursachen, es sei denn, die Zentralbank würde dadurch veranlaßt, das Geldangebot zu schnell auszudehnen. Wenn die Verantwortlichen dies ablehnten, könnte es zwar kurzfristig schmerzhafte Anpassungszwänge geben, früher oder später würde die Wirtschaft jedoch wieder auf den Pfad des stetigen, inflationsfreien Wachstums einschwenken. So würden die Selbstheilungskräfte einer freien Wirtschaft mit flexiblem Preissystem wirken. Es gab unter den Monetaristen allerdings Meinungsverschiedenheiten darüber, ob die Geldpolitik gegen andere, kurzfristig wirksame Ursachen wirtschaftlicher Instabilität eingesetzt werden sollte. Die Schule der ›realen Kassenhaltung‹ trat für eine Feinsteuerung ein – beispielsweise, um die Wirtschaft aus einer Talsohle herauszubringen oder um eine schnelle Geldentwertung in den Griff zu bekommen. Aber die eher konservativen und orthodoxen Monetaristen (angeführt von Friedman persönlich) meinten, daß solche diskretionären Wechselbäder mehr Schaden anrichten als Nutzen stiften würden; sie behaupteten, Versuche der monetären Feinsteuerung würden ihrerseits zu einer Quelle der Instabilität und Störung werden. In seinem Buch *Capitalism and Freedom* (1962) formulierte Friedman seine eigene restriktive und einfache Regel für die monetäre Politik:

> Im einzelnen würde ich meinen, daß die Zentralbank dafür zu sorgen hätte, daß die gesamte Geldmenge... monatlich, wenn möglich sogar täglich, um X Prozent pro Jahr zunimmt, wobei X irgendeine Zahl zwischen 3 und 5 ist. Die genaue Definition der jeweiligen Geldmenge oder die genaue Größe der jeweiligen Zuwachsrate ist dabei weniger wichtig als die definitive Wahl einer bestimmten Definition und einer bestimmten Zuwachsrate. (38)

Friedmans eingestandene Ignoranz über den genauen Ablauf des Konjunkturzyklus (die ihn nicht immer daran gehindert hat, auf der Grundlage von Veränderungen des Geldangebots sehr bestimmte Konjunkturprognosen anzustellen) bildet das entscheidende Bindeglied zwischen seinem Monetarismus und seinem Glauben ans *Lais-*

sez-faire. Die staatliche Stabilisierungspolitik bewirkte fast notwendigerweise das Gegenteil dessen, was sie beabsichtigte; Friedman behauptete, die Weltwirtschaftskrise sei durch eine kontraktive Geldpolitik der Zentralbank verursacht worden. Und wenn die Währungspolitiker – sei es zur Überwindung einer Rezession oder zur Zügelung eines Booms – auf der Grundlage von Konjunkturdiagnosen handelten, dann kämen ihre Maßnahmen zu spät und überdosiert. ›Verstetigung‹ wurde die Parole des echten Monetarismus.

In den Augen ihrer Anhänger machte diese monetaristische Doktrin dramatische und dringliche Regierungsaktionen gegen institutionelle Verzerrungen überflüssig, die von Gewerkschaften, Unternehmensmonopolen oder anderen Gruppen mit Marktmacht verursacht wurden. Sicherlich schufen diese Verzerrungen Probleme, aber wirtschaftliche Stabilität und Wohlstand konnten trotzdem erreicht werden, weil der Markt die dominierende Kraft in der Gesellschaft war, nicht die Einmischungen und Verzerrungen, die von monopolistischen Elementen ausgingen. Hier mußte Friedman einen heiklen Balanceakt zwischen Hinnahme und Kritik monopolistischer Kräfte vollführen. Denn wenn er zu stark herausgestellt hätte, daß der freie Marktmechanismus ernsthaft gestört werde, dann hätte er die Anwendbarkeit des liberalistischen Monetarismus in Frage gestellt. Wegen der damit verbundenen Widersprüchlichkeiten waren manche Äußerungen von Friedman so ›ausgewogen‹ wie die folgende:

> Gewerkschaften sind wichtige politische und wirtschaftliche Institutionen mit bedeutsamen Auswirkungen sowohl auf den öffentlichen wie den privaten Bereich. Diese Tatsache stellt die Wirtschaftspolitik vor ernste und schwierige Probleme. Laien wie auch Ökonomen tendieren meiner Ansicht nach zu starken Übertreibungen hinsichtlich des Ausmaßes, in dem die Gewerkschaften Struktur und Niveau der Löhne beeinflussen. Dieser Umstand ist eines der größten Hindernisse für eine ausgewogene Beurteilung der Politik, die gegenüber den Gewerkschaften angemessen wäre. (39)

Mit anderen Worten, Marktmacht in den Händen der Gewerkschaften ist abzulehnen, aber Versuche des Staates, diese Macht zu kontrollieren (und Lohnpolitik zu betreiben), sind noch schlimmer – weil sie nämlich zu noch größeren Verzerrungen der marktmäßigen Lohnsätze und zur Ansammlung einer wirklich gefährlichen Macht in den Händen der Regierung führen. Genau das gleiche hielt Friedman von staatlichen Versuchen der Anti-Monopolpolitik, was ihm eine erhöhte Popularität bei den Wirtschaftsbossen und den Gegnern der Monopolkontrolle einbrachte. Friedman hielt es weder für möglich noch für besonders wünschenswert, daß die Wirtschaftswissenschaften eine umfassende und detaillierte Beschreibung der Wirtschaft erarbeiteten. Es war als ob er befürchtete, daß ein derartiges Wissen die individuelle oder wirtschaftliche Freiheit beschneiden könnte. In jedem Fall war ein solches Wissen auch gar nicht zu erreichen; wirtschaftliche Daten, Wünsche und Entscheidungen waren subjektiv und in den Köpfen der Individuen. Was die Gesellschaft brauchte, waren positive Lösungen (bislang) normativer Fragen von relativ einfacher, grundlegender und übergeordneter Art. Das Ziel bestand darin, schwierige und unerquickliche kurzfristige Entscheidungsprozesse durch eine ›richtige‹ langfristige Politik zu ersetzen. Genau darum ging es dem Monetarismus; statt es irgendwelchen Bürokraten in der Regierung zu überlassen, einen angemessenen Ausgleich zwischen Inflation und Arbeitslosigkeit zu bestimmen, sollte ein stetiges Wachstum des Geldangebots angestrebt werden. Darin bestand die Antwort auf das Problem wirtschaftlicher Stabilität. Wenn daraus irgendwelche Härten entstehen sollten (wie z. B. Arbeitslosigkeit oder ungleiche Einkommensverteilung), dann konnten die – falls die Gesellschaft es wünschte – durch andere Mittel gemildert werden.

VII

Im Verlauf der Nachkriegsjahre übernahm Friedman Frank Knights Position als Kopf der Chicagoer Schule, wenngleich er als nationale Figur viel größeren Ruhm erwarb. Mit dem Schwert des *Laissez-faire* wollte er einen Gordischen Knoten nach dem anderen in der Ökonomik zerschlagen. Im Gebiet der internationalen Wirtschaftsbeziehungen verfocht er frei floatende Wechselkurse, lange bevor der Rest der Ökonomen-Zunft aufwachte und die Gefahren eines Systems fester Wechselkurse erkannte. Der Zusammenbruch des internationalen Währungssystems von Bretton Woods führte dank der wissenschaftlichen Vorarbeit, welche die Annahme flexibler Wechselkurse vorbereitete und die zum großen Teil von Friedman geleistet worden war, nicht zum Zusammenbruch des Weltwirtschaftssystems (wie im Jahre 1931).

Er opponierte gegen staatliche Subventionen und staatliche Industriepolitik und trug dazu bei, die Augen seiner Kollegen – und dann auch der Politiker – vor der Verschwendung und Ineffizienz eines Großteils der Industriepolitik zu öffnen, besonders wo sie zu Preisabsprachen und zu einem konsumenten- und wettbewerbsfeindlichen Wirtschaftsverhalten führte. Er wandte seine Grundsätze der freien Marktpreisbildung und der Freiwilligkeit auf viele wichtige neue Bereiche an. Beispielsweise der Fall einer reinen Freiwilligenarmee; er kämpfte dafür und setzte sich schließlich durch. Als viele junge Leute erbittert gegen den Vietnamkrieg und die Wehrpflicht protestierten, trug die Freiwilligenarmee dazu bei, die Universitäten zu befrieden und ein brennendes nationales Problem zu lindern. Zunächst sah es so aus, als würde sich das Konzept als ein sehr kostspieliger Fehlschlag erweisen; Friedman selbst warf den Streitkräften vor, sie würden die schlechtesten Offiziere für die Personalrekrutierung abstellen. Aber die starke Rezession und die sehr hohe Arbeitslosigkeit der Jahre 1974–75 machten aus der Idee einen offenbaren Erfolg, was sich in der Qualität, Disziplin und Moral der Streitkräfte zeigte.

Gleichwohl hatte Friedman keine ununterbrochene Erfolgssträhne. Er trat prononciert für ein Erziehungskreditsystem ein, das Schülern und Studenten erlaubt hätte, entsprechend ihren Wünschen jede öffentliche Schule oder Hochschule zu besuchen; zum einen war dies als eine Lösung des Rassenintegrationskonflikts an den Schulen gemeint. Friedman schlug dieses System nicht nur als Mittel vor, um das *busing* zu unterlaufen, sondern als Anreiz für mehr Effizienz und Kreativität bei Lehrern und Schulverwaltungen, um mehr und bessere Studenten (und Gelder) anzuziehen und um zu verhindern, daß die Studenten, öffentliche Unterstützung und ihren Ruf verlören. Aber die komplexen Verhältnisse des Stadtlebens, die Schwierigkeiten, mit Schülern und Studenten aus unterschiedlichen sozialen Milieus zurechtzukommen und der Widerstand von Lehrern und Bürgergruppen haben bis jetzt einen städtischen Test eines solchen Kreditsystems verhindert.

Gleichfalls schlug er eine ›negative Einkommensteuer‹ vor und kämpfte hart für dieses abgestufte System von öffentlichen Zuwendungen an arbeitswillige Personen, die auch bereit wären, sehr schlecht bezahlte Arbeitsplätze anzunehmen – als Alternative zur Sozialhilfe und anderen Unterstützungen wie z. B. Essensmarken und

Sozialwohnungen. Er brachte viele Liberale und auch Konservative dazu, den Gedanken eines garantierten Sockeleinkommens für jedermann zu akzeptieren – mit der Maßgabe, daß derjenige ein höheres Einkommen erzielen könnte, der fähig und bereit war, sein Sockeleinkommen durch selbstverdientes Einkommen aufzubessern. Selbstverdientes würde nicht proportional vom Sockeleinkommen abgezogen werden, um Anreize zu belassen, und die öffentlichen Zuwendungen würden erst bei einer bestimmten Höchstgrenze auslaufen. Die Nixon-Regierung akzeptierte das Prinzip in ihrem Familienhilfeprogramm. Trotzdem ging der Gesetzesentwurf nicht durch, vor allem wegen der schwachen Unterstützung durch die Verwaltung, aber auch wegen der Opposition von Konservativen, die allgemeine Unterstützungen ablehnten, und von Liberalen, die gegen den niedrigen Sockelbetrag des Entwurfs und die Abschaffung anderer Sozialhilfeprogramme waren.

Friedman äußerte sich wiederholt ablehnend gegenüber Steuererleichterungen für bestimmte Branchen, staatliche Rettungsmaßnahmen für fallierende Unternehmen und Banken, auch gegen die Sozialversicherung, die öffentliche Entwicklungshilfe und andere staatliche Unterstützungsprogramme. Sein Grundsatz lautete, daß der Wettbewerbskapitalismus alles besser erledigen könne als der Staat, mit bestimmten Ausnahmen wie Erhaltung von Recht und Ordnung, Verteidigung und Währungskontrolle. Und sogar in diesen Bereichen sollte der Staat nach Möglichkeit durch Markttests und antibürokratische Maßnahmen kontrolliert werden. Die Steuersätze sollten im Zuge des wirtschaftlichen Wachstums regelmäßig reduziert werden, um die Ausbreitung der Verwaltung in Grenzen zu halten. Ein allmähliches und stetiges Wachstum des Geldangebots würde die nützliche Nebenwirkung haben, eine Zunahme des Staatsanteils am Sozialprodukt infolge der progressiven Besteuerung einer inflationären Wirtschaft zu verhindern. Tatsächlich schlug Friedman vor, das System der progressiven Einkommensteuer (das er früher befürwortet hatte) durch eine Proportionalsteuer auf alle Einkommen zu ersetzen, unter Streichung aller Steuerbefreiungen und Abzugsmöglichkeiten. Damit, so behauptete er, würde sich ein gleich hohes Steueraufkommen ergeben wie mit einem durchlöcherten System der progressiven Einkommensteuer, und die Anreize zum Sparen, Investieren und zur sinnvollen Verwendung knapper Ressourcen würden erhöht werden. Auch der Bedarf an einer Armee von Steueranwälten und Steuerprüfern würde entfallen, ebenso wie die Gelegenheiten zu Begünstigungen durch Regierungsbeamte.

Friedman wurde so zu einem der führenden Köpfe der kleinen, aber wachsenden und sehr wortstarken liberalistischen Bewegung. Unter den Liberalen wird Friedman jedoch nicht als ein fanatischer Anhänger des Laissez-faire angesehen, wofür ihn viele seiner Kollegen und die allgemeine Öffentlichkeit halten; vielmehr wird er von den Liberalen korrekterweise als ein ›Mann des begrenzten Staates‹ angesehen. Zwar hält er viel von der Philosophin und Novellistin Ayn Rand (ihre Novellen, meint er, seien ›sehr einflußreich‹ gewesen, weil durch sie viele Leute die Ideen ernst nehmen, für die auch er eintritt), doch er meint, daß ›Elemente der Intoleranz und des doktrinären Glaubens manche von ihren Anhängern unmöglich, ja unerträglich machen!‹ (Alan Greenspan, der Vorsitzende von Präsident Fords wirtschaftspolitischem Sachverständigenrat, ist ein erklärter Randianer, allerdings ein relativ toleranter und undoktrinärer Anhänger.) In ähnlichem Sinne betrachtet Friedman den verstorbenen Professor Ludwig von Mises, einen ultra-konservativen Ökonomen, als einen ›großartigen Mann‹, seine Schüler jedoch findet er ›unmöglich‹. Solche extremen Liberalisten sind seiner Ansicht nach nicht nur verantwortungslos, sie leben vielmehr in einer revolutionären Phantasie. Friedman selbst brüstet sich, ein Realist zu sein; er glaubt, sein Talent liege darin, für kreative und machbare soziale Reformen einzutreten, statt nur einem kapitalistischen Nirwana nachzuhängen. In der Tendenzwende, die auf die sozialen Unruhen der 60er Jahre und auf die ganzen Programme – *New Deal, Fair Deal, New Frontier* und *Great Society* – der von den Demokraten gestellten Regierungen folgte, gewann Friedman großes öffentliches Ansehen und wesentlichen intellektuellen Einfluß sowohl auf die Republikanische Partei als auch auf ihre Präsidentschaftskandidaten. Auch auf viele Kollegen unter den Wirtschaftswissenschaftlern machte er zunehmend Eindruck, besonders auf jene, denen es unter der Vorherrschaft der gerade tonangebenden Keynesianer ungemütlich wurde.

VIII

Friedmans wichtigstes wissenschaftliches Buch, *A Monetary History of the United States* (›Geschichte der Geldentwicklung in den Vereinigten Staaten‹), das er zusammen mit Anna J. Schwartz für das National Bureau of Economic Research geschrieben hatte, war 1936 erschienen; es wurde zur Grundlage der monetaristischen Doktrinen, die er über die Jahre hinweg in Vorlesungen, öffentlichen Vorträgen und Aufsätzen verbreitete. Diese imposante Arbeit wurde von den meisten fachwissenschaftlichen Rezensenten sehr gelobt, wenn auch viele mit irgendwelchen theoretischen oder empirischen Aspekten nicht übereinstimmten – besonders mit der Behauptung der Autoren, die Weltwirtschaftskrise sei durch die Verringerung des Geldangebots seitens der Zentralbank verursacht worden. Die Kritiker hoben hervor, daß das Geldangebot von 1929 bis 1932 um weniger als 3% gefallen sei, während die Preise um mehr als 30% zurückgingen und die realen Investitionen, der Konsum und das Sozialprodukt ins Bodenlose stürzten, die Arbeitslosenrate aber auf 25% anstieg. Es war schwer einzusehen, wie aus einer so geringfügigen Abnahme der Geldmenge eine solche Katastrophe hätte entstehen können. Trotz solcher Kritik trug das Buch aber dazu bei, die Zahl der Monetaristen ansteigen zu lassen.

Im Jahre 1964 nahm Friedman zum ersten Mal aktiv an einem Präsidentschaftswahlkampf teil. Im März schloß er sich Senator Barry Goldwater an, und nach dem Bundesparteitag der Republikaner, als solche konservativen Ökonomen wie Arthur F. Burns, Paul McCracken und Henry Wallich den Kandidaten der Republikaner aufgaben, avancierte Friedman zum wichtigsten ökonomischen Berater von Goldwater. Im Gegensatz zu seinem früheren Schüler, Professor G. Warren Nutter von der Universität Virginia, der den Wahlkampf voll mitmachte, begab sich Friedman nicht auf Wahlkampf-Tournee. Er schrieb Positionspapiere und unterhielt sich von Zeit zu Zeit direkt mit Goldwater. Auch erläuterte er öffentlich die wirtschaftspolitischen Vorstellungen von Goldwater. Diese unterschieden sich in einigen wichtigen Aspekten von Friedmans eigenen Ansichten; wegen seiner nationalistischen und unternehmensfreundlichen Haltung lehnte Goldwater den von Friedman unterstützten Freihandel und flexible Wechselkurse ab. Aber diese Unterschiede wurden von Friedman in seinen öffentlichen Äußerungen überspielt; er erkannte sofort, daß er, wenn er im politischen Geschäft mitmachen wollte, seine eigenen Ansichten aufweichen oder verwischen müsse, falls sie mit denen seines Kandidaten konfligierten. Berater und Präsidentschaftskandidat stimmten jedoch in ihrer Ablehnung höherer Staatsausgaben und antizyklischer Fiskalpolitik überein; sie forderten gemeinsam eine stärkere Rolle für die Geldpolitik zur Ankurbelung der Wirtschaft (und Steuersenkungen zur Verringerung des Staatsanteils), und zusammen unterstützten sie einen Bund-Länder-Finanzausgleich und eine Freiwilligenarmee, und rühmten die Errungenschaften des Kapitalismus und des Individualismus.

Zurückblickend meint Friedman heute, daß dies ein ›einflußreicher Wahlkampf‹ war, daß Goldwater jedoch zu früh als Präsidentschaftskandidat herausgebracht worden sei. ›Wenn sich Nixon nicht dafür entschieden hätte, als Gouverneur von Kalifornien zu kandidieren‹, sagt er, ›dann wäre er Präsidentschaftskandidat geworden und wäre in der Wahl von 1964 durchgefallen.‹ Goldwater, meint er, wäre dann im Jahre 1968 mit einem größeren Vorsprung als Nixon gewählt worden; er meint, daß die Wahlkampfthemen von 1968 ›alle Goldwater-Themen waren – die Freiwilligenarmee, Recht und Ordnung, ordentliche Finanzpolitik und das *busing*‹.

Nach dem Debakel des Präsidentschaftskandidaten Goldwater war Friedman froh, sich wieder voll seinen akademischen Aufgaben widmen und seine gewohnte Rolle unbehindert wieder aufnehmen zu können, von der Seitenlinie her Warnungen und Ermunterungen aufs Spielfeld zu rufen. Als die Zeitschrift *Newsweek* ihm eine Rubrik als einer ihrer regelmäßigen wirtschaftspolitischen Kommentatoren anbot, nahm er dies gerne an. Als jedoch Nixon im Jahre 1968 der Präsidentschaftskandidat der Republikaner wurde, war Friedman mehr als willens, auf das politische Kampffeld zurückzukehren.

Nach Nixons knappem Sieg von 1968 strebte Friedman kein Amt in Washington an, sondern zog es vor, von der Chicagoer Universität oder von seinem Landhaus in Ely, Vermont, aus als externer Berater zu fungieren. Seine Ideen spielten immer wieder eine wichtige Rolle in der Nixon-Regierung. Präsident Nixons erster Vorsitzender des wirtschaftspolitischen Sachverständigenrates, Paul McCracken, bezeichnete sich selbst als ›friedmanianisch‹, und mit einer im Kern gradualistischen Politik, welche die Regierung in den Jahren 1969 und 1970 verfolgte, sollten inflationäre Tendenzen durch eine stetige und langsame Geldmengenexpansion eingedämmt werden, welche die Wirtschaft auf einem Niveau unterhalb der Kapazitätsauslastung hielt. Und trotz der andauernden Inflation setzte die Nixon-Regierung Steuersenkungen durch, zum Teil auch, um die Präsenz des Staates in der Wirtschaft zu reduzieren.

Diese ›friedmanianische‹ Medizin wirkte nicht so gut, wie der Doktor selbst es erwartete. Die Wirtschaft glitt in eine Rezession ab, die Arbeitslosigkeit stieg an, aber die Inflation wurde kaum gedämpft. Angesichts der hinter ihm liegenden Stimmenverluste in den Congress-Wahlen von 1970 und der vor ihm liegenden Präsidentschaftswahlen von 1972 riß Nixon dramatisch das Steuer herum und lancierte am 15. August 1971 seine ›neue Wirtschaftspolitik‹ mit Lohn- und Preiskontrollen (eine schändliche Maßnahme für Friedman und seine Chicagoer Kollegen, einschließlich George Shultz, den Direktor des Haushaltsbüros, und Herbert Stein, den neuen Vorsitzenden des Sachverständigenrates), ferner mit starken Finanzspritzen (auch eine anti-friedmanianische Position), aber mit der Loslösung des Dollars vom Goldstandard und dem Übergang zum Floaten des Dollars auf den Währungsmärkten (ein Sieg der Friedman-Linie). An der Universität von Chicago drückte Friedman sein Bedauern über die Preiskontrollen aus, aber Präsident Nixon kritisierte er lange nicht so bitter wie jene Demokraten und Liberale, welche die Lohn- und Preiskontrollen vor ihrer Einführung durch die Regierung unterstützt hatten. In einem Artikel in der *New York Times* vom 28. Oktober 1971 schwang er sich zur Kritik dieser Kontrollen auf ein hohes philosophisches und moralisches Podest:

> Diese Kontrollen sind ihrem Wesen nach unmoralisch. Indem sie die Herrschaft des Gesetzes und die freiwillige Kooperation auf den Märkten ersetzen durch die Herrschaft von Beamten, bedrohen die Kontrollen die wichtigsten Grundlagen einer freien Gesellschaft. Sie untergraben den persönlichen Anstand, weil sie die Leute dazu ermuntern, sich gegenseitig auszuspionieren und anzuzeigen, weil das Privatinteresse vieler Bürger sich darauf richtet, die Kontrollen zu umgehen, und weil das, was im öffentlichen Interesse wäre, zu einer illegalen Handlung wird. Es war eine der stolzesten Errungenschaften der westlichen Zivilisation, die Herrschaft von Menschen durch die Herrschaft des Gesetzes zu ersetzen. Als Ideal gilt, daß staatliche Beschränkungen unseres Verhaltens die Form unpersönlicher Regeln annehmen, die für alle gelten und durch unabhängige Gerichte interpretiert und angewendet werden, statt die Form von Einzelanordnungen eines Regierungsbeamten gegenüber individuellen Bürgern. (40)

Es scheint, als wären diese Grundsätze a fortiori anzuwenden gewesen auf das politische Ausspionieren, Telefonabhören, die Auswertung von Steuererklärungen politischer Gegner zum Zwecke der Vergeltung oder Einschüchterung, die Versuche der Bestechung des CIA, FBI und der Steuerbehörden sowie anderer staatlicher Instanzen – also der Serie von Verbrechen, die als ›Watergate‹ bekannt wurden und das Nixon-Regime stürzten. Aber diesen Vorgängen gegenüber waren Friedman und viele andere Rechts-Liberale sehr viel zurückhaltender. Im privaten Gespräch drückten sie gegenseitig ihr Bedauern darüber aus, aber öffentlich übten sie nur milde Kritik am Präsidenten und seinen Beratern, die die ›Herrschaft des Gesetzes‹ so verraten und sie durch die ›Herrschaft von Menschen‹ verdrängt hatten.

Im engeren Bereich der Wirtschaftspolitik gab Friedman in einer Rede vor der *American Economic Association* am 28. Dezember 1971 zu, er sei durch die Erfahrung bestraft worden, wie die von ihm verordnete monetäre Politik seine so kühn propagierten Erwartungen nicht erfüllte. (41) Wenn man die Änderungen der Geldpolitik der Zentralbank in den Jahren 1969, 1970 und auch noch 1971 betrachtet, meint Friedman, dann seien die Veränderungen des ›nominalen‹ Sozialprodukts – ausgedrückt in jeweiligen Preisen – ungefähr so ausgefallen, wie er und andere Monetaristen es erwartet hätten. Aber er habe nicht erwartet, daß ein so großer Teil des Rückgangs des ›nominalen‹ Volkseinkommens sich in der realen Produktion und nur so wenig sich in den Inflationsraten niederschlagen würde. ›In dieser Frage‹, sagte er, ›muß ich zugeben, daß ich 1969 übertrieben optimistische Prognosen darüber aufstellte, wie schnell die Inflationsraten auf eine monetäre Verzögerung reagieren würden.‹ ›Durch diese Erfahrung geläutert‹ habe er das Material nochmals überprüft und herausgefunden, daß die Industrieproduktion schnell, die Preise dagegen nur langsam – mit einem *Lag* von durchschnittlich zwanzig bis dreiundzwanzig Monaten – reagierten. Ein solcher *Lag* zwischen Veränderungen des Geldangebots und Auswirkungen bei den Preisen sei ›viel länger als ich erwartet hatte‹. Aber die Politiker wurden angesichts dieser Verzögerung ungeduldig und führten Kontrollen ein, statt darauf zu warten, bis die monetäre Politik greifen würde.

›Wir sind in ein weitverzweigtes System von willkürlicher und tyrannischer Steuerung unseres Wirtschaftslebens hineingeraten‹, meint Friedman, ›aber nicht, weil die ökonomischen Gesetze nicht mehr so wie früher funktionierten oder weil die klassischen Mittel, richtig verwendet, die Inflation nicht stoppen könnten, sondern weil in der Öffentlichkeit Erwartungen hinsichtlich der Leistungsfähigkeit der Wirtschaftspolitik genährt worden sind, die wir als Ökonomen nicht einlösen können.‹ Er fügte hinzu, daß man vielleicht mit weiterem Fortschritt in der Wirtschaftswissenschaft dem Ziel näherkommen könnte, eine Wirtschaftspolitik zu entwerfen, die eine bessere Zielrealisierung erlauben würde. Vielleicht würden aber auch ›die dem Wirtschaftssystem inhärenten zufälligen Störungen‹ verhindern, mehr Preisniveaustabilität, Vollbeschäftigung und stetigeres Wachstum zu erreichen; und selbst wenn es eine Wirtschaftspolitik zur Erreichung dieser hochgesteckten Ziele gäbe, dann würden Überlegungen der ›politischen Ökonomie‹, wie er es nannte – d. h. der Tagespolitik –, den Einsatz der erforderlichen Maßnahmen unmöglich machen.

›Was immer jedoch die Zukunft in dieser Hinsicht bringen mag‹, sagte Friedman, ›ich bin der Meinung, daß wir Ökonomen in den zurückliegenden Jahren der Gesellschaft im allgemeinen und unserem Berufsstand im besonderen reichlich geschadet haben, indem wir mehr versprachen als wir halten konnten. Dadurch haben wir die Politiker ermutigt, extravagante Versprechungen zu machen, der Öffentlichkeit unhaltbare Erwartungen einzuflößen und Unzufriedenheit zu schüren bei im ganzen zufriedenstellenden Ergebnissen, nur weil diese nicht dem ‚verheißenden Land' der Wirtschaftswissenschaftlern entsprachen.‹

Ob die läuternden Erfahrungen mit den wirtschaftspolitischen Fehlschlägen der Nixon-Regierung anhalten oder nicht – tatsächlich gäbe es Anzeichen dafür, daß Friedman zu kühnen und exakten Prognosen und zu weithin publizierten Aussagen über zukünftige Auswirkungen der Wirtschaftspolitik zurückkehren wollte –, unabhängig davon basiert seine ökonomische Doktrin im Kern auf ihren Aussagen über langfristige Entwicklungen. Langfristig bewirke der Markt die besten Ergebnisse; irgendwelche Härten, die der Markt fordere, seien nur vorübergehender Art und sollten am besten hingenommen werden. Unglücklicherweise sind es jedoch gerade diejenigen, welche die Härten des Marktsystems am wenigsten ertragen können – die Armen, die ethnischen Minderheiten, Leute mit keiner oder unzureichender Ausbildung – von denen erwartet wird, die Härten hinzunehmen. Aber nach der Philosophie von Friedman würde es langfristig sogar ihnen besser gehen.

Diese positive Ansicht über den Markt gründet auf Friedmans Überzeugung von der historischen Nützlichkeit des Kapitalismus.

Der Kapitalismus hat der Menschheit nicht nur materiellen Wohlstand gebracht, er war auch eine notwendige Vorbedingung für menschliche Freiheit. Die Hoffnung der Welt lag im Zusammenfallen von Kapitalismus und Freiheit.

In den letzten Jahren fielen allerdings einige Schatten auf diese optimistische Vision. Natürlich war Friedman längst klargeworden, daß nur wenige Leute seinen Glauben teilten, die große Errungenschaft des Kapitalismus sei nicht die Akkumulation von Eigentum und Vermögen, sondern ›die Chance, die er ... den Menschen bot, ihre Fähigkeiten auszuweiten, zu entwickeln und zu verbessern‹. (42) In seinem Buch *Capitalism and Freedom* klagte er darüber, daß diejenigen, welche vom Kapitalismus am meisten zu gewinnen hätten, oft seine schlimmsten Verleumder seien,

> jene Minderheitengruppen, die am leichtesten zum Gegenstand des Mißtrauens und der Feindschaft der Mehrheit werden können – Neger, Juden, Einwanderer, um nur die naheliegendsten zu erwähnen. Paradoxerweise sind jedoch die Feinde der freien Marktwirtschaft – Sozialisten und Kommunisten – unverhältnismäßig stark gerade aus diesen Gruppen rekrutiert worden. Statt anzuerkennen, daß die Existenz des Marktes sie vor der Einstellung ihrer Mitmenschen beschützt hat, lasten sie fälschlicherweise die verbleibende Diskriminierung dem Marktsystem an. (43)

Aber diese irregeleitete Abneigung gegen den Markt, so Friedman heute, sei nicht die einzige Bedrohung des Kapitalismus. Die größte Bedrohung, mutmaßt er, komme genau aus der Freiheit, welche das kapitalistische System geschaffen hat. Die westlichen Demokratien haben sich nämlich durch freie Entscheidungen ihrer Bürger in Richtung Sozialismus und Wohlfahrtsstaat bewegt. Seiner Ansicht nach hat dies eine schlimme Inflation und ein daraus resultierendes wirtschaftliches Chaos zustande gebracht, was durchaus zu kollektivistischen und totalitären Regierungsformen führen könne. Die größte Ironie aber besteht darin, daß viele kapitalistische Stützpunkte – Taiwan, Südkorea, Hongkong, Spanien, Argentinien, Brasilien (dessen System der Preis-Indexierung Friedman zugegebenermaßen bewundert) und Chile (dessen Führer selbst zugeben, daß sie Bewunderer der ökonomischen Doktrinen Friedmans sind) – ihrerseits unfreie Länder sind, in denen die Menschenrechte täglich beeinträchtigt und zerstört werden. Zielte die Nixon-Regierung mit ihrer stark kapitalistischen Ideologie nicht in die gleiche Richtung? Sicherlich hat Friedman nie behauptet, daß der Kapitalismus für sich schon ausreiche, um politische Freiheit zu schaffen, aber wenn der Kapitalismus kein Garant der Freiheit ist, ist der Sozialismus dann notwendig ihre Nemesis?

JOHN KENNETH GALBRAITH

Sozialismus ohne Tränen

›Denn die Masse ist unbeständig und wankelmütig, und ein guter Ruf ist deswegen schnell verloren, wenn er nicht sorgsam gehütet wird.‹

Spinoza

John Kenneth Galbraith

I

Eine Berühmtheit zu werden, hat den Nachteil, daß man wie andere Berühmtheiten erscheint, von denen viele wie Pappfiguren sind, die nach ein oder zwei Sommern vergilben und verblassen. Als Ökonom, Botschafter, Bestsellerautor, Preiskontrolleur, Professor in Harvard, politischer Bilderstürmer, der gleichzeitig innerhalb und außerhalb des Establishments sein kann, Talk-Show-Star, Mitarbeiter bei *Playboy* und der *New York Times,* Skifahrer und als ein Mann von Geist und Welt hat auch John Kenneth Galbraith die Verunglimpfungen erleiden müssen, die Intellektuelle und früher oder später auch die Presse öffentlichen Berühmtheiten routinemäßig angedeihen lassen. Im Jahre 1974 boten Gerald Nachman, Mary McGeachy und Randall Poe in der Journalismus-Zeitschrift *More* für ›Trend-Journalisten‹ einen kurzgefaßten Führer zu aktuellen Reputationen an; unter der Rubrik ›Zuviel-des-Guten‹ führten sie folgendes auf: Levis, Gene Shalit, Coca-Cola, transzendentale Meditation, die Sonntagsausgabe der New York Times, Johnny Cash, Judge Crater, Solschenizyn, John Kenneth Galbraith, chinesisch Kochen, die Mafia, Eric Sevareid, Lawn Tennis, Baskin-Robbins, Beverly Sills, Howard Cosell... (1)

Galbraith braucht und verdient es, vor seiner Berühmtheit in Schutz genommen zu werden, sogar vor seiner eigenen charmanten Version der Selbstdarstellung. Zunächst und vor allem ist er ein Wirtschaftswissenschaftler, und zwar ein ernsthafter. Wie für andere führende amerikanische Ökonomen war auch für Galbraith die Weltwirtschaftskrise der 30er Jahre ein Schlüsselerlebnis; es verlieh der Wirtschaftswissenschaft eine Bedeutung für das gesamte politische und gesellschaftliche Leben, die sie nie mehr verloren hat. Als die Weltwirtschaftskrise auf Amerika überschwappte, studierte John Kenneth Galbraith Agrar- und Viehwirtschaft an der Landwirtschaftshochschule von Ontario in Guelph. Er kam aus einer mäßig wohlhabenden schottisch-kanadischen Bauernsiedlung am Nordufer des Erie-Sees. Die Galbraiths waren eine der größten Sippen im südlichen Ontario, buchstäblich die ›Säulen der Gemeinschaft‹.

Sogar in Kanada waren die Schotten ein sparsames Volk, und noch stolz darauf; die Universität Guelph war Galbraith zufolge keine teuere, aber auch keine sehr gute Hochschule. ›Die Führung der Studentenschaft war fest in der Hand jener, die einen offenen Anti-Intellektualismus mit einem gesunden Interesse an der Viehwirtschaft verbanden. Vom Lehrkörper wurde das auch als richtig angesehen.‹ (2) Der junge Galbraith war dort nicht glücklich. In seinem letzten Studienjahr bewarb er sich erfolgreich um ein Forschungsstipendium bei der Giannini-Stiftung für Agrarwirtschaft an der Universität von Kalifornien in Berkeley.

Im Jahre 1931 überquerte Galbraith im Alter von dreiundzwanzig Jahren die Grenze, um in den Vereinigten Staaten sein Glück zu machen. Dort gab es Professoren wie Henry Erdman und Howard Tolley, die ihre Studenten sogar zum Denken und Fragen ermutigten, und lange Diskussionen waren die Regel. Wie ich anderswo (3) geschrieben habe, entwickelt sich die Denkweise eines Ökonomen aus dem, was ich seine quasi-talmudische Schulung nennen würde, die in langen Diskussionen und Debatten besteht, mit dauerndem Wechsel zwischen dem Allgemeinen und dem Besonderen, mit einer schonungslosen Textkritik, skeptisch gegenüber eigenen und fremden Ergebnissen und mit einem komplizierten und umfassenden Forschungsstil. Meine eigenen Lehrer, die Professoren Calvin Bryce Hoover und Joseph Spengler schärften mir ein, daß die Ökonomik niemals die Kunst des Monologisierens sein könne, daß der Ökonom vielmehr ständig sein Denken an anderen Ökonomen ausprobieren müsse. Dies erklärt möglicherweise, warum die Zunft der Ökonomen eine so starke und geschlossene Bruderschaft ist; wer als Ökonom monologisiert, verliert nicht nur den Boden unter den Füßen, sondern läuft auch Gefahr, ein Spinner zu werden oder, was weniger schlimm wäre, ein Laie; man muß sprechen, sprechen, sprechen mit seinen Zunftbrüdern – oder zumindest lesen, lesen, lesen und gelesen werden; vorzugsweise aber beides.

Die brüderliche Art, in der die Ökonomen ihre Kunst erlernen und praktizieren, hat aber auch viel mit dem Versagen der Wirtschaftswissenschaftler zu tun, die Öffentlichkeit wirkungsvoll aufzuklären. Denn die Ökonomen sprechen vor allem mit sich selbst. Sie tendieren dazu, die Öffentlichkeit (sogar ehemalige Ökonomen oder ehemalige akademische Wirtschaftswissenschaftler oder ehemalige Angehörige von wirtschaftswissenschaftlichen Abteilungen) als nicht zugehörig zu betrachten.

Exklusivität gibt es natürlich in jedem Berufsstand, und wenn sie richtig ausgeübt wird, ist sie auch eine gute Sache. Everett C. Hughes schreibt dazu:

> Jede Berufsgruppe betrachtet sich als die geeignete Instanz zur Festlegung einer bestimmten Denkart gegenüber jedwelchem Aspekt der Gesellschaft, des Lebens oder der Natur, und zur Bestimmung der Richtlinien oder gar der Details des sie betreffenden öffentlichen Handelns... Diese Besonderheiten und gemeinsamen Ansprüche eines Berufsstandes hängen von einem engen Gemeinschaftsgefühl ab, und auch davon, daß ihre Mitglieder in gewissem Grade eine abgesonderte Gruppe mit einem eigenen Ethos bilden. Auf der anderen Seite impliziert dies eine tiefgreifende und lebenslange Bindung. Wenn jemand seinen Berufsstand verläßt, nachdem er einmal voll ausgebildet, zugelassen und eingeführt ist, wird er von seinen Kollegen als eine Art Abtrünniger angesehen... Man muß ein Ritual durchlaufen, um zugelassen zu werden; und es gibt ein anderes Ritual, um jemanden auszuschließen. Desertiert jemand, dann sieht es so aus, als würde er seinen Stand und seine früheren Kollegen herabsetzen... (4)

Der mutwillige John Kenneth Galbraith machte eine hohe Kunst daraus, sowohl innerhalb als auch außerhalb des Berufsstandes der Ökonomen zu leben.

II

In Berkeley bestand Galbraiths Zulassungsritus darin, daß er bei Ewald Grether Alfred Marshalls klassisches Lehrbuch *Principles of Economics* durchpauken mußte. Er studierte Wirtschaftsgeschichte bei Knight und las Veblen, den Institutionalisten, Soziologen und herben Häretiker gegen die orthodoxe amerikanische Lebensweise.

Bereits Jahre vor dem wirklichen Einbruch der keynesianischen Revolution an amerikanischen Universitäten diskutierte Leo Rogin in Berkeley schon Keynes ›mit einer Dringlichkeit, die seine Seminare den Studenten als die zur Zeit wichtigste Sache der Welt erscheinen ließ‹. (5) Galbraiths Kollegen unter den Postgraduierten waren genauso interessant wie seine Professoren. ›Die allerbesten‹, sagte er später, ›waren Kommunisten‹, der Rest ›durchgängig radikal‹. (6) Aber Galbraith, der gerade erst vom Bauernhof kam und bis auf die Knochen ein Agronom war, fühlte sich ideologisch rückständig – er war fasziniert, aber unwillig, sich den Radikalen anzuschließen.

Sein jährliches 720-Dollar-Forschungsstipendium verdiente er sich mit der Erforschung der Konsumentenpräferenzen für verschiedene Arten von Honig. Für diese Arbeit über den Honig mußte er sich mit den Gründen für die depressive Preisentwicklung auf dem kalifornischen Agrarmarkt beschäftigen. Während seines dritten Jahres an der Universität von Kalifornien wurde er nach Davis geschickt, damals ein kleines College, das sich fast ausschließlich mit agrarwissenschaftlicher Lehre und Forschung befaßte. Er hielt dort fast alle Kurse in Wirtschaftstheorie und schloß seine Dissertation ab.

Aber Galbraiths Liebesaffäre mit der Universität von Kalifornien ging abrupt zu Ende. Kurz vor seiner Promotion im Frühjahr 1934 wurde ihm eine Dozentenstelle in Harvard angeboten. In der Hoffnung, das Angebot aus Harvard mit dem 2400-Dollar-Gehalt als Verhandlungstrumpf in Berkeley einsetzen zu können, sprach er beim Dekan der agrarwissenschaftlichen Hochschule vor, jedoch nur, um die schockierende Entdeckung zu machen, daß von ihm fest erwartet wurde, den Posten in Harvard anzunehmen. Was er dann auch tat.

In Cambridge wurde Galbraith sofort im Rahmen des neu eingerichteten Wohnheimsystems von Harvard als Tutor des Winthrop-Hauses eingestellt. Er freundete sich dort mit Joseph Kennedy Jr. an und traf später auch dessen jüngeren Bruder John, den späteren Präsidenten.

Galbraith war nach Harvard verpflichtet worden, um Agrarökonomik zu lehren. Aber dieser relativ begrenzte Bereich der Wirtschaftswissenschaften schien für die Erklärung und mehr noch für die Verbesserung der Lage der Landwirtschaft in den 30er Jahren kläglich unangemessen zu sein. Das Problem der Landwirtschaft verlangte nach einer größeren Perspektive. Die klassische Theorie von Nachfrage und Angebot besagt, daß ein Nachfragerückgang nach einem Gut dessen Preis sinken läßt; ebenso würde ein allgemeiner Rückgang der Nachfrage als Folge eines konjunkturellen Abschwungs das allgemeine Preisniveau sinken lassen. In der Weltwirtschaftskrise waren zwar die Preise für landwirtschaftliche Produkte stark gefallen, die Industriepreise – und damit die Kosten der Farmer für Dünger, Maschinen und andere Produkte – blieben dagegen bemerkenswert fest. Darin lag die Ursache für die mißliche Lage der Bauern.

Aus erster Hand hatte Galbraith miterlebt, wie sinkende Agrarpreise aus der Not eine Tugend bei den sparsamen Schotten gemacht hatten. In Kalifornien hatte er die daniederliegende Landwirtschaft studiert. Für ihn als Agronom war das Gebot der Stunde klar: die Erklärung der anhaltend hohen Kosten für die Landwirtschaft angesichts einer allgemeinen Abnahme der Gesamtnachfrage und der Agrarpreise.

Er war nicht der einzige, der sich auf das Problem der Preisrigiditäten für industrielle Produkte konzentrierte. In den Anfangsjahren der Weltwirtschaftskrise war dieses Problem Gegenstand vieler Studien und Debatten, bevor das Hauptwerk von Keynes, *The General Theory of Employment, Interest and Money* (›Allgemeine Theorie der Beschäftigung, des Zinses und des Geldes‹ – 1936), herauskam und die wirtschaftswissenschaftliche Diskussion beherrschte. Galbraiths erster Beitrag zu dieser Diskussion war ein Aufsatz mit dem Titel *Monopoly Power and Price Rigidities.* (7) Bereits in diesem frühen Aufsatz von 1936 waren die wichtigsten Themen und der besondere Anstrich der Galbraithschen Ökonomik zu erkennen. Seine Anregungen entnahm er den gerade erschienenen hochinteressanten Büchern zur Marktformentheorie und zur Struktur des industriellen Sektors: E. H. Chamberlins *Theory of Monopolistic Competition* (›Theorie des monopolistischen Wettbewerbs‹), das 1932 herauskam, und Joan Robinsons *The Economics of Imperfect Competition* (›Die Wirtschaftslehre des unvollkommenen Wettbewerbs‹), das 1933 erschien. Chamberlin, der in Harvard Schüler des großen Ökonomen Allyn A. Young war, sollte später zwar Jahrzehnte damit zubringen, sein Buch von demjenigen Robinsons marginal zu differenzieren, doch beide Werke zeigten zwingend die Notwendigkeit der Erweiterung der traditionellen zweipoligen Klassifikation der Marktformen – auf der einen Seite die vollständige Konkurrenz (mit einer großen Anzahl von Unternehmen, die im Wettbewerb miteinander gleichartige Produkte verkaufen) und auf der anderen Seite das Monopol (mit einem Anbieter ohne direkten Wettbewerber); die neuen, erweiterten Modelle enthielten dazwischenliegende Marktformen mit wenigen Anbietern, die gegenseitig Kenntnis hatten von ihrer ›monopolistischen‹ bzw. ›unvollständigen‹ Konkurrenz um Märkte, deren Güter sich nur partiell durch Markenbezeichnungen, Stil, Design oder andere Eigenschaften unterschieden. Die Anbieter auf solchen Märkten haben sogar die Möglichkeit, ihre Produkte mittels Werbung und Verkaufsmethoden nur zum Schein zu differenzieren. Es wurde angenommen, daß jeder Anbieter über einen Marktanteil verfügte, der groß genug war, um seine Preise selbst zu bestimmen und um das allgemeine Preisniveau und das Gesamtangebot in seinem Bereich zu beeinflussen.

Im Jahre 1932 hatten Adolf A. Berle und Gardiner C. Means ein anderes einflußreiches Buch veröffentlicht, das den Knochen von Chamberlin und Robinson Fleisch zusetzte; ihr Buch *The Modern Corporation and Private Property* (›Die moderne Großunternehmung und das Privateigentum‹) war eine Untersuchung der Relationen zwischen dem Volksvermögen, dem Industrievermögen und dem Vermögen der 200 größten Industrieunternehmen der Vereinigten Staaten; sie zeigte, daß der Industriesektor der amerikanischen Wirtschaft einen hohen Konzentrationsgrad aufwies. Einige hundert Unternehmenseinheiten besaßen über die Hälfte des gesamten Vermögens, das im Bereich der Verarbeitenden Industrie, des Transportwesens, der Energiewirtschaft und des Bergbaus produktiv eingesetzt war. Darüber hinaus hatte sich zwischen den nominellen Eigentümern der Unternehmen, den Aktionären, und den tatsächlich Mächtigen der Industrie, den ›angestellten‹ Managern, eine große Kluft aufgetan; die Manager waren die wirklichen Oligarchen der amerikanischen Industrie geworden.

Galbraith fand die neue Theorie des Oligopols und des monopolistischen Wettbewerbs zwingend. Er selbst hatte die Rolle von Preisen und Kosten im Vergleich zwischen industriellem und landwirtschaftlichem Sektor untersucht. (8) Die Studie von Berle-Means unterstrich die Bedeutung der neuentwickelten Marktformen: mit ihren Mammutunternehmen, welche die Industrielandschaft beherrschten, wies die amerikanische Wirtschaft einen nur sehr unvollkommenen Wettbewerb auf. Auch wenn es nur wenige Monopole im eigentlichen Sinne gab, war industrielle Marktmacht die Regel, nicht die unschickliche Ausnahme.

Galbraith argumentierte, daß genau dies die wichtigste Erklärung für die Rigidität der industriellen Preise und folglich für die Schwierigkeiten der Landwirtschaft sei. Auf den Agrarmärkten, wo die Bauern wirklichem Wettbewerb ausgesetzt waren, hat ein Produzent keine andere Wahl, als seine Produkte zu den vom anonymen Markt bestimmten Preisen zu verkaufen. Er hat selbst keinen ausreichend großen Marktanteil, um den Preis durch Zurückhaltung seiner Ware oder durch *dumping* zu beeinflussen. Wenn er seine – von den übrigen nicht zu unterscheidenden – Waren zu einem anderen als dem Marktpreis anbieten würde, dann würde er entweder Geld aus dem Fenster werfen (wenn er unter dem Marktpreis verkaufte) oder er fände keine Abnehmer (wenn er über dem Marktpreis verkaufen wollte). Aber der monopolistische Anbieter kann seine Preise halten oder gar noch erhöhen und darauf vertrauen, daß zumindest einige seiner Kunden nicht abspringen würden. Oder er kann die Preise zur Eroberung eines größeren Marktanteils senken und seinen Profit dadurch erhöhen, daß er schwächere Konkurrenten aus dem Markt drängt.

Produzenten mit großer Marktmacht können also ihre Preise selbst bestimmen und das allgemeine Preisniveau in ihren jeweiligen Branchen stark beeinflussen. Galbraith versuchte zu zeigen, daß Produzenten mit Monopolmacht die Preise auch dann hochhalten könnten, wenn die Gesamtnachfrage unzureichend war, selbst wenn dies einen Verzicht auf kurzfristige Gewinne bedeuten würde. Zunächst, so argumentierte er, hätten Oligopolisten am meisten von einem Preiskampf zu befürchten. Es liegt in ihrem Interesse, sich an einen Rückgang der Nachfrage durch Produktionseinschränkungen statt durch Preissenkungen anzupassen, trotz der Kosten, die mit der Beibehaltung großer Lagerbestände verbunden sind. Unter diesen Umständen würde ein Oligopol (ein informeller Zusammenschluß bedeutender Anbieter) tendenziell wie ein Monopol funktionieren, das im Interesse der Marktstabilität sich kurzfristiger Profite enthalten würde. Zum anderen würde der monopolistische Wettbewerber dazu tendieren, die Preise stabil zu halten, um zur Markentreue zu ermuntern:

> Wenn die Produktdifferenzierung als Ergebnis der Werbung vorwiegend psychologischer Art ist, dann wird der Konsument dazu erzogen, die Marke zu ignorieren, weil preislich attraktive Angebote ihn dazu verführen, von einer Marke zur anderen überzuwechseln, die er genauso gut findet. Die Differenzierung wird abgebaut abgebaut, ein Teil der Werbeausgaben ist verschwendet. (9)

Der Absatz mag zurückgehen, aber der Produzent kann das Problem wiederum dadurch lösen, daß er die Produktion zurücknimmt. Am Ende unterhält das System sich selbst. Da die Industriepreise der einen Produktionsstufe Kosten auf einer anderen sind, hält sich das ganze System der industriellen Preise von selbst aufrecht. Techniken der Preis- und Produktionssteuerung polstern somit den gesamten industriellen Sektor gegenüber den rauhen Auswirkungen zurückgehender Nachfrage ab.

Der Bauer hatte während der Weltwirtschaftskrise keine solche Polsterung. Galbraith meinte, die Wirtschaft habe die Tendenz gezeigt, ›an einer schlecht definierten Bruchstelle zwischen dem Sektor der Wettbewerbsproduktion und dem durch die eine oder andere Art von Monopolmacht gekennzeichneten Produktionssektor aufzubrechen.‹ (10) Was sollte man dagegen tun? Galbraith machte einige Andeutungen, wie man vorgehen könnte. Die Einstellungen gegenüber der Monopolmacht müßten geändert werden; sie sei im Bereich der Verarbeitenden Industrie nicht ein Spezialfall, sondern der Normalzustand. Darüber hinaus könne man das Kartellrecht nicht als ein Allheilmittel ansehen, weil es Monopole nur durch Oligopole ersetze. Ziemlich vage schlug Galbraith vor, daß die Preise und die Preisniveaus in der gesamten Wirtschaft – d. h. beiderseits der Bruchstelle – harmonisch sein sollten. Ferner meinte er, der Bereich der Urheberrechte, der Patente und der Markenartikelwerbung solle überprüft werden, um die Marktmacht einzelner Unternehmen zu verringern. Gleichermaßen solle ›ein positives Programm zur Verbesserung des Konsumentenschutzes‹ aufgestellt werden, das deutlich über die Lebens- und Arzneimittelgesetze und andere bestehende gesetzliche Regelungen hinausgehen müßte. Galbraith hielt es für erforderlich, daß seine Kollegen ihr ökonomisches Denken mit der neuen Realität der Nicht-Wettbewerbswirtschaft in Einklang brächten:

> Politik und Gesetzgebung sind in diesen Dingen rasch vorangeschritten. Wenn der Wirtschaftswissenschaftler keine Antworten auf die gerade gestellten Fragen hat, ist er kaum zu einer Verurteilung getroffener Maßnahmen befugt. (11)

Dieser frühe Aufsatz ist deswegen von Interesse, weil er bereits die zentralen Themen enthält, die in allen späteren Arbeiten von Galbraith wieder auftauchen; die Teilung der Wirtschaft in Sektoren mit reinem und mit unvollkommenem Wettbewerb, die Konzentration auf Bereiche, in denen der vollkommene Wettbewerb und das reine Profitstreben fehlen, die Beschäftigung mit dem Verbraucherschutz und den ihm zuwiderlaufenden Wirkungen der Werbung, und die Neigung, der Ökonomenzunft Predigten zu halten. Darüber hinaus benützte Galbraith hier bereits die gleichen Argumentationsweisen wie in seinen späteren Arbeiten, wenn auch deutlicher ausgesprochen und zurückhaltender bewertet:

> Die vorausgehenden Seiten sind im wesentlichen ein Übungsbeispiel für die qualitative Analyse. Das Verständnis der Preisrigiditäten steht erst am Anfang und bedarf weiterer Fortschritte bei der Gewichtung oder Quantifizierung der oben erwähnten Einflüsse und ihrer Auswirkungen auf den tatsächlichen Verlauf der Preisbildung in der Industrie. (12)

Die Aufgabe der Quantifizierung hat Galbraith nie sehr gelegen. Sein Ansatz blieb nicht-empirisch, synthetisch und impressionistisch.

III

Im Herbst 1937 verließ Galbraith Harvard; er war mit Catherine Atwater frisch verheiratet und wollte ein Jahr als sozialwissenschaftlicher Forschungsstipendiat an der Universität von Cambridge verbringen.

Dies war eine produktive Zeit für ihn. Mit dem Fabrikanten H. S. Dennison arbeitete er gemeinsam an dem Buch *Modern Competition and Business Policy* (›Moderner Wettbewerb und Unternehmenspolitik‹), das einen frühen Versuch darstellt, ein Galbraithianisches Portrait des Industriesystems auszuarbeiten. (13) Er beschrieb die Unvollkommenheiten der Märkte und behauptete, die Unfähigkeit der amerikanischen Wirtschaft, sich an einen Nachfragerückgang angemessen anzupassen, bedeute, daß sie weitgehend aufgehört habe, selbstregulierend zu sein. Die Kartellgesetzgebung könne gegen solche Rigiditäten nur eine geringe Wirkung haben. Hingegen wurde in dem Buch ein Programm der Industriepolitik skizziert, deren Zweck darin bestehen sollte, die durch die Marktmacht der Monopole gedrosselte Produktion zu erhöhen.

Als es jedoch im Jahre 1938 schließlich erschien, erschütterte die keynesianische Revolution die Wirtschaftswissenschaften. Sie machte die Beobachtungen von Galbraith für den Augenblick irrelevant. Marktunvollkommenheiten mochten Preisrigiditäten hervorbringen und die Bauern ins Elend stürzen oder auch nicht, sie mochten die Produktion verringern und die Beschäftigung behindern oder auch nicht; die Wirtschaft war in der Tat nicht selbststeuernd, denn ein Gleichgewicht konnte sowohl bei einem niedrigen wie auch bei einem hohen Stand der Beschäftigung erreicht werden. Die Lösung bestand jedenfalls darin, daß die Regierung durch Steuersenkungen und Staatsausgaben Geld in die Taschen der Leute fließen ließ. Aufgrund der dadurch erhöhten Gesamtnachfrage nach Waren und Dienstleistungen würden die Agrarpreise steigen, und die Industrie würde die Produktion ausdehnen, was einen Beschäftigungsschub zur Folge hätte. Die alten Rigiditäten würden zu einer blassen Erinnerung der unaufgeklärten Vergangenheit werden; die Preise wären in der gesamten Wirtschaft wieder ›harmonisch‹. Die Alternativstrategie der strukturellen Reformen würde wahrscheinlich langwierig, beschwerlich und politisch ungewiß sein.

Das keynesianische Programm schien fast zu schön, um wahr zu sein. Galbraith schloß sich der Bewegung zur Verbreitung dieser frohen Botschaft an. Als *ghostwriter* schrieb er ein keynesianisches Manifest an die Wirtschaftswelt, das von Dennison, Morris E. Leeds, Ralph E. Flanders und Lincoln Filene, alles liberale Geschäftsleute aus Neu-England, unterzeichnet war. (14) Als er im Herbst 1938 nach Harvard zurückkehrte, fand er Alvin H. Hansen, der als ›amerikanischer Keynes‹ bekannt werden sollte, als Professor für politische Ökonomie vor. In seinen früheren Jahren an der Universität von Minnesota war Hansen ein konventioneller und orthodoxer Ökonom gewesen; in Harvard wurde er der Kopf des brillanten keynesianischen Kreises, dem unter anderen Paul Samuelson, Alan Sweezy und Walter Salant angehörten. Hansen, ein führender Berater beim New Deal, verband Wirtschaftstheorie mit Wirtschaftspolitik:

> In den späten 30er Jahren wurde das Seminar von Hansen an der neuen Verwaltungshochschule regelmäßig von hohen Beamten und Politikern aus Washington besucht. Die Studenten drängten sich oft bis hinaus in den Gang. Man hatte das Gefühl, daß dies die wichtigste Sache war, die zur Zeit im Lande passierte – und es hätte der Fall sein können. (15)

Nie zuvor und nie mehr danach haben die Ökonomen sich so voller Leben gefühlt. ›Ein Glück war es, in dieser keynesianischen Morgendämmerung zu leben, aber jung zu sein, war wirklich der Himmel!‹ Zu einer Zeit der schwersten und weitestverbreiteten wirtschaftlichen Bedrängnis besaßen sie das Heilmittel, den Stein der Weisen. Darüber hinaus konnten die Keynesianer, indem sie wieder wirtschaftlichen Wohlstand herbeiführten und den Kapitalismus vor sich selbst retteten, den Spaß, Revolutionäre zu sein, voll genießen. Man würde die Marxisten von der Bühne verdrängen und als Düpierte entlarven, die von apokalyptischen Träumen und veralteten Wirtschaftstheorien angeführt worden waren.

Die Akademien boten jedoch wenig Spielraum für die Revolution; deswegen gingen viele nach Washington, um ihre Überzeugungen in der Praxis zu erproben. Auch Galbraith fühlte diesen Sog. In Zusammenarbeit mit G. G. Johnson Jr., einem Ökonomen des Finanzministeriums, der vor kurzem in Harvard promoviert worden war, unternahm er eine Untersuchung der öffentlichen Arbeitsprogramme des New Deal für die Planungsgruppe Nationale Ressourcen. Diese Studie erschien Ende 1940 unter dem Titel *The Economic Effects of the Federal Public Works Expenditures* (›Die wirtschaftlichen Auswirkungen der Ausgaben des Bundes für öffentliche Arbeiten‹); sie empfahl die Einrichtung einer langfristigen nationalen Politik der öffentlichen Arbeiten, zu dem doppelten Zweck der Arbeitsbeschaffung während einer Depression und zur Bereitstellung eines durchgehenden Programmes für die öffentliche Bautätigkeit. In der Zwischenzeit war Galbraiths Lehrauftrag in Harvard abgelaufen, und er nahm die Stelle eines Assistenz-Professors in Princeton an. Im Jahre 1940 wurde er ökonomischer Berater der Beratungsgruppe Nationale Verteidigung, und 1941 verließ er Princeton, um die Preisabteilung des Büros für Preispolitik und Öffentliche Versorgung (OPA) zu übernehmen.

Vom Standpunkt der bürokratischen Expansion aus gesehen, war Galbraith zur richtigen Zeit am richtigen Ort. Nach Pearl Harbor waren Preiskontrollen und Rationierungen zur Forderung des Tages geworden. Unter dem wohlwollenden Auge des prominenten New-Deal-Ökonomen und Direktors der OPA, Leon Henderson, konnte Galbraith seine Mitarbeiterzahl in anderthalb Jahren von einem Dutzend auf 16000 erhöhen. Zu diesen Begünstigten gehörten mehrere seiner früheren Professoren aus Berkeley und auch ein junger Anwalt aus Südkalifornien mit Namen Richard Milhaus Nixon.

Die Erfahrung des Zweiten Weltkrieges gab Keynes Recht. Um Kriegsmaterial zu kaufen und die Streitkräfte zu finanzieren, ging die Regierung zu einem *deficit spending* nie gekannten Ausmaßes über. Die amerikanische Industrie stellte zusätzliche Arbeiter zur vollen Auslastung der Produktionskapazitäten ein, um den Bestellungen nachzukommen. Durch die zusätzliche Nachfrage nach Industrieprodukten und die hinzukommenden Einstellungen bei den Streitkräften verschwand die Arbeitslosigkeit. Die Konsumenten verfügten schon lange nicht mehr über so viel Geld wie jetzt. Die Inflation ersetzte das Problem der Depression. Die gestiegene Nachfrage nach Konsumgütern trieb die Preise hoch, und als die Unternehmen anfingen, zur Befriedigung der Nachfrage ihre Produktionskapazitäten auszudehnen, entstand die Gefahr einer Inanspruchnahme der für die Kriegsproduktion benötigten Ressourcen. Dies mußte unter allen Umständen verhindert werden. Die Doppelrolle der Preiskommissare bestand deswegen darin, die Inflation in Zaum zu halten und die übergreifende Strategie der Mobilisierung von Ressourcen zu unterstützen.

Der Preiskommissar hatte eine undankbare Aufgabe; jede seiner Entscheidungen mußte irgend jemand unglücklich machen. In einer Hinsicht hatte Galbraith jedoch Glück. Obwohl er genügend politische und bürokratische Konflikte durchzustehen hatte, war sein Gewissen als Ökonom ungetrübt. Die meisten Ökonomen – einschließlich der Keynesianer – betrachteten Preiskontrollen günstigstenfalls als ein notwendiges Übel, das den Zeiten des totalen Krieges vorbehalten war. Eine gewichtige Gruppe vertrat die Ansicht, daß Kontrollen nicht funktionieren konnten und sollten; schlimme Konsequenzen wurden als Folgen solcher unziemlicher Eingriffe in das glattlaufende Räderwerk der Märkte vorausgesagt. Doch Galbraith stimmte dem nicht zu. Nach seinem Dafürhalten hatte die Monopolmacht in weiten Teilen der Wirtschaft den Preisbildungs- und Allokationsmechanismus der Märkte bereits beeinträchtigt. Die Preise wurden von vielen Produzenten bereits ›administriert‹. Die Änderung bestand nicht darin, wie viele Preise, sondern wer die Preise administrieren würde. Und auf manchen Gebieten konnte eine Regierungsstelle, die das öffentliche Interesse vertrat, eine bessere und wirkungsvollere Arbeit leisten.

Als Preiskommisar der OPA stellte Galbraith fest, daß sich sein Bild von der amerikanischen Wirtschaft bestätigt hatte. Es zeigte sich, daß die Preiskontrolle in unvollkommenen Märkten viel leichter durchzusetzen war als in vollkommenen. Die OPA hatte wenig Mühe, die Preise auf den Märkten für Rohmetalle und Trinkmilch zu kontrollieren; in beiden Fällen bestimmten einige wenige große Anbieter das Geschehen. In den Märkten, die annähernd vollkommenen Wettbewerb aufwiesen, wie z. B. jene für Altmetall und frisches Gemüse, war es fast unmöglich, die Preise zu kontrollieren. Die Erklärung dafür, so Galbraith, lag nicht lediglich darin, daß es einfacher sei, eine kleine Anzahl von Unternehmen zu beobachten. Es gab vielmehr einen grundlegenden Unterschied in den Mechanismen der Preisbildung. Wo sich die Preise am freien Markt bildeten, waren Kontrollen, vielleicht notwendigerweise, unwirksam. Aber wie Galbraith später schrieb: ›Es ist verhältnismäßig einfach, Preise festzusetzen, wo sie bereits festgesetzt werden.‹ (16)

Während seiner Laufbahn als Preiskommissar in Kriegszeiten bestätigte sich – verbunden mit beträchtlichen persönlichen Kosten – auch sein Glaube an die Macht der Großindustrie und ihrer natürlichen Allianz (die auch eine unheilige Allianz werden konnte) mit der Regierung. Die Preiskontrolleure hatten eine schwere Aufgabe übernommen, die sie mit wirtschaftlichen und politischen Kräften in Konflikt brachte, sogar während des großen vaterländischen Krieges. Um die durch Übernachfrage entstandene Kriegsinflation zu bremsen, hätte die Regierung sich stärker auf restriktive monetäre und fiskalische Eingriffe verlegen können; doch es gab Gründe dagegen. Das Ziel, die Wirtschaft schnell auf ein Niveau voller Kapazitätsausnutzung zu bringen, verhinderte den starken Einsatz monetärer Restriktionen. Und die Fiskalpolitik war dadurch behindert, daß es als unfair angesehen wurde, eine Bevölkerung zu stark zu besteuern, der man Überstunden und viele andere Opfer für den Krieg abverlangte. Konfiskatorische Steuern hätten die öffentliche Moral untergraben können; deswegen verlegte man sich viel stärker auf freiwilliges Sparen und Kriegsanleiheprogramme. Im Ergebnis wurde die Preiskontrolle zur Hauptwaffe gegen die Inflation – eine Waffe, die jedoch abgestumpft war durch eine Ausnahmeregelung für Agrarrohprodukte, die vor allem auf Druck der Agrarlobby zustande kam.

Trotz der ungünstigen Erfolgschancen nahm die OPA ihre Aufgabe der Preisstabilisierung ernst. Im April 1943 hielt Präsident Roosevelt eine Rede, in welcher er die Notwendigkeit der Inflationsdämpfung unterstrich. Im Mai kündigte die OPA eine 10-prozentige Preissenkung für Fleisch, Butter und Kaffee an; die Ausfälle der Lebensmittelindustrien sollten durch öffentliche Subventionen kompensiert werden. Zusätzlich – und dies lag Galbraith besonders am Herzen – sollte ein Programm der Markenstandardisierung und Qualitätskennzeichnung für Verbrauchsgüter durchgeführt werden, mit Preisobergrenzen für unterschiedliche Qualitätsstufen. In einer Bewertung des Programms schrieb Turner Catledge von der *New York Times:*

> Was die Rolle der OPA am Anti-Inflationskampf betrifft, so ist sie in der Position einer einzelnen Einheit in einem koordinierten militärischen Angriff. Diese Vorausabteilung ist weit über die anderen hinaus vorgestoßen, die mit ihr hätten vorgehen sollen. Jetzt steht sie dort draußen mit offenen Flanken unter heftigem Feuer, während die anderen Abteilungen erst noch darüber diskutieren, ob sie vorgehen wollen oder nicht. (17)

Das heftigste Feuer kam von der Nahrungsmittel- und Stückwarenindustrie, und Galbraith war das Ziel der Angriffe. In einer Anhörung vor dem Repräsentantenhaus-Ausschuß für Handelsfragen brandmarkte Lew Hahn, Generalmanager der Nationalen Stückwaren-Einzelhandelsvereinigung, das Buch *Modern Competition and Business Policy,* in dem er eine Verschwörung zur Unterdrückung von Markenbezeichnungen zum Zwecke der Zerstörung der ›Preishoheit‹ der Produzenten entdeckte. Hahn behauptete, dies sei eindeutig die Philosophie, die den Anordnungen der OPA zugrunde läge. Nicht ganz grundlos beschuldigte er Galbraith, er versuche ›die nationale Wirtschaftsstruktur unter dem Deckmantel der Kriegserfordernisse zu verändern‹. (18)

In der Zwischenzeit war Galbraith auch innerhalb der OPA selbst verwundbar geworden. Im Januar 1943 hatte der frühere Senator von Michigan, Prentice Brown, von Leon Henderson die Leitung der OPA übernommen. Zu seinem Assistenten machte er Lou Maxon, der als Chef einer großen Detroiter Werbefirma für Galbraith das Doppelübel des mächtigen Oligopols und raffinierter Verkaufsmethoden verkörperte: Seinerseits machte Maxon kein Hehl aus seiner Feindschaft gegenüber Galbraith und ›den Professoren und Theoretikern, die Dr. Galbraith repräsentiert‹. (19)

In der OPA brach ein Machtkampf aus, und die von außerhalb kommende Kritik an Galbraith war vielleicht nicht ganz zufällig. Der Wirbel gab dem Wunsch des Kongresses nach mehr Macht über die Preiskontrolleure neue Nahrung. Der Kongreß mußte besänftigt werden; Maxon wurde zum stellvertretenden Direktor der OPA ernannt, und Galbraith legte sein Amt nieder. Nachdem sie davon überzeugt worden waren, daß Maxon praktischer und weniger unbestechlich als Galbraith sei, schraubten die Wirtschaftsführer und Politiker ihre Opposition herunter.

IV

In den folgenden Jahren wechselte Galbraith zwischen Regierungsämtern, dem Journalismus und der Universität hin und her. Nach der Beendigung seiner Tätigkeit bei der OPA versuchte er, bei der Armee unterzukommen, aber er wurde wegen seiner Größe nicht angenommen (er ist 2,03 m groß). Im August 1943 wurde er zum Mitglied der *Lend-Lease*-Kommission ernannt, aber er verließ sie schon kurz darauf, um der Redaktion des Magazins *Fortune* beizutreten. Während seiner Zeit bei *Fortune* schrieb Galbraith rund fünfzig Artikel, Leitartikel und Buchbesprechungen. Er hat oft behauptet, dort habe er das Schreiben gelernt. Aber das ist eine Übertreibung. Sein Schreibstil war bereits vor *Fortune* klar und geradeheraus; von Mr. Luce mag er die Lust an der Konstruktion von Sätzen und eine bestimmte Pfiffigkeit des Stils erlernt haben.

Kurz nach der Kapitulation Deutschlands im Mai 1945 wurde Galbraith zu einem der Direktoren des U.S. Strategic Bombing Survey (USSBS) ernannt. Der Zweck dieser Gruppe war es, die Auswirkungen der alliierten Bombenangriffe auf die deutsche Kriegsproduktion festzustellen. Luftaufklärung und einiges Wunschdenken seitens der amerikanischen Luftwaffe legten die Auffassung nahe, die deutsche Industrie sei durch die Bombardierungen völlig zerstört worden; die gute Materiallage beim deutschen Heer und bei der Luftwaffe schienen jedoch auf das Gegenteil hinzudeuten. Was benötigt wurde, waren die Produktionszahlen des Dritten Reichs. Die Suche nach einem umfassenden Bild der deutschen Kriegswirtschaft führte die Untersuchungsgruppe des USSBS zu Albert Speer, dem gewitzten Architekten, der in der Nazi-Hierarchie zum Chef der Produktion aufgestiegen war. Galbraith nahm an einigen Verhören von Speer teil, die von George Ball (20) durchgeführt wurden, der seinerseits ein Direktor des USSBS war und später Staatsminister des Auswärtigen und ein berühmter Gegner des Vietnamkrieges während der Johnson-Regierung wurde.

Im Verlauf seiner Arbeit stellte das USSBS die ersten verläßlichen Zahlenreihen über Deutschlands Bruttosozialprodukt zusammen. Am Ende war die Schlußfolgerung nicht mehr zu umgehen: die mit großen Kosten verbundenen alliierten Bombardierungen hatten die deutsche Kriegsproduktion nicht wesentlich behindert. In einigen Fällen hatten die Bombardierungen möglicherweise sogar die Produktion angeregt, denn manche Zivilisten, die durch die Zerstörung der Städte ihre Arbeit verloren hatten – Kellner, Ladenbesitzer und ähnliche –, waren gezwungen, in oftmals nicht ausgelasteten Industrieunternehmen Arbeit zu finden. Diese Lektion, daß auf viele der gewohnten wirtschaftlichen Tätigkeiten verzichtet werden konnte, hat Galbraith nicht mehr vergessen.

Im Jahre 1946 wurde Galbraith zum Direktor des Büros für Wirtschafts- und Sicherheitspolitik des Außenministeriums ernannt, dessen Aufgabe darin bestand, die Wirtschaftspolitik in den besetzten Ländern zu überwachen. Diese Aufgabe bestand jedoch nur auf dem Papier angesichts der Doppelhegemonie des Generals Lucius Clay in Deutschland und des Generals Douglas MacArthur in Japan. Für seine Mühen erhielt Galbraith immerhin die Freiheitsmedaille. Im folgenden Jahr war Galbraith wieder bei *Fortune* und im Jahre 1948 kehrte er ins akademische Leben zurück. Nach einem Dozentenjahr wurde er 1949 in Harvard zum Professor für Wirtschaftswissenschaften berufen, wo er bis auf Beurlaubungen seither geblieben ist.

Harvard stellte ihm das erwünschte Forum und die benötigte Freiheit zur Verfügung. Während der McCarthy-Ära in den frühen 50er Jahren entkam Galbraith dem Zorn der Inquisitoren des Kongresses, im Gegensatz zu vielen seiner früheren radikalen Freunde aus Berkeley. Danken konnte er dafür seiner früheren politischen Zurückhaltung und der mutigen Unterstützung des Harvard-Präsidenten Pusey für seinen Lehrkörper.

Galbraith machte eine steile akademische Karriere. 1952 veröffentlichte er zwei Bücher – ein dünnes Bändchen *A Theory of Price Control* (›Theorie der Preiskontrollen‹) und das etwas umfangreichere American Capitalism. *A Theory of Price Control* (›Amerikanischer Kapitalismus. Theorie der Preiskontrollen‹); es waren ausgearbeitete Fassungen zweier früher veröffentlichter Artikel (21); sie sind Teil einer bescheidenen Tradition von Verteidigungsschriften von Ökonomen, die als Preiskommissare im öffentlichen Dienst gestanden hatten. Dieses Genre war durch Professor F.W. Taussig, einem Mitglied der Preiskontrollgruppe während des Ersten Weltkrieges, mit der berühmten Schrift *Price-Fixing as Seen by a Price Fixer* (›Preisfestsetzungen aus der Sicht eines Preiskommissars‹) (22) begonnen worden. Ein jüngerer Beitrag ist *Making Wage Controls Work* (›Die Praxis der Lohnkontrollen‹) von Professor Arnold Weber, dem früheren Chef von Präsident Nixons Lohn- und Gehaltskommission (23). Galbraiths Buch erschien während der zunehmenden Inflation zu Beginn des Koreakrieges. Er verfolgte darin den Zweck, seine Kollegen davon zu überzeugen, daß Preiskontrollen ein mögliches und wirkungsvolles wirtschaftspolitisches Instrument seien. Nicht einmal im Jahre 1952 war das eine leichte Aufgabe.

Zu Beginn seines Buches gab Galbraith seiner Überzeugung Ausdruck, daß nicht eine hochgestochene Theorie, sondern die Umstände den Verlauf der Politik bestimmten. ›Es gehört zu den stolzen Illusionen des Menschen, daß er glaubt, die Wirtschaftspolitik selbst zu bestimmen; tatsächlich jedoch paßt er sein Handeln in wirtschaftlichen Dingen bei vergleichsweise beschränkten Wahlmöglichkeiten normalerweise den Umständen an.‹ (24) Das war so im Falle des umfassenden Preisregulierungssystems im Zweiten Weltkrieg, das mit der Allgemeinen Höchstpreisverordnung von 1942 errichtet worden war. ›Die Umstände hatten diesen Schritt erzwungen, der von den Vertretern der herrschenden ökonomischen Lehre lange Zeit als unratsam oder unmöglich oder als beides angesehen worden war.‹ (25) Die Politik, die durch die Umstände des Zweiten Weltkrieges erzwungen wurde, hatte Galbraith zufolge ziemlich gut funktioniert. Es sei wichtig, die Gründe für diesen vielleicht überraschenden Erfolg zu untersuchen. Warum? Weil die Inflation nicht länger als ein vorübergehendes oder kriegsbedingtes Phänomen angesehen werden konnte. ›Mehr noch als die Depression betrachte ich die Inflation als die große wirtschaftliche Gefahr unserer Tage, die sich potentiell noch zerstörerischer auf die Werte und Annehmlichkeiten des demokratischen Lebens auswirkt.‹ (26)

Er griff auf sein altes Bild vom Wesen moderner industrieller Märkte zurück; sie seien der Schlüssel zu der Erfolgsgeschichte der Kontrollen während des Krieges. Zugegebenermaßen seien Preiskontrollen – wie die Wirtschaftstheorie postuliert – in Märkten mit vollständigem Wettbewerb nicht wirksam. Aber diesen vollständigen Wettbewerb gab es in der amerikanischen Wirtschaft nicht. Normalerweise störte die Macht der Monopole das unschuldige Spiel von Angebot und Nachfrage. Monopolisten, Oligopolisten und monopolistische Wettbewerber setzten ihre Preise selbst fest, und diese waren tendenziell unflexibel, teilweise sogar institutionalisiert. Die Aufschläge der Einzelhändler waren weitgehend standardisiert und unabhängig von Veränderungen bei Angebot und Nachfrage. Insofern machten es die bestehenden Preisfestsetzungen der Unternehmen und die üblichen Geschäftspraktiken der Regierung leichter, Preiskontrollen durchzuführen. Andere Erscheinungen – der Zeitabstand zwischen der Einführung einer Kontrollmaßnahme und der Knappheit einer bestimmten Ware, die Fähigkeit der Industrie, die Produktion bei konstanten oder abnehmenden Stückkosten auszudehnen – wären ebenfalls für die Regierung eine Hilfe, die Inflation ohne erheblichen Rückgriff auf Rationierungen unter Kontrolle zu halten.

Doch der inflationäre Druck mußte notwendigerweise fortbestehen, weil das Management einer Kriegswirtschaft im Grunde bedeutete, daß im Interesse der Kriegsproduktion ein Überhang an gesamtwirtschaftlicher Konsumnachfrage aufrechterhalten wurde. Noch so große Marktunvollkommenheiten konnten diese Wirklichkeit, die Galbraith ›das Ungleichgewichtssystem‹ nannte, nicht ändern. Der Erfolg dieses Ungleichgewichtssystems wurde an der erhöhten Produktion gemessen, und er hing letztlich von der Opferbereitschaft des amerikanischen Volkes ab. Der Krieg machte es notwendig, daß man mehr arbeitete als zum Erwerb des verfügbaren Angebots an Konsumwaren erforderlich war. In der Bereitschaft der Amerikaner, hart zu arbeiten und das zusätzliche Einkommen zu sparen, statt nur so viel zu arbeiten, wie zur Befriedigung der unmittelbaren persönlichen Bedürfnisse nötig war, lag der Grund für das Wunder der amerikanischen Kriegsproduktion.

Der riesige Überhang an gesamtwirtschaftlicher Nachfrage, der im Laufe des Zweiten Weltkrieges sich angesammelt hatte, wurde 1946 entfesselt, als ein republikanischer Kongreß alle Preiskontrollen über Bord warf. Ein großer Inflationsstoß war die Folge. Galbraith kritisierte diese Entscheidung scharf und meinte, die Kontrollen hätten allmählich gelockert werden sollen.

> Wie so oft in Amerika wurde der im Kern radikale Kurs von Konservativen befürwortet. In diesem Falle wurde der Kurs so konzipiert, daß er den Kapitalismus schwächte, weil die Integrität des Versprechens gegenüber den Schuldnern des Landes unterhöhlt und ein wirtschaftliches Verhaltensmuster erzwungen wurde – heftige Preisbewegungen und dazugehörige Arbeitskämpfe –, dem nur äußerst schwer beizukommen ist; dies alles wurde von denen bewerkstelligt, die sich selbst zu den feurigsten Beschützern des Kapitalismus zählen. (27)

Galbraiths vorrangiges Anliegen war jedoch nicht, wegen vergangener Dinge Punkte gegen die Konservativen zu sammeln, sondern eine Lektion für Gegenwart und Zukunft zu erteilen. In den späten 40er und in den 50er Jahren fingen die Ökonomen an, von der ›Lohn-Preis-Spirale‹ zu sprechen, d. h. von einer Inflation, die durch das Zusammenwirken von Löhnen und Preisen im Industriesektor beschleunigt wurde. Die Gewerkschaften kämpften um Lohnerhöhungen, die etwas über die Inflationsraten hinausgingen, um die zurückliegenden Preiserhöhungen aufzufangen und die zukünftigen vorwegzunehmen. Die Wirtschaft gestand höhere Löhne im Vertrauen darauf zu, daß bei hoher Nachfrage nach ihren Produkten die zusätzlichen Lohnkosten in Form von Preiserhöhungen an die Konsumenten weitergegeben werden könnten. Diese höheren Preise würden ihrerseits wieder höhere Lohnforderungen bewirken, und die Lebenshaltungskosten würden immer weiter steigen.

Galbraith war von der Lohn-Preis-Spirale sehr beeindruckt. Sie bestärkte seinen Glauben an die Unvollkommenheiten der industriellen Märkte; die wirtschaftliche Macht der Arbeitgeber und der Gewerkschaften erhöhte sicherlich noch die Last der Inflation für die ganze Gesellschaft. Gewiß hing die Lohn-Preis-Spirale von der Existenz einer hohen gesamtwirtschaftlichen Nachfrage ab, die bei den meisten Gütern verhinderte, daß steigende Preise die Nachfrage beeinträchtigten. Mit genügend Geld in ihren Taschen und auf ihren Konten und bei leichtem Zugang zu Krediten waren die Konsumenten bereit, höhere Preise hinzunehmen. Bei niedriger gesamtwirtschaftlicher Nachfrage wäre die Industrie allerdings nicht in der Lage gewesen, die Preise ohne Nebenfolgen zu erhöhen, denn die Verkäufe wären dann zu stark zurückgegangen. Folglich hätte die Wirtschaft den Gewerkschaften gegenüber eine härtere Gangart einschlagen müssen. Die Lohn-Preis-Spirale wäre dann schwächer ausgefallen. Die offensichtliche Lösung bestand also darin, die Gesamtnachfrage zu verringern, um die inflationäre Lohn-Preis-Spirale zu stoppen.

Dennoch sagte Galbraith ein langfristiges Andauern der hohen Nachfrage voraus. Bereits im Jahre 1952 schrieb er dies dem Erfordernis der Verteidigungsaufwendungen des Landes zu:

> Die Art begrenzter Mobilisierung, in welche die Vereinigten Staaten sich seit kurzem eingelassen haben, hat kein absehbares Ende. Die politische und militärische Strategie, welche der amerikanischen Wiederaufrüstung zugrunde liegt, beruht auf dem Konsens, daß eine wirkungsvolle und moderne Militärmacht zur Erhaltung des Friedens notwendig sei. (28)

Die Inflation würde natürlich verschwinden, wenn die Wirtschaftsentwicklung ausreichend schwach verliefe, d. h. unterhalb der Vollbeschäftigung und Vollauslastung. Galbraith meinte jedoch, daß eine solche Rezession wegen der Erfordernisse der nationalen Verteidigung sich verbieten würde, denn ausreichender militärischer Nachschub bedinge eine Vollauslastung der Kapazitäten. War die Inflation also unvermeidlich? Vielleicht, meinte Galbraith, aber sie könnte innerhalb bestimmter Grenzen gehalten werden.

Öffentliche Preiskontrollen würden nach Galbraith in jedem Anti-Inflationsprogramm eine wichtige Rolle zu spielen haben. Die Fiskal- und Geldpolitik sollte zur Erreichung eines möglichst stabilen Gleichgewichts von Angebot und Nachfrage eingesetzt werden; Preiskontrollen würden dagegen zusätzlich noch zur Außerkraftsetzung der Lohn-Preis-Spirale benötigt.

> In einem idealen Modell der Stabilitätspolitik wären, wenn die Nachfrage durch die erforderlichen Restriktionen zurückgehalten würde, die Preiskontrollen auf unvollkommene Märkte beschränkt, auf denen die Preise ohnehin administriert werden. Lohnkontrollen wären auf solche Löhne beschränkt, die durch Tarifverhandlungen mit durchsetzungsfähigen Gewerkschaften bestimmt werden. (29)

Lohn- und Preiskontrollen sollten also nur zur Korrektur inflationärer Verzerrungen eingesetzt werden, die durch die Ausübung wirtschaftlicher Macht bedingt waren. Glücklicherweise, wenn auch nicht zufällig, wären die Kontrollen genau dort anzuwenden, wo sie am einfachsten durchzuführen waren. Marktmacht – die die Lohn-Preis-Spirale erst ermöglichte – erleichterte ihrerseits die politische Kontrolle von Löhnen und Preisen. Man benötigte jetzt nur noch Verständnis der Öffentlichkeit dafür, daß in der post-keynesianischen Ära die Inflation die schwerste Bedrohung der wirtschaftlichen Stabilität bleiben würde, sogar während der Rezession. Riesige Militärausgaben würden keine vorübergehende Erscheinung sein; die Bedrohung durch die Lohn-Preis-Spirale würde andauern.

V

Galbraiths Buch *A Theory of Price Control* wurde kaum beachtet. Diesen Mangel an Anerkennung durch seine Kollegen empfand Galbraith sehr schmerzlich; seither nennt er dies den Grund für seine Entscheidung, nicht mehr nur für Ökonomen zu schreiben:

> Ich faßte den Entschluß, mich nie mehr in die Lage zu bringen, auf die Gnade jener technischen Ökonomen angewiesen zu sein, welche über die enorme Macht verfügten, das, was ich geschrieben hatte, zu ignorieren. Ich fing an, eine größere Leserschaft einzubeziehen. Ich wollte die Ökonomen dadurch engagieren, daß die größere Öffentlichkeit sie fragen würde: ›Wie stellen Sie sich zu Galbraiths Idee der Preiskontrollen?‹ Dann würden sie sich dem stellen *müssen,* was ich schrieb. (30)

Natürlich war Galbraith seit langem damit beschäftigt, für eine größere Leserschaft zu schreiben. Seine Zusammenarbeit mit Denni- son, sein keynesianisches Traktat für die liberalen Wirtschaftsführer und seine Arbeit bei Fortune lagen allesamt außerhalb der Grenzen der akademischen Wirtschaftswissenschaft. Darüber hinaus war sein erster Bestseller *American Capitalism* schon kurz vor seinem Buch *A Theory of Price Control* herausgekommen.

Gleichwohl ist die Überlegung wichtig, warum Galbraith seither seine Beiträge zur Ökonomik in die Form von Bestseller-Sachbüchern gekleidet hat. Der Wunsch nach Ruhm und Vermögen hat zweifellos eine Rolle gespielt, aber dies muß man eher als eine hinreichende, nicht als notwendige Bedingung ansehen. Denn tatsächlich liegt das Schreiben für die Öffentlichkeit im Zentrum des ökonomischen Ansatzes von Galbraith.

In Platos *Gorgias* unterscheidet Sokrates zwischen Glauben und Wissen. Glauben kann wahr oder falsch sein, doch Wissen muß definitionsgemäß wahr sein, weil es so etwas wie falsches Wissen nicht gibt. Die Redekunst wird für beide Erkenntnisarten benutzt; wie der Rhetoriker Gorgias jedoch zugibt, befaßt sich die Rhetorik als besondere Form der Redekunst ausschließlich mit der Begründung des Glaubens (31). Heute ist Rhetorik ein Schimpfwort, und Platos Argumente dagegen müssen kaum angeführt werden. Aber das Problem Wissen und Glauben ist von bleibendem Interesse. Jede wissenschaftliche Disziplin muß – ohne Rücksicht auf die mit einer solchen Position verbundenen philosophischen Risiken – die Möglichkeit des Wissens, der gesicherten Wahrheit postulieren. Der Wissenschaftler muß also immer danach streben, den Wissensbestand zu mehren; es reicht nicht aus, daß er nur überzeugen will. Dies ist die notwendige Fiktion, welcher die Wissenschaft anhängt.

Die Natur dieses Glaubens berührt die äußere Welt nur wenig, so wenig wie die unbewußten oder skrupellosen Methoden, mit denen dieser Glaube in den meisten wissenschaftlichen Disziplinen vermittelt wird. Die Wirtschaftswissenschaften, ob zu ihrem Vor- oder Nachteil, sind da allerdings eine Ausnahme unter den Disziplinen. Je nach dem Stand des ökonomischen Glaubens können die Menschen wohlhabend und glücklich sein oder Armut und Angst erleiden. Dieser Schnittpunkt zwischen den Umständen und dem Glauben ist der wahre Kern der Galbraithianischen Ökonomik. Zu einer Zeit, als die Wirtschaftswissenschaft danach strebte, immer theoretischer zu werden und Stück für Stück sicheren quantitativen Wissens anzusammeln, ging Galbraith dieses Konstrukt als ein vom Wissen über die wirkliche Welt zunehmend isoliertes Glaubenssystem an. Er wollte nachweisen, daß ein solcher Glaube die Aufmerksamkeit von den ökonomischen Realitäten abgelenkt und die Wirtschaftspolitik fehlgeleitet habe.

Das Anfangskapitel des Buches ›Der amerikanische Kapitalismus‹ trägt die Überschrift ›Die Unsicherheit der Illusion‹. Darin merkt Galbraith an, daß sowohl Liberale als auch Konservative über die Natur des amerikanischen Systems tief bekümmert seien. Die Liberalen seien wegen der Größe und Macht der Großindustrie besorgt; die Konservativen wegen der Größe und Macht der Bundesregierung. Die wirtschaftliche Macht beute die Arbeiter aus; die Macht der Regierung zerstöre die Privatwirtschaft. In Wirklichkeit aber funktioniere das System ziemlich gut. Den Arbeitern gehe es gut und die Profite seien hoch. Die Wirtschaft produziere Waren und Leistungen auf einem nie dagewesenen Niveau. Wie soll man also den Ausdruck der Besorgnis erklären? Die Schwierigkeiten lägen nicht in der Wirklichkeit, sondern bei den Ideen, durch welche sie interpretiert werde. Diese Ideen seien ›die Quelle der Unsicherheit – der Unsicherheit der Illusion‹. (32)

Diese Illusion bestehe aus dem Glauben an die ökonomische Doktrin der vollkommenen Konkurrenz:

> Die Menschen können nicht leben ohne eine ökonomische Theologie – ohne irgendeine Rationalisierung der abstrakten und scheinbar geheimnisvollen Arrangements, denen sie ihren Lebensunterhalt verdanken. Für diesen Zweck hatte das klassische Wettbewerbsmodell viele Vorteile zu bieten. Es war umfassend und in sich konsistent. Mit der Behauptung, es sei eine Beschreibung

der Wirklichkeit, konnten die Konservativen es zur Rechtfertigung der bestehenden Verhältnisse verwenden. Den Reformern konnte es als Zielvorstellung dienen, als ein Leuchtturm, der die Richtung des notwendigen Wandels anzeigte. Beide konnten aufgrund des ihnen gemeinsamen Glaubens miteinander koexistieren, zumindest so lange, wie nichts passierte, was ihre Glaubenskraft unzulässig belastet hätte. (33)

Aber der Glaube war belastet worden. Die großen Unternehmen bestimmten ihre Preise selbst und schlossen Tarifverträge mit den großen Gewerkschaften ab. Die Bundesregierung spielte eine aktive Rolle bei der Steuerung der Wirtschaft. Das Wettbewerbsmodell kontrastierte jämmerlich mit der Wirklichkeit.

Warum waren die Leute aber so widerwillig, das Modell vom vollkommenen Wettbewerb aufzugeben? Galbraith brachte eine doppelte Begründung vor. Die Ökonomen mochten es, weil es das Problem der Effizienz löste. Es enthielt einen Mechanismus, der die effizienteste Allokation der Ressourcen sicherstellte und es damit ermöglichte, das höchste Ziel der Ökonomen zu erreichen: die Linderung der Armut. Für die politischen Philosophen wie auch für die Unternehmer löste das Wettbewerbsmodell das Problem der Macht. In einer Welt vieler kleiner Unternehmen besaß keines genügend Macht, um seinen Willen den anderen aufzuzwingen; alle waren gleichermaßen den anonymen Mächten von Angebot und Nachfrage unterworfen. Die Demokratie ist die Magd des vollkommenen Wettbewerbssystems. Es gibt dort keine persönliche Verantwortlichkeit für wirtschaftliche Härten. Es verwundert kaum, daß dem reinen Wettbewerb viel nobler Zweck und viel Eigeninteresse angeheftet wurde.

Galbraith verfolgte mit ›Der amerikanische Kapitalismus‹ eine doppelte Absicht. Zunächst wollte er zeigen, daß das Wettbewerbsmodell weder eine Beschreibung der Wirklichkeit noch ein reformfähiges Ideal darstellte. Zum anderen wollte er eine neue Theorie des amerikanischen Wirtschaftssystems konstruieren, die so konsistent wie die alte, aber realitätsgerechter sein sollte. Die neue Theorie sollte die Befürchtungen der Liberalen wie auch der Konservativen zusammenschweißen und die Amerikaner befähigen, ihr System als das hinzunehmen, was es war.

Galbraith hatte bereits eine Beschreibung der amerikanischen Wirtschaft zur Hand. Seit fünfzehn Jahren hatte er sich mit der

Existenz der Monopolmacht auf den Industriemärkten befaßt. In dem Buch ›Der amerikanische Kapitalismus‹ führte er diese Macht der Öffentlichkeit vor. Die Vereinigten Staaten, behauptete er, seien durch einen hohen Grad an wirtschaftlicher Konzentration gekennzeichnet; sich einzubilden, daß eine derartige Konzentration durch eine Kartellbehörde ausgetrieben werden könne, sei absurd.

> Anzunehmen, daß es überall dort Gründe für Verfolgungsmaßnahmen der Kartellbehörde gäbe, wo drei, vier oder ein halbes Dutzend Unternehmen einen Markt beherrschen, wäre gleichbedeutend mit der Annahme, das gesamte Gefüge des amerikanischen Kapitalismus sei illegal... Dem Liberalen, der noch immer nach dem altmodischen Monopol in der modernen Wirtschaft sucht, wurde das Gefühl vermittelt, er suche eine Stecknadel in einem Heuhaufen. (34)

Aber nicht alles war so trostlos wie die Theorie es nahelegte. Die Wirtschaft war gesund und expandierte. Galbraith war in der Tat zuversichtlich über einige Aspekte der Monopolmacht. In Anlehnung an die Hypothese von Professor Joseph Schumpeter meinte er, daß ein über die Mittel für Forschungs- und Entwicklungsvorhaben verfügendes Monopol besonders gut für Innovationen, dem Lebenselixier des Kapitalismus, gerüstet sei. Technologische Neuerungen, die von monopolistischen Unternehmen entwickelt wurden, machten die widrigen Effekte von Marktunvollkommenheiten mehr als wett. Galbraith vertrat die Auffassung, daß die von Ökonomen sehr beklagten Preisabsprachen der Oligopolisten die notwendige Alternative zur Selbstzerstörung seien. Die Verkaufsmethoden und die Werbung, die als Folge der Ablehnung des Preiswettbewerbs entstammen, waren ein gutartiger, kein bösartiger Tumor.

> Die Verbreitung der Verkaufswerbung ist das Gegenstück zu unserem relativen Überfluß. Vieles davon ist unvermeidlich bei einem hohen Wohlstandsniveau. Es mag eine Verschwendung sein, aber es ist deswegen Verschwendung, weil es der Gesellschaft zu gut geht, als daß sie sich darum kümmern würde. (35)

Eine allgemeinere Theorie war gleichwohl nötig, um das Modell der vollständigen Konkurrenz zu ersetzen und um den Erfolg des amerikanischen Systems zu erklären. Galbraith entwickelte diese Theorie unter dem Namen *countervailing power*. Sie erklärte, warum die US-Wirtschaft trotz der Allgegenwart konzentrierter Macht einen geraden Kurs steuerte:

Private wirtschaftliche Macht wird durch die Gegenmacht derjenigen in Schach gehalten, die von ihr betroffen sind. Die erste erzeugt die zweite. Der anhaltende Trend zur Konzentration des industriellen Vermögens in den Händen relativ weniger Unternehmen hat nicht nur starke Anbieter hervorgebracht, wie die Ökonomen annahmen, sondern auch starke Nachfrager, was ihnen noch nicht aufgefallen ist. Diese beiden entwickeln sich zusammen – nicht im Gleichschritt, aber doch so, daß kein Zweifel daran bestehen kann, daß das eine eine Antwort auf das andere ist. (36)

Demnach entwickelten sich starke Gewerkschaften in Bereichen hoher industrieller Konzentration, wie z.B. in der Stahl- und Automobilindustrie, nicht jedoch dort, wo die Produktion einen höheren Wettbewerbsgrad aufwies wie etwa in der Landwirtschaft. Ladenketten und Versandhäuser entstanden als Antwort auf die monopolistische Macht der Konsumgüterproduzenten. Auf diese Weise wurde die Ausbeutung der wirtschaftlich Schwachen durch die Starken durchkreuzt. Ein Machtgleichgewicht stellte die Effizienz der durch Monopoleinflüsse unvollkommen gewordenen Märkte wieder her.

Natürlich gab es nicht überall Gegenmacht. In der Bauindustrie wurden kleine Firmen zwischen starken Gewerkschaften und oligopolistischen Lieferanten aufgerieben. Die für Wettbewerbsmärkte produzierenden Bauern mußten ihre Ausrüstungen von Produzenten aus konzentrierten Märkten kaufen. Solche Erscheinungen schwächten jedoch Galbraiths Sache nicht, im Gegenteil, sie schienen seine Theorie noch umfassender zu machen. Sie versah die Regierung mit einer wichtigen und legitimen Rolle im Marktgeschehen: beizutragen zum Aufbau von Gegenmacht. (37) Agrarsubventionen beispielsweise waren jetzt nicht mehr als ein abweichender Fall politischer Opportunität anzusehen, sondern als eine legitime staatliche Übertragung von Gegenmacht an die Bauern.

Auch der Antikartellgesetzgebung konnte endlich eine vernünftige Rolle zugewiesen werden. Die relevante Frage war nicht: ›Was konstituiert monopolistische Macht?‹, sondern: ›Was behindert Gegenmacht?‹ Zusammenschlüsse und reine Monopole konnten immer noch mit der Begründung abgelehnt werden, daß sie mehr Spielraum für die Ausübung von Gegenmacht eröffneten. Aber man mußte keine Anstrengungen mehr mit dem Versuch verschwenden, Verhaltensweisen, die lediglich eine Reaktion der Gegenmacht auf vorher bestehende Anhäufungen von wirtschaftlicher Macht darstellten, zu verhindern.

Nur einen einzigen Fehler fand Galbraith in der Theorie der *countervailing power*. Er lag bei der Inflationsbekämpfung. In Zeiten zu hoher Gesamtnachfrage hielten sich die verschiedenen Gegenmächte nicht mehr gegenseitig unter Kontrolle, sondern verbündeten sich miteinander. Der gleiche Mechanismus, der sonst im Sinne der Beschränkung der Marktmacht wirkte, brachte unter inflationärem Druck die Lohn-Preis-Spirale hervor. Gewerkschaften und Management konnten ihre Anteile am Kuchen gemeinsam dadurch erhöhen, daß sie die Kosten auf die Öffentlichkeit überwälzten.

Das Inflationsproblem war die einzige Wolke am blauen Himmel des ›amerikanischen Kapitalismus‹. Galbraith konnte es unter der Rubrik Gegenmacht nicht in den Griff bekommen. Er bestand jedoch darauf, daß es eine völlig überzeugende Lösung nicht gäbe. Die Struktur der modernen Wirtschaft machte das keynesianische Programm, das bei der Bekämpfung der Depression so wirkungsvoll war, für die Steuerung einer Boom-Situation ungeeignet. Die Nachfrage restriktiv zu beeinflussen war sehr viel schwieriger, als sie auszudehnen. Es war nicht überraschend, daß Galbraith Lohn- und Preiskontrollen als Mittel der Inflationsbekämpfung vorschlug; gleichwohl hielt er sie langfristig für unbefriedigend. Der Kapitalismus, wie er ihn sah und befürwortete, war ›eine Veranstaltung zur weitgehenden Dezentralisation ökonomischer Entscheidungen‹. (38) Die größte Bedrohung dieser Veranstaltung war nicht die Depression, sondern die Inflation. Das Buch ›Der amerikanische Kapitalismus‹ schloß in nüchternem Ton:

> Jedenfalls gibt es keinen Zweifel darüber, daß inflationäre Spannungen in der Lage sind, eine bedeutende Veränderung der Grundlagen und des Wesens des amerikanischen Kapitalismus herbeizuführen. Anti-Depressionspolitik, die den Konservativen so lange und so schwer im Magen lag, hat auf diese Grundlagen nur wenig Wirkung. Anti-Inflationspolitik dagegen hat tiefgreifende Wirkungen. In unserer Zeit sollten Boom und Inflation eigentlich im Zentrum konservativer Befürchtungen stehen. (39)

Mit dem Buch ›Der amerikanische Kapitalismus‹ wollte Galbraith Frieden schließen mit dem amerikanischen System. Aber der Friede sollte nicht lange dauern; später sollte Galbraith gegenüber dem Funktionieren der amerikanischen Wirtschaft nicht mehr so zuversichtlich sein. Das Buch war gleichwohl keine reine Apologetik. Mitten im Koreakrieg und den McCarthy-Säuberungen brachte Galbraith eine wichtige neue Sichtweise in die sterile und zerstörerische Diskussion über Kapitalismus, Sozialismus und das amerikanische System ein. Die Öffentlichkeit war sehr beeindruckt. Die Vorstellung von der Gegenmacht legitimierte die Aktivitäten der Großindustrie, der Gewerkschaften und der Regierung – diesen riesigen und beängstigenden Sauriern des amerikanischen Wirtschaftslebens. Das Prinzip der Gegenmacht paßte nach Galbraith gut zu jenem vertrautesten aller amerikanischen Dogmen, dem System von Macht und Gegenmacht in der Bundesregierung.

Den Wirtschaftswissenschaftlern gefiel *American Capitalism* weniger gut als den fachfremden Lesern. Einige warfen Galbraith vor, daß er für die große Öffentlichkeit schriebe; wie Platos Rhetoriker wurde er beschuldigt, er versuche, ›bei denen, die unwissend sind, besser zu erscheinen, als bei denjenigen, die sich auskennen‹ (40). Zu viele und zu unterschiedliche Dinge seien als Objekt der Gegenmacht behandelt worden. Galbraith wurde vorgeworfen, er sei zu leichtfertig von vermeintlichen Marktunvollkommenheiten übergegangen zur Funktionsweise der gesamten Wirtschaft. Seine Belege und Nachweise seien arg unzureichend. Insgesamt fällten die Ökonomen über John Kenneth Galbraiths Buch das schlimmste aller Urteile: interessant.

Aber das größte Problem der Wirtschaftswissenschaftler mit dem Buch ›Der amerikanische Kapitalismus‹ bestand darin, daß es der weiteren Forschung keine Türen öffnete. Dies machte auch Galbraith Kummer. Er hatte an seinen Kollegen kritisiert, daß sie unter dem Einfluß von Keynes sich zu sehr auf die Maximierung des Sozialprodukts und der Beschäftigung konzentrierten, während sie die einer radikal unvollkommenen Marktstruktur inhärenten inflationären Gefahren übersahen. Aber die Schwierigkeit, ein scheinbarer Widerspruch im Galbraithianischen Denken, lag in folgendem. In dem Buch ›Der amerikanische Kapitalismus‹ hatte er argumentiert, daß die üblichen Befürchtungen gegenüber der Ausübung monopolistischer Macht unangemessen seien. Die den administrierten Preisen oder hohen Werbungs- und Verkaufskosten anzulastende Ineffizienz könnte in einer von Knappheit unbehelligten Gesellschaft mühelos ertragen werden, weil die Großunternehmen die Vorteile der Massenproduktion nutzen und häufig Produkt- und Verfahrensinnovationen bringen würden. Andererseits aber bot die Theorie der Gegenmacht, die große Anhäufungen wirtschaftlicher Macht für im Kern gutartig hielt, keine Lösung des Inflationsproblems, das eine echte Bedrohung für die Stabilität und sogar für das Überleben des Systems darstellte.

Welche Auswege gab es? Galbraith rang um eine Antwort. 1954 veröffentlichte er das Buch *The Great Crash,* eine chronologische Untersuchung des Börsenkrachs von 1929. (41) Dieser brillante und stilistisch gute Band stellte die Besorgnis des Autors über die Gefahren spekulativer Aufschwünge und Zusammenbrüche heraus. Im Jahre 1955 brachte er das Buch *Economics and the Art of Controversy* heraus, eine revidierte Fassung einer Vorlesungsreihe, die er ein Jahr zuvor am Pudget Sound College in Tacoma, Washington, gehalten hatte. (42) Er meinte darin, daß ›die gegenwärtigen Themen wirtschaftswissenschaftlicher Kontroversen ihre besten Tage schon gesehen hatten‹. (43) Gewerkschaften und Tarifverhandlungen waren eine Selbstverständlichkeit geworden; ebenfalls die staatlichen Interventionen auf den Agrarmärkten. Die Notwendigkeit der Wirtschaftssteuerung im keynesianischen Sinne war akzeptiert – besonders zur Bekämpfung von Depressionen. Beide politischen Parteien stimmten bezüglich der Grundlagen des amerikanischen Kapitalismus überein. Zwar waren nicht alle ökonomischen Kontroversen verschwunden, weit gefehlt. Aber die wirtschaftswissenschaftliche Diskussion war weithin pro forma, auf den Zweck der Erlangung taktischer Vorteile im Rahmen akzeptierter institutioneller Grenzen ausgerichtet. So konnte z. B. das Schlagwort vom ›schleichenden Sozialismus‹ für den Versuch eingesetzt werden, die Leistungen der Sozialversicherung niedrigzuhalten. Die Ökonomik bewahrte zwar ihre Fähigkeit, Debatten zu provozieren, aber die tatsächlichen Möglichkeiten der staatlichen Wirtschaftspolitik waren zunehmend begrenzt:

> Zweifellos wird es auch in Zukunft genauso viele Kontroversen über wirtschaftliche Fragen geben wie in der Vergangenheit, und die Ökonomen sollten das ermutigend finden, denn ein Großteil ihres Einkommens und auch ihres Prestiges kommt von der anhaltenden Neigung der Leute, sich über diese Themen zu erhitzen. (44)

Was jedoch Galbraith betraf, so war er von dem seiner Ansicht nach bestehenden Mangel an wichtigen ökonomischen Streitfragen beunruhigt. Auch von der anhaltenden Existenz der Armut in einem der reichsten Länder war er beunruhigt. Vielleicht war die US-Wirtschaft doch nicht so gutartig, wie er sich das vorgestellt hatte. Ein Buch mit dem Titel ›Warum die Leute arm sind‹ wurde geplant, aber das Schreiben erwies sich als schwierig. Galbraith brauchte einen Tapetenwechsel; im Sommer 1955 begann er damit, den Schweizer Bergort Gstaad zu besuchen. Im Jahre 1958 tauchte er mit dem Buch ›Die Gesellschaft im Überfluß‹ auf.

VI

Der Ausgangspunkt des neuen Buches war wieder einmal das Problem Glauben und Umstände. Galbraith gab zu, daß der allgemeine Glaube – er nannte ihn jetzt ›konventionelle Weisheit‹ – eine sehr starke Macht sei.

> Denn das eigene Weltverständnis ist einem kostbarer als irgendein anderer Schatz. Die Menschen reagieren deswegen oft mit einer Art religiöser Leidenschaft, wenn sie verteidigen, was sie so mühsam erlernt haben. (45)

Was die konventionelle Weisheit schließlich veralten läßt, ist deswegen auch nicht eine neue und revolutionäre Idee, sondern eine radikale Veränderung der Realität, die der Gegenstand dieses Glaubens ist. Wer die Aufmerksamkeit auf diese neue Realität lenkt, dem wird fälschlicherweise angelastet, er wolle die konventionelle Weisheit umstürzen. Tatsächlich aber, so Galbraith in seiner charakteristischen Vermischung von ironischer Bescheidenheit und anmutiger Eleganz, habe solch ein Autor ›lediglich in Worte gefaßt, was die Ereignisse schon offenkundig gemacht haben, wenngleich diese Funktion keine geringe ist‹. (46)

Der Lieferant der neuen Wirklichkeit mußte natürlich genau sagen können, welche Elemente den alten Glauben ausmachten und wo die alten Gebote geändert werden sollten. Galbraith präsentierte eine Übersicht über das ökonomische Denken von Smith bis Marshall und kristallisierte drei Hauptanliegen heraus: Produktion, Ungleichheit und Unsicherheit. Einschätzungen dieser drei Problembereiche gingen andauernd von den Wirtschaftswissenschaften auf die konventionelle Weisheit, dem Kernstück des alten Glaubens, über.

Bis vor kurzem, meinte Galbraith, seien die Gesellschaften – und folglich auch die Ökonomen – am meisten mit dem Problem der Knappheit beschäftigt gewesen. Die Produktion lag nur wenig über den Erfordernissen für das menschliche Überleben. Die ökonomischen Denker setzten zu Recht die höchsten Prämien auf die effizienteste Produktion. Diese Aufgabe konnte, wie sich herausstellte, von der freien Wettbewerbswirtschaft geleistet werden. Waren und Dienstleistungen wurden genau nach den Wünschen der Konsumenten produziert. Der effiziente Produzent wurde durch größere Umsätze belohnt; seine Konkurrenten waren gezwungen, nachzuziehen oder aus dem Markt auszuscheiden. Dadurch diente das System dem höheren Wohl der Gesellschaft. Unglücklicherweise, bemerkten die Vertreter der konventionellen Weisheit mit ein oder zwei Krokodilstränen in den Augen, sei das Streben nach effizienter Produktion mit Ungleichheiten der Vermögensverteilung und mit wirtschaftlicher Unsicherheit verbunden. Reichtum sei die Belohnung für Fleiß und Effizienz; Armut der Beweis (wenn nicht gar die Strafe) für Unfähigkeit und Faulheit. Die tägliche Unsicherheit der Arbeiter und Geschäftsleute und die längerfristigen Zyklen von Prosperität und Depression mußten in Kauf genommen werden, weil man glaubte, das System werde sich immer in Richtung auf die größte produktive Effizienz anpassen. Die Ökonomen und die Geschäftswelt stimmten im allgemeinen darin überein, daß es einen größeren Kuchen für die Gesamtgesellschaft nur zu Lasten der Gleichheit und der Sicherheit geben könne.

Sicher – es hat auch Abweichler gegeben. Sozialisten – Marxisten, Christen und andere – hatten für die Notwendigkeit oder Unvermeidlichkeit einer gleichmäßigeren Vermögensverteilung gekämpft, aus moralischen, humanen, religiösen oder ›historischen‹ Gründen. Und die Sozialisten waren nicht die einzigen Feinde des Marktes und seiner harten Disziplinierung. Faschisten und traditionelle Herrscher versuchten, gegen die Marktkräfte die Durchsetzung der Staatszwekke zu erzwingen. Machtvolle Unternehmer hatten mit rechten und schlechten Mitteln versucht, ihren Unternehmungen Nischen der Sicherheit zu basteln, die sie außerhalb des erbarmungslosen Drucks des unbestechlichen Marktes gestellt hätten. Aber für den Ökonomen der ›traditionellen Mitte‹ waren diese Ideen und Handlungen alle falsch; sie beeinträchtigten die vorrangigen Ziele der effizienten Produktion und des wirtschaftlichen Wachstums, die zur Überwindung der Knappheit nötig waren.

Galbraith zufolge war dies die konventionelle Weisheit, die in den Vereinigten Staaten bis zur Weltwirtschaftskrise vorherrschte.

Im Kapitalismus war das wirtschaftliche Leben in hohem Maße unsicher für Individuen, Geschäftsunternehmen und ganze Gesellschaften; die Leute machten ihr Glück oder gerieten in Not, wenn auch nicht blindlings. Die ökonomisch Tugendhaften wurden belohnt. Die Weltwirtschaftskrise brachte allerdings Zweifel gegenüber der Vorstellung auf, daß wirtschaftliche Unsicherheit ertragen werden müsse und nur die Untauglichen zu leiden hätten. Der Keynesianismus lehrte, daß eine Wirtschaft sich nicht notwendigerweise im Sinne der maximalen Effizienz selbst regulieren würde. In die konventionelle Weisheit wurde der Glaube eingefügt, daß während einer Depression die Regierungen zur Anregung der gesamtwirtschaftlichen Nachfrage eingreifen sollten. Die Produktivität stand immer noch im Zentrum des Interesses, aber sie stand dem Wunsch nach einer weitreichenden nationalen Sicherheit sowohl im ökonomischen wie im militärischen Bereich nicht mehr entgegen.

Der Wohlstand der Nachkriegsjahre verscheuchte in der amerikanischen Gesellschaft für einige Zeit das Thema der Ungleichheit. Als der Lebensstandard überall in der Wirtschaft anstieg, wurde es auch für Sozialreformer schwieriger, wegen der ungleichen Vermögensverteilung etwas in Bewegung zu setzen. Die Aussichten, unter dem gegenwärtigen System seinen Anteil zu vergrößern, waren besser als je zuvor. Fast jeder schien ein tiefverwurzeltes Interesse daran zu haben, die Dinge so zu belassen, wie sie waren.

Die moderne Industriewirtschaft sei mehr als fähig geworden, die Bedürfnisse der Bevölkerung zu befriedigen, meinte Galbraith. Doch trotz des Verschwindens der Knappheit blieb die Erhöhung der Produktion das bestimmende wirtschaftspolitische Ziel der Gesellschaft. Galbraith zufolge gab es dafür einen doppelten Grund. Erstens hielt der Mythos der Knappheit die Menschen immer noch gefangen. Zweitens hatte sich herausgestellt, daß Produktionserhöhungen ein Mittel waren, die Sicherheit zu erhöhen und soziale Konflikte zu minimieren. Eine depressionsfreie, stetig expandierende Wirtschaft war der sicherste Weg zum sozialen Frieden. Und es gab eine weitere Überlegung. Es existierte kein objektiverer Maßstab für den Fortschritt einer Gesellschaft als die Zahlen, die eine Zunahme des Bruttosozialprodukts anzeigten. Darin war auch die Wirtschaftsanalyse und die Wirtschaftsplanung verankert. Galbraith meinte, die Wichtigkeit der Produktion in Zweifel zu ziehen sei gleichbedeutend ›mit der Infragestellung der Grundlagen des ganzen Gebäudes‹. (47)

Aber die Zeit sei gekommen, um soziales Handeln mit neuen Maßstäben zu messen, die notwendigerweise schwierig und subjektiv sein würden.

Galbraith schlug folgende Vorgehensweise vor. Als zentrale Zielsetzung seiner ›Gesellschaft im Überfluß‹ schälte sich der Angriff auf die Vorrangigkeit der Produktion heraus. Galbraith ritt eine Attacke gegen einen der heiligsten wirtschaftlichen Glaubensartikel des Kapitalismus: die Doktrin der Konsumentensouveränität. Was die Konsumenten wünschten, bestimme den Gang der weiteren Produktion:

> Wenn die Bedürfnisse eines Menschen dringlich sein sollen, müssen sie von ihm selbst ausgehen. Wenn sie für ihn erst erfunden werden müssen, können sie nicht dringend sein. Und vor allem dürfen die Bedürfnisse, die vom Produktionsprozeß befriedigt werden sollen, nicht von diesem erst ausgeklügelt worden sein. Denn das bedeutet, daß die ganze Theorie von der Dringlichkeit der Produktion, die auf der Dringlichkeit der Bedürfnisse beruht, zusammenbricht. Man kann die Aussage, die Produktion befriedige Bedürfnisse, nicht halten, wenn die Produktion die Bedürfnisse überhaupt erst schafft. (48)

Und in den Vereinigten Staaten schuf die Produktion tatsächlich die Bedürfnisse. Werbung und Verkaufsmethoden, Galbraiths alte Sündenböcke, spielten eine viel größere Rolle als zum Ausgleich des Preiswettbewerbs in oligopolistischen und monopolistischen Märkten erforderlich war. Bei ihnen lag die Verantwortung dafür, daß die Amerikaner von der Dringlichkeit bislang ungeahnter Bedürfnisse überzeugt waren. Diese Bedürfnisse wurden dann zu wirklichen. Derart ist die Abhängigkeit der Bedürfnisse vom Prozeß ihrer Befriedigung. Galbraith taufte dies den ›Abhängigkeitseffekt‹. Für einen wesentlichen Teil der Wirtschaft bedeuteten deswegen Produktionserhöhungen keine Wohlfahrtsgewinne, sondern lediglich einen höheren Grad der Bedürfnisschaffung, der einen höheren Grad der Bedürfnisbefriedigung erforderte.

Die Anstrengungen zur Erhöhung der Produktion gründeten auf dem Mythos der Knappheit und auf dem Wunsch nach wirtschaftlicher Sicherheit, die für sich genommen ziemlich harmlos sind. Aber die Wirklichkeit einer dauernd wachsenden amerikanischen Wirtschaft brachte ernsthafte Folgewirkungen mit sich. Galbraith schälte zwei Bereiche heraus, die besonders ernst zu nehmen waren. Der erste war die Inflation. In der ›Gesellschaft im Überfluß‹ gab er die Idee auf, daß inflationärer Druck durch ein hohes Niveau von Militärausgaben bedingt sei. Das Übel war vielmehr das Verlangen nach dauernden Produktionserhöhungen selbst. Die Gesellschaft war ›durch die gegebenen Einstellungen und Zielsetzungen gezwungen, die Wirtschaft auf einem Niveau der Kapazitätsauslastung zu halten, auf dem ... die Inflation nicht als etwas Unnormales, sondern als der Normalfall angesehen werden mußte.‹ (49) Eines dieser Ziele war das humane Ziel, die Arbeitslosigkeit niedrig zu halten.

Dennoch sollten die schlimmen Folgen der Inflation nicht verniedlicht werden. Die Hauptlast der Inflation fiel auf die schwächsten Mitglieder der Gesellschaft, jene mit festen Einkommen und jene, die zu arm oder zu machtlos waren, um für ausgleichende Lohnerhöhungen zu kämpfen. Dies zerstörte, was Galbraith die ›soziale Symmetrie‹ nannte. Die soziale Symmetrie wurde durch die den Normen des Produktionssystems innewohnende Unterscheidung zwischen privaten und öffentlichen Gütern sogar noch stärker behindert. Obwohl die private Produktion in dieser Gesellschaft mehr als ausreichend war, blieb eine starke traditionelle Abneigung gegen Staatsausgaben erhalten. Der ganze Marketingaufwand für Konsumgüter hielt die Leute an, alle möglichen privaten Güter zu kaufen, aber kein solcher Aufwand ermunterte zu Ausgaben für öffentliche Programme und Dienstleistungen. Hier sollten die Kosten immer auf einem Minimum gehalten werden. Als Folge davon, so Galbraith, waren die Amerikaner in einer Lage des privaten Reichtums und der öffentlichen Armut. Dieses Ungleichgewicht zeigte sich in schmutzigen Städten, unzureichenden öffentlichen Verkehrsmitteln und vor allem im andauernden Fortbestehen von Armut im reichsten Lande der Welt. Darüber hinaus wurde das Verlangen der Gesellschaft nach einer gesunden und attraktiven Umwelt dauernd dem industriellen Wachstum, der Verschwendung und wahnwitzigen Werbeschlachten geopfert.

Die ›Gesellschaft im Überfluß‹ war ein Aufruf zum Handeln. Verbesserte soziale Einrichtungen einschließlich Gesundheits- und Wohnungsprogrammen wurden benötigt, um das Los der Armen zu verbessern und um sie aus dem Teufelskreis der Armut herauszubrechen. Für die Gesellschaft insgesamt galt nicht mehr, daß Güter mehr Wohlstand bedeuteten; man mußte mehr auf die allgemeine Qualität des Lebens achten. Der Eckstein des Galbraithianischen Programms war die Erziehung. Darin lagen seine größten Hoffnungen.

Erziehung und Ausbildung waren Vorbedingungen für den Eintritt in die wachsende Schicht der Angestellten, der ›Neuen Klasse‹. Üblicherweise wollten die Angehörigen der ›Neuen Klasse‹ von Handarbeit befreit sein; sie wollten der Langeweile und einer engen und mühseligen Routine entfliehen; sie wollten die Chance haben, ihr Leben in einer sauberen und physisch angenehmen Umgebung zu verbringen; und sie wollten die Möglichkeit haben, auch ihren Kopf bei ihrer täglichen Arbeit zu verwenden‹. (50) Galbraith unterstützte diese Ziele, aber widerstand der Versuchung, sie mit der Erlangung menschlichen Glücks gleichzusetzen. Wichtig war jedoch, daß die Erziehung einen Weg darstellte, aus der schädlichen und unnötigen Abhängigkeit von der Produktion auszubrechen. Mit einer besseren Ausbildung versehen und mehr von nicht-materiellen Zielen geleitet, war der gebildetere Mensch weniger geneigt, sich seine Bedürfnisse durch Werbefeldzüge aufschwätzen zu lassen. Gleichermaßen war eine besser ausgebildete Gesellschaft eher in der Lage, die eigenen Wohlstandsziele zu bestimmen und Fortschritte in der gewünschten Richtung zu machen. Ausbildung war deswegen nicht ein Ausgabeposten, sondern eine wesentliche Investition in die Zukunft eines Landes.

Galbraith wies den Vorwurf heftig zurück, er setze nur seine eigenen Wünsche an die Stelle dessen, was die Gesellschaft, wissentlich oder nicht, selbst ausgewählt habe:

> Die Frage des Glücks und was ihm dienlich ist, wurde umgangen, weil tatsächlich nur von Mathematikern und Teilnehmern an Quizsendungen verlangt werden kann, Aufgaben zu lösen, die man vernünftigerweise auch vergessen könnte. Dagegen war die Argumentation hier darauf gerichtet, zu erkennen, in welch starkem Ausmaß unser gegenwärtiges Denken, vor allem bezüglich der Güterproduktion, durch Traditionen und Mythen bestimmt ist. Von diesen Zwängen befreit werden wir zum ersten Mal unbehindert, unsere anderen Handlungsmöglichkeiten in Augenschein nehmen. Diese haben zumindest eine plausible Beziehung zum Glück. Aber es bleibt dem Leser und am Ende hoffentlich dem demokratischen Prozeß überlassen, diese Handlungsmöglichkeiten in Übereinstimmung zu bringen mit den eigenen Vorstellungen darüber, was das Leben lebenswert macht. (51)

Dennoch war klar, was er sagen wollte. Die Armut sollte ausgemerzt und ein soziales Gleichgewicht zwischen privaten und öffentlichen Gütern wiederhergestellt werden. Die Bildungsausgaben sollten erhöht und Normwerte für die Gesundheit und Ästhetik der Umwelt aufgestellt werden. Dies waren die wirklichen Bedürfnisse; das Produktionswachstum war ein mythisches.

Die ›Gesellschaft im Überfluß‹ war Galbraiths erfolgreichstes und einflußreichstes Buch. Möglicherweise verdankte es seinen Erfolg, entsprechend der vom Autor selbst gegebenen Interpretation solcher Ursachen und Wirkungen, dem vorausgehenden Wirken der Umstände. Man konnte, wie es einige Ökonomen auch taten, die Analyse der Bedarfsweckung und der Entbehrlichkeit einer erhöhten Produktion in Frage stellen, aber kaum jemand hätte die Liste mit Amerikas Problemen und Erfordernissen einfach zurückweisen können. Die Konsumgesellschaft war zügellos geworden; Werbung und Marketing hatten das Land infiziert. Die sozialen Dienstleistungen waren schlecht und wurden immer schlechter. Die Armut blieb bestehen. Mehr Lehrer und Schulen wurden benötigt, um den Nachkriegs-Babyboom unterzubringen. Die Luft stank vor Verschmutzung.

Galbraith hatte herauskristallisiert, was mit den Vereinigten Staaten nicht in Ordnung war. Glücklicherweise lag das Problem nicht in der Natur des ›Systems‹, sondern in der Natur des Mythos. Angst vor der gewalttätigen Macht der Großindustrie war weithin unbegründet; größeren Kummer machte ihre Macht über die Köpfe der Menschen. Die Festlegung auf Produktionserhöhungen und das damit einhergehende Phänomen der Bedürfnisweckung hatten die Gesellschaft eingenebelt. Amerika mußte aufwachen und sich selbst an die Hand nehmen. Und genau das gleiche galt für die Zunft der Ökonomen.

Überraschenderweise reagierten beide. Die Innenpolitik der Kennedy- und Johnson-Regierungen enthielt wesentliche Elemente dessen, was man ein Galbraithianisches Programm hätte nennen können. Massive Unterstützungen für die Bildung, der Krieg gegen die Armut, Unterstützungen für Wohnungsbau und Stadtsanierung, Gesetze für den Konsumentenschutz, Verschönerungen der Bundesstraßen, Umweltschutz und Streben nach sozialer Gerechtigkeit für alle Bürger – all diese Maßnahmen reflektierten die neue Überzeugung, daß es sowohl notwendig wie auch möglich sei, die Qualität des nationalen Lebens zu verbessern. Die Umweltschutzbewegung repräsentierte und förderte das wachsende Bewußtsein der zerstörerischen Wirkungen eines unbegrenzten industriellen Wachstums. An den Universitäten kamen neue Teildisziplinen wie Stadt-, Umwelt- und Wohlfahrtsökonomik auf; ›die Grenzen des Wachstums‹ wurden zu einem beliebtem Thema von Seminaren und wissenschaftlichen Tagungen. Galbraith konnte sich nur bestätigt sehen, wenn fünfzehn Jahre später viel von der ›Gesellschaft im Überfluß‹ zum alten Eisen gehörte.

VII

Mit seiner ›Gesellschaft im Überfluß‹ gelang Galbraith der Durchbruch auf der nationalen Szene. Er war jetzt anerkannt; die Presse hing an seinen Lippen, und Party-Veranstalter schätzten seine Präsenz. Aus seiner Schreibmaschine floß ein Strom verschiedenartiger Prosastücke: Tagebuchaufzeichnungen, Aufsätze (ernste, humoristische und autobiographische), Vorträge, politische Traktate, sogar Dichtung und Kunstgeschichte. (52) Durchgängig blieb Galbraith ein Anhänger der höheren Bildung, ästhetischer Werte, sozialer und wirtschaftlicher Gerechtigkeit und friedlicher Beziehungen zu den Kommunisten. Er beharrte auf seiner Opposition gegen ideologische Verkrampfung, Militarismus und die Produktionsmentalität. Galbraith vertrat die Auffassung, daß die sowjetische Herausforderung am besten durch gutes Beispiel beantwortet werde; der amerikanischen Sache sei am besten gedient, wenn Häßlichkeit und Ungleichheit in der Gesellschaft durch intellektuelle und künstlerische Leistungen überwunden würden. Das Image der Vereinigten Staaten werde durch die Unterstützung von ausländischen Spitzbuben und Tyrannen verschandelt. Es sei Wahnsinn, die Welt oder die Position Amerikas darin durch eine nukleare Katastrophe verbessern zu wollen.

Galbraiths Beschäftigung mit der Politik und der politischen Macht führte ihn dazu, Reden für Adlai Stevenson in den Wahlkämpfen von 1952 und 1956 zu schreiben. Im Jahre 1960 brachte er sein politisches Schäfchen dann ins Trockene. Als hoher Berater und Wahlkämpfer für seinen alten Bekannten und früheren Kommilitonen John Fitzgerald Kennedy war Galbraith mittendrin im politischen Geschäft, als die neue Regierung an die Macht kam. Welche Position er, wenn überhaupt, einnehmen würde, wenn Kennedy im Amt wäre, war allerdings äußerst unklar. Als ein nicht gerade orthodoxer Ökonom wurde Galbraith für die Mitgliedschaft im Wirtschaftssachverständigenrat des Präsidenten nicht für geeignet befunden. Für eine

Kabinettsposition wurde er als zu liberal und zu offenherzig angesehen. Ein diplomatischer Posten schien eher angemessen. Während er auf eine Zusage wartete, dachte Galbraith an die Möglichkeit, Präsident Kennedys noch nicht abgelaufenes Mandat im US-Senat einzunehmen. Doch Kennedy verwarf diese Idee und drängte ihn statt dessen, als Botschafter nach Indien zu gehen. Eine Beurlaubung von Harvard wurde erlangt, und bald darauf bekam Professor Galbraith die Zustimmung des Senats für den Botschafterposten.

In Indien diente Galbraith mit Auszeichnung zweieinhalb Jahre in einem Beruf, von dem sich herausstellte, daß er viel mehr umfaßte als Feierlichkeiten und Öffentlichkeitsarbeit. Indiens Annexion von Goa, der Grenzkrieg mit China und die Krise mit Pakistan wegen Kaschmir ereigneten sich alle in Galbraiths Amtsperiode von 1961 bis 1963. Während seiner ganzen Zeit in Indien reiste Galbraith sehr viel, sprach mit allen möglichen Leuten, zog seine Schuhe aus und watete in Reisfeldern herum, und zeigte beträchtliche Einsicht und diplomatisches Können bei seinen Bemühungen, den Frieden wiederherzustellen und die amerikanischen Interessen zu wahren. Galbraiths gesunder Menschenverstand ist manchmal durch seinen hochgestochenen Stil und seine elegante Ironie verdeckt, doch sein Erfolg in Indien sticht aus dem generell unerfreulichen Bild der amerikanischen Außenpolitik der 60er Jahre hervor. In keiner der nachfolgenden Perioden waren die amerikanisch-indischen Beziehungen so gut wie damals.

Als Botschafter fand Galbraith Zeit, sein altes Interesse an der Theorie der wirtschaftlichen Entwicklung zu pflegen. 1962 brachte er den schmalen Band *Economic Development in Perspective* heraus, der fünf Vorlesungen enthielt, dier er im Jahr zuvor an verschiedenen indischen Universitäten gehalten hatte. Er meinte, für die Entwicklungsländer habe die Forderung nach sozialer Gerechtigkeit und Erziehung eine hohe Priorität, und er unterstrich, daß langfristige öffentliche Planung kombiniert werden müsse mit Formen kurzfristiger privater Entscheidungsfindung.

Galbraith erwarb auch Kennerschaft in klassischer indischer Kunst und einen Ruf, bezaubernden Frauen den Hof zu machen, vor allem Jacqueline Kennedy und der Schauspielerin Angie Dickinson. Unter einem Pseudonym schrieb er die Satire *The McLandress Dimension*, die seine Beschäftigung mit sich selbst zu veralbern schien. Aber letztlich war dies alles nur oberflächlich. Er wurde es müde, für das Außenministerium Dienst zu tun und wollte gerne wieder zu seiner wirklichen Arbeit zurückkehren. Im Sommer 1963 legte er sein Amt nieder und kehrte zum Herbstsemester nach Harvard zurück.

Sechs Jahre später, als er eine leicht bereinigte Fassung seines indischen Tagebuches veröffentlichte, beschrieb Galbraith die Kennedy-Jahre als ›ein heiteres und lohnendes Zwischenspiel in unserer Geschichte‹. (53) Dieses Zwischenspiel war besonders interessant für die Intellektuellen, die der Präsident nach Washington holte. Der Charme, die Kultiviertheit und Intelligenz Jack Kennedys berührten sie alle, und Galbraith nicht am geringsten. Wenn überhaupt etwas getan werden konnte, dann konnte es dieser umgängliche Präsident tun. Dann kam die Tragödie von Dallas, und der Stil der amerikanischen Präsidentschaft veränderte sich. Viele der führenden Akademiker verließen allmählich die Regierung von Lyndon Johnson, weil sie sich ihrer abnehmenden Bedeutung bewußt wurden.

Galbraith, der schon ausgestiegen war, bevor Johnson das Ruder übernahm, verhielt sich in den folgenden Jahren sehr umsichtig. Er unterstützte das innenpolitische Programm der *Great Society* der Johnson-Regierung, ohne den Fehler zu machen, in eine Apologetik des Vietnamkrieges hineingezogen zu werden. Er wurde ein aktives Mitglied der Bewegung ›Amerikaner für die Demokratie‹ (ADA), deren Vorsitzender er in den Jahren von 1967 bis 1969 war. 1968 schloß er sich der Bewegung ›zum Sturz Johnsons‹ an und sicherte die Unterstützung der ADA für Senator Eugene McCarthy im Kampf für die demokratische Präsidentschaftsnominierung zu. Ab und zu tanzten Visionen eines Senatorsposten von Massachusetts vor Galbraiths Augen herum, aber das sollte wohl nicht sein. Er hatte sich weit genug in die Schußlinien der Politik vorgewagt und hatte seine Prinzipien unbeeinträchtigt wieder nach Hause gebracht.

VIII

›Die moderne Industriegesellschaft‹ erschien im Jahre 1967. Galbraith erinnerte seine Leser daran, daß ›dieses Buch die gleichen Ursprünge habe wie ‚Die Gesellschaft im Überfluß'. Zu diesem verhält es sich wie ein Haus zu einem Fenster. Dies jetzt ist die Struktur des Gebäudes; das frühere Buch erlaubte nur einen kurzen Blick ins Innere‹

(54). ›Die Gesellschaft im Überfluß‹ hatte die unglücklichen Auswirkungen des amerikanischen Industriesystems herausgestellt; diese, so meinte Galbraith, könnten behoben werden, wenn nur die veralteten Anschauungen aufgegeben würden. ›Die moderne Industriegesellschaft‹ zielte auf ein tieferes Verständnis der Funktionsweisen des Systems ab. Wie mit ›Der amerikanische Kapitalismus‹ wollte Galbraith mit diesem Buch ein umfassendes Bild des ökonomischen Lebens zeichnen; die Industriegesellschaft war ein zusammenhängendes, festgefügtes Ganzes mit besonderen institutionellen und psychologischen Konturen. Galbraith behauptete, daß ›Zwänge der Technologie und der Organisation‹ eine weitreichende Konvergenz der industriellen Systeme, ob nun kapitalistisch oder sozialistisch, herbeiführen würden. (55) Die ideologischen Muster seien insofern als Beschreibungen eines solchen Systems obsolet geworden. Die Industriegesellschaft sah sich selbst vor ernsthafte Probleme gestellt; gleichzeitig enthielt sie jedoch den Keim für ihre eigene Rettung.

Galbraith konstruierte sein neues Gebäude um zwei Pfeiler der ›Gesellschaft im Überfluß‹: die ›Neue Klasse‹ der Angestellten und das Streben nach wirtschaftlicher Sicherheit. Technologie wurde definiert als ›die systematische Anwendung wissenschaftlicher oder anderer organisierter Kenntnisse zur Lösung praktischer Aufgaben.‹ (56) Sie war ein Kennzeichen moderner industrieller Produktion. Die dringendsten Anforderungen, die sie an die Gesellschaft stellte, waren die nach qualifizierten Arbeitskräften und nach Sicherheit für Zukunftsplanungen. Die eine verdrängte die Vorherrschaft des Unternehmers, die andere die Vorherrschaft des Marktes.

Der Wunsch nach Sicherheit bei der Durchführung wirtschaftlicher Unternehmungen bestand immer schon. Unter den Bedingungen fortgeschrittener Technologie wurde er zu einem dringlichen Erfordernis. Das tagtägliche Funktionieren einer Unternehmung war so komplex, daß kleine Veränderungen in den Kosten, in der Art der verwendeten Materialien oder in der Struktur der Nachfrage zu größeren Unterbrechungen führen konnten. Ein neues Produkt (oder einen neuen Kniff an einem alten) herauszubringen, konnte Jahre an Entwicklungsarbeit und Millionen von Dollars verschlingen. Überall war jetzt eine äußerst solide Basis für den Entscheidungsprozeß nötig, denn

> zusätzlich zu der Entscheidung darüber, was der Konsument haben und zahlen will, muß die Unternehmung alles Erdenkliche

tun, um sicherzugehen, daß die Güter, für deren Produktion sie sich entschieden hat, vom Konsumenten auch zu einem kostendeckenden Preis abgenommen werden. Und sie muß sicherstellen, daß die benötigten Arbeitskräfte, Materialien und Ausrüstungen verfügbar sind und nicht mehr kosten, als mit den Verkaufserlösen wieder hereingeholt werden kann. Die Unternehmung muß unter Kontrolle halten, was verkauft wird. Sie muß unter Kontrolle halten, was eingekauft wird. Sie muß den Markt durch Planung ersetzen. (57)

Je fortgeschrittener die Technologie, desto mehr muß der Markt verdrängt werden. Dies kann auf verschiedenen Wegen geschehen. Einer besteht in der vertikalen Konzentration, durch welche ein Unternehmen Kontrolle über alle Produktionsstufen von der Verarbeitung der Rohstoffe bis zum Endprodukt erlangt. In diesem Prozeß internalisiert die Unternehmung den Markt. Der Markt kann von den Anbietern auch durch Werbung oder durch Ausübung von Marktmacht kontrolliert werden. Schließlich können langfristige Verträge eingesetzt werden, um den Marktmechanismus außer Kraft zu setzen.

Werbung und Marketing – die Schaffung und Kontrolle der Nachfrage – wurde so für Galbraith zu einem Teil einer Gesamtstrategie, durch die sich die Industrie Sicherheit für Planung und Produktion verschaffte. Diese Strategie wurde durch den Einsatz hochentwickelter Technologie notwendig, und sie hing vor allem ab von der Größe und Macht einer Unternehmung. Der Feind des Marktes war nicht die Ideologie, sondern die Technologie oder genauer, die Manager der Technologie.

Das Maß an technischem, wissenschaftlichem, ökonomischem, rechtlichem und Management-Wissen, das zur Führung einer modernen Unternehmung erforderlich war, überstieg bei weitem die Kapazitäten eines einzelnen Unternehmers. Die Verantwortlichkeit für die Operationen einer Unternehmung ging zunehmend in die Hände qualifizierter Wissenschaftler, Techniker und Manager über, die über dieses Wissen verfügten. Der Unternehmenserfolg hing von den Fähigkeiten dieser Individuen ab und – wesentlicher noch – von ihrer Fähigkeit, als Team zusammenzuarbeiten. Sie waren die Kinder der Ingenieure, die von Thorstein Veblen in seinem Buch *The Engineers and the Price System* (›Die Ingenieure und das Preissystem‹) (58) beschrieben worden waren. Als Gesamtheit machten sie das aus, was Galbraith die ›Technostruktur‹ nannte.

Traditionell hatten die Ökonomen von drei Produktionsfaktoren gesprochen: Boden, Kapital und Arbeit. Vor der Industriellen Revolution, so Galbraith, sei der Boden der vorherrschende Produktionsfaktor gewesen. Wer Boden besaß, konnte sowohl Kapital als auch Arbeit bekommen und darüber bestimmen. Mit der Industriellen Revolution verlagerte sich die Macht jedoch zum Kapital. Der Kapitalist, nicht der Landbesitzer, saß am Steuer. Später, mit dem Aufkommen der Gewerkschaften, wurde dem Faktor Arbeit ein wesentlicher Machtanteil abgetreten. Jetzt, so meinte Galbraith, sei in der Gestalt der Technokraten ein völlig neuer Produktionsfaktor aufgetaucht. Und mehr noch; dieser Faktor war zum vorherrschenden geworden:

> Die Macht ist tatsächlich – das kann man mit Fug und Recht behaupten – auf einen neuen Produktionsfaktor übergegangen. Er besteht in der Assoziation von Leuten mit unterschiedlichen Erfahrungen und Fähigkeiten, die für die moderne industrielle Technologie und Planung erforderlich sind... Der Erfolg einer modernen Unternehmung hängt, darin stimmen die meisten Managementlehren heute überein, von der Effektivität dieser Organisation ab. (59)

Die entscheidende Besonderheit der Technostruktur lag darin, daß sie zwar über die Produktionsmittel verfügte, sie aber nicht besaß. Als Nicht-Eigentümer erhielt die Technostruktur selbst nicht den Profit aus ihrer Arbeit; dieser ging, zumindest in den Vereinigten Staaten, an die Aktionäre. Aus diesem Grunde, meinte Galbraith, könne man nicht länger annehmen, daß die Wirtschaft nach der strikten Regel der Profitmaximierung funktioniere.

> Verluste können die Technostruktur zu Fall bringen; hohe Erlöse kommen dagegen anderen zu. Wenn die Maximierung der Erlöse, wie es in der Regel der Fall ist, erhöhte Verlustrisiken mit sich bringt, dann sollte die Technostruktur in ihrem ureigensten Interesse die Finger von der Profitmaximierung lassen. (60)

Das vorrangige Ziel der Technostruktur ist deswegen ihre eigene Sicherheit geworden. Dies konnte auf unterschiedliche Weise erreicht werden. Ein Unternehmen mußte so geführt werden, daß der Geschäftserfolg ausreichte, sein Weiterexistieren und die fortwährende Autonomie der Technostruktur zu sichern. Die Aktionäre mußten zufriedengestellt werden, um ihre Einmischung in das glatte Funktionieren der Technostruktur zu verhindern. Engagement für technischen Fortschritt diente ebenfalls den Interessen der Technostruktur. Am wichtigsten jedoch war das Wachstum der Unternehmung. Dies eröffnete die besten Aussichten für eine gesicherte und wachsende Technostruktur. Das entscheidende Anliegen war die Ausdehnung der Produktion.

Galbraith hatte damit eine seines Erachtens befriedigendere Erklärung des Konzeptes der Abhängigkeit von der Produktion gefunden als in der ›Gesellschaft im Überfluß‹. Die Umstände, meinte Galbraith, bestimmten das menschliche Handeln stärker als Ideen. Durch die Betonung der Wichtigkeit ökonomischer Mythen hatte das frühere Buch tendenziell den Einfluß grundlegender institutioneller Faktoren auf die Förderung des Verlangens nach mehr Gütern heruntergespielt. Dieses Verlangen blieb ungeschmälert, trotz der Sozialprogramme der Kennedy- und Johnson-Regierungen und trotz des zunehmenden Bewußtseins, daß es notwendig sei, die soziale Symmetrie wiederherzustellen. Die Erklärung dafür lag in den Erfordernissen der Technologie und der Technostruktur. In der modernen Industriegesellschaft wurde die höchste Priorität dem Ziel der wirtschaftlichen Sicherheit eingeräumt, und dies bedeutete die kontinuierliche Ausdehnung der Produktion.

Die Folgen waren schrecklich. Das hirnlose Jagen nach unbeschränktem Wachstum verletzte die Werte der Umwelt, Gesundheit, Sicherheit und Schönheit. Und obwohl sie niemand nützten, waren Inflation und Lohn-Preis-Spirale die unvermeidbaren Nebenwirkungen der modernen Industriegesellschaft. Ein Ungleichgewicht zwischen öffentlichen und privaten Gütern erschien unumgänglich. Dennoch glaubte Galbraith nicht, daß alles verloren sei; wieder einmal lagen seine Hoffnungen im Erziehungswesen.

Um fortzubestehen, benötigte die Technostruktur zwangsläufig höhere Bildung und Ausbildung. Die für das Management der Unternehmen und für das Wirtschaftswachstum nötigen Fähigkeiten und Fertigkeiten verlangten eine fortgeschrittene akademische Ausbildung. Aber dies stellte die Erzieher, Wissenschaftler, Technologen und die anderen Mitglieder der Intelligenz vor ein wirkliches Dilemma: entweder sie dienten gleichgültig den Erfordernissen des Industriesystems, oder aber sie ›unterstützten mit Kräften die Werte und Ziele gebildeter Menschen – nämlich solche, die nicht der Güterproduktion und der damit verbundenen Planung dienten, sondern der intellektuellen und künstlerischen Entwicklung des Menschen‹. Galbraith fand es ›schwer zu glauben, daß es da eine Wahl gab‹. (61)

Aber waren die Erzieher stark genug, um ihre Werte und Ziele dem Industriesystem aufzuzwingen? Galbraith meinte, daß das scheinbar schwache Erziehungs-Establishment angesichts des dringenden Bedarfs des Industriesystems an gebildeten und ausgebildeten Arbeitskräften mehr Macht besitze als ihm bewußt war, wenn es nur die Gewitztheit und Entschlossenheit hätte, diese Macht einzusetzen. Die Ziele einer hochentwickelten Unternehmung seien ›ein Reflex der Ziele der Mitglieder der Technostruktur‹. (62) Wenn das Erziehungswesen das Verständnis der Technostruktur erweitern, ihr ästhetisches Empfinden schulen und ihr noblere soziale Zielsetzungen vermitteln würde, dann könnte die Unternehmung ein Instrument des sozialen Wandels und nationalen Fortschritts werden. Es würde Fähigkeiten mobilisieren, um die ›Planungslücken‹ der Nation in solchen Bereichen wie dem öffentlichen Verkehrssystem, der Regional- und Stadtentwicklung und dem Wohnungswesen zu schließen. Unter dem Einfluß des Erziehungswesens und unter dem Druck des politischen Willensbildungsprozesses würde die moderne Industriegesellschaft den Erfordernissen der Umwelt und einer besseren sozialen Symmetrie Vorrang einräumen. Darin lag die Hoffnung für ihre Rettung:

> Das Industriesystem ist im Gegensatz zu den früheren Wirtschaftsformationen intellektuell anspruchsvoll. Weil es sie für seinen intellektuellen und wissenschaftlichen Bedarf benötigt, bringt es eine neue Gesellschaft hervor, die – so ist zu hoffen – das Monopol des Industriesystems auf soziale Zwecksetzungen zurückweisen wird. (63)

Das Buch ›Die moderne Industriegesellschaft‹ endete also mit einem Appell an die ›Neue Klasse‹ – die Klasse der angestellten Intellektuellen und akademischen Berufe, die Galbraith für die kommende herrschende Schicht der amerikanischen Gesellschaft hielt. Sie sei es, die über die Ziele der Nation, die öffentlichen Zwecke entscheiden werde. Was ihn betraf, so machte Galbraith kein Hehl daraus, wie für ihn diese Entscheidungen aussehen sollten. Seine Werte lagen auf dem Tisch, und er schien zuversichtlich zu sein, daß andere intelligente Leute ähnliche Werte annehmen würden.

Fünf Jahre später, als er dann ›Wirtschaft, Friede und Gelächter‹ veröffentlichte, war Galbraith viel weniger zuversichtlich über die Intellektuellen, einschließlich der Ökonomen. Vietnam kennzeichnete das Scheitern der ›Besten und Klügsten‹, der Robert McNamaras, McGeorge Bundys und Walt Rostows. Die Nixon-Regierung hatte durch die Abschaffung des Kriegsdienstes die Revolte an den Universitäten beendet und die Gesellschaft mit ihrem eigenen Zynismus angesteckt. Die andauernde Inflation – und der Unwille der Ökonomen, anzuerkennen, daß ihre Wurzeln in der Struktur der modernen Wirtschaft lagen oder daß sie direkt gesteuert werden müsse – waren für Galbraith ein Zeichen des Bankrotts und der Erstarrtheit des gegenwärtigen wirtschaftswissenschaftlichen Establishments, das von den Schülern John Maynard Keynes' und den Größen der ›neoklassischen Synthese‹ Paul Samuelsons beherrscht war.

In ›Wirtschaft, Friede und Gelächter‹, das er als letzten Teil der Trilogie ansah, die ›Die Gesellschaft im Überfluß‹ und ›Die moderne Industriegesellschaft‹ umfaßte, das aber auch noch ›einige, wenn auch nicht viele Gene von einem anderen Buch enthielt – nämlich von ›Der amerikanische Kapitalismus‹ (64), in diesem neuen Buch also nahm Galbraith einen kräftigen Anlauf, um sowohl die Zunft der Ökonomen wie auch die lesende Öffentlichkeit über Keynes und Samuelson hinauszubringen. Der am schwersten wiegende Mangel der ›herrschenden Ökonomik‹ bestand seiner Meinung nach darin, daß sie über keine geeigneten Instrumente verfügte, mit denen die die Gesellschaft am stärksten bedrängenden Probleme in den Griff zu bekommen gewesen wären: die ungeheuer kostspieligen Kriegsvorbereitungen, die zu Verzerrungen in der Verwendungsstruktur der nationalen Ressourcen und zu einem säbelrasselnden Verhalten führten; extreme wirtschaftliche Ungleichheit, die extreme soziale Spannungen mit sich brachte; und die Verschandelung der zivilisatorischen und natürlichen Umwelt, die zu einer Erniedrigung der in ihr lebenden Menschen führte.

Er berührte flüchtig die Rolle der Macht in der Wirtschaft und betonte, daß die herrschende Ökonomik mit ihrem Modell des sich selbst steuernden Preismechanismus die Bezüge zur wirklichen Welt verloren und wunderliche Apologien bzw. Verschleierungen der gar nicht so unsichtbaren Hand der Großunternehmen geliefert habe. Galbraith hoffte, mit der Darstellung der Wirklichkeit dieser Macht und der unzureichenden oder schlechten gesellschaftlichen Leistung auch des anderen Teils der Wirtschaft, in dem der Wettbewerb noch mehr oder weniger funktionierte, könne er seinen Kollegen und anderen Lesern helfen, sich von den Verrücktheiten des gängigen ökonomischen Glaubens zu befreien und zur Emanzipation des Staates von der Herrschaft des, wie er es jetzt nannte, ›Planungssystems‹ beitragen, das im wesentlichen aus den Großunternehmen und ihren politischen und bürokratischen Verbündeten und Agenten in der Regierung bestand.

Galbraith war jetzt über seine früheren Bücher, die sich im Kern mit den Großunternehmen befaßten, hinausgegangen, um die Gesamtheit des kapitalistischen Systems zu beschreiben; dieses System war grob in zwei Teile gespalten, nämlich in das Planungssystem und in das von ihm so bezeichnete ›Marktsystem‹, also die Gruppe der relativ kleinen, aber gleichwohl unvollkommenen Wettbewerber und Teilmonopolisten, die sich aus solchen Wirtschaftssubjekten wie Bauern, Fernseh-Reparaturgeschäften, Kaufläden, kleineren Betrieben, Heilberufen, Photographen und Pornographen zusammensetzte. Das Marktsystem sah er als die ausgebeutete und schwächliche Hälfte der Wirtschaft an; diese Ansicht ging auf seine frühesten Tage als Doktorand an der Universität von Kalifornien zurück. Aber das Marktsystem der Vereinigten Staaten umfaßte offensichtlich auch einige Leute, die nicht besonders ausgebeutet wurden, wie z.B. Ärzte, die Millionäre waren, Grundstücksmakler, kleine Unternehmer und in der Tat auch einige große landwirtschaftliche Unternehmer und Pornographen. Obwohl einige Mitglieder des Marktsystems es sich ganz hübsch eingerichtet hatten, bestand Galbraith weiterhin darauf, daß es das Planungssystem sei, das den Staat beherrsche, die soziale und wirtschaftliche Entwicklung aus dem Gleichgewicht bringe, Ungleichheiten noch verschärfe, die Außenpolitik korrumpiere und die Atmosphäre verpeste. Am Ende seines langen Flirts mit dem Establishment und seines Aufenthalts in den Korridoren der Macht schlug Galbraith nunmehr vor, das System radikal, wenn auch allmählich, zu verändern. Er wollte einen ›neuen Sozialismus‹, nämlich einen solchen, der die Organisation, den Schutz und die Macht des Planungssystems auf das Marktsystem ausdehnen würde. In der Tat war dies seiner Ansicht nach die Richtung, in welche das System sich bereits bewegte, vor allem in solchen Quasi-Markt-Bereichen wie Landwirtschaft, Gesundheitswesen, Wohnungs- und Transportwesen. Es sei wahrscheinlich, meinte Galbraith, daß der Sozialismus aus dem Schoß der zusammengebrochenen Wettbewerbswirtschaft hervorgehe. In seiner neuen Art von Sozialismus sollten Zünfte geschaffen werden für die kleinen Einzelhändler, Reparaturgeschäfte,

Hausangestellten, Autolackierereien und wer weiß was; die Anti-Kartellgesetze sollten, entsprechend seiner alten Abneigung gegen sie, aufgehoben werden, damit diese kleinen Geschäftsleute sich organisieren, ihre Macht mobilisieren und ihre Preise bestimmen konnten, genau wie die großen Unternehmungen. Er schlug vor, ein soziales Netz einzurichten, das sicherstellen sollte, daß niemand, auch nicht der Geringste in der Gesellschaft, ins Bodenlose fallen würde; in Galbraiths neuer sozialistischer Gesellschaft würde jedermann ein gesichertes und auskömmliches Jahreseinkommen haben, das nur etwas niedriger war als ein Normaleinkommen im Planungssektor. Das Steuersystem sollte viel progressiver gestaltet werden, und dies, so meinte er, würde die Wirtschaft sehr viel stabiler machen. Der neue Sozialismus von Galbraith hatte offensichtlich und nicht zufällig sehr viel gemeinsam mit dem Wahlkampfprogramm des Senators George McGovern von 1972. Natürlich war das Manifest von Galbraith viel klarer, witziger und überzeugender – teilweise jedoch, weil es nicht durch verwirrende und alarmierende Kostenrechnungen beeinträchtigt war. Er sah wohl ein, daß sein eigenes Programm, einschließlich der Vorschläge für eine Umverteilung der Einkommen, ihm noch nicht abgekauft würde, nicht einmal nach Watergate. Aber er bestand darauf, daß er am Ende Recht bekommen würde, weil die der Wirtschaftsgeschichte zugrunde liegenden Kräfte und die ›öffentliche Einsicht‹ – Einsicht der Öffentlichkeit in ihre ureigensten Interessen – es so bestimmen würden.

Schließlich und endlich hatte sich Galbraith also als Sozialist entpuppt. Dies war sicherlich von öffentlichem Nutzen, denn es machte die Diskussion klarer und realistischer – zunächst unter den Ökonomen, die Galbraith als Helfershelfer des neoklassischen Marktmythos verspottete, und dann unter den Politikern und Wählern. Aber ob die Ökonomen eine wesentliche Rolle bei dem Bemühen spielen würden, der Öffentlichkeit verständlich zu machen, wie ›die größten Probleme unserer Zeit‹ angepackt werden könnten – die Herrschaft der Produzenten über die Gesellschaft, ungleicher gesellschaftlicher Fortschritt und ungleiche Einkommensverteilung, Umweltverschmutzung und Ohnmacht des Konsumenten, Inflation und der Bedarf an nationaler und internationaler Planung – das hing wiederum von den Ökonomen selbst ab:

> Sie können, wenn sie dazu entschlossen sind, unbedeutend sein; sie können, wenn sie ein gemütliches Familienleben und regelmä-

ßige Arbeitszeiten vorziehen, weiterhin ihren Lebensunterhalt mit diesem unendlich interessanten Verschleierungsspiel verdienen. Sie werden dann, wie damals im Sommer 1971, als Preiskontrollen in den Vereinigten Staaten eingeführt wurden, oder ein Jahr später, als das gleiche in England passierte, wenige oder keine Worte der Anleitung oder des Rates zu großen Sachfragen haben. Sie wären dann gesellschaftlich irrelevanter als Keynes' Zahnarzt, denn der würde sich zu einem fachmännischen Rat verpflichtet fühlen, wenn plötzlich, entgegen allen Erwartungen, allen Leuten die Zähne ausfielen.

Oder aber die Ökonomen erweitern ihr System. Sie könnten es so gestalten, daß es die Macht, die sie jetzt verschleiern, in all ihren vielfältigen Ausprägungen umfaßt. In diesem Falle werden, wie wir gesehen haben, die Probleme der Welt Teil ihres Systems sein. Dann wird ihr Leben allerdings etwas bewegter. Es könnte einige streitsüchtige Reaktionen seitens jener geben, deren Macht dann aufgedeckt und untersucht wird; desgleichen auch seitens jener, denen es mehr als ihnen bewußt war behagte, daß die Ökonomen die falschen oder überhaupt nichtige Probleme lehren und diskutieren. (65)

Galbraith hat immer wieder den Versuch unternommen, eine Debatte über die zentralen Fragen der Zeit, nämlich Sozialismus, Freiheit, die Macht der Unternehmungen und die Rolle des Marktes, zu erzwingen. Er meint immer noch, wie seit jeher in seiner Karriere, daß der Versuch, die Macht der Großunternehmen durch Entflechtung aufzubrechen, eine Verschwendung von Zeit, Energien und Anwaltskosten sei. In Wirklichkeit gehe es nicht um die Frage, wie die Macht verteilt werden könne, sondern darum, wer die Macht der Konzerne kontrolliert, die Industriebarone oder die Öffentlichkeit. Die Konzentration der Macht beunruhigt Galbraith besonders nach der Erfahrung mit der Präsidentschaft Nixons, der sowohl den Regierungs- als auch den Wirtschaftsapparat ausbeutete. Aber er vertritt nach wie vor die Ansicht, daß die ›öffentliche Einsicht‹ und ein gestärkter Kongreß – ›die natürliche Stimme des öffentlichen Interesses‹ – die Nation vor dem Autoritarismus schützen würden.

IX

Die Mehrzahl der amerikanischen Ökonomen glaubt jedoch immer noch, daß die Dezentralisierung der Macht eine gute Idee sei, und daß der Markt ein nützliches Instrument der Machtverteilung dargestellte. Sie befürchten, daß Galbraiths neuer Sozialismus am Ende genauso bürokratisch und korrupt oder korrumpierbar werden würde wie die bestehenden sozialistischen Systeme, vielleicht sogar noch schlimmer. Sie lehnten es ab, sich von Galbraith bedrängen oder beschämen zu lassen und seine ökonomische Philosophie, sein Konzept einer sehr umfassenden Wirtschaftswissenschaft oder seine Methodologie zu übernehmen. Das Ausmaß unbelegter Behauptungen bei Galbraith ist diesen Ökonomen, die sich mit den wissenschaftlichen Qualitäten ihrer Disziplin brüsten, zu groß. Gegenüber Galbraiths meistgelesenem Buch ›Die Gesellschaft im Überfluß‹ waren die Ökonomen mild und nachsichtig genug und ignorierten den Mangel an Begründung und Substanz, weil so viele alltägliche Erfahrungen seine Argumentation offensichtlich unterstützten. Aber Aussagen über Aufbau und Funktionsweise der Industrie waren eine andere Sache. Wer konnte sagen, ob das Profitmotiv in dieser oder jener Großunternehmung oder gar in der gesamten modernen Industrie noch vorherrschte oder nicht? Wer konnte denn den Begriff der Macht, sei es der ökonomischen oder irgendeiner anderen Macht, überhaupt operational definieren? Wie sollte man den Wahrheitsgehalt der Behauptungen von Galbraith über den Einfluß der Technologie oder des technischen Fortschritts nachprüfen? Von den Lesern, den Laien wie den Fachleuten, wurde verlangt, sehr viel einfach zu glauben. Die Ökonomen, von denen jeder sein überlegenes Wissen in seinem Spezialgebiet herauskehrte, fanden in Galbraiths Büchern zu viele Fehler. Er mußte eine ganze Menge unangenehmer Seitenhiebe einstecken, die er zweifellos selbst provoziert hatte.

Sein Werk brachte ihm auch den Anwurf ein, er sei elitär. Die Ökonomen warfen ihm vor, er wolle seine eigenen Wertvorstellungen an die Stelle derjenigen setzen, welche die übrige Gesellschaft, ob nun zu ihrem Nutzen oder Schaden, vertrat; dies sei entweder undemokratisch oder arrogant von ihm. Derartige Anwürfe sind die am häufigsten gegen ihn vorgebrachte Kritik geblieben. Aber sie sind zugleich die unfairste Kritik. Sie sich eigen zu machen bedeutet, am Kern seiner ganzen Arbeit vorbeizugehen.

Galbraith beschäftigte sich seit Beginn seiner wissenschaftlichen Arbeit in den 30er Jahren hauptsächlich mit der im industriellen Sektor der Wirtschaft ausgeübten wirtschaftlichen Macht. Die Macht der Monopole führte zu Preisrigiditäten, verschärfte die Weltwirtschaftskrise und brachte den Bauern und anderen Gruppen, die nicht in der Lage waren, ihre eigenen Preise und Löhne abzusichern, besonders viel Elend ein. Die Gegenmacht trug zur Stabilisierung und gleichmäßigeren Verteilung der Macht im System bei, aber sie machte die Wirtschaft äußerst inflationsanfällig. Galbraith forderte durchgängig, daß die Regierung eine bedeutsame Rolle zur Eindämmung der Inflation und zur Wiederherstellung eines Gleichgewichts zwischen privaten und öffentlichen Gütern spiele. In einer Demokratie reflektiert die Regierung den Willen des Volkes, und sie muß im öffentlichen Interesse so handeln, daß die Macht des Industriesystems aufgewogen wird. Genau dies aber wurde verhindert durch eine Tradition wirtschaftswissenschaftlichen Denkens und ökonomischer Vorurteile, die besagten, daß es wirtschaftliche Macht gar nicht gäbe (oder daß sie nicht operational definiert werden könne) und daß Staatsinterventionen die Dinge nur verschlimmern und die Wirtschaft sicher weniger leistungsfähig machen würden.

Die klassische Wirtschaftslehre hatte postuliert, die unsichtbare Hand des Marktes sichere die größtmögliche Effizienz bei der Allokation der Ressourcen, doch Galbraith vertrat die Meinung, daß diese unsichtbare Hand etwas verkümmert sei. Wirtschaftliche Macht habe den freien Markt in der modernen Industriegesellschaft unwiederbringlich verdrängt. Einzig blieb die Frage, wer Macht ausübte und zu welchem Zweck. Galbraiths Präferenz ging dahin, daß die Bürger diese Macht ausüben sollten, und zwar mittels einer durch profundes, verständiges und umfassendes ökonomisches Denken informierten Regierung. Dies war der Tenor seiner Rede als Präsident der AEA:

> Die Wirtschaftswissenschaft wird nicht zu einem Teil der Politikwissenschaft. Aber die Politik wird – und muß – ein Teil der Wirtschaftswissenschaft werden... Wenn wir die Realität der Macht als Teil unseres Systems anerkennen, dann haben wir Jahre nützlicher Arbeit vor uns. Und weil wir dann mit den wirklichen Fragen unserer Zeit in Berührung sein werden und weil es diese wirklichen Probleme sind, welche die Leidenschaften inspirieren, wird unser Leben wieder in einer angenehmen Weise kontrovers, vielleicht sogar auf nützliche Weise gefährlich sein. (66)

Galbraith hatte zur Analyse technischer ökonomischer Probleme wenig beizutragen gehabt und der zunehmenden Verfeinerung der Wirtschaftstheorie wenig hinzugefügt. Er war indessen immer in Kontakt mit den wirklichen Streitfragen geblieben. Deswegen sind seine Bücher so gut angekommen. Wo sie am besten waren, haben sie auf Problembereiche hingewiesen, die dicht unterhalb der Schwelle des öffentlichen Bewußtseins lagen, und haben traditionelle und abgestandene Denkweisen in Frage gestellt. Galbraith hat manche der Fehlentwicklungen des kapitalistischen Systems in brillanter und manchmal sogar überaus belustigender Weise herausgestellt.

Und trotz allem provozieren sein Stil, seine besondere Note und sein umfassender Ansatz immer noch leidenschaftliche Kontroversen unter den Ökonomen. Bei einer kürzlich stattgefundenen Jahrestagung der *American Economic Association* ergab sich folgender Dialog:

Ist Galbraith wirklich ein Ökonom?

Eigentlich ist er der einzig wirkliche Ökonom.

Sein Werk ist zweifellos durch eine großartige Einheit gekennzeichnet; sie reicht von seiner ersten Arbeit über den Honig und die depressiven Preise auf den kalifornischen Agrarmärkten, über seine Kämpfe mit Geschäftsleuten und als staatlicher Preiskommissar während des Krieges, über seine Angriffe auf das Pentagon und auf seine Ökonomenkollegen als hinters Licht geführte Helfershelfer der Großindustrie und als Unschuldslämmer in einer Welt der Mächtigen, bis hin zu seiner Kampagne für eine veränderte amerikanische Gesellschaft, in welcher die Macht von der industriellen Elite wieder auf das Volk und ihre gebildeten und voraussichtlich sozial verantwortungsvollen Führer übergegangen wäre. In der Tat erhob er die Stimme für einen neuen Sozialismus, für eine glücklichere und gesündere Politik und Wirtschaft, die durch friedliche und schmerzlose demokratische Methoden erreicht werden sollten. Galbraiths Arbeiten waren Manifeste ohne Parallele in der Geschichte der politischen Reform oder Revolution – spaßige und gelehrte Arbeiten, die gleichzeitig Wunden schlugen und wieder heilten. Aber reicht diese Anmut und diese gute Laune aus? Hat der Humorist je etwas verändert?

WASSILY LEONTIEF

Der Jünger der Planung

›Vorhersagen über die großen Entwicklungen der Zukunft sind keine größere Gewaltanstrengung als die Ergründung vergangener Epochen ... Wenn geschichtliche Ereignisse Spuren hinterlassen, dann kann man vernünftigerweise auch annehmen, daß die künftigen ihre Wurzeln haben.‹

Honoré de Balzac

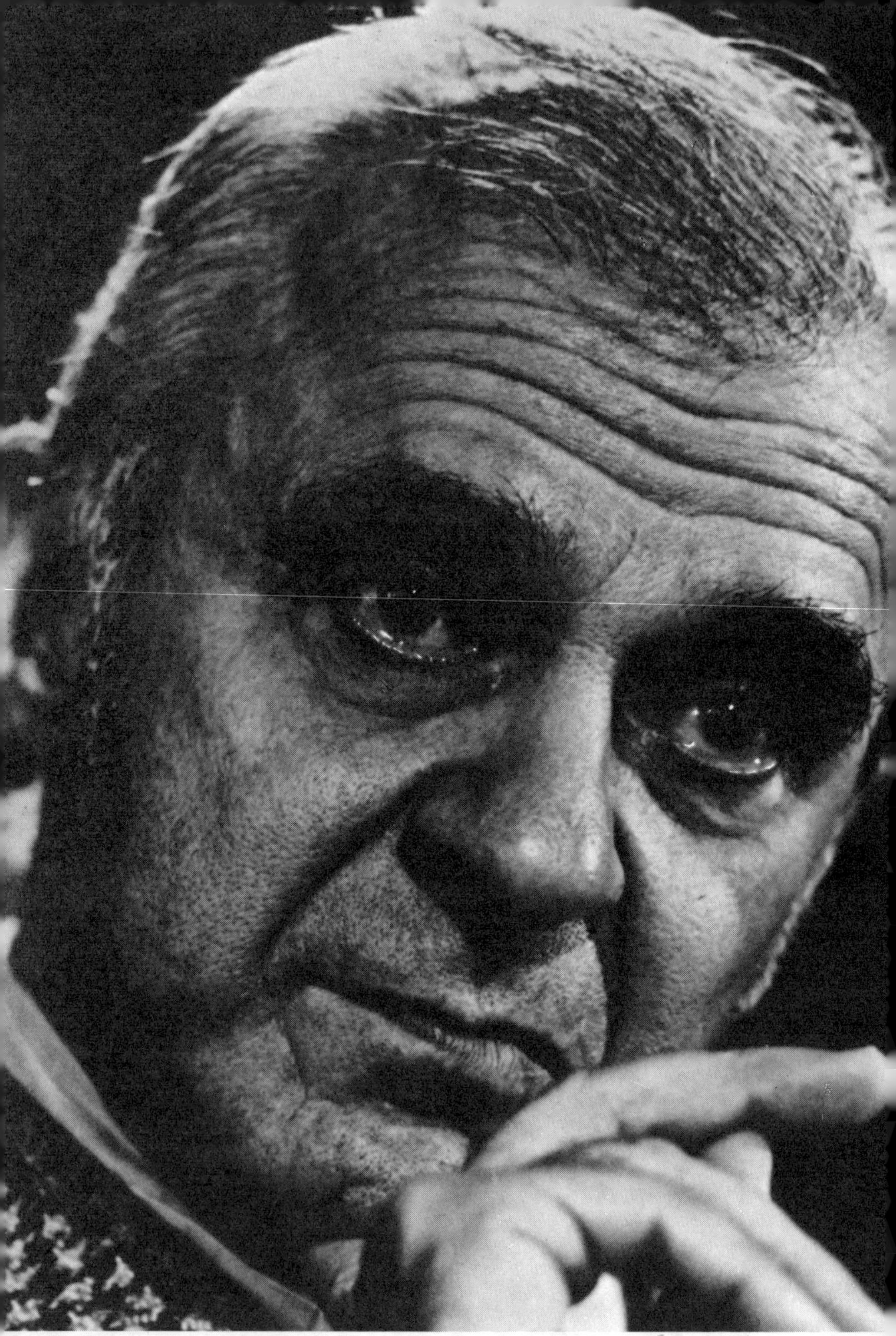

Wassily Leontief

I

Wassily Leontief hat die meiste Zeit seines Lebens der formalen Wirtschaftstheorie und besonders der Weiterentwicklung des ökonomischen Modells gewidmet, das er in seiner Jugend entworfen hatte: der Inpout-Output-Analyse. Außer den Ökonomen, die direkt mit ihm gearbeitet haben, hat er wenig Schüler. Den meisten Studenten fällt es schwer, sich für empirische Daten zu begeistern, die in einer Matrix angelegt sind, wie – frei nach T. S. Eliot – ein narkotisierter Patient auf einem Tisch. Doch inmitten seiner technischen Arbeit hatte Leontief immer davon geträumt, ein Instrument zu schaffen, das von den Gesellschaften benutzt werden könnte, um ein besseres Leben für alle zu erreichen, ein Instrument, das der Menschheit mehr Macht über ihr Schicksal verleihen würde.

Dies bedeutet nicht, daß Leontief, der im vorrevolutionären Rußland geboren wurde, ein verkappter Bolschewik ist. Im Gegenteil, er verließ die Sowjetunion nach der Revolution, weil er gegen die Autoritäten rebellierte. Als Ökonom hatte er versucht, eine Methode der Verbindung von Planung und politischer Freiheit zu finden. Das war ein Traum, der für viele am hellsten im Jahre 1917 und in den unmittelbar darauf folgenden Jahren leuchtete. Eine Zeitlang schien dieser Traum durch die Realität der sowjetischen Diktatur ausgelöscht worden zu sein.

Leontief, der praktisch sein ganzes Erwachsenenleben in den Vereinigten Staaten verbracht hat, ist jedoch zu diesem Traum einer demokratischen Wirtschaftsplanung im Interesse einer besseren Gesellschaft wieder zurückgekehrt. Seine technischen Arbeiten am Input–Output–Modell brachten ihm den Nobelpreis für Wirtschaftswissenschaften ein – und ermutigten ihn, seine Auffassungen in der Politik des von ihm ausgewählten Landes zum Tragen zu bringen.

Leontiefs Vorfahren waren Bauern. Seinem Urgroßvater gelang es, die Scholle zu verlassen – ›es war nicht wie in Amerika; unsere Bauern waren bis spät ins neunzehnte Jahrhundert hinein praktisch noch Sklaven‹ – und ließ sich in St. Petersburg nieder, wo er Kaufmann wurde. Leontiefs Großvater väterlicherseits gründete eine Textilfabrik, ›eine klassische Entwicklung‹. Es gibt eine Linie der Leontiefs in England – ›sie heirateten englische Mädchen‹. (1)

Die russischen Leontiefs wurden reich. ›Großvater baute ein großes Haus, ein schönes, altmodisches, an Tolstoi erinnerndes Herrschaftshaus‹, so erinnert sich Leontief. ›Ich habe es vor kurzem besichtigt... der Tanzsaal ist jetzt in kleine Apartements aufgeteilt‹. Leontiefs eigener Vater machte dann ›die normale Wandlung von der unternehmerischen zur intellektuellen Klasse durch‹; er wurde Professor für Arbeitswissenschaften an der Universität St. Petersburg.

Wassily Leontief erinnert sich lebhaft an die Jahre der russischen Revolution – ›das Land verfiel in tiefe Trauer am Tage von Tolstois Tod; Querschläger schwirrten an den ersten Tagen der Februar-Revolution durch die Luft; und Lenin redete zu einer Massenversammlung von einer hohen Tribüne vor dem Winterpalast‹. 1921 verließ er mit 14 Jahren das Gymnasium und begann mit 15 sein Studium an der Universität Leningrad, wo er eine turbulente akademische Karriere machte. Er studierte Philosophie, Soziologie und schließlich Wirtschaftswissenschaften; 1925, vor seinem 19. Geburtstag, wurde ihm der Grad eines 'Gelehrten Ökonomen' verliehen; aber er hatte immer wieder Schwierigkeiten wegen seiner freimütigen Kritik des Regimes. ›Damals wie heute redete ich ziemlich offen‹, sagt er, ›und landete von Zeit zu Zeit im Gefängnis.‹ Aber er behauptet, er habe ›zu den Kommunisten gute Beziehungen‹ gehabt, obwohl er selbst ›ein nicht-kommunistischer Sozialist, ein Menschewik‹, war. Warum ließen die Russen ihn immer wieder aus dem Gefängnis heraus? ›Sie dachten, sie könnten mich umerziehen... Zuletzt ließen sie mich während der Neuen Ökonomischen Politik heraus... Sehen Sie die Narbe (sie ist ziemlich tief) auf meiner rechten Wange? Ich hatte einen Tumor, der als bösartig diagnostiziert wurde, und deswegen ließen sie mich frei. Die Ärzte benutzten eine Rippe, um den Kiefer zu ersetzen. Aber wie sich später zeigte, war die Sache nicht bösartig.‹

Nach seinem Diplom als ›Gelehrter Ökonom‹ wurde ihm eine Stelle als Dozent der Wirtschaftsgeographie (›ein neutrales Fach‹) angeboten, aber innerhalb von sechs Monaten beantragte und erhielt er einen Paß. Er ging nach Berlin, um dort zu studieren, aber die Deutschen erkannten sein Diplom nicht an; folglich mußte er an die Schule zurück, um Griechisch und Latein zu studieren und Prüfungen darin abzulegen; daraufhin konnte er sich an der Universität Berlin einschreiben. Er blieb dort bis 1928, wo er bei dem großen deutschen Wirtschaftshistoriker Werner Sombart Assistent war und bei Professor Ladislaus Bortkiewicz mathematische Statistik studierte. Leontiefs Familie blieb zunächst noch in Leningrad; seinen Lebensunterhalt verdiente er sich damit, daß er für Handelszeitschriften schrieb. 1927 wurde sein Vater, der Beamter geworden war, als Vertreter des sowjetischen Finanzministeriums nach Berlin gesandt; seine Frau konnte er mitnehmen. Er ›kam gerade noch mit heiler Haut davon‹, sagt Leontief, weil mit Beginn der stalinistischen Säuberungen sein Vater wegen ›aller möglichen und unmöglichen Dinge‹ angeklagt wurde, besonders wegen einer Beteiligung an regierungsfeindlichen Konspirationen.

II

Es scheint, als sei Leontief sehr früh auf die grundlegende Idee der Input-Output-Rechnung gestoßen, für die er 1973 den Nobelpreis erhielt. Gerade 19 Jahre alt, veröffentlichte er 1925 in Berlin den Aufsatz ›Die Bilanz der Russischen Volkswirtschaft – Eine methodologische Untersuchung‹ in einer deutschen wirtschaftswissenschaftlichen Zeitschrift. (2) Der Aufsatz wurde ins Russische übersetzt und zwei Monate später im führenden sowjetischen Planungsmagazin veröffentlicht (ohne Leontiefs Wissen oder Zustimmung); auf diese russische Übersetzung des deutschen Artikels – Leontiefs erstem – beziehen sich die Russen immer zur Stützung ihrer Behauptung, sie hätten die Input-Output-Analyse begründet. Dies versetzte sie in die Lage, die Methode als ein ursprünglich russisches Produkt auszugeben, nicht als einen bourgeoisen Import.

Im Jahre 1927 schloß er sich dem Kieler Institut für Weltwirtschaft an, wo er an statistischen Methoden zur Ableitung von Angebots- und Nachfragekurven arbeitete, übrigens dem gleichen Thema, mit dem Milton Friedman später bei Professor Henry Schultz an der Universität Chicago beschäftigt war. Leontiefs Dissertation hatte das Thema: ›Die Wirtschaft als Kreislauf‹. Er beschreibt seine Arbeit als den Versuch, ein ›dynamisches allgemeines Gleichgewichtsmodell‹, zu konstruieren – d. h. eine mathematische Beschreibung des Prozesses, den die Wirtschaft zur Wiedererlangung des Gleichgewichts in einer bestimmten Periode durchläuft. In dieser Studie, so Leontief, ›entdeckte ich für mich selbst den Konjunkturzyklus – denn in das dynamische Modell waren *lags* eingebaut, und aufgrund dieser *lags* wies das Niveau der Wirtschaftsaktivitäten regelmäßige Schwankungen auf‹. Sein ganzer Kniff bestand darin, Elemente der Wirtschaft zusammenzukoppeln. Er suchte nach einem Mittelweg zwischen der empirischen Analyse von Angebot und Nachfrage für bestimmte Produkte und der abstrakten Konstruktion von Systemen, welche die Wirtschaft als Ganzes abbilden sollten.

Seine letzte größere Arbeit in Kiel war eine Untersuchung über die Stahlindustrie, in der er mit empirischen Daten arbeitete, um die Angebots- und Nachfragekurven nicht nur für Halb- und Fertigprodukte, sondern auch für Erz, Koks und Arbeitskräfte abzuleiten, die in die Produktion von Stahl und seiner Rohmaterialien eingingen. ›Ich fing an, ein großes Molekül aus all diesen einzelnen Atomen zusammenzusetzen‹, erinnert er sich. ›Ich versuchte zu zeigen, wie Nachfrage und Angebot von Stahl zum Teil von Angebot und Nachfrage nach all diesen anderen Produkte abhing – und daß technische Transformationen damit verbunden waren.‹ Aber er erkannte, daß es zu schwierig sein würde, ein Modell der Gesamtwirtschaft auf der Basis der einzelnen Angebots- und Nachfragekurven für jedes einzelne Produkt zu konstruieren. Es ging also darum, eine Methode zu finden, mit der man die Produktionsströme von einem Sektor der Wirtschaft zum anderen aufzeigen konnte.

Er sagt, beim Nachdenken über Lösungsmöglichkeiten für diese Aufgabe ›haben mich die ökonomischen Klassiker sicherlich beeinflußt. Es waren die Physiokraten, und es war Sismondi. Und es war sicherlich auch Marx‹. Leontief hatte sich in die Klassiker versenkt. ›Als junger Student in Rußland‹, sagt er, ›verbrachte ich lange Tage und Abende in der öffentlichen Bibliothek von Leningrad, die hervorragend war – fast so gut wie die Bibliothèque Nationale in Paris. Ich las alle Wirtschaftslehrbücher von Anfang bis Ende durch – in Französisch, Englisch und Deutsch. Ich glaube immer noch, daß die nationalökonomische Klassik ein großartiges System darstellt.‹ Er meint, von seinem klassischen Hintergrund her ›bot sich natürlicherweise‹ der theoretische Rahmen der Input-Output-Beziehungen an.

Der wichtigste der klassischen Vorläufer der Input-Output-Analyse war zweifellos François Quesnay, der Arzt Ludwigs XV. und der Madame Pompadour. In seinen späteren Jahren verlegte sich Quesnay auf die Ökonomik. Er verfaßte das *Tableau économique*, das die Güter- und Ausgabenströme zwischen Bauern, Gewerbe und Grundbesitzern beschrieb. Dieses *tableau* zeigte, wie die Produkte der Bauern (der ›produktiven Klasse‹, wie die Physiokraten sie nannten) von den Grundbesitzern und der ›sterilen Klasse‹ – Handel und Gewerbe – absorbiert wurden. Im Austausch dafür erhielten die Bauern einen Teil der Produkte des Gewerbes und gleichzeitig die Mittel, um die Zinsen an die Grundbesitzer bezahlen zu können. Sowohl die Feudalherren wie das Gewerbe kauften in der nächsten Runde weitere Nahrungsmittel von den Bauern mit dem Geld, das sie bekommen hatten; auf diese Weise ging der Kreislauf immer weiter.

Quesnays erstes *tableau* beschrieb eine Gesellschaft im Gleichgewicht, aber er entwickelte sein Modell weiter, um zu zeigen, daß bei einer Ausgabenerhöhung der besitzenden Klasse für gewerbliche Produkte und einer Reduzierung der Ausgaben für Agrarprodukte sich die Wirkungen auf die gesamte Wirtschaft ausbreiten würden; zunächst würde sich das Einkommen der ›sterilen Klasse‹ erhöhen, langfristig würde das Wirtschaftssystem jedoch aus dem Gleichgewicht geraten. Das Einkommen der Grundbesitzer hing letztlich von dem *produit net* der Landwirtschaft ab, das in dem Maße zurückging, wie die Grundbesitzer ihre Ausgaben zum Gewerbe hin verlagerten. Weil dann das Einkommen sowohl der Bauern wie der Feudalherren geringer wäre, würde auch das Gewerbe an einem Käufermangel leiden. (3) Der Zweck der Analyse von Quesnay bestand in dem Nachweis der physiokratischen Doktrin, daß die Landwirtschaft die Quelle allen Reichtums sei. Quesnays Modell des *tableau économique*, das auf empirischen wie hypothetischen Daten beruhte, hatte im achtzehnten Jahrhundert große Bewunderung erregt. Für Leontief jedoch war es ein primitives didaktisches Spielzeug. Er wollte ein Wirtschaftsmodell konstruieren, mit dem die Welt, wie sie wirklich war, begriffen werden konnte.

III

Am Kieler Institut für Weltwirtschaft kamen die Mitarbeiter gewöhnlich um acht Uhr morgens und arbeiteten bis mittags, dann hatten sie drei Stunden Mittagspause, und kehrten von drei bis um sieben wieder an ihre Schreibtische zurück. Eines Tages saßen Leontief und seine Kollegen in der Mittagspause in einem Café neben einer Gruppe Chinesen, ›wirklichen Herren‹, sagt er, keine gewöhnlichen Arbeiter, und tranken einen ›guten Kieler Kaffee‹. Es entwickelte sich eine Unterhaltung zwischen den Kieler Ökonomen und den chinesischen Besuchern; einen Monat später erhielt Leontief vom chinesischen Botschafter in Berlin einen Telefonanruf; man fragte ihn, ob er bereit wäre, als ökonomischer Berater des Eisenbahnministeriums nach Nanking zu gehen. Leontief nahm dieses Angebot gerne an und schloß einen Einjahresvertrag ab.

Ende 1928 buchte er eine Schiffsreise, erster Klasse, von Marseilles nach Schanghai, auf einem von ihm so bezeichneten ›langsamen Boot nach China‹. ›Das war meine Einführung in die unterentwickelten Länder‹, sagt er. ›Zu kurzen Aufenthalten verließ ich das Schiff in Ägypten, Arabien, Ceylon... Überall, wo wir stoppten, ging ich in die Dörfer – das war mein erstes Kennenlernen der asiatischen Armut. Das war ein Müllhaufen – und ist immer noch einer.‹

In Nanking hatte Leontief eine Reihe verschiedener Aufgaben zu erledigen. Er verhandelte mit den Gläubigern Chinas, vor allem mit der belgischen Compagnie Générale de Crédit, die in ›einer schwachen Position war, weil ihr Eigentum hätte enteignet werden können. Da wir keine Chance hatten, irgendein neues Darlehen von ihr zu bekommen,waren wir in einer starken Verhandlungsposition‹. Leontief war auch mit der Planung neuer Eisenbahnlinien befaßt. Da er für seine Planung nur über die dürftigsten Daten verfügte, entschloß er sich, seine eigenen Daten zu beschaffen. Er überredete seinen Minister, ein Flugzeug anzuschaffen; er ließ Kameras montieren und aus der Luft die Ernten fotografieren. Diese Bilder benutzte er dann, um auf Stichprobenbasis die landwirtschaftliche Produktion der Regionen zu schätzen und die Eisenbahnlinien entsprechend auszulegen.

China war für ihn eine glückliche Erfahrung. ›Ich fuhr mit Zügen, die von Banditen beschossen wurden; ich erinnere mich, daß ich mich auf den Boden warf. Im Norden gab es Kämpfe mit den Russen. Die russischen Flugzeuge bombardierten die Chinesen mit Wassermelonen. Sie warfen die Melonen einfach runter. Damals war das noch idyllisch, müssen Sie wissen.‹

Als sein Jahresvertrag abgelaufen war, kehrte Leontief nach Kiel zu seinen statistischen Studien an das Institut zurück. In England und in den Vereinigten Staaten wurde man auf seine Veröffentlichungen aufmerksam, vor allem im National Bureau of Economic Research, dessen Leitung daran gelegen war, die Forschung auf ein besseres empirisches Fundament zu stellen. Wesley Mitchell, der Präsident des National Bureau, und Professor Edwin F. Gay von Harvard, einer der Begründer und Direktoren des Bureau, schrieben an Leontief und luden ihn ein, dort Mitarbeiter zu werden. Er nahm diese Einladung an und schiffte sich im Frühjahr 1931 nach New York ein; der Vertreter des National Bureau, der ihn am Kai empfing, war Simon S. Kuznets, der einige Jahre später Milton Friedman an das National Bureau bringen sollte.

Leontief verbrachte nur kurze Zeit beim National Bureau in New York; er sagt, die enge Beschränkung auf Indexzahlen und auf Versuche, die Ausschläge des konjunkturellen Zyklus ohne zureichende theoretische Basis für die Analyse nachzuzeichnen, habe ihm nicht behagt. ›Ich organisierte ein Seminar, eine subversive Gruppe, die versuchte, die Theorie in diesen Ort einzuschmuggeln.‹ Zwei Monate nach seiner Ankunft beim Bureau lud ihn Professor Gay ein, in Harvard eine Vorlesung zu halten. ›Er war eine sehr wichtige Figur dort; für mich war es eine Pflichtveranstaltung‹, sagt Leontief. (Paul Samuelson hatte, als er nach Harvard kam, sich geweigert, Gays Seminar über wirtschaftswissenschaftliche Ideengeschichte zu besuchen.) Offensichtlich verlief die Vorlesung gut, denn Harvard bot Leontief eine Stelle an. Er wollte sie gerne annehmen, sagte aber, daß er das nur könne, wenn er an einigen Forschungsarbeiten, die er gerade angefangen hatte, weitermachen dürfe. Diese Arbeit wäre mit ausführlichen statistischen Berechnungen verbunden und würde finanzielle Unterstützung erfordern. In einem Brief an Gay beschrieb Leontief dann seinen Plan, Tabellen zu konstruieren, welche die Güterströme zwischen den Sektoren der amerikanischen Wirtschaft abbilden würden.

Gay schrieb ihm zurück, daß die wirtschaftswissenschaftliche Abteilung in Harvard seinen Antrag überprüft habe und ihm trotz der geringen Erfolgsaussichten eine Summe von 1400 Dollar zur Anstellung eines Forschungsassistenten für ein Jahr bewilligen würde. Nach Ablauf dieser Zeit solle er dem Forschungsausschuß einen Bericht über seine Ergebnisse vorlegen. Leontief nahm an, und jetzt begann der Ernstfall für die Input-Output-Analyse. Leontief und seine junge Frau, die Dichterin Estelle Marks, zogen nach Cambridge hoch.

IV

Leontief hat im Laufe der Jahre nicht übermäßig viel geschrieben, aber er hat stetig, geduldig und solide gearbeitet. Bevor er den Aufsatz von 1936 schrieb, mit dem die Input-Output-Theorie eigentlich eingeführt wurde, nämlich *Quantitative Input and Output Relations in the Economic System of the United States* (›Quantitative Input- und Output-Beziehungen im Wirtschaftssystem der Vereinigten Staaten‹) (4), hatte er jahrelang an seiner allgemeinen Gleichgewichtstheorie gearbeitet, und dann hatte er seine ersten vier Jahre in Harvard damit verbracht, die Daten für seine ersten Input-Output-Tabellen zu sammeln. Erst fünf Jahre später veröffentlichte er sein erstes Buch *The Structure of the American Economy,* 1919–1929, (›Die Struktur der amerikanischen Wirtschaft 1919–1929‹) (5), welches auf seinem ursprünglichen Aufsatz aufbaute und sein System weiterentwickelte und erklärte. Die langwierige und aufwendige Arbeit der Berechnung der Gleichungen mußte mit Handrechenapparaten durchgeführt werden; erst die Entwicklung der elektronischen Datenverarbeitung machte die Input-Output-Analyse zu einem für Regierung und Wirtschaft anwendbaren Instrument.

Leontief war nicht ein Mann mit nur einer einzigen, fixen Idee. Er verwandte Geist und Feder auf manchen anderen Aspekt der Wirtschaft und der menschlichen Erfahrung. Das beherrschende Thema, das seine Arbeiten wie einen roten Faden durchzieht, ist, daß die Wirtschaftswissenschaften eine empirische und angewandte Disziplin sein sollten. Hochtrabende Modellschreinerei geht ihm auf die Nerven, das sei nur halbe Arbeit. Und auch solche Ökonomen nerven ihn, die ihr Theoretisieren mit unspezifizierten und fehlerhaften Prämissen beginnen und dann zirkuläre Argumente vortragen. Obwohl er mathematisch hochbegabt und gründlich ausgebildet ist – es hat in der Tat den Anschein, als denke er mathematisch –, äußert er sich oft skeptisch über die Anwendungsmöglichkeiten der höheren Mathematik in der Ökonomik. Er arbeitet viel und rümpft die Nase über Ökonomen, die nicht bereit sind, ihre Ärmel hochzukrempeln und die schmutzige Arbeit der Sammlung und Analyse empirischer Daten zu leisten. Er hat sich mit einer ganzen Reihe verschiedener technischer und empirischer Fragen befaßt: mit linearer Programmierung, den Problemen der Aggregation, der Automation und der Ursprungszahlen im Vergleich zu Indexzahlen, mit dem wirtschaftlichen Wachstum, den ökonomischen Auswirkungen von Wissenschaft und Technologie, der Abrüstung, Außenwirtschaft, Umweltverschmutzung und den Beziehungen zwischen politischen, sozialen und wirtschaftlichen Kräften.

Aber die Input-Output-Analyse war sicherlich immer im Zentrum seiner Arbeit und der Schlüssel für seine Behandlung vieler anderer Probleme einschließlich seiner Versuche, die globalen Zerstörungen der Umwelt zu beenden und die weltwirtschaftliche Entwicklung zu fördern. Seine Vorlesung anläßlich der Verleihung des Nobelpreises trug den Titel ›Die Struktur der Weltwirtschaft: Grundriß eines einfachen Input-Output-Modells‹, dieses Modell enthielt die Beschreibung einer aus 28 Ländergruppen und ungefähr 45 Produktionssektoren zusammengesetzten Weltwirtschaft. Damit wollte er die Umweltbelastungen untersuchen, die von den 30 größten Umweltverschmutzern verursacht werden. Das Ziel dieser riesigen Untersuchung, die von den Vereinten Nationen unterstützt wird, besteht darin, den Mitgliedsstaaten die ökonomischen Vorteile und umweltlichen Nachteile vor Augen zu führen, die mit der zurückliegenden Wirtschaftsentwicklung verbunden waren, und ihnen dabei zu helfen, Pläne für die Verringerung der Massenarmut und -arbeitslosigkeit aufzustellen, die gleichzeitig die globale Umwelt erhalten und sogar noch verbessern sollen.

Was ist das für eine Allzweckwaffe, von der Leontief meint, man könne sie zur Analyse und Planung der Weltwirtschaft benützen? Im Kern ist es eine Methode, die Wirtschaft als ein System von simultanen Gleichungen zu sehen. Während Quesnay und die Physiokraten des achtzehnten Jahrhunderts die erste Anregung für Leontiefs Arbeiten lieferten, war es Léon Walras, ein französischer Ökonom des neunzehnten Jahrhunderts, der als erster zeigte, wie ein ökonomisches System mathematisch formalisiert werden kann. Er entwickelte ein System simultaner Gleichungen, die zeigten, wie die zahlreichen Märkte der Wirtschaft miteinander verbunden sind; auf literarische Art hatten dies Adam Smith und David Ricardo schon getan. Die Gleichungen von Walras zeigten die unterschiedlichen Mengen jedes der produktiven Faktoren, die zusammen die unterschiedlichen Produkte hervorbrachten – und die Gesamtproduktion des ganzen Systems.

Diese Art von Gleichungen bildeten die Grundlage für Leontiefs System, wenn auch mit Modifikationen. Der italienische, mathematisch orientierte Ökonom und Soziologe Vilfredo Pareto schätzte, daß in einem Walrasianischen System für je 100 Personen, die 700 Güter austauschten, 70699 Gleichungen benötigt würden. In einer Welt von 4 Milliarden Menschen würde die Zahl der benötigten Gleichungen ins Unendliche gehen, das Problem wäre für keinen Analytiker lösbar. Leontief und seine Nachfolger haben deswegen das Walrasianische System vereinfacht und die Zahl der Gleichungen erheblich reduziert.

Leontief beschreibt das Wirtschaftssystem oft als eine gigantische Rechenmaschine, die unermüdlich Lösungen für einen endlosen Strom quantitativer Problemstellungen auswirft, etwa den effizientesten Einsatz von Arbeit, Kapital und natürlichen Ressourcen, oder das stimmige Gleichgewicht zwischen der Produktion und Konsumtion von Gütern, oder das Gleichgewicht zwischen Konsum, Sparen und Investieren. Aber wie beim Computer gibt es auch beim Wirtschaftssystem Zusammenbrüche, und Leontief nimmt an, daß eine Blaupause der funktionalen Teile des Wirtschaftssystems nötig ist, um die defekten Teile reparieren zu können.

In diesem Sinne ist sein Input-Output-System ein Führer bzw. Handbuch für die reale Wirtschaftsmaschine. Der Strom der Waren und Dienste zwischen den verschiedenen Sektoren der amerikanischen Wirtschaft – oder irgendeines anderen Landes oder einer Ländergruppe oder der ganzen Welt – kann auf einem riesigen Raster bzw. einer Matrix ausgebreitet werden. Alle Branchen werden der Reihe nach auf der linken Seite des Rasters aufgeführt, eine Branche pro Zeile, und genauso wird jede Branche in der Kopfzeile angeführt, pro Branche eine Reihe. Die Zahlen in den Kästchen der waagerechten Zeile repräsentieren die Produktion (die Waren und Dienste, die eine Branche produziert und an andere verkauft) derjenigen Branche, die links aufgeführt ist, und die Zahlen in den Kästchen der vertikalen Reihen repräsentieren den Input (die Waren und Dienste, welche eine Branche von den anderen kauft) derjenigen Branche, die in der Kopfzeile aufgeführt ist.

Daraus folgt, daß der Output einer jeden Branche oder jedes Sektors immer auch der Input einer anderen Branche ist, und jede Zahl stellt sowohl einen Input wie auch einen Output dar. In anderen Worten, die Verkäufe einer Branche (der Output) sind die Käufe (der Input) einer anderen Branche. Die Summe aller Outputs einer Branche ist gleich der Gesamtheit ihrer verkauften Produkte. Die

Summe aller Inputs einer Branche ist gleich der Gesamtheit ihrer Käufe von allen anderen Branchen, die für ihre Gesamtproduktion während eines bestimmten Zeitraumes, etwa einem Jahr, benötigt wird.

Solch eine Matrix kann als ein Planungsinstrument benützt werden, um zum Beispiel in Kriegszeiten zu bestimmen, wo Engpässe auftreten werden. Leontief weist darauf hin, daß es mit einem funktionierenden Input-Output-System möglich gewesen wäre, zu Beginn des Zweiten Weltkrieges vorherzusehen, wo Engpässe hätten auftreten können. Präsident Roosevelt wollte 50000 Flugzeuge haben, und fast jeder hätte vorhersagen können, daß mehr Aluminium produziert werden müßte. Aber es war nicht so offensichtlich, daß die Konstruktion von Aluminiumhütten durch einen Kupferengpaß beeinträchtigt werden würde (ein Problem, das schließlich dadurch gelöst werden konnte, daß vom Fort Knox Silber ausgeliehen wurde).

Um solche Probleme leichter erkennbar zu machen – und um eine gegebene Anzahl empirisch bestimmter Input-Output-Beziehungen in ein Instrument der Prognose und der Planung künftiger Bedarfe zu verwandeln –, wird eine Matrix von Input-Output-Koeffizienten erstellt. In einer Koeffizientenmatrix drückt die Zahl eines bestimmten Kästchens das Verhältnis zwischen dem Input aus der Branche der entsprechenden Reihe und der Gesamtproduktion der Branche der entsprechenden Zeile aus.

Wenn man die Austauschbeziehungen zwischen den Branchen in einer Input-Output-Matrix studiert, kann man erkennen, wieviel Stahl, Aluminium, Gummi, elektrische Energie und andere Produkte von der Automobilindustrie gekauft werden müssen, um die Wagen zu produzieren, die sie Jahr für Jahr ausstößt. Wenn man genauer hinschaut, sieht man auch, wie die Glaseinkäufe der Autoindustrie zum Teil von der Nachfrage der Glasindustrie nach Motorfahrzeugen abhängt.

Einen solchen Satz zusammenhängender Matrizen für die gesamte Wirtschaft aufzustellen, erfordert umfängliches und gewissenhaftes Arbeiten. Sogar Leontief gibt reumütig zu, daß die Ansammlung einer solchen Informationsmasse ›die theoretische Einbildungskraft nur wenig anregt‹. (6) Die Ursprungsdaten der Transaktionen zwischen den Branchen müssen gesucht und zusammengetragen und dann ergänzt und ausgewertet werden. In einer seiner liebsten Redewendungen sagt Leontief, daß die einzelnen Transaktionen wie die einzelnen Atome und Moleküle viel zu zahlreich seien, um detailliert beobachtet und beschrieben werden zu können; deswegen müßten sie klassifiziert und in Gruppen zusammengefaßt werden.

Die ersten Input-Output-Tabellen, die Leontief und seine Assistenten in Harvard aufstellten, basierten im wesentlichen auf Daten der amerikanischen produktionsstatistischen Erhebungen der Jahre 1919 und 1929, die für nur 48 Branchen vorgenommen wurden. Im Vergleich zu heute, wo die interindustriellen Ströme bis zu mehreren hundert Branchen hinab disaggregiert werden können, waren das primitive Modelle.

Leontiefs Modelle konnten für die Produktionsplanung während des Zweiten Weltkrieges noch nicht eingesetzt werden; als aber die Siegeserwartungen stiegen – und die Bedenken zunahmen, wie die Wirtschaft die Umstellung auf Friedenszeiten verkraften würde – taten sich zwei Ökonomen des Büros für Arbeitsmarktstatistik (BLS), W. Duane Evans und Marvin Hoffenberg, mit Leontief zusammen, um detaillierte Input-Output-Tabellen auf der Basis der letzten produktionsstatistischen Erhebung des Jahres 1939 aufzustellen. Im Jahre 1944 brachten sie triumphierend ein 95-Sektoren-Modell heraus, welches das BLS sofort als Grundlage für eine Untersuchung einsetzte, mit der bestimmt werden sollte, welches Produktionsniveau jede einzelne Branche erreichen müßte, wenn die Wirtschaft bis zum Jahre 1950 Vollbeschäftigung erreichen sollte. Eine Sache, die das Modell klar anzeigte, war, daß der Koeffizient der Stahlnachfrage für die Produktion von Konsumgütern sehr hoch sein würde. Die Zahlen des BLS zeigten, daß der Minimalbetrag an Stahl, der zur Sicherung der Vollbeschäftigung bis 1950 benötigt würde, 98 Millionen Tonnen betrage, d. h. höher sei als die Kriegsproduktion. Wegen dieser Prognose gab es einiges Rumoren, besonders unter den Stahlbossen; diese hatten zu Beginn des Krieges dem Druck der Regierung widerstanden, die Kapazitäten weiter auszudehnen, und bekamen jetzt Angst, nach dem Kriege mit Überkapazitäten dazustehen. Aber die tatsächliche Stahlproduktion von 1950 lag sehr nahe an dem Wert, den das Leontief-Input-Output-Modell prognostiziert hatte – nämlich bei 96,8 Millionen Tonnen.

Die Input-Output-Technik der Produktionsplanung erwies sich als so vielversprechend, daß die amerikanische Luftwaffe sich mit dem Büro für Arbeitsmarktstatistik zusammentat, um das sogenannte Projekt ›Scoop‹ durchzuführen, nämlich eine neue 200-Sektoren-Input-Output-Matrix auf der Basis von 1947er Daten mit einem Kostenaufwand von 1,5 Mill. Dollar zu konstruieren. Die Regierungen vieler anderer Länder begannen damit, eigene Input-Output-Tabellen aufzustellen. Mit Beginn der konservativen Eisenhower-Regierung im Jahre 1952 geriet die Input-Output-Analyse jedoch aus ideologischen Gründen in Verdacht – den Verdacht, daß eine derartige Analyse ein Stoßkeil sozialistischer Planung sein könne. Der Staatssekretär des Verteidigungsministeriums, Roger M. Kyes, ein ehemaliger Manager von General Motors, blies das Input-Output-Projekt der Luftwaffe ab.

Nicht die gesamte Opposition gegen die Input-Output-Analyse war ideologisch motiviert. Innerhalb der Wirtschaftswissenschaft wurde Leontief dafür kritisiert, daß seine Modelle nicht ausreichend komplex und dynamisch seien, und die Wirkungen von Veränderungen der Preise, Zinsen, Profite, Geldströme, der Technologie und anderer Variablen nicht ausreichend berücksichtigten. Das Leontief-Modell baut im Grunde auf konstanten Koeffizienten auf – d. h. auf konstanten technischen Beziehungen zwischen den Einkäufen und Verkäufen der Produzenten. Für Prognosezwecke würde man bei einem Leontief-Modell beispielsweise unterstellen, daß die Stahlkocher (ausgenommen bei Veränderungen in der Technik der Stahlproduktion) ungefähr die gleichen Inputs an Erzen, Koks, Chemikalien und anderen Materialien in der zu prognostizierenden Periode verwenden würden wie in dem Jahr, für das die letzte Input-Output-Matrix aufgestellt worden ist (was normalerweise einige Jahre zurückliegt). Aber die Preise verändern sich, die Konsumnachfrage variiert, und es entwickeln sich Materialengpässe; folglich muß sich auch die Zusammensetzung der Inputs verändern und diese wiederum die Zusammensetzung des Outputs beeinflussen (z. B. die Umstellung der Automobilindustrie auf kleinere Wagen).

Die Annahme konstanter Koeffizienten mag für kleine Outputänderungen hinreichend sein, aber wenn diese Veränderungen größere Dimensionen annehmen – zum Beispiel bei einer größeren militärischen Auf- oder Abrüstung oder beim Aufbau einer neuen Branche in einem Entwicklungsland –, dann können konstante Koeffizienten zu ernsten Fehlern bei den Prognosen führen. Walter Isard und Phyllis Kaniss merken dazu an, daß jeder Sektor des Modells eine Aggregation vieler einzelner Unternehmen darstellt und die abgeleiteten Koeffizienten für jeden Sektor folglich nur einen Durchschnitt des

Produktionsverhaltens von Unternehmen darstellen, die sich hinsichtlich der Größe, der Effizienz und anderer Faktoren stark unterscheiden; konstante Produktionskoeffizienten können dann zu Ungenauigkeiten führen, wenn Nachfrageveränderungen die einzelnen Firmen in unterschiedlichem Ausmaß betreffen, was oft der Fall ist. (7)

Statische Input-Output-Modelle unterstellen implizit die Existenz ungenutzter Kapazitäten und Ressourcen, die im Bedarfsfall bei Produktionsausdehnungen eingesetzt werden könnten. Aber wenn die Wirtschaft sich bereits nahe am Niveau der Kapazitätsauslastung befindet, dann könnte ein völlig anderer Ressourceneinsatz erforderlich sein, weil neue Kapazitäten erst aufgebaut werden müßten, um die Produktion ausdehnen zu können.

Leontief hat sich mit all diesen Problemen sehr eingehend beschäftigt und ist sich mindestens so sehr wie seine Kritiker der Notwendigkeit bewußt, die Input-Output-Analyse zu dynamisieren und ihre praktische Anwendbarkeit zu verbessern. In seinen neueren, verfeinerten Modellen hat er die Möglichkeit der Kapazitätserweiterungen berücksichtigt. Er hat sich immer dafür eingesetzt, die Datenbasis zu verbessern und die Zeitspanne zu verringern, die zur Aufstellung der Tabellen als Grundlage für Prognose und Planung benötigt wird. Er hat den technischen Fortschritt untersucht und mit Hilfe seines Arbeitsstabes versucht, die Koeffizienten zu verändern, sobald aus den Daten erkennbar wurde, in welcher Weise sich die industriellen Input-Output-Beziehungen veränderten. Seit den frühen 50er Jahren arbeitet er an dynamischen Modellen, in denen sowohl Güterbestände wie Güterströme, Lager von Halb- und Fertigwaren, Kapitalausstattung, Anlagen und Haushaltsbestände an dauerhaften Konsumgütern berücksichtigt sind. All das erfordert offensichtlich sehr viel detailliertere und kompliziertere Daten sowie die Verwendung linearer Differenzengleichungen, wohingegen das statische Modell mit normalen linearen Gleichungen auskam. Er hat auch interregionale Modelle konstruiert, um die Handelsströme und Direktinvestitionen zwischen den Ländern berücksichtigen zu können.

Nach Ansicht mancher Ökonomen hat er eine heroische Arbeit, aber gleichwohl eine Sisyphus-Arbeit, auf sich genommen. Der Wirtschaftsprozeß, sagen sie, sei zu komplex und zu unbeständig für derartige Modellierungsversuche. Leontief lehnt es ab, sich dieser Art Pessimismus zu beugen; denn gerade die Tatsache, daß die Input-

Output-Analyse eine konsistente, ordentliche und umfassende Sammlung ökonomischer Daten erforderlich gemacht hat, war für die quantitative Wirtschaftswissenschaft von unermeßlichem Nutzen.

Sowohl die Datenanforderungen des Systems wie auch Leontiefs unermüdliche Kampagnen für mehr und bessere Informationen haben viele Länder veranlaßt, mit einer Koordination ihrer Anstrengungen zur Datenerhebung zu beginnen, und zwar sowohl für ihre eigenen Zwecke wie auch für international vergleichende Studien. Heute haben mehr als fünfzig Länder Input-Output-Tabellen aufgestellt, darunter die Vereinigten Staaten, die Sowjetunion, die Länder der Europäischen Gemeinschaft und Japan. Trotz ihrer Unvollkommenheiten und Nachteile hat die Methode der Input-Output-Rechnung als eine heroische Vereinfachung der Wirtschaftstheorie einen nachhaltigen Effekt auf die ökonomische Analyse und Planung.

V

Leontiefs Leidenschaft und Ziel ist der rationale Gebrauch der Wirtschaftsplanung für humane Zwecke. Er ist kein Kollektivist oder Anhänger des Totalitarismus; er schätzt persönliche Freiheit, das Profitmotiv und das Eigeninteresse als beständige und verläßliche Anreize für die unternehmerische und persönliche Initiative überaus hoch ein und bevorzugt eine offene und demokratische Gesellschaft. Aber er hält es für zunehmend wichtig, das Profitmotiv mit der Wirtschaftsplanung zu verbinden. Er sagt dazu: ›In unserem System des freien Unternehmertums ist das Profitmotiv der Wind, der das Schiff in Bewegung hält. Aber um es auf dem gewählten Kurs zu halten, müssen wir ein Ruder benützen.‹ (8)

In den Vereinigten Staaten ist Planung traditionell als etwas Nützliches für Familien und Unternehmen worden, weil diese bei beschränkten Ressourcen planen müssen, um die erwünschten Ziele zu erreichen. Gleichwohl hält man im allgemeinen daran fest, daß Planung auf gesamtwirtschaftlichem Niveau ineffizient sein müsse und mit der Freiheit der Wirtschaftssubjekte und Geschäftsleute kollidiere. Leontief besteht indessen darauf, daß ›die Entscheidung, vor die das Management gestellt ist, nicht die zwischen unbeschränktem Wettbewerb und allumfassender Planung ist, sondern vielmehr die Wahl einer funktionsfähigen Kombination aus beiden‹.

›Nichts‹, sagt er, ›liegt mir ferner als die Idee, daß das Profitmotiv oder – in einem umfassenderen Sinne – das Eigeninteresse durch eine zentralisierte Planung ersetzt werden könne... Milton Friedman wiederholt immer wieder, daß das Profitmotiv die mächtige Antriebskraft darstelle, die unsere Wirtschaft in Bewegung hält, und ich stimme dem zu. Er sagt allerdings ebenso beharrlich, daß wir das Schiff den Launen des Windes überlassen und es in die Richtung fahren lassen sollten, in welche der Wind gerade bläst. Folgen wir diesem Rat, dann wird das Schiff sehr schnell an irgendeinem Felsen stranden. Ich sage dagegen: Benützen wir das Profitmotiv, aber kontrollieren wir es, damit die Wirtschaft sich in die Richtung bewegt, in der wir sie haben wollen. Und um den Kurs zu bestimmen, muß man Karten und Navigationsunterlagen haben.‹

Er findet es lächerlich, daß die Regierung der Vereinigten Staaten in so einer unkoordinierten, kurzsichtigen und sogar widersprüchlichen Weise handelt. Die verschiedenen mit Kontrollaufgaben befaßten Behörden überschneiden sich und dienen nur dem Interesse ihrer jeweiligen Klientel; der Sachverständigenrat verfügt nur über summarische und ungefähre Informationen über die Wirtschaft und ist ein Instrument des Präsidenten, das er mißbrauchen oder überhaupt ungenutzt lassen kann. Leontief meint, daß, wenn man anstelle des Rates ›eine gut ausgestattete, gutinformierte und intelligent geführte Planungsbehörde hätte, die Misere, in der das Land sich heute befindet, hätte vermieden werden können‹. Das Land, meint er, hätte die ›hysterische‹ Benzinknappheit von 1973/74 vermeiden können, weil es dann nicht nur über die Engpässe bei den Raffineriekapazitäten informiert gewesen wäre, sondern weil es dann auch in der Lage gewesen wäre, etwas dagegen zu tun. Gleichermaßen hätte man eine vernünftigere Verwendung der landwirtschaftlichen Ressourcen und einen geringeren inflationären Druck haben können.

›Es ist natürlich verständlich, daß die Wirtschaft gegen jedwede äußere Einmischung ist. Die Wirtschaft ist jedoch kein so delikates Pflänzchen, wie ihre Sprecher uns glauben machen wollen.‹ Er meint, die Wirtschaft würde sich letztendlich an die Arbeit einer Planungsbehörde anpassen und von ihr profitieren, wenn diese mit wertvollen Daten und Projektionen, konkreten praktischen Vorschlägen und langfristigen Plänen über Regierungsprogramme und -politiken aufwarten könnte – Dienstleistungen, die bislang nur schlampig oder nur implizit erbracht werden.

Die Aufgabe der Planungsbehörde würde seiner Ansicht nach darin bestehen, Alternativen auszuarbeiten, nicht die Prioritäten zu bestimmen oder die nationalen Ziele auszuwählen. Der Kongreß würde weiterhin die Entscheidungen fällen. ›Lassen wir die (Advokaten der konkurrierenden Interessen) um ihre jeweiligen Lösungen streiten, aber laßt uns wenigstens sichergehen, daß jede dieser Lösungen wirklich in die Praxis umgesetzt werden kann.‹ Für den kurzfristigen Bedarf, meint Leontief, solle die Planungsbehörde drei oder fünf Jahre vorausschauen, aber sie sollte auch auf längerfristige Probleme vorbereitet sein durch Vorausschauen, die sich über zehn oder zwanzig Jahre und noch darüber hinaus erstrecken.

Er weiß genau, vielleicht so gut wie seine Kritiker – und zweifellos besser als einige Anhänger der Wirtschaftsplanung –, wie unglaublich schwierig und kompliziert solch ein Planungsprozeß sein würde. Er erkennt auch an, daß die Planung in einigen Ländern, wo sie versucht worden ist, nicht sehr gut funktioniert hat. ›Die Leute sagen sehr oft, daß es in einigen sozialistischen Ländern nicht funktioniert habe. Nun, meine Antwort lautet, daß viele Dinge, die diese unerfahrenen und einfallslosen Ausländer nicht können, von den Amerikanern eigentlich gekonnt werden sollten. Wir brüsten uns immer mit dem amerikanischen Know-how und Enthusiasmus, mit unserer Initiative... Ein bißchen sind wir wie die Chinesen. Bei einer Überfahrt von Hongkong nach Kanton meinte jemand zu mir, sehen Sie, in Hongkong haben die Chinesen ein sehr effizientes kapitalistisches System und auf dem Festland ein sehr effizientes sozialistisches... Ich glaube, unser Land besitzt die Fähigkeit, neue Dinge zu unternehmen und sie auch zu erreichen. Das Vergnügen an der Leistung sollte uns in die Lage versetzen, die Planung sehr viel effizienter zu organisieren als die traditionsbeladenen Europäer es je tun könnten.‹

Er ist der Auffassung, daß es ziemlich sinnlos sei, eine Planungskommission von sagen wir einem Dutzend Mitgliedern zu ernennen. Was benötigt wird, ist nicht eine Kommission, sondern eine Planungsorganisation – ›und jedem Mitglied des Direktoriums sollten 200 Analytiker unterstehen. Es müßte eine große Organisation sein... Hier ist es natürlich wiederum üblich, die Bürokratie herunterzuputzen. Ich finde es sehr amüsant, wenn der Präsident, der in Washington einer riesigen Bürokratie vorsteht, all diese unfreundlichen Worte über sie verliert. Ich bin dagegen der Auffassung, daß die amerikanische Bürokratie eine sehr gute Bürokratie ist, sehr qualifiziert und pflichtbewußt. Diese Leute können wirklich Probleme lösen. Dazu haben sie alle fachlichen und moralischen Qualifikationen. Wenn wir bei uns eine Unmenge von Korruption haben, dann nicht in der Bürokratie, sondern bei den Politikern. In der Tat, lassen Sie mich das hinzufügen, gibt es bei uns in der privaten Wirtschaft zumindest genausoviel Korruption wie in der Politik. Wie wir jetzt sehen können, ist die Privatwirtschaft die Hauptquelle der politischen Korruption. Der unbestechlichste Teil unserer Gesellschaft, würde ich sagen, ist die Bürokratie.‹

Seine Planungsbürokratie würde Alternativen ausarbeiten und vorlegen, genauso (behauptet er) wie er es selbst macht: ›Wenn ich meine Projektionen der Weltwirtschaft auf Verlangen der Vereinten Nationen anfertige, dann mache ich nicht nur eine Projektion. Ich stelle eine ganze Reihe von Projektionen auf, so daß keiner mir vorwerfen kann, ich sei zu konservativ oder zu liberal, oder würde gerne mehr für das öffentliche Gesundheitswesen oder für die Ernährung ausgeben... Ich bin sehr skeptisch gegenüber dem Planer, der sagt: ›Sag mir, was Du willst, und ich werde es liefern.‹ Weil es das gleiche wäre, wie wenn jemand zu mir käme und sagte: ›Ich möchte Dich in ein Restaurant einladen, beschreibe mir Deinen Geschmack.‹ Darauf würde ich nur erwidern: ›Was soll's, gib mir eine Speisekarte, dann suche ich mir schon aus, was ich mag.‹ Ich kann meinen Geschmack nicht mal beschreiben – und das gleiche gilt für die Öffentlichkeit.‹

›Natürlich gibt es bestimmte Dinge, denen gegenüber der Endverbraucher neutral ist. Er will nicht zwischen zwei verschiedenen Arten von Motoren wählen. Die Struktur eines Motors berührt ihn nicht, nur das Ergebnis. Aber ob mehr Leute in der Landwirtschaft oder mehr in der Industrie arbeiten wollen, oder ob die Leute lieber in Vororten wohnen und lange Anfahrtswege in Kauf nehmen wollen oder lieber etwas von ihrer Ruhe opfern wollen – das darf nicht der Experte entscheiden, denn es ist eine Frage der kulturellen Präferenzen, der gesellschaftlichen und individuellen Präferenzen.‹

Und wie steht es mit Leontiefs eigenen Präferenzen? Welchen Wirtschaftstyp würde er bevorzugen – sagen wir in fünfzig Jahren? ›Es wird eine Wirtschaft sein‹, so seine Antwort, ›in der der Staat eine große Rolle spielt, aber wo auch noch viel in privater Hand liegt. Wenn der Staatsanteil am BSP heute bei 30% liegt, dann könnte er bei 50% oder darüber liegen. Bestimmte Branchen, wie z.B. öffentliche Versorgungseinrichtungen, werden vollständig verstaatlicht sein oder strikter Staatsaufsicht unterliegen.‹

Die Regierung wird das System an vielen Stellen steuern. ›Der keynesianische Ansatz bestand im wesentlichen darin, daß man einige wenige Instrumente, zwei, drei oder vier, dazu benutzte, das herbeizuführen, was man wollte. Mir kommt das so vor, als wollte man eine Bremse benutzen, die nur an einem Rad ansetzt. Eine Steuerung bringt immer Belastungen mit sich, und je weniger Ansatzpunkte man für die Steuerung hat, desto mehr Druck muß auf den jeweiligen Teil des Gesamtsystems ausgeübt werden. Sehen Sie sich einen Skifahrer an, der sich selbst durch einen Slalomkurs steuert – er schwingt mit dem ganzen Körper und benützt nicht nur einen Ski zum Bremsen. Würde er das tun, läge er im Schnee.‹

Leontief war nie Keynesianer; er war immer der Ansicht, daß eine einfache Expansion und Kontraktion der gesamtwirtschaftlichen Nachfrage nicht ausreichen würde, mit den vielfältigen Problemen einer fortgeschrittenen Industriegesellschaft fertig zu werden. Er gibt jedoch zu, daß die keynesianische Fiskalpolitik sich als fähig erwiesen habe, ›einen starken Schutz gegen wirtschaftliche Einbrüche von der Art der Weltwirtschaftskrise‹ bereitzustellen. Dennoch ist der keynesianische Ansatz inflationsträchtig; Vollbeschäftigung kann mit ihm nicht ohne eine Ankurbelung der Inflation erreicht werden. Zumindest würden die Keynesianer in den Preis- und Lohnbildungsprozeß eingreifen müssen, und er stimmt jenen (wie z.B. Galbraith) zu, die folgendes anerkennen: ›Die weiterentwickelte Version der keynesianischen Theorie, ganz im Gegensatz zur völlig entblößten Populärversion, berücksichtigt klar die entscheidende Beziehung zwischen effektiver Nachfrage und Fiskalpolitik auf der einen Seite und Preisen und Löhnen auf der anderen. Ganz besonders zeigt diese Version, daß es wichtig ist, entweder die Preise – zumindest einige der wichtigeren Preise – oder die Nominallohnsätze zu fixieren, sei es durch Gewohnheit, Übereinkunft oder Verordnung.‹ (9)

Seiner Meinung nach ist die Frage, wie die wirtschaftspolitische Steuerung mit dem Streben nach individuellem Eigennutz kombiniert werden kann, der schwierigste Teil des ganzen Problems. Er hat wenig Vertrauen in die Freiwilligkeit oder den Altruismus der Bevölkerung. Er glaubt, daß Präsident Ford ›sehr naiv‹ gewesen sei, anzunehmen, er könne die Amerikaner allein schon durch das Tragen entsprechender Anstecker zu einem geringeren Benzinverbrauch anregen. ›In diesem Sinne stimme ich mit der konsernativen Ansicht überein, daß es das Eigeninteresse ist, das die Leute bewegt, nicht der Glaube an das Gemeinwohl. Manchmal sind die Leute inspiriert und bereit, für das Gemeinwohl zu handeln und ihre Eigeninteressen zu vergessen. Aber das dauert immer nur sehr kurz. Das ist ein bißchen, wie wenn der Physiker versucht, eine sehr hohe Spannung zu erzeugen – er kann es nur eine viertel Sekunde lang, denn wenn er es länger versuchen würde, würde alles durchbrennen. Ich glaube, wir können in kritischen Momenten für kurze Zeit auf uneigennütziges Verhalten der Leute vertrauen – einige Tage oder Monate. Ich glaube nur nicht sehr an moralische Seelenmassagen. Als ich Kuba besuchte, drückte ich meine Skepsis aus, und die Kubaner waren mir nie böse. Wenn ich mich nicht irre, verläßt sich ihr gegenwärtiges System nicht völlig auf moralische Anreize.‹

Leontief fügt hinzu, daß das gleiche auch für die Vereinigten Staaten gelte. Er sagt, das Profitmotiv sei in den amerikanischen Unternehmungen sehr stark. ›Es reizt die amerikanische Industrie zum Einsatz eines ungeheuren technischen und ökonomischen Wissens an, um bestimmte Ergebnisse zu erzielen. Es ist so stark, daß ich nicht glaube, die Industrie würde aufgeben, wenn man ihr einige Hindernisse in den Weg stellte, um sie in eine andere Richtung zu lenken. Ich glaube nicht, daß regulierende Eingriffe dem Geist des privaten Unternehmertums abträglich wären. Bauen Sie eine Mauer auf vor dem amerikanischen Unternehmer – er wird einfach in einer anderen Richtung weitermarschieren; und ich hoffe, in der Richtung, in welcher ich ihn gerne haben würde.‹

Er meint, daß der Einsatz bestimmter Instrumente der Investitionslenkung einer der praktischsten Wege wäre, die amerikanische Wirtschaft in die gewünschte Richtung hin- und von unerwünschten Richtungen wegzulenken. Er glaubt auch, daß ›unser Finanzapparat und sogar unser politisches System bereit sind, bestimmte Formen monetärer und kreditärer Eingriffe hinzunehmen‹. In Wirtschafts- und Bankkreisen, behauptet er, sei man nicht willens, allein auf ›den sogenannten freien Kapitalmarkt‹ angewiesen zu sein. Das gilt besonders für gefährdete oder fallierende Unternehmen oder Kreditinstitute. Aber Leontief meint, daß eine kreditäre Steuerung ohne Planung blind sei.

VI

Da er dem Gedanken utopischer Gesellschaftsentwürfe sehr abgeneigt ist, kommen Leontiefs eigene Wertvorstellungen vor allem in der Ausrichtung seiner technischen Arbeiten zum Ausdruck. Sehr früh hat er erkannt, daß sein Input-Output-System ein wichtiges Instrument werden könnte, um den unterentwickelten Ländern dabei zu helfen, ihre Wirtschaften zu modernisieren, und tatsächlich ist die Input-Output-Analyse ein nützliches Element der Entwicklungsplanung geworden. Er hat viele Aufsätze über dieses Thema geschrieben. Er hat die Methoden und Verfahren beschrieben, wie die Tabellen zum Studium der Wirtschaften unterentwickelter Länder und zur Projektion und Bewertung von Entwicklungsplänen benützt werden können; (10) er hat die Notwendigkeit noch umfangreicherer Kapitaltransfers von den entwickelten zu den unterentwickelten Regionen herausgestellt (11); und er hat davor gewarnt, daß ein Entwicklungsland auch bei massiver Entwicklungshilfe und Kreditunterstützung stagnieren müsse, wenn die heimischen Ressourcen nicht intelligent verwaltet würden (12). Als Realist versteht er, daß es genau die Bedingungen sind, die er in den armen Ländern verbessern möchte, die es gleichzeitig fast unmöglich machen, die Daten zu erheben, die genau und detailliert genug wären für eine präzise Analyse ihrer Situation. Zu diesem Zweck hat er ein ›Ständiges Internationales Wissenschaftliches Institut für Technische Wirtschaftsforschung‹ vorgeschlagen, ähnlich der Internationalen Atomenergiebehörde in Wien. (13)

Sein langjähriges Interesse an Fragen der Umweltverschmutzung hat sich in der UN-Studie über die globale Umwelt niedergeschlagen. Neben seiner Nobelpreisrede hat er mehrere Aufsätze geschrieben, in denen er zeigte, daß die Input-Output-Analyse ein naheliegendes Instrument zur Untersuchung der Kosten der Umweltverschmutzung sei. Beim Internationalen Symposium über Umweltverschmutzung (14), das 1970 in Tokio abgehalten wurde, hielt er einen bemerkenswerten Vortrag über dieses Thema. Darin beschrieb er, wie unerwünschte Nebenprodukte und wertvolle, aber unbezahlte natürliche Inputs in eine konventionelle Input-Output-Tabelle einer Wirtschaft integriert werden könnten; die Koeffizienten müßten erweitert werden, um die Menge der jeweils produzierten Schadstoffe mit der Gesamtproduktion eines jeden Wirtschaftsbereiches zu kombinieren.

Die Kosten der Umwelterhaltung könnten als ein eigener Sektor, ja als eine neue Branche, zu dem Zweck erfaßt werden, die anfallenden Nutzen und Kosten zu bestimmen. Dazu meint Leontief: ›Wenn das einmal gemacht ist, können konventionelle Input-Output-Rechnungen konkrete Antworten auf einige der fundamentalen faktischen Fragen liefern, die gestellt und beantwortet werden sollten, bevor eine praktische Lösung für die Probleme gefunden werden kann, die durch die unerwünschten Umweltwirkungen der modernen Technologie und durch unbegrenztes Wirtschaftswachstum entstehen.‹

Er hat versucht, seine Allzweckwaffe der Input-Output-Analyse dafür zu verwenden, die internationale Abrüstung voranzubringen. Seine ersten Versuche während des Zweiten Weltkrieges sollten zeigen, welche Umwälzungen mit dem Abbau der Militärausgaben verbunden sein würden und besonders, wo die zentralen Probleme auftreten würden. Seine Studien trugen zur Milderung der damals vorherrschenden keynesianischen Meinung bei, daß die Abrüstung die Wirtschaft in eine Depression hineinziehen würde. Wassily Leontief, der nach dem Koreakrieg und vor allem während des Vietnamkrieges zunehmend antimilitaristisch wurde, konzentrierte seine Untersuchungen auf die Möglichkeiten, den Weltfrieden in den 60er Jahren zu fördern.

Im Jahre 1965 sammelten er und vier seiner Kollegen vom Forschungsprojekt Harvard eine riesige Masse militärischer Daten und veröffentlichten Aufsätze, welche die ökonomischen Implikationen hypothetischer Schritte in Richtung Abrüstung abschätzten. Militärausgaben, so folgerten sie, sind eine nützliche Krücke für ein zusammenbrechendes kapitalistisches System; aber auch kommunistische Systeme verlegen sich aus ihren eigenen internen Gründen wie auch wegen ihrer außenpolitischen Befürchtungen bzw. Absichten auf hohe Militärausgaben. Leontief war auf der Suche nach rationalen Methoden, um die Probleme in beiden Welten abzubauen und um zwischen ihnen zu vermitteln.

VII

Leontief hat für die Wirtschaftswissenschaften eine anspruchsvolle Konzeption und anspruchsvolle Ziele. ›Locke, Hume, Adam Smith und sogar Karl Marx waren Philosophen‹, sagt er, ›die sich unter anderem auch für ökonomische Probleme interessierten.‹ Gleich ihnen ist Leontief ein ökonomischer Philosoph. Die besondere Brille, durch die er blickt, ist zufälligerweise diejenige der wirtschaftswissenschaftlichen Disziplin – aber es hätte auch irgendeine andere sozialwissenschaftliche Disziplin sein können, sogar die des Journalismus. Seine Berichte von Reisen in die UdSSR, nach Japan, Kuba und China zeigen reporterische Fähigkeiten und erstrangige Einsichten; er hat ein scharfes Auge für das bezeichnende Detail. Von Tokio schrieb er:

> Im Gegensatz zu dem RCA-Fernsehgerät in dem New Yorker Hotel funktioniert das National-Gerät in dem Tokioter Zimmer perfekt. Die morgendliche Werbung für Seifen und Deodorants ist praktisch die gleiche – nur daß die hektischen Figuren der Zeichentrickfilme orientalische Gesichter haben. Das Armaturenbrett seitlich des Nachttischchens ist voller Knöpfe, Kontrollichter und anderer Instrumente; ich komme mir vor wie ein Pilot einer 707... (Dann macht er seine Fahrt durch die Tokioter Müllkippen.) Meile um Meile fuhren wir Berge von Abfall, durch Plateaus und Täler von Abfall, die von ganzen Karawanen von Abfallbaggern durchquert wurden, versorgt von ganzen Flotten von Abfallfahrzeugen. Die einzigen Lebewesen in den Müllkippen waren Schwärme von Krähen, die für die Nachtschicht durch Rattenherden abgelöst wurden. Die Farben dieser phantastischen Landschaft wechselt von Mal zu Mal wie diejenigen in einer natürlichen Wüste. Rotes, grünes, blaues und gelbes Plastikmaterial, das in gewundenen Schichten und phantastischen Streifen abgelagert war, erinnerte mich an einen riesigen Jackson Pollock... Einmal kamen wir an einen unheimlichen Schlammsee, dessen Grund und Ufer aus Abfall bestanden. An einer Uferseite war ein kleines, auf die Seite gedrehtes Fischerboot, von der Art, wie man sie an den Fischerkais von Gloucester sieht. Dieses Boot war jedoch tot, die Fenster zerbrochen, die graue Farbe bröckelte ab, Deckplanken fehlten. (15)

Die Wurzel der Leontiefschen Philosophie ist der Glaube, daß Wissen, empirisch mit Augen und Nase, Händen und Ohren und allen möglichen Meßinstrumenten gewonnenes Wissen, die Quelle aller Theorien und Entscheidungen sein sollte. Politische Fehlschläge können in der Regel unzureichendem Wissen angelastet werden, meint er. Bessere Kenntnisse könnten zumindest klarmachen, daß bestimmte Ziele nicht erreicht werden können. Aber ist solch ein Wissen von Nutzen? Seine Antwort: ›Ja. Sogar partielles Wissen ist nützlich, denn es kann uns davor bewahren, zumindest einige, wenn schon nicht alle Fehler zu vermeiden.‹

Er hat viele seiner Kollegen für das gegeißelt, was sich ihm als ein elegantes, aber nutzloses Theoretisieren darstellt (›... der enge und angenehme Sitz des theoretischen Kleidungsstückes sollte mehr zählen als die Eleganz des modischen Schnitts...‹) (16) und für ihre Neigung, Maßnahmen zu verschreiben, die nicht auf einer sorgfältigen Diagnose der tatsächlichen oder möglichen Mißstände beruhen, welche durch die jeweiligen Maßnahmen kuriert werden sollen. In seiner Rede als Präsident der American Economic Association im Dezember 1971 in Detroit erklärte er, daß der Hauptmangel der zeitgenössischen Ökonomik nicht die Irrelevanz der praktischen Probleme sei, auf welche die heutigen Ökonomen ihre Anstrengungen verwenden, sondern ›die greifbare *Unzulänglichkeit* der theoretischen Instrumente, mit denen sie sie lösen wollen‹. (17) Er hielt es für ein Unglück, daß jeder, der in der Lage sei, etwas elementare oder fortgeschrittene Algebra und Analysis zu erlernen und gewisse Kenntnisse der wirtschaftswissenschaftlichen Spezialterminologie zu erwerben, sich als Theoretiker aufschwingen könne, wobei er den ›hinfälligen substantiellen Gehalt seiner Argumentation hinter einer eindrucksvollen Front algebraischer Zeichen‹ verstecke. Die Zunft der mathematischen Modellbauer habe sich zu einer der angesehensten Branchen innerhalb der Ökonomik entwickelt. Die Konstruktion eines typischen ökonomischen Modells kann inzwischen als ein routinemäßiger Montagejob angesehen werden; aber die Prämissen, auf denen das Modell beruht, werden leicht vergessen, und es ist gerade die empirische Richtigkeit der Annahmen, von denen die Nützlichkeit der gesamten Veranstaltung abhängt.

Er hat sich darüber beklagt, daß die Beschäftigung mit dieser Art hypothetischer Wirklichkeit zu einer Verzerrung der Werte in der akademischen Welt geführt habe. Die Autoren komplizierter Modelle werden schneller zu Genies hochgelobt als jene, die nach langer und harter Arbeit gröbere Modelle konstruieren, die auf beobachteten Tatsachen beruhen. Das Punktesystem, nach welchem die Belohnungen in der Zunft der Ökonomen verteilt werden, unterstützt den Trend zu einem verzwickten Denken und zum Scholastizismus. Aber die schwachen und nur langsam wachsenden empirischen Grundlagen der Wirtschaftswissenschaften können den auswuchernden Überbau der reinen und spekulativen Wirtschaftstheorie nicht tragen.

In seiner Ansprache beklagte er den Mangel an interdisziplinärer Zusammenarbeit in den Sozialwissenschaften. Er meinte, die Zusammenarbeit über die traditionellen Grenzen hinweg, die jetzt die Ökonomik von den Ingenieurwissenschaften und den Sozialwissenschaften trennen, sei durch die in seiner eigenen Disziplin verbreitete geruhsame Haltung der Selbstgenügsamkeit erschwert; diese von den Ökonomen an den Tag gelegte Haltung resultierte daraus, daß man sich ›unangebrachterweise auf indirekte statistische Ableitungen als Hauptmethode der empirischen Forschung verläßt‹.

Er beendete seine Rede in Detroit mit einem Appell an seine Kollegen, sich stärker anzustrengen. Die akademischen Ökonomen, sagte er, ›sind bereit, jedem, der es hören will, unsere Ansichten über die allgemeine Politik darzulegen... Wir sollten aber genauso bereit sein, mit der breiteren Öffentlichkeit die Hoffnungen und Enttäuschungen zu teilen, die mit dem Fortschreiten unseres oft verzweifelt schwierigen, aber immer hochinteressanten intellektuellen Unternehmens verbunden sind. Diese Öffentlichkeit hat zur Genüge ihre Bereitschaft bekundet, das Streben nach Erkenntnis zu unterstützen. Sie wird auch dann unser Abenteuer großzügig unterstützen, wenn wir uns die Mühe machen, ihr zu erklären, worum es dabei eigentlich geht‹.

In jüngster Zeit ist Leontief etwas mutloser hinsichtlich seiner Versuche geworden, die Ökonomen von ihrem sterilen Theoretisieren abzubringen. ›Die Ökonomik‹, sagte er, ›ist wie ein großer toter Walfisch. Wir benötigen einen Traktor oder eine Raupe, um das Ding zu bewegen. Wir werden eine Menge Haken brauchen, sonst zerfällt es uns in Stücke.‹

Hat die Ökonomik als eigenständige Disziplin irgendeine Zukunft? ›Auf längere Sicht‹, erwidert Leontief, ›fällt die Ökonomik langsam auseinander. Die Operationsforschung wird ein großes Stück davon abbeißen – die Mikrotheorie. An den Wirtschaftshochschulen unterrichten sie schon die gleichen Dinge wie an den wirtschaftswissenschaftlichen Abteilungen der Universitäten, aber dort machen sie es richtig.‹ Er meint, die Ökonomen bewegen sich langsam zurück in Richtung auf eine Würdigung der Bedeutung der allgemeinen Gleichgewichtstheorie, die zu Beginn des Jahrhunderts unter dem Einfluß von Alfred Marshall ihren Tiefpunkt erreicht hatte. Aber er befürchtet immer noch, daß die Ökonomen nicht hart genug arbeiten werden, um an die Tatsachen der Gesellschaft heranzukommen – ›sie werden sich auf den Kopf stellen, um sinnlose Daten zu interpretieren‹. ›Glücklicherweise‹, fügt er hinzu, ›ist die Welt stabil genug, um die Ignoranz der Wissenschaftler zu überdauern.‹

Trotz der unentwegten Schelte seiner eigenen Zunft fehlt es Leontief keineswegs an Wertschätzung seitens seiner Kollegen. Professor Robert Dorfman von der Universität Harvard schreibt über ihn:

> Obwohl er eine wesentliche Innovation hervorgebracht hat, scheint Leontief erstaunlicherweise in seiner Arbeit nicht nach Neuheiten und Originalität aus zu sein ... Er machte seine Entdeckungen, indem er bei einem traditionellen Konzept, mit dem er unzufrieden war, anfing und versuchte, die Lücke zwischen diesem Konzept und den beobachtbaren Phänomenen, die es zu beschreiben vorgab, zu überbrücken. Die Fähigkeit, bei lange als selbstverständlich hingenommenen Konzepten Mängel zu entdecken, ist in allen Wissenschaften kostbar und selten, und unterschiedliche ›wissenschaftliche‹ (oder empirische) Ansätze existieren gleichzeitig nebeneinander. Leontief hat diese Fähigkeit in einem ungewöhnlichen Ausmaß ... Insofern kann Leontief gegen Ende seiner Karriere als das Modell für die wissenschaftliche Methode in der Ökonomik gelten. Ich kenne keinen, der ihn unter den lebenden Ökonomen in dieser Hinsicht übertrifft. (18)

VIII

Im Jahre 1975, nur ungefähr zwölf Monate vor seiner Emeritierung, verließ Leontief Harvard mit einem Eklat. Im Zorn über die wirtschaftswissenschaftliche Abteilung von Harvard ging er an die Universität New York; er warf seiner alten Abteilung vor, sie habe ihm nie genügend moralische oder intellektuelle Unterstützung für seine Arbeiten zuteil werden lassen, habe seinen Schülern keine Posten oder Lehrstühle gegeben und habe sich geweigert, ihren Gesichtskreis durch die Berufung irgendwelcher radikaler Ökonomen zu erweitern.

Tatsächlich ist es ziemlich schwierig, Leontiefs Politik zu definieren. Mit zunehmendem Alter wurde er liberaler – bzw. radikaler. Seine politischen Ideen scheinen jedoch über die Zeit hinweg zu schwanken. Er unterstützte und beriet Senator George McGovern in seinem Präsidentschaftswahlkampf von 1972; in McGoverns verunglücktem Plan der Einkommensumverteilung spielte er jedoch keine Rolle. Er hat die Auffassung vertreten, daß die Forderung nach einer gerechteren Verteilung der Einkommen das beherrschende politische Problem des letzten Viertels des zwanzigsten Jahrhunderts werden würde. Aber in jüngster Zeit hat er seine Aufmerksamkeit mehr auf die Notwendigkeit der Wirtschaftsplanung und weniger auf die Einkommensumverteilung gerichtet, weil er meinte, daß es zu schwierig und politisch vielleicht zu gefährlich sei, die Planung gleichzeitig zur Verbesserung der Funktionsweise des Wirtschaftssystems sowie zur kurzfristigen Einkommensumverteilung einzusetzen.

Zusammen mit Leonard Woodcock, dem Präsidenten der Vereinigten Automobilarbeiter, wurde Leontief 1975 Vorsitzender des Initiativausschusses für Nationale Wirtschaftsplanung, dessen Zweck darin bestand, die Einrichtung eines zentralen Planungsamtes bei der Regierung der Vereinigten Staaten voranzutreiben. Diese Initiative erregte im ganzen Lande ein weitverbreitetes Interesse, von liberalen Geschäftsleuten bis hin zu Politikern. Aber Leontief war nie ein ›Mann des großen Wachstums‹ oder ein Anhänger des Wachstums um seiner selbst willen. Zur Zeit des Präsidentschaftswahlkampfes von Humphrey-Nixon im Jahre 1968 schrieb er: ›Die Chancen eines Durchschnittsamerikaners, der von einer steigenden Flut immer größerer und besserer Autos und immer höherer Wolkenkratzer überwältigt wird, die von der Privatwirtschaft auf ihm abgeladen werden – seine Chancen also, gegen diese umfassende Zerstörung der Annehmlichkeiten des privaten zivilisierten Lebens zu optieren, sind ungefähr genauso groß wie die Chance, durch die freie Wahl zwischen Hubert Humphrey und Richard Nixon seine Präferenz für die Beendigung der militärischen Intervention in Vietnam zum Ausdruck zu bringen.‹ (19) In den drauffolgenden Jahren geschah wenig, was seine Befürchtungen über die Unfähigkeit des Durchschnittsamerikaners, den Wirtschaftsprozeß in eine gesellschaftlich nützlichere Richtung zu lenken, hätte zerstreuen können; er klammert sich an die Hoffnung, Planer könnten das wirtschaftliche Wachstum auf gesündere und befriedigendere Ziele hinlenken, als es eigennützige Wirtschaftsführer in der Vergangenheit getan haben.

Er glaubt, daß der größte Teil unseres Wirtschaftswachstums in den letzten Jahren durch technologische Entwicklungen bewirkt worden ist, nicht so sehr durch erhöhte Kapitalinvestitionen; deswegen würde er der Entwicklung neuer Erkenntnisse größtmögliche Unterstützungen zukommen lassen. Er hat ausgeführt, daß das Ergebnis der Industrieforschung, nämlich neue wissenschaftliche Erkenntnisse und technisches Know-how, sich von den meisten anderen Produkten in einer bestimmten Hinsicht unterscheidet: ›Dieses Wissen kann nützlich sein, oder es kann sich als nutzlos erweisen, aber es kann nie aufgebraucht werden.‹ 1960 schrieb er dazu:

> ... ist es nicht nur so, daß eine Person von einer Idee, einer besonderen technischen Information immer wieder Gebrauch machen kann, ohne die geringste Gefahr, sie durch diese Beanspruchung abzunützen, sondern die gleiche Idee kann vielen Benützern gleichzeitig dienen, und wenn die Zahl der Beteiligten steigt, dann muß keiner von ihnen weniger bekommen, weil die anderen mehr bekommen. (20)

Er folgerte, daß völlig unabhängig von der Methode der Finanzierung der Produktionskosten für neues Wissen und der Entschädigung der Wissensproduzenten der ökonomische Nutzen wissenschaftlicher und industrieller Forschung nur dann voll ausgewertet werden könne, wenn niemand – wirklich niemand – von der Verwertung der Ergebnisse bei gegebenem Preis ausgeschlossen werden könne. In diesem Sinne würde Wissen zu einem öffentlichen Gut par exellence.

Bildung und Ausbildung sind ein wesentlicher Teil des Prozesses der Erweitung und Übermittlung von Wissen: Erziehung ist ein Konsumgut, das eines der wichtigsten menschlichen Bedürfnisse befriedigt; gleichzeitig ist die Erziehung eine produktive gesellschaftliche Investition, die zu einer Erhöhung der zukünftigen materiellen Produktion führt. Auf diese Weise hebt sie den Lebensstandard der heutigen Generation und trägt gleichzeitg indirekt zum Einkommen zukünftiger Generationen bei.

Dem Gedanken, daß größere wirtschaftliche Gerechtigkeit vernünftigerweise nicht nur zwischen den Mitgliedern der gleichen Gesellschaft, sondern auch zwischen den verschiedenen Generationen angestrebt werden soll, steht zugegebenermaßen das tiefsitzende Verlangen nach Wachstum und Fortschritt.

Aber ist dies nicht nur ein weiteres Beispiel für den fortwährenden Kampf zwischen atavistischen, intuitiven Bestrebungen auf der einen Seite und aufgeklärten, rationalen Wertentscheidungen auf der anderen? (21)

Es gibt in Leontiefs Denken Mehrdeutigkeiten und Widersprüche – vor allem bei seinem Bestreben, Möglichkeiten der Versöhnung zwischen Gleichheit und Fortschritt, Freiheit und intelligenter gesellschaftlicher Steuerung und Lenkung zu finden. Wenn sein eigenes Lebenswerk nicht so stark dem technischen Problem der Input-Output-Analyse gewidmet gewesen wäre, hätte er eine bessere Chance gehabt, eine eigene ›Schule‹ von Anhängern zu errichten. Er sagt: ›Propheten sollten mehrdeutig sein, wie in der Bibel. Bei Keynes und Marx findet man viele Gemeinsamkeiten – beide waren zur Gründung von Schulen hinreichend mehrdeutig. Wenn jemand vollkommen eindeutig schreibt, wird es von ihm keine Schule geben.‹

Trotz seiner Sympathien für den Sozialismus und seines Engagements für die Planung ist Leontief kein Marxist. In der Tat hebt er hervor, daß Marx selbst manchmal bezweifelt habe, ob er Marxist sei. (In der gleichen Art hat einer von Keynes' späten Bewunderern daran gezweifelt, ob Keynes ein Keynesianer sei. Sogar Präsident Nixon tat einmal die Äußerung, die als sein wichtigstes ökonomisches *statement* in die Geschichte eingehen könnte: ›Jetzt bin ich ein Keynesianer.‹ Leontief hat sich immer als Anti-Keynesianer begriffen.)

Er bewundert Marx als eine Quelle vieler direkter Beobachtungen des kapitalistischen Systems, und er empfiehlt die drei Bände des *Kapital* als ausgezeichnetes Quellenmaterial über den Kapitalismus. Aus diesen drei Bänden, sagt er, bekommen Sie ›aus erster Hand mehr realistische und wichtige Informationen, als Sie in zehn Folgebänden des Statistischen Jahrbuches der Vereinigten Staaten, in einem Dutzend Lehrbücher über zeitgenössische wirtschaftliche Institutionen und sogar, wenn ich das sagen darf, in den gesammelten Werken von Thorstein Veblen je finden könnten‹. (22) Er meint, Marx habe ein ›großartiges Gefühl für soziale Strukturen und soziale Ordnungen gehabt – dafür, was das kapitalistische System ausmacht‹.

Aber von Marx als ökonomischem Theoretiker hält er wenig. ›Die Theorie von Marx ist klassische Ökonomik mit einem sozialistischen *touch*.‹ Der Marxismus, so Leontief, ist keine Theorie einer zentralen Planwirtschaft, sondern eine Theorie des zügellosen privaten Unternehmertums; alle Hinweise von Marx auf die Wirtschaftsordnung des kommenden Sozialismus waren ›kurz, ziemlich allgemein und äußerst vage‹. (23)

Leontief vertritt die Auffassung, daß die moderne Preistheorie der marxistischen Version nichts schuldet. Auf der anderen Seite meint er aber, das *Kapital* habe mehr als irgend ein anderes Werk dazu beigetragen, das Problem der konjunkturellen Zyklen ins Zentrum der Wirtschaftswissenschaften zu stellen. Er zitiert Hinweise, die zeigen, daß Marx gegen Ende seines Lebens tatsächlich den mathematisch-formalen Ansatz in der Analyse der Konjunkturzyklen voraussah.

Er hat den Eindruck, daß die Marxsche Analyse der längerfristigen Tendenzen des kapitalistischen Systems zu einigen eindrucksvollen Prophezeiungen führte: die zunehmende Verdrängung der kleinen und mittleren Unternehmen, die zunehmenden Beschränkungen des Wettbewerbs, der unaufhaltsame technische Fortschritt und die weiter zunehmende Bedeutung des fixen Kapitals sowie die sich nicht verringernden Ausschläge der konjunkturellen Zyklen. Aber Marxens Prophezeiung einer zunehmenden Verelendung der Arbeiterklasse hält er für falsch.

Seiner Meinung nach war Marx ein ›großartiger Charakterologe‹ des kapitalistischen Systems. Seine Rationaltheorien sind ohne verwertbaren Inhalt; ihre inneren Schwächen zeigen sich, sobald andere nicht mit Marxens außergewöhnlichem Realitätssinn begabte Ökonomen versuchen, auf der Basis seiner Blaupausen weiterzumachen. Leontief vergleicht Marx mit einem erfahrenen Laien, der die Fähigkeit besitzt, Charaktereigenschaften zu erkennen – eine Art Zauberdoktor –, der individuelles Verhalten genauer vorhersagen kann als ein Berufspsychologe. Das Wichtigste bei Marx ist seine Analyse der Rolle konfligierender ökonomischer Interessen als Triebkräfte der sozialen und politischen Entwicklung. Aber, so Leontief: ›Seine Nachfolger... konnten die umfassenden Ansprüche nie einlösen, die mit diesem brillanten Erkenntnisblitz entlang jener unwegsamen Grenzen des Wissens abgesteckt wurden: Man muß schnell hinzufügen, daß dies auch sonst niemandem gelungen ist.‹ (24)

Leontief hat versucht, sich die Realität des Sozialismus und Kommunismus im Verlauf ihrer Entwicklung mit eigenen Augen anzusehen, ganz in der Art und Weise, wie Marx das mit dem Kapitalismus getan hat. Obwohl er ein anteilnehmendes Interesse an der sozialistischen Planung hat, war er mit seiner Kritik an der sowjetischen Praxis nie sonderlich sparsam: ›Was die russische Technik der Wirtschaftsplanung betrifft, so kann man darüber das gleiche sagen wie über das sprechende Pferd: Das Bemerkenswerte daran ist nicht, was es sagt, sondern daß es überhaupt etwas sagt.‹ (25) Die sowjetische Wirtschaftswissenschaft ist statisch und steril geblieben, ›ein riesiges, gefühlloses und unbewegliches Monument für Marx – mit Scharen von Bediensteten, die damit beschäftigt sind, es zu pflegen und von Zeit zu Zeit das Blumenarrangement zu seinen Füßen leicht zu verändern, und mit Schlangen pflichtbewußter Besucher, die daran in einem nie versiegenden Strom vorbeigeführt werden‹. (26)

Als Leontief 1969 in Kuba war, meinte er, die Regierung Castro habe eine kluge Entscheidung getroffen, als sie ihren Planungsschwerpunkt von der industriellen Entwicklung wieder weg und zur landwirtschaftlichen hin verlegte. Die Landreform hatte bewirkt, daß die Bauern nicht mehr daran interessiert waren, sich ihren Rücken beim Zuckerrohrschneiden in einem sechzehnstündigen Arbeitstag brechen zu lassen. Die Zuckerrohrplantagen mußten deswegen auf weniger tüchtige und ungeübte Freiwillige aus den Städten zurückgreifen; dies führte zu einem Rückgang der Zuckerproduktion. Das Land hatte bei den anderen Ernten die gleichen Probleme, weil die Arbeitskräfte vom Land abgesaugt wurden durch die Vergrößerung der Streitkräfte, längere Schuldauer und die erhöhte Attraktivität der Städte, in denen die Löhne höher waren. Dennoch verließ er Kuba mit einem günstigen Eindruck: die Leistung ihrer sozialisierten Wirtschaft war nicht geringer, möglicherweise sogar etwas höher als diejenige der kommunistischen Länder Osteuropas in der Frühphase ihrer Entwicklung. Natürlich waren einige einzelne Unternehmungen ›schockierend ineffizient‹, die Bürokratie war ›oft sehr ungeschickt‹, und die fortwährende Betonung moralischer statt materieller Anreize wirkte sich auf die Arbeitsproduktivität ungünstig aus. Mit diesen Einschränkungen fand Leontief jedoch die allgemeine Richtung der kubanischen Wirtschaftspolitik ›intelligent und überaus phantasievoll‹. Seinen Bericht vom August 1969 beschloß er mit einem Seitenhieb auf die auswärtige Politik der Vereinigten Staaten gegenüber Kuba: ›Die Politik der Nicht-Anerkennung und des Wirtschaftsboykotts isoliert nicht Kuba, sondern die USA.‹ (27)

Bis zum Jahr 1971 war sein Enthusiasmus allerdings etwas gedämpfter geworden. Die Ernte, die 10 Millionen Tonnen hätte bringen sollen, war schlecht ausgefallen. In einer Kritik der Rede Castros über den Mißerfolg bei der Ernte sagte Leontief, es sei nicht – wie Castro behauptete – schlechte Planung gewesen, die das Debakel verursacht habe, sondern die ›charakteristischerweise niedrige Arbeitsproduktivität, die ihre Wurzeln in dem grundlegenden Unterschied zwischen einer sozialistischen und einer individualistischen Gesellschaft hat‹. (28) Die moralischen Anreize zu harter Arbeit hatten sich als weniger wirkungsvoll erwiesen als die Bedrohung durch Arbeitslosigkeit und Hunger bzw. als die Anreize in Form höherer Löhne, Gehälter und Profite. Eine nachlässige Handhabung der Erntemaschinen hatte den ganzen Nutzen wieder zunichte gemacht, den man aus diesen Maschinen als Ersatz für Arbeiter hätte ziehen können. Alle Belege deuteten für Leontief darauf hin, daß moralische Anreize wieder einmal den Vergleich mit dem konventionelleren individuellen Eigeninteresse verloren hatten. Der materielle Eigennutz war nicht unterzukriegen, und in diesem Falle hatte er die erhofften Wirkungen der moralischen Motivierung abgeschwächt und verzerrt. (29) Drei Jahre nach seiner Kuba-Exkursion nach Kuba schaffte Leontief es endlich wieder nach China, dem Schauplatz seiner ersten Abenteuer als junger und hoffnungsvoller Ökonom und Planer. Nachdem er das bewegte Leben in fünf chinesischen Städten beobachtet, Fabriken besichtigt, Schulen und landwirtschaftliche Kommunen besichtigt hatte und die chinesische Landschaft auf einer langen Eisenbahnfahrt durch die östlichen Provinzen an sich hatte vorbeigleiten sehen, verkündete Leontief (in den berühmten Worten des Zeitungsmannes Lincoln Steffens): ›Es klappt.‹ (30) Er war von der Sauberkeit überall sehr beeindruckt, auch vom Fehlen hungriger und krank aussehender Leute, von der Leistungsfähigkeit der Eisenbahnen und auch davon, daß es keine Verschwendung gab (sogar das Gras in den Parks wurde zu Heu gemacht).

Aus seinen eigenen Beobachtungen und aus Diskussionen mit Mitgliedern des Wirtschaftsinstituts der Akademie der Wissenschaften in Peking folgerte Leontief, daß die Leitung der Wirtschaft, wie sie nach der Kulturrevolution wieder eingeführt worden war, ›umsichtig und besonnen und nicht gewagt und experimentell ist‹. Die Prioritäten der Chinesen waren das Gegenteil dessen, was in anderen sozialistischen Ländern und in vielen anderen Entwicklungsländern Vorrang hatte: In China kam zuerst die Landwirtschaft, dann kam die Leichtindustrie und zuletzt die Schwerindustrie. Und trotzdem wurde die Wachstumsrate auf bis zu 7 vom Hundert pro Jahr geschätzt. Alle Preise wurden absolut konstant gehalten, weil die chinesischen Planer nicht wollten, daß die Konsumenten durch erratische Schwankungen verstört würden. Reis, Getreide, Kochöl und Baumwolltuch waren rationiert, aber die Arbeiter waren in der Lage, alle menschlichen Grundbedürfnisse abzudecken – das war alles, was die Planer versprochen hatten. Den Chinesen war es gelungen, die Hungersnöte der Vergangenheit zu vermeiden – in ihrer Planung kalkulieren sie zwei gute Ernten und dann zwei schlechte ein und jedes fünfte Jahr eine katastrophale! Ihre Anstrengungen zur Bevölkerungskontrolle funktionierten in den Städten, auf dem Land hätten sie jedoch weniger Wirkung, sagte Leontief.

China habe die üblichen Probleme, die sich aus kollektiven Handlungsweisen ergeben: Unfähigkeit, Ineffizienz und eine schlechte Repräsentation des Volkes durch die Führer sowie eine Tendenz unter den Planern, die Gesamtanstrengung, die für ein bestimmtes Projekt benötigt wird, zu unterschätzen. Obwohl die Arbeiter im ganzen kooperationsbereit schienen – mit Hilfe einer eisernen Disziplin und unter Androhung schwerer Strafen –, gäbe es gleichwohl bei vielen eine Tendenz, sich vor der Arbeit zu drücken; ›der stetige Strom von Flüchtlingen über die Grenze nach Hongkong beweist, daß die rigorose Disziplin der Kommune vielen Leuten unerträglich wird‹ (31). Leontief prognostiziert, daß das System mit zunehmender Komplexität auch zunehmend schwieriger zu steuern sein werde. Und wenn die Grundbedürfnisse der Menschen besser befriedigt würden, dann würden sie mehr Wahlfreiheit verlangen, besonders mehr Gedankenfreiheit. ›Auf längere Sicht‹, folgert er, ›würde sich erweisen, daß Freiheit – oder um es positiver zu formulieren – der offene Konflikt der Ideen eine unverzichtbare Bedingung menschlichen Fortschritts und gesellschaftlicher Höherentwicklung darstellt. Gleich der Nahrung ist Freiheit eine Quelle direkter persönlicher Befriedigung, aber sie ist auch eine unverzichtbare Bedingung für Gesundheit und normales Wachstum.‹ (32)

IX

Leontief ist also ein Mann ohne Illusionen, ein Planer, der seine Freiheitsliebe nicht aufgeben wird, ein Sozialist, der die üblichen Grenzen des Altruismus und die mächtige Kraft des Egoismus und Selbstinteresses kennt. Die sowjetische Erfahrung sieht Leontief als ein Schulbeispiel dafür an, wie der Sozialismus versauern kann.

In der Sowjetunion, meint er, glaubten die Kommunisten, die Geschichte hätte ihnen ein Mandat zur Umwandlung der Gesellschaft und zum Aufbau einer Industriewirtschaft gegeben. Weil diese Umwandlung eine mächtige Verwaltung für die Planung und Kontrolle erfordere, sei eine große Bürokratie nötig, samt einer inneren Gruppe zur Leitung dieser Bürokratie. Wie Milovan Djilas schreibt, habe sich diese Bürokratie in eine ›neue herrschende Klasse‹ verwandelt, und der Sozialismus habe der Diktatur Platz gemacht. Die neue Klasse verfüge nicht über die traditionellen Machtpositionen der Bourgeoisie oder der Aristokratie; rechtlich besaß sie kein Land oder Kapital, weil beides dem Volk als Ganzem ›gehörte‹. Deswegen benötigte sie eine Ideologie, um ihre Herrschaft zu legitimieren. Wie bei allen Gruppen, die an die Macht kommen, war das erste Ziel der Bürokratie, sich selbst zu erhalten und ihre Macht und Sicherheit zu vergrößern. Leontief zufolge führte dies zu einer ›ideologischen Wirtschaft‹, in der wirtschaftlicher Fortschritt und persönliche Freiheit den politischen Erfordernissen und Theorien der herrschenden Klasse unterworfen wurden; diese Klasse behauptete zu wissen, wie die Produktion leistungsfähig gestaltet werden könne, tatsächlich aber wußte sie nur, wie sie die Wirtschaft unter Kontrolle bekommen und halten konnte.

Die kommunistische Politik, die einmal darauf ausgerichtet war, ein schnelles industrielles Wachstum zu sichern, wurde dazu mißbraucht, den Interessen der Partei und ihren Führern zu dienen. Das ursprüngliche Ideal einer Vergesellschaftung der Wirtschaft wurde ins Gegenteil verkehrt; unter Stalin wurde die Sowjetunion zu einer Tyrannei unter monopolistischer Kontrolle. Die Arbeiter wurden zu Gefangenen in einem geschlossenen System. Streiks wurden verboten. Die Betonung von Schwerindustrie und Militärausgaben förderte nur die Stabilität und das Prestige des Regimes; die Geheimpolizei sicherte seine Herrschaft ab. Für die neue Klasse war die strenge Kontrolle der Arbeiterklasse eine Notwendigkeit geworden, vielleicht sogar deren Leitprinzip.

Leontief sagt, unter Stalin hätten die Wirtschaftswissenschaften abgewirtschaftet. Die zehn Jahre vor dem ersten Fünfjahresplan waren durch eine lebendige ökonomische Diskussion gekennzeichnet, aber die wirklichen Ökonomen verschwanden spurlos, als Opfer der Geheimpolizei. Die kommunistischen Führer wurden ihre eigenen Ökonomen und hatten nichts anderes zu tun, als den Ratschlägen der Gründungsväter des Kapitalismus Benjamin Franklin und Adam Smith nachzueifern: Um sein Einkommen schnell zu erhöhen, muß man soviel wie möglich – und dann immer noch mehr – in produktive Kapitalanlagen stecken. Das bedeutet, daß die Konsumtion beschränkt werden muß. In anderen Worten, die Arbeiter sollen hart arbeiten und ihr Lebensstandard muß niedriggehalten werden – ein System, über das Marx eher abfällig urteilte. Die sowjetische Planung war improvisiert und unbeweglich, und es gab viele Beispiele für Mißwirtschaft: es wurde zu viel Erz abgebaut, aber nicht genügend Koks produziert, um die geplante Menge an Stahl herstellen zu können; es gab einen Mangel an Ersatzteilen, falsche Entscheidungen hinsichtlich des Einsatzes von Kohle und Gas als Energieträger, etc. Aber Leontief meint, nach Stalins Tod hätten sich die Sowjets bemüht, ihren starren und ideologischen wirtschaftswissenschaftlichen Ansatz aufzugeben. In den frühen 50er Jahren fingen sie damit an, Aufsätze (in der Mehrzahl kritische) über die amerikanische Wirtschaftstheorie zu veröffentlichen; gegen Ende des Jahrzehnts nahm die Kritik ab. Sie begannen, sich mit Input-Output-Analyse zu befassen und behaupteten sogar, sie erfunden zu haben. Als Leontief die Sowjetunion besuchte und an der Universität Moskau eine Vorlesung hielt, schenkten sie ihm eine hübsche ledergebundene Ausgabe der russischen Übersetzung seines ersten Aufsatzes. Leontief bemerkte, daß die Russen mit den Grundgedanken seines Systems gut vertraut waren, und er erfuhr, daß sie damit anfingen, in den wirtschaftswissenschaftlichen Abteilungen der Universitäten Mathematik zu verlangen; an den Universitäten Moskau und Leningrad hatten sie Lehrstühle für Ökonometrie eingerichtet. Sie waren gerade dabei, ein neues Zentrum für höhere Wirtschaftsforschung mit umfassenden Computerfazilitäten in Nowosibirsk in Sibirien aufzubauen. Er schöpfte wieder Hoffnung: Vielleicht wäre es möglich, einen Weg zu finden, sozialistische Werte und persönliche Freiheit durch die Vermittlung der ökonomischen Wissenschaften zu verbinden. Er hat diese Hoffnung noch nicht aufgegeben und wird das höchstwahrscheinlich auch nie tun.

KENNETH E. BOULDING

Die Ökonomik des Friedens und der Liebe

›Ich mag es auch nicht: Es gibt jenseits dieses ganzen Getues Dinge, die wichtig sind. Liest man es jedoch trotz einer vollkommenen Verachtung dafür, dann entdeckt man darin letztlich doch auch einen Platz für das Echte.‹

Marianne Moore

Kenneth E. Boulding

I

Kenneth Boulding hat sich nie damit zufrieden gegeben, die Ökonomik so hinzunehmen, wie er sie vorfand, nämlich als eine ziemlich enge, von ihrer Rationalität besessene Disziplin, in der die Menschen als graue Abstraktionen behandelt werden und aus welcher Gott ausgeschlossen ist. Sein ganzes Leben lang hat sich Boulding um eine angemessenere Methode des Verstehens menschlichen Verhaltens und des ethischen Inhalts menschlichen Handelns bemüht.

Kein ernsthafter Versuch der Erklärung menschlichen Verhaltens kann bestimmte Erkenntnismethoden ausschließen, noch kann im Interesse der theoretischen Reinheit oder Kohärenz zwischen diesen Methoden säuberlich getrennt werden. Menschliches Handeln, wie Boulding es sieht, kann nur mittels des ganzen Spektrums unserer Erkenntnisfähigkeiten verstanden werden.

Als junger Mensch war Boulding tief aufgewühlt von der Dichotomie, die er zwischen der geistigen und weltlichen Realität empfand:

Nicht was wir denken, sondern was wir tun, war immer
die Richtschnur der Welt: auch ich hab' versucht,
durch mein Tun Gott zu fliehen. Trotz dieser Flucht
erglüht von seinem Licht in meiner Seele ein Schimmer. (1)

Bouldings Leben kann als der Versuch angesehen werden, diese beiden Seiten seiner Persönlichkeit in Übereinstimmung zu bringen. In seinen Arbeiten hat er versucht, über die Wirtschaftswissenschaften hinaus zu einer allgemeinen Sozialwissenschaft zu kommen, welche den Menschen in seiner Ganzheit zum Gegenstand hätte. Gleichzeitig hat er jedoch zunehmend die praktischen Anwendungsmöglichkeiten der Religion betont. Er hat den Zweck der Meditation nicht so sehr darin gesehen, die Einheit mit dem Göttlichen zu erreichen, als vielmehr darin, Belehrung vom Göttlichen zu empfangen, ›und dazu noch sehr praktische Belehrungen‹. Er hat immer ein unauflösliches Band gesehen zwischen der Aufgabe, menschliches Verhalten zu verstehen, und der anderen Aufgabe, es zu verbessern.

Gegenüber seinen Glaubensbrüdern bei den Quäkern und bei anderen Konfessionen hat er betont, daß der gute Wille nicht ausreiche; konkretes Wissen über die Funktionsweise der Gesellschaft sei nötig, wenn hohe moralische Ziele erreicht werden sollten. Und seine Kollegen in den Sozialwissenschaften hat er auf das Erfordernis religiöser Beiträge zur Gesellschaftsanalyse hingewiesen. Er glaubt nicht, daß die Ökonomik neutral gegenüber der Frage bleiben kann: ›Wie bekommen die Leute das, was sie wollen?‹ Er meint, es sei nicht einmal ethisch neutral, wenn man den Leuten dabei hilft, das zu bekommen, was sie wollen. Vielmehr glaubt Boulding, daß die Zielkritik mit der Entwicklung der Sozialwissenschaften immer wichtiger werden wird. Der Frage: ›Will ich (oder will irgend jemand) auch das Richtige?‹ kann man nicht ausweichen. Aber es ist genau die Kritik der Zwecke, meint Boulding, ›die die große moralische Aufgabe der Religion darstellt‹.

Nach Bouldings Meinung ist die Religion nicht nur für die Sozialwissenschaften, sondern auch für die Sozialwissenschaftler selbst eine Notwendigkeit. Weil Religion ein Teil der gesamten Lebenserfahrung ist, bleibt der Sozialwissenschaftler, der daran nicht teil hat, ›von einem tiefreichenden und bedeutsamen Bereich menschlicher Erfahrung abgeschnitten und ist in diesem Sinne verstümmelt‹.

II

Kenneth Boulding hätte statt Ökonom sehr gut auch Prediger werden können; in der Tat ist er beides. Er wurde in Liverpool, England, am 18. Januar 1910 geboren, das einzige Kind von William Boulding, einem Installateur, und Elizabeth Rowe, der Tochter eines Schmieds, der auch Laienprediger in der Methodistenkirche der Wesleyaner (Wesleyaner sind Methodisten der von dem englischen Geistlichen J. Wesley begründeten Orientierung). Bouldings Eltern waren tief religiös. Sie hatten sich in einer Wesleyaner-Kapelle in London getroffen, und als sie nach Liverpool umzogen, blieb die nonkonformistische Kirche ein zentraler Bestandteil ihres Lebens. Sein Vater wurde auch Laienprediger und war lange Jahre hindurch Superintendent der lokalen Wesleyaner Sonntagsschule. William Boulding war jedoch kein guter Geschäftsmann, und nach Ausbruch des Ersten Weltkrieges ging es der Familie wirtschaftlich zunehmend schlechter.

Kenneth war ein frühreifes Kind, dessen Frühreife allerdings zunächst durch ein schweres Stottern verdeckt blieb. Obwohl er schon mit drei Jahren lesen konnte, hielt ihn der Rektor der ersten Schule, die er besuchte, wegen seines Sprachfehlers für zurückgeblieben. Mit neun Jahren wechselte er von der St.-Simon-Schule zu der unitarischen Hope-Street-Schule über. Zu diesem Zeitpunkt war sein Stottern – das sich nie mehr völlig verlieren sollte – schon besser geworden, und seine Talente wurden schnell erkannt. Drei Jahre später gewann er ein Stipendium für die bekannte Kollegschule von Liverpool.

Noch in der Grundschule hatte Boulding damit angefangen, Tagebücher und Gedichte zu schreiben; er wurde darin von seiner Mutter bestärkt, die selbst literarische Interessen hatte. Er las wie wild. Zu seinen frühen Lieblingsbüchern gehörten *Alice im Wunderland* und *The Swiss Family Robinson*. Später war er von den Werken George Bernard Shaws und H. G. Wells' gefesselt.

Zunächst übernahm er die Religion seiner Eltern. In seiner Jugend verbrachte er mehrere Sommer in einem Ferienlager der Methodisten, was er sowohl geistig als auch intellektuell sehr anregend fand. Das führte ihn dazu, sich 1926 formell als Mitglied der Methodistenkirche von Brunswick einzuschreiben. Doch dann fing er an, den Mangel an Unmittelbarkeit in der Religion seiner methodistischen Glaubensbrüder zu spüren.

Nach der Lektüre eines Berichts über Kriegsdienstverweigerung während des Ersten Weltkrieges interessierte sich Boulding für das Quäkertum. Er suchte Mitglieder der lokalen Quäkergemeinde auf und begann damit, das Liverpooler Freundestreffen zu besuchen, ohne jedoch die Methodistenkirche zu verlassen. Seine ursprüngliche Zuwendung zu den Quäkern wurzelte in seiner tiefen Abneigung gegen den Krieg, aber bald fand er auch Gefallen an ihrer Art des Betens und an ihrem Glaubenssystem. Die stillen, von Bußreden und Belehrungen der Prediger ungestörten Versammlungen gaben dem jungen Boulding sowohl ein Gefühl des unvermittelten Kontaktes mit dem Göttlichen wie auch ein tiefes Gefühl der Gemeinschaft mit den anderen Gläubigen, an dem ihm viel gelegen war. Wie der quäkerische Theologe Howard Brinton geschrieben hat:

> Der Mystizismus der Quäker ist sowohl auf Gott wie auch auf die Gruppe gerichtet. Die vertikale Beziehung zu Gott und die horizontale Beziehung zum Menschen sind wie die zwei Achsen

eines Koordinatensystems; man benötigt beide Achsen, um einen Punkt auf der Kurve zu bestimmen. (2)

Auch für seine optimistische Grundhaltung fand Boulding Unterstützung, weil die Quäker die Prädestination ablehnten und die Möglichkeit der Vervollkommnung des Menschen behaupteten.

An der Kollegschule von Liverpool konzentrierte sich Boulding auf die Mathematik und die Naturwissenschaften; besonders gut war er in Chemie. Nachdem es ihm 1927 nicht gelang, ein Stipendium an die Universität Cambridge zu gewinnen, gewann er 1928 ein Stipendium für das Hauptfach Naturwissenschaften am New College in Oxford. Aber Oxford war nicht das Eden, für das Boulding es gehalten hatte. Er fühlte sich vom Leben seiner Kommilitonen wegen seiner sozialen Herkunft und seiner Erziehung ausgeschlossen; er war wegen dieser Klassendiskriminierung verletzt und wütend. Mit den Quäkern in Oxford, die meist aus Familien der oberen Mittelschicht und aus privaten Internaten kamen, hatte er weniger Gemeinsamkeiten als mit den Methodisten, die in der Regel auch Stipendiaten waren wie er selbst. Diesen Methodisten schloß er sich an, um Missionsveranstaltungen und Sozialarbeit in den Arbeitervierteln der Umgebung durchzuführen.

Auch seine poetische Ader mußte in Oxford leiden. Er war entschlossen gewesen, den hochbegehrten Newdigate-Preis für Lyrik zu gewinnen, aber sein Versuch schlug fehl. Zu guter Letzt verdroß ihn auch noch zusehends sein Studium der Chemie im ersten Jahr. Bis zum Frühsommer hatte er sich entschlossen, seine Studienrichtung zu wechseln und in der Abteilung für Politologie, Philosophie und Ökonomik die ›Großen der Moderne‹ zu studieren. Trotz dieses Wechsels erlaubte ihm das New College, sein Chemie-Stipendium zu behalten.

Im Juni 1929 also, im Alter von neunzehneinhalb Jahren, wurde Kenneth Boulding zum ersten Mal mit den Wirtschaftswissenschaften konfrontiert. Er ging zu Lionel Robbins, der damals gerade dabei war, das New College zu verlassen und einen Ruf an die London School of Economics anzunehmen, um ihn nach einer Leseliste zu fragen. Später erinnerte sich Boulding an dieses Treffen:

> Lionel Robbins hat sehr wahrscheinlich keine Erinnerung mehr an dieses Ereignis, aber ich erinnere mich sehr deutlich daran, wie er im Fenstersessel seines von der wässrigen Oxforder Sonne beleuchteten Zimmers auf der Gartenseite saß, und dieser scheue,

linkische Student aus Liverpool ihn fragte, was er im Sommer für wirtschaftswissenschaftliche Bücher lesen solle. Bisher hatte ich von der Ökonomik noch nicht einmal etwas gehört, und ich hatte nicht die geringste Ahnung, worum es da ging. Ich kramte Bleistift und Papier hervor und Robbins murmelte erheitert vor sich hin: ›Nun, Sie könnten Marshalls *Principles of Economics,* Pigous *Wohlfahrtsökonomik,* Cassels *Theorie der Sozialwirtschaft* und Hawtreys *The Economic Problem* lesen. Ich schrieb mir diese Bücher auf, von denen ich nie zuvor was gehört hatte, ging in die Bibliothek und lieh sie mir aus. Sie erschienen mir ziemlich dick, aber ich hatte den ganzen Sommer Zeit für die Lektüre; also fuhr ich nach Liverpool und las sie. Im folgenden Oktober kehrte ich nach Oxford zurück und fand Henry Phelps-Brown als Tutor in den Wirtschaftswissenschaften vor. Er stellte mit mir gleich ein kleines Examen an – in diesen Tagen nannte man das eine Besinnung –, und ich machte ein Alpha, das ist oxforderisch für eine Eins. Die Ökonomik war offensichtlich eine Sache, die ich konnte, und seither habe ich mehr oder weniger regelmäßig die Ökonomik weiter betrieben. (3)

Boulding war wieder guter Stimmung und beackerte glücklich dieses neue Feld. Seine Anstrengungen wurden gut belohnt. Im Jahre 1930 gewann er das Webb-Medley-Stipendium in Wirtschaftswissenschaften, und im folgenden Jahr war er einer der zehn Studenten, die ihre Prüfung mit Auszeichnung bestanden; er war der Beste in Wirtschaftswissenschaften. Boulding hatte einen knapp gefaßten Aufsatz über die Opportunitätskosten geschrieben, der von John Maynard Keynes zur Veröffentlichung im *Economic Journal* angenommen wurde. So kurz dieser allererste Aufsatz auch war, machte er doch die Klarheit und Frische des Bouldingschen Denkens deutlich. Das Konzept der Opportunitätskosten – die Vorstellung, daß die Kosten des Erwerbs oder der Produktion eines Gutes gleich den Kosten der *Nicht*verwendung dieser Mittel für den Erwerb oder die Produktion irgendeines anderen Gutes seien –, diese Vorstellung, so führte Boulding aus, finde zu leicht und ohne genaue Überprüfung Eingang in die mathematische Ökonomik. Das Konzept sei nur unter bestimmten ›Rahmenbedingungen‹ haltbar, nämlich dann, wenn die Gesamtmenge der Ressourcen gegeben und homogen sei, und wenn mit bestimmten Mengen von Einsatzgütern nur zwei Güter in einer bestimmten Menge produziert würden. Dies seien jedoch nicht die in der Realität anzutreffenden Bedingungen. Die produktiven Ressourcen – nach Boulding ›für verwirrte Ökonomen der Stein der Weisen‹, so Boulding – seien nicht homogen:

> Wir können nicht eine Einheit Arbeit, eine Einheit Kapital (was immer das sein mag) und eine Einheit Boden, vielleicht mit ein bißchen unternehmerischer Fähigkeit als Würze, zusammenwerfen und einen schönen Pudding erwarten, der aus homogenen ›Einheiten produktiver Ressourcen‹ zusammengesetzt ist. (4)

In jedem Fall sei die einfache Logik der Opportunitätskosten nur haltbar für einen bestimmten Zeitpunkt; für eine längere Zeitperiode sei sie nicht anwendbar, weil es wirklich keine mengenmäßige Begrenzung der Ressourcen gäbe. Die Analyse ökonomischer Abläufe könne also nicht von dem groben Modell eines Kuchens ausgehen, dessen Größe gegeben sei, und von dem ›Susie und Jimmie um so weniger abbekommen, je größer das Stück von Johnny ist...‹ (5)

Kenneth Boulding hatte jetzt seinen Beruf gefunden.

III

Sein politisches Leben begann er als Sozialist. Schon im Gymnasium fühlte er sich unter dem Einfluß von Shaw und Wells zum sozialistischen Programm der Labour Party hingezogen. In Oxford trat er dem Labour Club bei und verfaßte Beiträge für die sozialistische Studentenzeitung ›Der Plan‹. Als die Labour Party in der Wahl von 1929 siegte, war er überglücklich, und über ihre Niederlage im Jahre 1931 war er entsetzt:

> Diese katastrophale Wahl! Die Arbeit von dreißig Jahren in einem Tag zunichte gemacht durch eine Panik kopfloser Wähler. Ich könnte heulen... Der Tag der sozialen Reformen ist vorbei: wir stehen jetzt dem Felsen des Privateigentums gegenüber, und wir oder dieser zerbricht, um es haarscharf, wenn auch grammatisch fehlerhaft zu sagen. (6)

Doch zu diesem Zeitpunkt, 1931, bewegte sich Boulding bereits vom Sozialismus weg; dies war vor allem eine Folge seiner Lektüre von Karl Marx. Als Postgraduierter, der Vertrauen hatte in die Klarheit seines eigenen Denkens und der auf dem laufenden war über die neuere Wirtschaftswissenschaft, fühlte er sich gezwungen, diesen

Eckpfeiler der Marxschen Ökonomik, nämlich die Mehrwerttheorie, die auf Ricardos seit langem kritisierter Arbeitswertlehre beruhte, zu verwerfen. Diese Theorie postuliert, daß der Wert einer Ware der Menge an Arbeit entspreche, die in ihre Produktion eingeht. Boulding sah diese Behauptung ganz einfach als schlechte Ökonomik an, die nicht geeignet war, eine revolutionäre Doktrin zu untermauern.

Die Marxsche Vision des geschichtlichen Wandels ging Boulding noch mehr gegen den Strich; die rauhe Dialektik des Klassenkampfes und der brutalen Revolution stieß den jungen Pazifisten ab. Zu einer Zeit, als viele junge Intellektuelle in England mit Sympathie auf das kommunistische Regime in der Sowjetunion zu schauen begannen, entfernte sich Boulding aus dem sozialistischen Lager. In einem Artikel für ›Der Plan‹ führte er aus, daß die Umwandlung zum Sozialismus Schritt für Schritt vor sich gehen müsse – nach einer langen Periode der Schulung der Massen für ihre neue Aufgabe unter der neuen Ordnung.

Nachdem Boulding sein Diplom gemacht hatte, beantragte er eine Erneuerung seines Ökonomik-Stipendiums und verbrachte ein zusätzliches Studienjahr in Oxford als Postgraduierter. Dann, im Jahre 1932, gewann er ein gutausgestattetes Commonwealth-Stipendium für einen zweijährigen Studienaufenthalt im Ausland. Im Herbst reiste er zum ersten Mal in die Vereinigten Staaten und ließ sich an der Universität Chicago häuslich nieder. Dort studierte Boulding bei Frank Knight, dem führenden Kopf der amerikanischen konservativen Ökonomen. Er fand Knight anregend und lernte eine Menge bei ihm, vor allem in dessen Spezialgebiet, der Theorie der Unternehmung. Aber Boulding mißfiel die Zersplitterung des amerikanischen Universitätsstudiums in unzählige kurze Kurse und Prüfungen. Von Anfang an bemühte er sich, die Einheit der Erkenntnis zu sehen und zu entwickeln, und es verdroß ihn, daß sie zerstückelt und an verschiedenen Schaltern angeboten wurde.

Aber Boulding war von diesem neuen Land fasziniert. Im Sommer 1933 machte er sich mit ein paar Freunden zu einer Autotour in den amerikanischen Westen auf. Dieser Trip wurde jedoch durch die Nachricht vom Tode seines Vaters unterbrochen. Nach England zurückgekehrt, liquidierte er das bankrotte Familienanwesen und brachte seine Mutter bei Verwandten unter. In depressiver Stimmung fuhr er nach Amerika zurück zu seinem zweiten und abschließenden

Studienjahr. Das Herbstsemester 1933 verbrachte er an der Universität Harvard und studierte bei Joseph Schumpeter. Von diesem österreichischen Emigranten, der einmal den Wunsch ausgesprochen hatte, er wolle ›der beste Fiaker in Wien, der beste Liebhaber Europas und der beste Ökonom der Welt‹ sein, erwarb Boulding eine Toleranz für das Monopol, eine Wertschätzung der Bedeutung unternehmerischer Fähigkeiten und die Überzeugung, daß das große Problem der kapitalistischen Gesellschaft ihr Legitimationsdefizit sei, d.h. ihre Unfähigkeit, die moralische Unterstützung der Bevölkerung zu gewinnen. Das Semester in Harvard wurde plötzlich dadurch unterbrochen, daß Boulding einen Lungenkollaps erlitt. An Weihnachten kam seine Mutter, um sich um ihn zu kümmern; den Rest des akademischen Jahres verbrachten sie zusammen in Chicago.

Im Sommer 1934 lief sein Stipendium aus, und Boulding war wieder in Liverpool und stand vor dem Problem, eine Stelle zu finden. England war mitten in der Depression; nur wenige akademische Posten standen zur Verfügung. Schließlich bekam er eine schlechtbezahlte Stelle als Assistent an der Universität Edinburgh. Dort verbrachte er die folgenden drei Jahre; er lebte mit seiner Mutter in einer kleinen Wohnung, von der man den Firth of Forth überblicken konnte.

Die Abteilung für Wirtschaftswissenschaften an der Universität Edinburgh war für Boulding sowohl institutionell wie auch intellektuell unerquicklich. Eine strenge akademische Hierarchie beschränkte die Kommunikation zwischen jüngeren und älteren Mitgliedern des Lehrkörpers; die Atmosphäre war formell und für diejenigen, die unten standen, bedrückend. Schlimmer noch war, daß dort eine veraltete Ökonomik betrieben wurde. Die mathematischen Methoden, die er in Chicago gelernt hatte, waren nicht gut angesehen.

Dies alles verärgerte Boulding, vor allem, weil er seit einiger Zeit daran gewöhnt war, ökonomische Probleme mit führenden Wissenschaftlern zu besprechen und dabei als Gleicher anerkannt zu werden. In Chicago hatte Knight die Diskussion herausgefordert; Boulding hatte darauf mit Enthusiasmus reagiert, und in der Streitfrage der *Produktionsperiode* hatte er den Fehdehandschuh aufgegriffen. Eine der frühesten Auffassungen über das Kapital bestand darin, daß es einen Fond darstelle, aus dem andere Produktionsfaktoren für eine bestimmte Periode entgolten würden. Boulding hatte versucht, das Konzept der Produktionsperiode auf einen neueren Stand zu bringen; er meinte, es sei bedeutsam für das Verständnis der Veränderungen des Wirtschaftsprozesses. Zu seinem Entzücken wurde nun die Debatte über diese Frage, die er damals aufgeworfen hatte, in den ökonomischen Zeitschriften ausgetragen. Was Knight betraf, so hielt er das ganze Konzept für nutzlos; das Kapital war zu homogen und die wirtschaftlichen Ereignisse zu komplex, als daß die Diskussion über abgegrenzte Produktionsperioden einen Sinn hätte haben können. Seine Antwort auf Bouldings Artikel *Die Anwendung der reinen Theorie der Bevölkerungsschwankungen auf die Kapitaltheorie* war ein Aufsatz mit dem Titel *Mr. Boulding und die Österreicher* – starker Tobak für einen jungen Ökonomen. Boulding verfaßte darauf eine Erwiderung und veröffentlichte dann eine Reihe anderer Aufsätze, in denen er eine Zeitvariable in die Investitionstheorie einführte. Während er strikt daran festhielt, daß Zeitintervalle bei der Untersuchung von Produktions- und Investitionsprozessen wichtig seien, gab er doch zu, daß aller Wahrscheinlichkeit nach ›eine physische ‚durchschnittliche Produktionsperiode‘ nicht gemessen werden kann‹. Mit der Zeit ebbte die Debatte ab, und Boulding wandte sich anderen ökonomischen Fragen zu. Diese Erfahrung war für ihn jedoch sehr erfrischend gewesen, und ihm mißfiel deswegen in Edinburgh die Behandlung als ein unreifer Untergebener.

Aber wenn sein akademisches Leben auch unerquicklich war, so fand Boulding doch seine Erfüllung in religiösen Veranstaltungen in Edinburgh. Seit seinem Commonwealth-Stipendium hatte er sich von der Methodistengemeinde entfernt; in Chicago war er ein aktives Mitglied der Quäkerversammlung der 57. Straße. Seit seinem Umzug nach Schottland hatte er sich am Leben der dortigen Quäkergemeinde sehr rege beteiligt. Er organisierte eine Gruppe Junger Freunde und war Mitglied mehrerer pazifistischer Organisationen, einschließlich des Friends Peace Board und der Peace Pledge Union. Er half auch beim Aufbau eines quäkerischen Arbeitszeltlagers mit, in dem junge Leute zu handwerklichen Arbeiten und Diskussionssitzungen aus verarmten schottischen Gemeinden zusammengebracht wurden. Schließlich wurde er im Jahre 1937 als Abgeordneter der schottischen Generalversammlung zur Weltkonferenz der Freunde nach Philadelphia geschickt. Dies erwies sich als ein Wendepunkt in seinem Leben; während seines Amerikaaufenthaltes wurde ihm eine Dozentenstelle an der Colgate Universität angeboten. Er nahm sie an und machte Emigrationspläne.

Bouldings Entscheidung, Großbritannien zu verlassen, kam nicht gerade überraschend. Seine Zeit als Assistent war abgelaufen, und es bestand kaum Aussicht auf eine Verlängerung; seine Vorgesetzten waren erbost über eine Rede, in der er das schottische Universitätssystem angegriffen hatte. Seine Versuche, in Oxford an Stipendien heranzukommen, waren fehlgeschlagen, und der Arbeitsmarkt war immer noch äußerst begrenzt. Alles in allem war er froh, sein Glück in den Vereinigten Staaten versuchen zu können.

Boulding war von seiner neuen Umgebung begeistert. Seine Kollegen waren nett, und das hübsche, im nördlichen Teil des Staates New York gelegene Dorf Hamilton war ein angenehmer Wechsel von den vollgepfropften Wohnvierteln Liverpools und Edinburghs. 1938 kaufte er ein kleines Haus und ließ seine Mutter nachkommen. Beide Bouldings wurden herzlich willkommen geheißen und sofort in das Leben der kleinen Gemeinde aufgenommen. Mutter und Sohn waren der Meinung, daß für sie der amerikanische Traum Wirklichkeit geworden war. Boulding war kaum an der Colgate Universität, da machte er sich schon an die schwierige Aufgabe, ein Lehrbuch der Wirtschaftswissenschaft zu schreiben. Der Grund, warum er sich auf ein solches Projekt einlassen wollte, ist nicht schwer herauszufinden; es war mehr als der simple Wunsch, Geld zu machen. Ausgeprägter noch als andere Disziplinen haben sich die Wirtschaftswissenschaften über eine Reihe hervorragender Lehrbücher entwickelt. Das erste und größte war Adam Smiths *Wohlstand der Nationen;* es war 1776 erschienen und hatte sich fast fünfzig Jahre lang behauptet. In der Folge wurde die große Debatte zwischen David Ricardo und Thomas Malthus dadurch entschieden, daß Ricardos Lehrbuch *Grundsätze der Politischen Ökonomie und der Besteuerung* über dasjenige von Malthus *Grundsätze der Politischen Ökonomie* den Sieg davontrug. Die nächste Generation von Ökonomen in der englischsprachigen Welt wuchs mit den *Grundsätzen der Politischen Ökonomie* von John Stuart Mill auf, die 1848 erschienen waren. Im frühen zwanzigsten Jahrhundert wuchsen die Ökonomen – unter ihnen auch Boulding selbst – mit Alfred Marshalls *Grundsätze der Ökonomik* auf. Alle diese eindrucksvollen Wälzer wollten den wesenhaften Zusammenhang aller Spielarten des wirtschaftlichen Lebens daran aufzeigen, daß sie einen relativ kleinen, aber immer ausgefeilteren Satz analytischer Konzepte und Methoden auf alle ökonomischen Erscheinungen anwandten. Die Aussicht darauf, dieses ganze Bild neu zu malen, hat verständlicherweise auf viele Ökonomen einen großen Reiz ausgeübt, auch auf den jungen Kenneth Boulding und, kurz danach, auf Paul Samuelson. Samuelsons Lehrbuch gewann alle großen Preise und eroberte die Welt als die neue Ökonomik. Doch auch Bouldings Buch war eine reife Leistung in seiner rigorosen Analyse und seinem klaren Aufbau – soweit es eben reichte.

Bis zu dem Zeitpunkt, als er mit dem Schreiben seines Buches anfing, war Boulding ein fast reiner Theoretiker gewesen. In einem ganzen Jahrzehnt wirtschaftswissenschaftlichen Arbeitens hatte er nur eine empirische oder wirtschaftspolitische Arbeit durchgeführt: eine Untersuchung der Probleme der britischen Fleisch- und Milchproduktion. In einem etwas pompösen Vorwort stellte er seine Vorliebe als Tugend heraus:

> Ich vertrete die Auffassung, daß eine Arbeit über die Grundlagen der Ökonomik weder mit populären Magazinen noch mit Enzyklopädien konkurrieren sollte. Folglich habe ich nicht danach gestrebt, ein Kompendium aktueller wirtschaftlicher Probleme zu schreiben, weil bis zu dem Zeitpunkt, an dem ein Student mit ökonomischen Problemen konfrontiert wird, die heutigen Probleme vielleicht gar nicht mehr aktuell sind... Mir scheint es auch nicht klug zu sein, einen Einführungskursus mit Unmengen empirischen Materials über Spezialgebiete – Arbeitsmarkt, Marketing usw. – vollzustopfen, nur um der Arbeit einen Hauch des Faktischen zu geben. Die Zeit für solche faktischen Studien kommt erst später im Laufe des Studiums, wenn der Student die Methoden zur Interpretation der monströsen Rätsel des empirischen Materials erlernt hat. (7)

Die *Economic Analysis* war folglich auch nicht nach Sachgebieten, sondern nach den verwendeten Analysemethoden aufgebaut. Die erste Hälfte des Buches befaßte sich mit dem Konzept von Angebot und Nachfrage als der wesentlichen Methode zur Analyse der Preisbildung und Verteilung, aber auch der Geldtheorie, des Bankwesens, des internationalen Handels und der Konjunkturzyklen. Die zweite Hälfte brachte die etwas fortgeschrittenere Marginalanalyse; es wurde gezeigt, daß diese die Grundlage der Angebots- und Nachfragekurven war; sie wurde zur Erklärung der Theorie der Unternehmung, des Konsums, des unvollkommenen Wettbewerbs und des Monopols sowie der Kapitalbildung eingesetzt. Obwohl er seine Sache nicht zu weit trieb, unterstrich Boulding weiterhin die Wichtigkeit des

Einbaus einer Zeitvariablen in die Produktions- und Unternehmenstheorie; sein Anliegen wurde in zwei Kapiteln entwickelt, nämlich in *Zeit, Produktion und Bewertung* und in *Das Unternehmensgleichgewicht in der Zeit*. In seinem Buch warb Boulding für die ›Transaktionsgleichung‹ des amerikanischen Ökonomen Irving Fisher; er warf seinen Kollegen vor, sie zögerten, die Nützlichkeit der Fisherschen Gleichung anzuerkennen – als eines präzisen Ausdrucks der Beziehung zwischen Geldangebot und Geldumlaufgeschwindigkeit auf der einen Seite und Preisniveau und Transaktionsvolumen auf der anderen.

In Bouldings Lehrbuch gab es eine große Absonderlichkeit: wie bei Sherlock Holmes und den Baskervilles gab es hier einen Hund, der nicht bellte. In Bouldings erster Auflage der *Economic Analysis* wird die keynesianische Makroökonomik nicht erwähnt, obwohl das Buch 1941 herauskam und Keynes' *Allgemeine Theorie der Beschäftigung, des Zinses und des Geldes* bereits 1936 erschienen war. Diese Auslassung bedarf einer Erklärung. In der Tat hatte nämlich Boulding Gründe, nicht sofort auf den keynesianischen Zug aufzuspringen. Als Student war er in Oxford und nicht im Cambridge von Keynes gewesen. In den Vereinigten Staaten hatte Boulding bei Frank Knight studiert, der der Anführer der Opposition gegen Keynes werden sollte; in der Tat widerstand die Chicagoer Schule heftig der keynesianischen Revolution, und als die Revolution anscheinend geglückt war, versuchte man, eine Gegenrevolution anzuzetteln. In Harvard, dem amerikanischen Zentrum des Keynesianismus, hatte Boulding bei Schumpeter studiert, der es auch abgelehnt hatte, sich in die Schar der Keynesianer einreihen zu lassen. In Edinburgh, diesem akademischen Nebenschauplatz, hatte Boulding wenig Gelegenheit, an der intensiven Debatte teilzunehmen, die Keynes andernorts entfacht hatte. Schließlich aber nimmt Boulding selbst einige Verantwortung auf sich, denn er gibt zu, daß er mit dem Buch, als es herausgekommen war, zunächst nicht viel hatte anfangen können. Viele Jahre später, als er sich an die Probleme mit Keynes' schwieriger *Allgemeinen Theorie* erinnerte, meinte Boulding: ›Es ist ein schreckliches Buch. Keynes hat wohl selbst nicht alles verstanden, was er da schrieb. Es beweist eine ungemein schöpferische Verwirrung des Geistes. Ich habe es auf jeden Fall nicht verstanden.‹ Deswegen hielt sich Boulding aus den großen Debatten, Ketzereien und Ausleseprozessen der späten 30er Jahre heraus und schrieb sein Buch, als ob die große Revolution im ökonomischen Denken sich nicht direkt vor seinem Fenster abgespielt hätte. Der Nebel lichtete sich rechtzeitig für die zweite Auflage; als eine überarbeitete Fassung der *Economic Analysis* im Jahre 1948 herauskam, war es ein keynesianisches Lehrbuch.

IV

Während Kenneth Boulding als Ökonom schwer an der Erstausgabe seines im wesentlichen konventionellen Lehrbuchs arbeitete, machte Kenneth Boulding als britischer Auswanderer, Dichter und frommer Quäker die ernsteste geistige Krise seines Lebens durch.

Der Aufstieg des Faschismus, der im Ausbruch des Zweiten Weltkrieges in Europa kulminierte, hatte die pazifistische Bewegung in Großbritannien und in den Vereinigten Staaten erheblich erschüttert. Viele Pazifisten gaben ihre Opposition gegen den Krieg angesichts des Nazismus, Hitlers Judenverfolgungen und seines barbarischen Angriffs auf andere Nationen und auf die grundlegenden Werte der westlichen Zivilisation und Religion auf. Wie hätte man im Namen der Humanität sich aus dem größten Kampf gegen die Inhumanität, der je geführt wurde, heraushalten können?

Auch Bouldings Pazifismus wurde untergraben. In zunehmendem Maße fühlte er sich unfähig, seine Feinde zu lieben. Er fühlte sich von Zorn und Wut überwältigt:

Ich fühle den Haß in meiner Kehle.
Der Haß zerfrißt mir die ganze Seele,
Die Taue zerrissen, der Anker los,
Wer hilft mir bloß?

Ich hasse! Ich hasse! Wie ich sie hasse
diese Ausgeburt der menschlichen Rasse,
dieses dreifach-verdammte deutsche Reich.
Ich schlüge den Deutschen die Fresse weich! (8)

Am 15. Mai 1940 stellte ein mystisches Erlebnis Bouldings Glauben an das pazifistische Ideal wieder her. Nach einem Bad sah er Christus leidend am Kreuz; er nahm die Sünden der ganzen Menschheit auf sich, auch der Menschen, die nicht besser waren als die Deutschen oder als Boulding selbst. Sein Haß verschwand. Er fühlte sich wieder als Bruder aller Menschen. Sein Glaube an die Gewaltlosigkeit war wieder erneuert.

Haß und Sorgen wollen mich morden.
Doch aus dem Dunkel sehe ich hell
unsern Herrgott am Kreuz.
Matt bewegt sich sein Mund
verzerrt vor Schmerzen und wund,
und einsam unter den Schächern:
(War ich der eine, der andre du?)
›Wenn ich vergebe, warum nicht auch Du?‹
Mein Zorn ist plötzlich fort
und Angst und Haß verlassen mich.
Ein Glorienschein umgibt den Ort:
Mein Gott! Ich schau' Dein Angesicht. (9)

Später sollte Boulding ausgefeilte Analysen über den Frieden und über Methoden der Konfliktlösung entwickeln. Es ist jedoch wichtig, sich der mystischen Grundlage dieser Arbeit – und eigentlich aller Bemühungen Bouldings bewußt zu bleiben. Im westlichen Denken zieht man gewöhnlich eine scharfe Trennungslinie zwischen ›mystischer‹ und ›rationaler‹ Erkenntnis. Ein ausgesprochener Mystiker wird in eine besondere Erkenntniswelt abgeschoben und dort still sich selbst überlassen. Von Leuten mit mystischen Anflügen meint man, sie führten eine schizoide Existenz, und man trennt säuberlich ihr Wissen, entsprechend dem positivistischen Trend der heutigen Welt. Doch diese Dichotomie ist fragwürdig. Sokrates, der rationale Analytiker der ethischen und religiösen Anschauungen der Griechen, war von einer inneren Stimme geleitet und unterlag tiefen mystischen Trancezuständen. Der in unserem Jahrhundert lebende Jesuit und Mystiker Pierre Teilhard de Chardin war ein führender Geologe und Paläontologe. Solche Beispiele werfen Zweifel auf, ob eine radikale Unterscheidung zwischen ›innerer Erleuchtung‹ und rationalem Streben nach Wahrheit denknotwendig ist.

Teilhard, der zeitgenössische Denker, der Boulding am stärksten beeinflußt hat, schrieb auch über den ›Mystizismus der Wissenschaft‹. Die Wissenschaft, meinte er, enthalte selbst religiöse Ideale:

Zu Recht oder zu Unrecht hat der moderne Mensch sein Interesse einem über ihn hinausreichenden, unbegrenzten Schicksal zugewandt. Jetzt haben wir uns alle auf das Unternehmen eingelassen, diese Zukunft zu erforschen. Hoffnung in eine unbegrenzte Zukunft: das sind zwei wesentliche Merkmale einer Religion. (10) Aber ohne eine höhere Mystik der Liebe würde die Wissenschaft im Materialismus, im Mechanismus, in brutaler Gewalt und Amoralität versinken:

Um die riesige, unbezwingbare und legitime Forschungsanstrengung zu erhalten und auszuweiten, in welche die vitalen Kräfte des menschlichen Handelns zur Zeit eingespannt sind, ist ein Glaube, ein Mystizismus notwendig. Ob es darum geht, den heiligen Hunger zu erhalten, der die menschlichen Anstrengungen erzwingt, oder ob es um die Nächstenliebe geht, die für die zunehmend wichtiger werdende Kooperation zwischen den Menschen benötigt wird, in jedem Fall ist die Religion die Seele, die für die Zukunft der Wissenschaft biologisch notwendig ist. Man kann die Menschheit nicht mehr ohne Wissenschaft denken. Aber genausowenig kann man Wissenschaft ohne irgendeine Religion denken, die sie belebt. (11)

Nach dieser Auffassung finden mystische und rationale Erkenntnis im Bereich der höchsten Zwecke der Wissenschaft und des höchsten Wohls der Menschheit zusammen. Ist es möglich, eine solche Beziehung auf einer weniger überhöhten Ebene zu finden? Aus seiner geistigen Krise heraus begann Boulding damit, die mystische und rationale Seite seines eigenen Lebens und seiner Arbeit näher zusammenzubringen.

Auf der Frühjahrssitzung des vierteljährlichen Quäkertreffens von Syracuse im Jahre 1941 traf Boulding Elise Marie Bjørn-Hansen, eine blonde, norwegisch-amerikanische Postgraduierte, die sich um die Aufnahme in die Gemeinschaft der Freunde beworben hatte. Nach einer überaus heftigen Brautwerbung heirateten die beiden im August.

In der Zwischenzeit hatte sich Boulding entschlossen, Colgate zu verlassen; das angenehme Leben in Hamilton reichte nicht aus, um vier Jahre als Dozent ohne eine Erhöhung seines 2400-Dollar-Gehaltes aufzuwiegen. Er nahm eine Stelle als Ökonom bei der Wirtschafts- und Finanzabteilung des Völkerbundes an, die kurz zuvor nach Princeton, New Jersey, verlegt worden war. Seine Aufgabe war, eine Studie über die europäische Landwirtschaft anzufertigen. Aber sein größtes Anliegen wurde jetzt das Problem des Zweiten

Weltkrieges. Nachdem er aus seiner geistigen Krise heraus zu einem erneuerten pazifistischen Glauben gefunden hatte, spürte er eine tiefe Verantwortung, auch anderen die Notwendigkeit der Abschaffung des Krieges durch Abrüstung nahezubringen. Für ihn war das Kriegsproblem im Kern eine religiöse Frage. Er erkannte, daß die unmittelbare Kriegsursache institutioneller Art war: ›Es gibt Krieg, weil es *unabhängige Länder* gibt; das sind Volkskörper, die im wesentlichen zu dem Zweck organisiert sind, ihre nationale Unabhängigkeit durch Krieg zu bewahren.‹ Doch die Lösung lag nicht in einem Weltstaat; sein Gespür für die Notwendigkeit der Vielfalt und seine tiefgehende Abneigung gegen die Zentralisierung von Macht bewahrten ihn davor, eine derartige Richtung zu vertreten. Ein Weltstaat würde das Monopol über alle Gewaltmittel besitzen und unterläge keiner Kontrolle durch andere souveräne Mächte; eine Nation dagegen würde den Bereich schützen, in dem Freiheit nicht nur ein Konzept, sondern eine gelebte Wirklichkeit ist. ›Es ist schon richtig‹, sagte Boulding, ›daß die Menschen ein Heim brauchen, und genauso richtig ist es, daß sie eine Heimat brauchen. Unser Problem besteht darin, innerhalb der Nationen den Geist zu zerstören, aus dem Kriege entstehen.‹ (12) Der Kriegsgeist könne nur durch eine Macht zerstört werden, die nicht von dieser Welt ist. Dies war die Aussage der William-Penn-Gedächtnisrede, die Boulding 1941 hielt und die den Titel *Tätige Gottesliebe* trug.

> Wahre Vergebung kommt nur durch eine Flut göttlicher Liebe, die in unseren Seelen strömt aus Quellen – zu tief, als daß tödliche Verletzungen sie verschütten könnten –, eine Liebe, die uns mit Gott und mit unseren Feinden zusammenbringt in einer heilenden, vereinigenden Erfahrung. (13)

Deswegen gäbe es ›außerhalb der Liebe Gottes kein Ende der Kriege‹.

Bouldings feste Überzeugungen hinsichtlich des Krieges wurden auch von seiner jungen Frau geteilt. Im Frühjahr 1942 entwarfen sie zusammen ein Flugblatt *Aufruf zur Abrüstung*. Quäkerische Glaubensbrüder hielten es für aufwieglerisch und rieten ihnen, es nicht zu verteilen. Als Boulding es seinen Vorgesetzten im Völkerbund zeigte, sagte man ihm, er würde gefeuert, wenn er es verteilte. Er gab seinen Posten auf und verteilte das Flugblatt im Sommer. Die Bouldings befürchteten ernsthafte Auswirkungen, zu ihrem Kummer provozierte jedoch das ›aufwieglerische‹ Blatt nicht die geringste

Reaktion. In der Zwischenzeit nahm Kenneth ein Stellenangebot an der Fisk Universität, einer kleinen, schwarzen Hochschule in Nashville, an. Zwei Jahre später gaben er und Elise einen zweiten pazifistischen Brief heraus, in dem alle Menschen aufgerufen wurden, ihre Bindungen an weltliche Mächte zugunsten des Königreiches der Wahrheit aufzugeben. Die Reaktion auf diesen Brief war genauso enttäuschend wie auf den ersten. Nach einem Jahr an der Fisk Universität bekam Boulding ein sehr attraktives Angebot aus Ames im Staate Iowa, als Professor an das dortige *Iowa State College* zu kommen. Die dortige wirtschaftswissenschaftliche Abteilung hatte als erste einen multidisziplinären Ansatz in der Agrarwissenschaft entwikkelt, einen Ansatz, der später ›Ames-Schule‹ genannt wurde. Unter der schöpferischen Leitung des Abteilungsvorsitzenden Theodore Schultz sollte der Ames-Ansatz auf weitere Bereiche der Wirtschaftswissenschaft ausgedehnt werden. Für diesen Zweck suchte Schultz einen Ökonomen aus dem Bereich der allgemeinen Wirtschaftstheorie, dem er ein Jahr Zeit geben wollte, sich in die Probleme des Arbeitsmarktes einzuarbeiten, um dann einen Arbeitsmarktökonomen zu haben, der frei von den Konventionen dieses Spezialgebietes wäre. Boulding wurde für diese Stelle von Albert Hart, einem alten Freund aus Chicago, vorgeschlagen. Er nahm natürlich gerne an.

Trotz seiner guten Absichten und einer einjährigen Studienarbeit fand sich Boulding in der Arbeitsmarktökonomik nicht zurecht; nur ein Aufsatz aus dieser Zeit, nämlich *Tarifverhandlungen und Fiskalpolitik*, zeugen von seiner Beschäftigung mit diesem Spezialgebiet. (14) Doch seine Mitarbeit an der Ames-Schule hatte weitreichende Auswirkungen auf ihn. Später schrieb er darüber: ›Es gelang mir eigentlich nicht, ein Arbeitsmarktökonom zu werden, aber die dortigen Anstrengungen ruinierten mich als reinen Theoretiker. Ich gewann die Überzeugung, daß man in jedem angewandten Bereich alle Sozialwissenschaften benutzen müsse...‹ (15) In Ames fing er zum ersten Mal damit an, seine ökonomischen Kenntnisse und seine Überzeugungen über die Natur des Menschen und die Zukunft der Gesellschaft zu integrieren. 1945 brachte er sein zweites Buch *The Economics of Peace* (›Die ökonomische Bewältigung des Friedens‹) heraus; darin versuchte er, die grundlegenden Erfordernisse und Prinzipien des wirtschaftlichen Wiederaufbaus nach dem Kriege darzulegen. Dieses Buch entsprang der Arbeit, die Boulding in Harvard verrichtet hatte, aber es reflektierte auch seine neue ökonomische Sichtweise:

> Ökonomische Probleme haben keine scharfen Kanten; unmerklich berühren sie auch die Politik, die Soziologie und die Ethik. In der Tat ist es kaum eine Übertreibung, zu sagen, daß die endgültige Antwort auf irgendein ökonomisches Problem nicht in der Ökonomik, sondern im Bereich einer anderen Disziplin liegt. (16)

Der analytische Rahmen seiner *Economics of Peace* war sein ›Badewannen-Theorem‹, das einfach besagte, daß die Akkumulationsrate gleich der Produktionswachstumsrate minus der Konsumtionswachstumsrate sei. Die Produktion war gleich dem Zufluß ›aus dem Wasserhahn, die Konsumtion entsprach dem Abfluß. Der Unterschied zwischen diesen beiden Strömen ist die Rate, mit der das Wasser in der Badewanne – die Gesamtmenge aller Güter – ansteigt.‹ (17) Die Hauptwirkung des Krieges bestand in der Entleerung der ökonomischen Badewanne durch eine riesige konsumtive Verschwendung; die Wiederauffüllung der Wanne war deswegen die erste Aufgabe nach dem Kriege. Die Größe der Wanne war jedoch nicht unbegrenzt; nach einer bestimmten Zeit würde bei wachsender Gesamtgütermenge die Akkumulationsrate abnehmen. Dieser Anstieg in den Beständen bis zu einem Punkt, an dem die Leute nicht mehr bereit wären, weiter zu akkumulieren, war die wesentlichste Ursache für das Ende eines Booms und die darauffolgende Rezession mit ihrer Arbeitslosigkeit, die Boulding als das ernsteste Problem der modernen Gesellschaft ansah. Durch die massiven Vermögenszerstörungen würde ein Krieg den Tag der Abrechnung nur hinausschieben, an dem die Menschheit sich der Tatsache stellen müßte, mit einer Wirtschaft ohne Wachstum zu leben:

> Es ist der Schatten des klassischen ›stationären Zustandes‹, der über unseren Tagen liegt, und selbst wenn dieser Zustand hinausgeschoben werden kann durch Kriege, neue Entdeckungen und durch die Öffnung neuer Gebiete für Investitionen, so scheinen diese Faktoren doch nur einen Aufschub zu bewirken. (18)

Die Planer der Nachkriegszeit würden also mit den Problemen des stationären Zustandes konfrontiert sein. Der Nachkriegsboom würde irgendwann einmal enden, und die schreckliche Gefahr würde entstehen, daß man eine Entleerung der Wanne durch einen neuen Krieg zu verhindern suchen könnte. Wie sollte der bekannte Teufelskreis von Tod und Wiederaufbau durchbrochen werden? Trotz seines Nutzens bei der Sicherung des wirtschaftlichen Fortschritts reichte der Wettbewerb zur Bewältigung der wirklichen Probleme des stationären Zustandes nicht aus. Eine moderne Friedenswirtschaft müßte eine Synthese aus kapitalistischen und sozialistischen Elementen sein.

Das Buch *The Economics of Peace* wurde von den akademischen Kritikern im allgemeinen gut aufgenommen. Daß es nie ein durchschlagender Erfolg beim breiteren Publikum wurde, an das es gerichtet war, mag mit seinem moralisierenden Ton zu tun haben und auch damit, daß sein Erscheinen in eine Zeit fiel, als die meisten Leute noch ausschließlich daran dachten, wie der Krieg zu gewinnen sei. Das Buch war wirklich seiner Zeit voraus – und auch den späteren Anliegen der Umwelterhaltung und der menschlichen Wohlfahrt in einer Wirtschaft mit langsamem oder Null-Wachstum.

V

Boulding glaubte, daß der Friede, die wirtschaftliche Stabilität und die Erhaltung der natürlichen Umwelt eine Abkehr der Menschheit von einer immer stärker zunehmenden Kapitalakkumulation erfordern würden. Die Konsumtion, meinte er, sei weder eine triviale noch eine nur technische Frage; das Überleben der Gesellschaft selbst hänge von einem richtigen Verständnis der Konsumtion ab.

> Es ist keine Übertreibung, wenn man sagt, daß die Konsumtion das wichtigste und schwierigste Problem des Spätkapitalismus sei. Wenn der Gesamtbestand an Realgütern zunimmt, muß die Zeit kommen, in der die Rate der Akkumulation – d. h. der Investition – abnehmen und tatsächlich irgendwann einmal Null werden muß... Die große Frage der heutigen Zeit ist also, wie die Konsumtion schließlich so stark erhöht werden kann, daß die Vollbeschäftigung erhalten bleibt. (19)

Boulding entschloß sich schließlich, mit Hilfe seines neuen theoretischen Apparates eine vollständige analytische Neufassung der Ökonomik vorzulegen. Das Ergebnis war das Buch *A Reconstruction of Economics* (›Eine Rekonstruktion der Wirtschaftswissenschaften‹), das 1950 erschien. Diese Arbeit war sein Hauptbeitrag zur Wirtschaftstheorie; darin sollte die Wirtschaftstheorie tatsächlich in den Kategorien des Kapitals statt in denen des Einkommens erklärt werden. Das Konzept der Liquiditätsvorliebe – der Wunsch, lieber Bargeld als zinsbringende Vermögenswerte zu halten, die nicht so leicht in Bargeld umgetauscht werden können – erlaubte es Boulding, den

Kauf von Gütern und Diensten nicht als eine Serie von Einkommensströmen an die Produzenten und Anbieter zu sehen, sondern als eine Menge von Umschichtungen in den Vermögenswerten. Das grundlegende analytische Konzept war dabei der Bilanzbogen. Die Liquiditätsvorliebe erlaubte Boulding auch die Lösung des Wertproblems, das frühere Debatten über das Wesen des Kapitals belastet hatte. Das Kapital hatte keinen Wert an sich; es war vielmehr eine heterogene Sammlung materieller Gegenstände, die andauernd bewertet und umbewertet wurden.

> Die Bewertung ist im wesentlichen ein ›gegenwärtiger‹ Prozeß; er ergibt sich aus den Auswirkungen der Meinungen, Anschauungen und Gefühle der Besitzer materielle Kapitalgüter (einschließlich Geld) an den Börsen für die unterschiedlichen Formen von Kapitalgütern, die zum Zeitpunkt der Bewertung tatsächlich existieren. Weder die vergangene Geschichte eines Kapitalgutes noch gar seine Zukunftsaussichten können seinen Gegenwartswert beeinflussen, es sei denn insoweit, wie diese Dinge die Einschätzungen ihrer Besitzer beeinflussen. Es ist natürlich richtig, daß sowohl die Vergangenheit wie auch die Zukunftsaussichten die gegenwärtigen Einschätzungen der Besitzer bestimmen; aber diese Beziehung ist keinesfalls stabil, und die Bewertung vollzieht sich immer durch die Vermittlung der gegenwärtigen Einschätzungen bzw. ›Vermögenspräferenzen‹ der jeweiligen Eigentümer. (20)

Auf diese Weise konnte Boulding seine Anwendung der Bevölkerungstheorie zur Analyse der Zusammensetzung des Kapitalstocks wiederbeleben, ohne in die Frage nach den Auswirkungen verschiedener Produktionsperioden auf die Preisstruktur verstrickt zu werden.

A Reconstruction of Economics verkörperte einen einheitlichen Ansatz für mikro- und makroökonomische Erscheinungen. Vermögenswertumschichtungen, wie sie auf einem Bilanzbogen erfaßt werden, boten das beste Verständnis wirtschaftlichen Verhaltens, sei es einer Unternehmung oder der Gesellschaft insgesamt. Man konnte tatsächlich sagen, Boulding hätte die Wirtschaftswissenschaft als eine Disziplin zur Handhabung von Lagerbeständen uminterpretiert. Was zählte, war der Inhalt der ›Badewanne‹. Konsumtion bedeutete die Vernichtung von Vermögenswerten, die am anderen Ende des Prozesses neue Produktionen hervorrief und beim Konsumenten ein Einkommen voraussetzte. Aber der Genuß war in vieler Hinsicht anders als der Konsum, denn man konnte z.B. ein Gemälde genießen, indem man es besaß, und das gleiche galt für eine Violine, ein Haus oder ein Paar Schlittschuhe (Essen war eine offensichtliche Ausnahme). Die Maximierung des Wohlstands, der äußerste Genuß der Vermögenswerte, bedeutete eine Minimierung der Konsumtion und – von einem gesellschaftlichen Standpunkt her gesehen – der Produktion und des Einkommens. Doch in modernen kapitalistischen Gesellschaften lag wahrscheinlich das minimale akzeptierbare Konsumniveau angesichts des Wunsches nach Vollbeschäftigung ziemlich hoch. Das würde die Ressourcen der Erde jedoch erschöpfen und zu weniger menschlicher Wohlfahrt führen. Boulding meinte, irgendwann würde die Zuwachsrate auf Null sinken; mit einer Produktion, die gleich der Konsumtion wäre, würden wir einen gleichgewichtigen stationären Zustand erreichen.

Kein Ökonom verfolgte die Denkansätze weiter, die Boulding in seinem Buch *A Reconstruction of Economics* vorgebracht hatte. Über die Zunft der Ökonomen waren gerade die Umwälzungen der keynesianischen Revolution hinweggegangen, und sie wollte sich nicht gleich wieder nach der nicht- oder antikeynesianischen Richtschnur von Boulding reorganisieren. Boulding seinerseits rückte von seinen Anschauungen nicht ab. Wenn er gleichwohl daran festhielt, an die grundsätzliche Richtigkeit seiner Anschauungen zu glauben, so zwang er sie doch auch niemandem auf.

A Reconstruction of Economics zeigte vielleicht nicht die zukünftige Richtung der Wirtschaftswissenschaften an, aber es gab zumindest einige Anhaltspunkte für Bouldings zukünftige Denkrichtung. Im Vorwort hatte er geschrieben: ›Langsam bin ich zu der Überzeugung gekommen – und das ist sehr beunruhigend für einen professionellen Theoretiker –, daß es so etwas wie die Ökonomik nicht gibt; es gibt nur eine Sozialwissenschaft, die auf ökonomische Probleme angewandt wird.‹ (21) Die ersten beiden Kapitel des Buches lauteten: ›Eine ökologische Einleitung‹ und ›Der individuelle, gesellschaftliche und ökonomische Organismus‹; sie enthielten Untertitel wie ›Die Wirklichkeit als ein Ökosystem‹ oder ›Die Homöostatik des Bilanzbogens‹. Bouldings frühes Interesse an der Bevölkerungstheorie war jetzt deutlich erweitert zu einer umfassenden ›organistischen‹ Sichtweise der Gesellschaft. Im Zentrum des ›Badewannen-Theorems‹ stand natürlich die Frage der Umwelterhaltung. Unter dem Einfluß von Norbert Wieners kurz zuvor veröffentlichtem Buch *Kybernetik*

(1948) war er dazu gekommen, das Problem der Erreichung wirtschaftlicher Gleichgewichtslagen als Teil der allgemeinen Theorie der Homöostatik bzw. der selbststeuernden Systeme zu sehen.

In Ames hatte Boulding die Überzeugung gewonnen, daß es nötig sei, über die konventionellen Grenzen der Ökonomik hinauszuschauen, wenn man ökonomische Probleme verstehen und lösen wollte. Darüber hinaus fühlte er sich einer wachsenden Bewegung von Gelehrten zugehörig, die bestrebt waren, die Sozialwissenschaften wieder zu integrieren:

> Wir stehen, glaube ich, an der Schwelle eines neuen Versuches der Integration der Sozialwissenschaften, vielleicht sogar aller Wissenschaften. Mißerfolge der Vergangenheit – vor allem jene der Spencerianer, der Marxisten und der Institutionalisten, die eine Anzahl speziell Fehler zu fehlerhaften Allgemeinaussagen integrierten, sollten uns nicht entmutigen. Die Integration kommt sicher, und zwar nicht durch die Schaffung einer umfassenden und verdünnten Superdisziplin, sondern durch die gegenseitige Durchdringung aller spezialisierten Einzeldisziplinen. (22)

A Reconstruction of Economics war ein Versuch, die Wirtschaftswissenschaft in Richtung einer solchen Integration zu bewegen. Diesem großen Ziel galten jetzt in zunehmendem Maße Bouldings Anstrengungen.

VI

Bouldings Aufenthalt an der Iowa State University wurde durch ein Jahr (1946–47) an der McGill Universität unterbrochen, wohin er als Vorsitzender der dortigen wirtschaftswissenschaftlichen Abteilung ging. Im Juni 1947 wurde John Russell, das erste der fünf Boulding-Kinder, geboren. Die Familie kehrte für das Herbstsemester nach Ames zurück, wo Boulding jetzt ordentlicher Professor wurde. Während er in Kanada war, hatte er mit der Idee gespielt, kanadischer Staatsbürger zu werden; nun entschied er sich so, wie er es lange Zeit vorgehabt hatte, nämlich die amerikanische Staatsbürgerschaft zu beantragen. Er hatte während seiner Zeit in Colgate die notwendigen Papiere zusammengetragen, befürchtete aber, daß man die endgültige Zustimmung hinauszögern würde, weil er sich weigerte, den Eid für den Waffendienst zu leisten. (Während des Zweiten Weltkrieges hatte sich Boulding nicht als Kriegsdienstverweigerer registrieren lassen, weil er nicht einmal gewillt war, den Ersatzdienst abzuleisten, der damals von Pazifisten verlangt wurde; als er 1944 eingezogen wurde, entkam er dem Gefängnis nur dadurch, daß ein Armeepsychiater mit seiner Beschreibung der quäkerischen Konzeption der göttlichen Führung nicht zurechtkam und ihn als psychisch untauglich einstufte.) Boulding war bereit, seinen Antrag auf Staatsbürgerschaft bis hinauf zum Obersten Gerichtshof durchzufechten. Dies stellte sich jedoch als unnötig heraus, weil ein ihm sympathischer Amtsrichter zu seinen Gunsten entschied. Im Dezember 1948 wurde Kenneth Boulding ein Bürger der Vereinigten Staaten.

Im Jahre 1949 gelang dem frischgebackenen Amerikaner endgültig der Durchbruch in die vordersten Reihen seiner von ihm gewählten Zunft vor. Er hatte Ames verlassen, um als ordentlicher Professor für Wirtschaftswissenschaften an die Universität von Michigan in Ann Arbor zu gehen, die als eine Universität mit einer der besten ökonomischen Abteilungen angesehen wurde. Auf dem Jahrestreffen der American Economic Association erhielt er die John-Bates-Clark-Medaille, die jedes zweite Jahr ›dem amerikanischen Ökonomen unter vierzig Jahren verliehen wird, der zum ökonomischen Denken und Wissen einen bedeutenden Beitrag geleistet hat‹.

Boulding war jetzt ein Name, der etwas bedeutete. Eine zunehmende Nachfrage nach seinen Arbeiten hatte eine literarische Produktion von bemerkenswerten Ausmaßen zur Folge. Er war immer schon fleißig gewesen; zwischen 1932 und 1949 hatte er siebenundzwanzig Aufsätze, sechs Buchbesprechungen, drei Pamphlete, zwei Bücher und eine Sammlung religiöser Sonette, die auf den letzten Worten eines sterbenden Quäker-Märtyrers beruhten, veröffentlicht. Aber von 1950 bis 1972 umfaßte seine Produktion ungefähr 300 Aufsätze, mehr als 100 Buchbesprechungen, elf Pamphlete, neun Bücher (außer einigen Neuauflagen, Aufsatzsammlungen und von ihm herausgegebenen Bände) sowie verschiedene Gedichte.

Boulding hatte den Eindruck, daß er Mitglied mehrerer unterschiedlicher ›unsichtbarer Kollegien‹ geworden sei – ein Begriff, den er von Derek de Solla Price, einem Wissenschaftshistoriker von Yale, übernommen hatte; Price war von der Entdeckung überrascht, daß der ursprüngliche Name der British Royal Society ›Unsichtbares Kollegium‹ gelautet hatte. In seinem Buch *Science since Babylon* (›Die Wissenschaft seit Babylon‹) trat Price mit der Idee neuer unsichtbarer

Kollegien hervor, die aus Gruppen von Wissenschaftlern bestünden, die durch ein gemeinsames Interesse an einem bestimmten Forschungsgebiet verbunden waren und miteinander durch persönlichen Kontakt oder über informell verbreitete Arbeitspapiere kommunizierten. (23) Boulding fand diese Idee sehr hübsch. Für ihn hatte die Idee eines unsichtbaren Kollegiums eine geistige Dimension; darin waren die Leute nicht durch weltliche Bindungen, sondern durch gemeinsame intellektuelle Zielsetzungen verbunden. Als solches war das ›intellektuelle Kollegium‹ ein perfektes Instrument für das, was Teilhard de Chardin die Noosphäre genannt hatte, nämlich die Welthülle aus Denken und Wissen, welche die Menschheit sowohl befreite als auch zusammenband. (24)

In der Wirtschaftswissenschaft hatte sich Boulding nie als Teil eines unsichtbaren Kollegiums gefühlt; dies war vielleicht deswegen so, weil er meistens allein gearbeitet hatte und zu ziemlich idiosynkratischen Folgerungen gekommen war. Er war weder Keynesianer noch Chicagoer. Sein erstes unsichtbares Kollegium in den Wirtschaftswissenschaften war die Ames-Schule in Iowa. In Michigan bewegte er sich langsam auf ein größeres unsichtbares Kollegium der allgemeinen Systemtheorie zu; sogar sein Arbeitsvertrag verpflichtete ihn zu interdisziplinärer Forschung. Während seines ersten Jahres in Michigan leitete er jährliche Seminare für die Mitglieder des Lehrkörpers, die sich mit der Integration der Sozialwissenschaften befaßten. Jeder Teilnehmer sollte zu diesen Seminaren ein Arbeitspapier aus der Sicht seiner eigenen Disziplin beitragen, etwa zu solchen Themen wie ›Die Theorie des Individuums‹, ›Wachstum‹, ›Information und Kommunikation‹ und ›Konflikt‹. Bouldings eigene Teilnahme schlug sich in einer Reihe von Arbeitspapieren nieder, von denen die folgenden erwähnt werden sollen: ›Ein konzeptioneller Rahmen für die Sozialwissenschaften‹ (25), ›Wirtschaftswissenschaften als eine Sozialwissenschaft‹ (26), ›Über eine allgemeine Theorie des Wachstums‹ (27), ›Beiträge der Wirtschaftswissenschaft zur Konflikttheorie‹ (28), ›Das Modell von Malthus als ein allgemeines System‹ (29) und ›Bemerkungen zum Konzept der Information‹ (30). Das Hauptwerk aus Bouldings erster Zeit in Michigan war jedoch *The Organizational Revolution* (›Die Revolution der Organisationen‹).

1952 war Boulding von dem damaligen Bundesrat der Kirchen (der sich später mit dem Nationalrat der Kirchen zusammenschloß) damit beauftragt worden, eine Untersuchung der ethischen Implikationen der immer größer werdenden Wirtschaftsorganisationen der Gesellschaft anzufertigen. Das Buch *The Organizational Revolution,* das 1953 erschien, verband einen breiten, interdisziplinären Ansatz mit einem tiefen Gefühl religiöser Moralität. Boulding war dadurch in der Lage, sowohl seine Sache hinsichtlich einer integrierten Sozialwissenschaft zu vertreten als auch seinem neueren Interesse, den Beziehungen zwischen Wirtschaftswissenschaft und Religion, nachzugehen. Dieses neue Interesse fand seinen Ausdruck in einer Reihe von Arbeitspapieren, die er in dieser Zeit schrieb: ›Das verlorene Wirtschaftsevangelium des Protestantismus‹ (31), ›Religiöse Perspektiven der wirtschaftswissenschaftlichen Universitätsausbildung‹ (32), ›Religiöse Grundlagen des wirtschaftlichen Fortschritts‹ (33) und ›Die Quäker und das Wirtschaftsleben‹ (34).

Im Vorwort zu *The Organizational Revolution* stellte Boulding zwei Punkte heraus, die der Leser beachten sollte. Erstens wolle er sich nicht vor der Rolle des Moralisten drücken. ›In dieser Untersuchung... werde ich zum Teil, ohne mich zu schämen, als Moralist schreiben. Ich werde mich jedoch bemühen, mein moralisches System so explizit wie möglich darzulegen.‹ (35) Zweitens sah Boulding die Organisation als eine Art Organismus an, der gekennzeichnet war durch eine der kohärenten Beschreibung zugängliche Einheit, durch charakteristische Verhaltensweisen und durch bestimmte materielle Existenzbedingungen. Als Organismus müsse die Organisation im Kontext ihrer ökologischen Umwelt gesehen werden. Die Gesamtheit menschlicher Organisationen konstituiere wie die Gesamtheit der biologischen Organismen ein sich selbst erhaltendes und fortpflanzendes System interagierender Einheiten.

VII

Aber Boulding verfiel nicht in den Fehler, menschliche Organisationen im wörtlichen Sinne für das gleiche wie biologische Organismen zu halten; im Gegenteil, er betonte, daß die Elemente, aus denen sich Organisationen zusammensetzten, bewußte Wesen mit eigenem Willen seien. Deswegen müßten Organisationen mit dem Problem des Konsenses fertigwerden. Boulding beschloß sein Vorwort mit Ausführungen darüber, was er für das schwerwiegendste Problem der Organisationen in der heutigen Gesellschaft hielt:

Die Notwendigkeit einer Hierarchie in der Organisationsstruktur hat ein schweres moralisches Dilemma geschaffen, das noch keineswegs gelöst ist. Auf der einen Seite gibt es den Druck der organisatorischen Notwendigkeit einer Hierarchie, einer aristokratischen, in hohem Maße geschichteten Statusgesellschaft; auf der anderen Seite gibt es das profunde Anliegen eines moralischen Gleichheitsideals – ein Erfordernis, das besonders stark in Gesellschaften ist, die vom Christentum beeinflußt sind, mit seiner Betonung der Gleichheit aller Menschen vor Gott und der Universalität der Liebe. (36)

Boulding begann mit der Darstellung einiger grundlegender Eigenschaften der Organisationen. Sie tendierten dazu, sich nach innen wohlwollend und nach außen feindlich zu verhalten; sie befriedigten das menschliche Bedürfnis nach Status, indem sie seinen Platz in der Gesellschaft formalisierten und ihm dadurch mehr Sicherheit gaben. Die Ausdehnung von Organisationen war sowohl durch eine zunehmend ungünstige Umwelt als auch durch eine zunehmend ungünstige interne Struktur beeinträchtigt. Diese Auffassung von den Grenzen des Wachstums der Organisationen war die Hauptthese des Buches. Boulding meinte, daß das Wachstum von Wirtschaftsorganisationen seit ungefähr 1870 das Ergebnis bestimmter technischer Verbesserungen im Transportwesen, Kommunikationswesen und in den organisatorischen Fähigkeiten gewesen sei. Diese Verbesserungen hätten die internen Widerstände gegen das Wachstum verringert und die äußeren stärker hervortreten lassen. Wirtschaftsorganisationen konnten – und wuchsen tatsächlich – in einem alarmierenden Ausmaß, darin bestand die Revolution; dieses Wachstum hatte staatliche Restriktionen wie z.B. die Antikartellgesetzgebung hervorgerufen. Tatsächlich, so meinte Boulding, ›kann man die Geschichte der Moderne fast als eine Geschichte der andauernden Einflußnahme des Staates auf die Wirtschaft beschreiben‹. (37)

Ökonomisch gesehen führte die Heraufkunft der neuen Organisationen sowohl zu einer Erhöhung der Produktivität als auch zu einer Beeinträchtigung des freien Marktes. Immer weniger wurden die Preise von Waren und Dienstleistungen auf dem unpersönlichen Markt durch das Zusammenwirken der Wirtschaftssubjekte und zahlreicher kleiner Unternehmen bestimmt; vielmehr wurden sie mehr und mehr durch die Entscheidungen und Präferenzen der großen Gewerkschaften und der oligopolistischen Konzerne beeinflußt. Erhöhungen von Preisen und Löhnen waren für diese Organisationen eher annehmbar als Senkungen; insofern bestand in der modernen Wirtschaft ein inflationärer Trend. Hier stimmten seine Überlegungen mit denen von Galbraith überein. Boulding war jedoch viel stärker an den ethischen Implikationen der organisatorischen Revolution interessiert. Seiner Meinung nach waren diese mit dem Wesen der Organisation selbst eng verwickelt.

> Die Beziehung zwischen der Ethik und der Organisation kann in der Frage zusammengefaßt werden, *wie* Mängel berichtigt werden; welchen Mechanismus zur Korrektur von Mängeln, die als solche wahrgenommen werden, gibt es? Dieser Mechanismus ist nun genau das, was mit Organisation gemeint ist. (38)

Für Boulding war die Organisation im Grunde ein System der Kommunikation, das hierarchisch gegliedert ist und in dem Information von unten nach oben bis zu denen, die die Entscheidungen fällen, zunehmend verarbeitet wird. Damit eine Organisation überleben kann, benötigt die Leitung ein genaues Bild der äußeren Welt, um darauf die Entscheidungen zu fundieren, d. h. um ›Mängel richtigzustellen‹. Je größer die Organisation ist, desto schwieriger ist die Aufgabe, solch ein Bild zusammenzusetzen. In zunehmendem Maße muß die Organisation sich deswegen auf eine effiziente Koordination ihres Personals verlassen. Boulding sah in dieser Unterordnung des Menschen unter die Bedürfnisse der Organisation eine Bedrohung der menschlichen Freiheit.

Bouldings Paradigma für eine wirkungsvolle Organisation war der Thermostat. Der Thermostat war der homöostatische Mechanismus par excellence, der so konstruiert war, daß er automatisch jede Abweichung von einer ›idealen‹ Temperatur korrigierte. Was Boulding wirklich über die Organisationen wissen wollte, war, warum sie Mängel *nicht* korrigierten. Er hatte darauf eine zweifache Antwort. Erstens könne es technische Defekte in der Organisationsstruktur geben: Kommunikationslücken, Unzulänglichkeiten bei der Leitung, Fehler bei den Untergebenen. Zweitens und wichtiger waren die moralischen Fragen. Organisationen könnten ihrerseits für Aufgaben geschaffen worden sein, die nicht rechtens waren, oder die Führungsgrößen, die das Verhalten der Organisation bestimmten, konnten die falschen Größen sein. Unter Berücksichtigung dieser beiden Faktoren machte er sich nun an die Behandlung verschiedener Arten moderner Organisationen: die Organisationen der Arbeiterbewegung und der Bauernbewegung, die Wirtschaftsorganisationen und den Nationalstaat.

In jedem einzelnen Fall betonte Boulding den Vorrang persönlicher und politischer Beziehungen vor den wirtschaftlichen Tauschbeziehungen. Ein großer Teil der Stärke großer Organisationen liege in ihrer Fähigkeit, ihre Mitglieder mit dem gewünschten Status zu versehen und von ihnen moralische und gefühlsmäßige Unterstützung zu bekommen. Gleichzeitig besaßen und benützten sie die Macht, um sowohl ihre Mitglieder wie Außenstehende zu zwingen, ihren Zielen zu dienen. Er sah die Wirtschaft zunehmend als ein Gebilde an, das drei organisatorischen Kräften unterworfen war: dem Austausch von Waren und Dienstleistungen zu gegenseitigem Nutzen, Zwang oder Angst vor Repressalien und schließlich Liebe oder die Integration von Wünschen und Zielsetzungen. Unglücklicherweise schien die Hauptalternative zum Austausch die Angst zu sein:

> Wenn Organisationen immer größer werden, müssen die Beziehungen notwendigerweise immer formalisierter werden, und das dringendste Problem einer Gesellschaft besteht darin, den richtigen Grad und die richtige Art der Formalisierung zu erreichen. Eine Gesellschaft, deren theoretische Struktur diesem Problem nie konfrontiert war und die versucht, eine familiale Ethik auf eine dinosaurische Organisation zu übertragen, muß in einer terroristischen Verkrampfung enden. Nach unserem gegenwärtigen Wissensstand ist der einzige Ersatz für die Austauschbeziehung die Angstbeziehung: eine Gesellschaft, die nicht durch die Hoffnung auf Gewinn, sondern durch die Angst vor dem Inquisitor bewegt wird. (39)

Organisationen würde es sicher auch künftig geben, aber sie versprachen nicht viel Gutes für die Zukunft des Menschen. Sie hatten den Austausch auf dem freien Markt in den Hintergrund gedrängt. Würde das bedeuten, daß das unvermeidliche Schicksal des Menschen eine Gesellschaft wäre, die auf Angst beruhte? Boulding sah nur einen Ausweg aus diesem Dilemma:

> Wir haben jetzt in der Entwicklung des Menschen eine Situation erreicht, in der es buchstäblich keine andere Wahl als die der Liebe gibt; wo die einzige funktionsfähige Basis der menschlichen Organisation diejenige des gemeinsamen Bemühens und der gemeinsamen Bedürfnisse ist. Auf diesem schwachen Fundament muß die Zukunft der Menschheit gebaut werden. (40)

Im Zentrum von Bouldings religiösem Glauben stand eine Doktrin der Liebe. Ein Jahrzehnt früher hatte er eine Quäker-Hörerschaft gefragt, was sie zu den Worten ›Gott ist die Liebe‹ zu sagen habe. ›Vielleicht‹, schlug er vor, ›versetzen euch diese Worte in einen behaglichen Winkel eurer Seele, gut isoliert von der kalten Welt des rationalen Denkens, wo ihr euch insgeheim dem geistigen Trunk hingebt.‹ Diese und andere Antworten, die weniger als totales Engagement beinhalteten, seien verhängnisvoll:

> Wenn irgendeiner dieser Zustände der eure ist, dann seid ihr an einem Schatz vorbeigegangen. Denn für manche sind diese Worte ein Schlüssel zu einem Königreich, einem Königreich, in dem die Wahrheit regiert mit solcher Majestät, daß man diese Pracht kaum aushalten kann; wo das wiedergeborene Leben jedem Augenblick der Zeit entspringt und wo die reichen, mit bitter-süßen Gewürzen durchsetzten Freuden jeden Atemzug, den wir einatmen, mit Duft erfüllen. (41)

In dem Buch *The Organizational Revolution* versuchte Boulding, der Liebe einen respektablen Platz in der kalten Welt der Sozialtheorie zuzuweisen. Er akzeptierte die Auffassung nicht, daß zwei gegeneinanderstehende Zwänge sich gegenseitig aufheben würden, wie Galbraith optimistischerweise in seiner Doktrin der ›Gegenmacht‹ annahm. Boulding meinte, daß die Gefahr der Gegengewalt nur zu offensichtlich geworden sei im ›schrecklichen Fiasko der Landesverteidigung in unserer Zeit‹. (42) Vielmehr müsse ein Wettbewerb der Liebe den Wettbewerb der Furcht ersetzen. Damit meinte Boulding, daß eine moralische und organisatorische Umwelt geschaffen werden müsse, in welcher ›jene Organisationen, welche nicht den Bedürfnissen des Menschen und nicht der Korrektur der richtigen Übel dienen, im Wettbewerb mit jenen Organisationen nicht überleben, die den Bedürfnissen des Menschen entsprechen‹. (43)

Der sozialdemokratische Staat habe die Fähigkeit, innerhalb seiner Grenzen eine solche Umwelt zu errichten. Er verfüge über Mechanismen zur Korrektur der Übel; er verfüge über Regeln, die das Verhalten der Organisationen einschließlich seiner selbst überwachten; er könne eine gesunde Interessenpluralität mit einem Gefühl für gemeinsame Zwecke und Verantwortlichkeiten verbinden. Unglücklicherweise werde jedoch solch ein Gefühl des gemeinsamen Zweckes in nicht geringem Ausmaß durch Kriege mit anderen Ländern entwikkelt. Und darin liege die größte aller Gefahren:

> Es ist das völlige Versagen des sozialdemokratischen Staates, das Problem seiner Verteidigung zu lösen, das alle seine anderen Tugenden zu unterdrücken und ihn in etwas anderes – einen militarisierten Kasernenstaat – zu verwandeln droht, oder überhaupt zu seinem Umsturz führen könnte. (44)

Boulding bot kein Programm für die Abschaffung des Krieges an. So wie er den ungeheuren Zwangsgewalten eines Weltstaates mißtraute, befürchtete er auch, daß dieser unfähig sei, die Unterstützung der gesamten Weltbevölkerung zu bekommen oder deren Probleme zu lösen. Dagegen betonte er die Bedeutung einer ethischen Vision: die internationale Zusammenarbeit müsse auf allen Ebenen voranschreiten, und zwar auf der Grundlage des Prinzips universeller Brüderlichkeit. Denn es gäbe keine einfache mechanische Lösung des Problems der Organisationen.

> Die letzte Schlußfolgerung lautet deswegen: Selbst wenn es immer Organisationen geben wird und selbst wenn die einzige Lösung für viele der von ihnen verursachten Probleme darin zu liegen scheint, immer noch mehr und größere Organisationen zu errichten, so gibt es keinen Ersatz für das Wort Gottes – das scharfe Schwert der Wahrheit des prophetischen Individuums, die durchdringende moralische Einsicht, die durch die Tricks und Vorwände selbst der bestorganisierten Gesellschaft schneidet. (45)

Die erste Ausgabe der *Organizational Revolution* erhielt eine Reihe grundsätzlich freundlicher Kritiken von einer Anzahl Ökonomen, Soziologen und Theologen. Einer von ihnen, Reinhold Niebuhr, stimmte mit Bouldings grundlegender Überzeugung nicht überein, daß das große Übel, dem die Gesellschaft gegenüberstehe, der Zwang sei. Vielmehr, so Niebuhr, sei es die dem Menschen inhärente Selbstsucht.

In seiner Antwort merkte Boulding an, daß diese Meinungsverschiedenheit einen Unterschied in den jeweiligen theologischen Positionen reflektiere. Er sehe den Menschen als im Grunde gut an, er werde nur durch äußere Zwänge korrumpiert, wogegen Niebuhr ihn als unentrinnbar sündig ansah. Boulding drückte darin die quäkerische Auffassung von der Möglichkeit der Vervollkommnung des Menschen aus, die in der Tat allen seinen Arbeiten zugrunde liegt. Die Erkenntnis, einst die ursprüngliche Ursache des Sündenfalls des Menschen, werde jetzt zum Mittel seiner Erlösung, indem sie ihn von den Fesseln bösartiger äußerer Mächte befreit und das Hervortreten seines natürlichen Gut-seins erlaubt. Die Aufgabe der Vermehrung des Wissens sei also ein wesentlicher Teil der Arbeit Gottes.

VIII

Im Jahre 1954 ging Boulding nach Palo Alto in Kalifornien; er war Mitglied des von der Universität Stanford neu eröffneten Zentrums für Höhere Studien in den Verhaltenswissenschaften geworden. Unter denen, die auch in diesem Eröffnungsjahr dabei waren, war der Anthropologe Clyde Kluckhohn, der Politologe Harold Lasswell und die Biologen Anatol Rapoport und Ludwig von Bertalanffy, letzterer der Vater der allgemeinen Systemtheorie. Alle interessierten sich für das Problem der Entwicklung einer allgemeinen Verhaltenstheorie aus den verschiedenen sozialen und biologischen Wissenschaften. Sie gründeten zusammen die Gesellschaft für allgemeine Systemforschung. Boulding wurde zum Präsidenten ernannt, und Rapoport und von Bertalanffy wurden gemeinsam zu Herausgebern des *General Systems Yearbook* (›Jahrbuch der allgemeinen Systemforschung‹) bestimmt, das zum ersten Mal 1956 erschien.

Während Bouldings Jahr in Palo Alto entstand auch ein neues unsichtbares Kollegium im Bereich der Friedensforschung. Einer der jüngeren Kollegen am Zentrum für Höhere Studien war Stephen Richardson, dessen verstorbener Vater Lewis Richardson (weithin ignorierte) Pionierarbeit auf dem Gebiet der Quantifizierung historischer Daten und der Konstruktion mathematischer Modelle der Kriegführung und des Wettrüstens geleistet hatte. Der junge Richardson verursachte einige Aufregung, als er Mikrofilmkopien der Bücher seines Vaters zur Verfügung stellte, denn der Krieg war offensichtlich das größte Verhaltensproblem, dem die damalige Gesellschaft gegenüberstand.

Zur gleichen Zeit bat ein anderer jüngerer Kollege am Zentrum, der Sozialpsychologe Herbert Kelman, um Ratschläge, wie er das Mitteilungsblatt ›Forschungsinformationen zur Kriegverhütung‹ verbessern könne, das er schon seit mehreren Jahren an interessierte Kreise verbreitet hatte.

Boulding war von den Arbeiten Lewis Richardsons sehr beeindruckt; er war immer stärker zu der Überzeugung gekommen, daß der Krieg, wie andere menschliche Probleme, nur durch ein genaues Verständnis seiner Ursachen und Erscheinungsweisen verhindert werden könne. Kelmans Blatt bot sich als Medium für die Entwicklung und Verbreitung eines solchen Verständnisses an. Zusammen mit Rapoport, der drauf und dran war, nach Ann Arbor zu kommen, schlug Boulding vor, dieses Mitteilungsblatt zu erweitern und es an der Universität von Michigan herauskommen zu lassen. Eine Liste von Förderern wurde zusammengestellt, und der vorgeschlagenen Publikation wurde der neue Titel *Journal of Conflict Resolution* (›Zeitschrift für Konfliktforschung‹) gegeben. Boulding wurde der Vorsitzende des Herausgebergremiums, und im Jahre 1957 erschien unter der Schirmherrschaft der Journalismusschule von Michigan die erste Ausgabe.

Zwei Jahre später erlangte Boulding die Erlaubnis, ein interdisziplinäres Zentrum für Konfliktforschung zu errichten, und das *Journal* wurde sein offizielles Publikationsorgan. Boulding selbst trug die Aufsätze ›Organisation und Konflikt‹ (46) und ›Nationale Leitbilder und das internationale System‹ (47) bei. Obwohl er nie von seinem Pazifismus abließ, war er dennoch überzeugt, daß moralische Entrüstung und eine grundsätzliche Opposition gegen den Krieg kein Ersatz für Wissen und Verständnis sein könnten. Sogar auf dem Höhepunkt des Vietnamkrieges verteidigte Boulding die Friedensforschung gegen Angriffe quäkerischer Glaubensbrüder, die meinten, daß der Sache des Friedens am besten durch Bekehrungen und Demonstrationen und nicht durch Forschung gedient werde.

Gegen Ende des Jahres in Palo Alto verbrachte Boulding in einem Zustand höchster intellektueller Anspannung ganze neun Tage damit, ein neues Buch zu diktieren, nämlich *The Image*. Dies war sein Versuch der Erarbeitung einer allgemeinen Erkenntnistheorie, mit der man alle Arten von Verhalten untersuchen konnte. Das ganze Wissen war nach Bouldings Auffassung in einer Reihe von Leit- und Sinnbildern aufgehoben – Bildern von der Welt und der Position des Wissenden in ihr, von der Vergangenheit und der Gegenwart, von Werten und erwünschten Gegenständen. Diese Sinnbilder werden revidiert, wenn neue Informationen hinzukommen; in der Tat, die Bedeutung einer neuen Information *ist* die Veränderung, die es in einem Sinnbild verursacht. Offensichtlich könne alles, was man wahrnehmen, fühlen oder sich einbilden kann, dazu beitragen, ein Sinnbild aufzubauen. Kohärente Sinnbilder seien nicht das Produkt nur einer Art von Information. Es gab rein persönliche Sinnbilder und solche, die von vielen Menschen geteilt wurden. In allen Fällen jedoch wurde die Erkenntnis auf grundsätzlich gleichem Wege erreicht.

Aber welche Sinnbilder zeigen ein wirkliches Abbild der unabhängigen, hinter den Erscheinungen liegenden Wirklichkeit? Wie kann der Grad der Übereinstimmung zwischen Sinnbild und Wirklichkeit überprüft werden? Boulding umging dieses Problem bewußt; er sagte, er habe versucht, den großen philosophischen Fragen fernzubleiben, ob ein Sinnbild ›wahr‹ sei und wenn wahr, wie wir wissen könnten, daß es wahr sei. Sein Ziel sei vielmehr, ›das Wachstum der Sinnbilder, der privaten wie der öffentlichen, in den Individuen, den Organisationen und der Gesellschaft als Ganzes, ja sogar – mit einigem Bangen – in einigen niedrigen Lebensformen, zu diskutieren‹. (48) Sein Ziel sei nicht größere philosophische Präzision, sondern angemessenere Mittel, um Verhalten zu verstehen.

Nachdem er das Sinnbild als grundlegende Wissenseinheit postuliert hatte, begann er seine Untersuchung mit der Darstellung von sieben verschiedenen Ebenen der Organisation: Organisationen mit statischer Struktur, Uhrwerk-Organisationen, Organisationen mit homöostatischen Regelungsmechanismen (wo das Konzept der Information und folglich das des Sinnbildes zum ersten Mal wichtig wird), Zellen, Pflanzen, Tiere und Menschen. Auf jeder Stufe werden die Sinnbilder nach Boulding komplexer und verfeinerter, während das Konzept des Sinnbildes für theoretische Verhaltensmodelle immer wichtiger wird. Der Mensch mit seiner einmaligen Eigenheit des Bewußtseins wird als ein Wesen gesehen, das auf der Basis von Sinnbildern – nicht nur von seiner Umgebung, sondern auch von sich selbst – handelt. Diese Sinnbilder sind Gemenge aus Fakten und Wertungen, die von Menschengruppen unterschiedlicher Größe geteilt werden und in unterschiedlichem Maße der Veränderung unterliegen. Das große Desideratum ist die Entwicklung besserer Sinnbilder, um sowohl die Wirksamkeit wie auch die moralische Dimension unserer Handlungen zu verbessern. Boulding glaubt, daß die letzten Ziele der Menschen und Gesellschaften im Grunde gut und im Grunde die gleichen seien, wenn auch bittere Meinungsverschiedenheiten darüber entstünden, wie diese Ziele erreicht werden können. Verbesserte Sinnbilder könnten den Weg dahin deutlicher machen.

Nach einem Überblick über die Rolle des Sinnbildes in der Biologie, Psychologie, Soziologie, der Wirtschaftswissenschaft und Geschichte schlägt Boulding eine neue Disziplin mit dem Namen ›Eikonik‹ vor, die Wesen und Wachstum von Sinnbildern im allgemeinen untersuchen würde. In der Tat würde die Eikonik ein Sinnbild für Sinnbilder bereitstellen. Auf der Grundlage der Gestaltpsychologie und der Theorie der Rückkopplung, die in der Kybernetik entwickelt worden war, würde die Eikonik ein wirklich interdisziplinäres Fach, das alle Verhaltenswissenschaften von der Biologie bis zur Politologie umfassen würde. Im Kern würde sie eine breitangelegte Theorie der Wissensbildung und der Umwandlung des Wissens in Handlungen entwickeln. Für Boulding ist Wissen die größte Hoffnung der Menschheit, denn es ist anti-entropisch, d. h., anders als physikalische Prozesse, tendiert es nicht zu einem beliebigen oder rückgebildeten Zustand. Anders als Energie kann Wissen vermehrt werden. Es wird weder durch Benützung noch durch die Übertragung von einer Person auf eine andere verringert.

Boulding sah sich selbst nicht als eigentlichen Träger seiner neuen Wissenschaft, der Eikonik, an:

> Es kann sein, daß ich wie Moses lediglich den Leser nach Nebo geführt habe, von wo aus verlockende Blicke auf das gelobte Land möglich sind. Wie Moses (und hier höre ich mit dem Vergleich auf) bin auch ich ziemlich sicher, daß ich nicht über den Jordan gehen werde. Irgendein Josua muß kommen, wenn wir das gelobte Land erreichen sollen. (49)

Obwohl *The Image* einige sehr wohlmeinende Besprechungen erhielt, zauberte es keinen Josua hervor, der das Volk der Akademiker in das gelobte Land führte. Im Laufe der Zeit fand Boulding heraus, daß drei Arten von Leuten für das Buch besonders empfänglich waren: Kunstlehrer an Ingenieurschulen, leitende Angestellte von der Madison Avenue und jene, die sich für Entscheidungstheorie, Managementwissenschaft und allgemeine Systemtheorie interessierten. Im großen und ganzen lag Boulding mit seiner Prophezeiung aber falsch, daß es einen großen Sprung in Richtung auf die Integration der Wissenschaften geben würde. Neue Fächer wie Biophysik oder Regionalwissenschaften, die die Eigenschaften einer Reihe von Disziplinen kombinierten, konnten sich dort entwickeln, wo ein starker Bedarf für die Behandlung eines besonderen Erscheinungsbildes bestand, das über die Grenzen der alten Disziplinen hinwegreichte.

Aber die meisten Wissenschaftler waren nicht bereit, ihre Reviere aufzugeben, um einer Sache nachzujagen, die sie als die Chimäre einer undefinierten Wissenschaft ansahen. Es gab ohnehin schon genug zu tun.

The Image und die neue Wissenschaft, die Boulding initiieren wollte, vegetierte deswegen in einer weiteren kleinen Subkultur der akademischen Gesellschaft dahin. Trotzdem ließ Boulding nicht zu, daß das Konzept des Sinnbildes in Vergessenheit geriet; vielmehr benutzte er es in seinen folgenden Arbeiten als eine Methode der Analyse des Verhaltens von Menschen und Institutionen.

IX

Zu dem Zeitpunkt, als Boulding nach seinem Jahr in Palo Alto nach Michigan zurückkehrte, sah sein Lebenswerk immer mehr wie ein Jonglierakt in einem Zirkus des Intellekts aus. Wirtschaftswissenschaft, allgemeine Systemtheorie, Friedens- und Konfliktforschung, Sozialtheorie, Geschichtsphilosophie, Religion – auf all diesen Gebieten waren Bücher und Aufsätze von ihm erschienen. In den 60er Jahren war er zwei weiteren unsichtbaren Kollegien beigetreten, nämlich der Ökologie, einem plötzlich sehr populären Thema, an dem er seit langem interessiert war, und der Übertragungsökonomik, ein von ihm begründeten Gebiet, das sich mit einseitigen Übertragungen von Waren, Dienstleistungen und Geld befaßte. Trotz der unglaublichen Vielfalt seiner Themen bildeten die Arbeiten Bouldings aus jener Zeit durchaus einen Zusammenhang. Dies wird deutlich, wenn man Bouldings Kritik und Verteidigung der Wirtschaftswissenschaften berücksichtigt. Bouldings Hauptvorwurf gegenüber der Ökonomik war, daß sie keine ausreichende Spannweite hatte. Seine Erfahrung in Ames hatte ihn davon überzeugt, daß ein großer Bedarf nach einem integrierten sozialwissenschaftlichen Ansatz bei der Behandlung ökonomischer Phänomene bestand.

Bouldings Respekt vor den amerikanischen Institutionalisten Thorstein Veblen, John R. Commons und Wesley C. Mitchell, die just einen derartigen Ansatz versucht hatten, wurde dadurch erneuert. In einem Aufsatz von 1957 (*A New Look at Institutionalism* – ›Eine Neubetrachtung des Institutionalismus‹) ging er so weit, sich selbst ihrem Lager zuzurechnen:

Vor einigen Monaten beschuldigte mich Professor Ayres in einem Brief an mich, ich sei ein Institutionalist geworden. Wenn ein etwas verzweifeltes Bemühen um eine dynamische Theorie (ohne das Gespür für die sehr reellen Leistungen der Statik zu verlieren) und wenn ein starkes Bemühen um die Integration der Sozialwissenschaften und um die Einbringung der Beiträge der Psychologie, Soziologie und der biologischen Wissenschaften in die Konstruktion besserer Theorien des individuellen Verhaltens und des sozialen Wandels, und wenn schließlich ein starkes (gleichwohl auch skeptisches) Interesse und Sympathie für empirische Methoden ausreichend sind, um aus mir einen Institutionalisten zu machen, dann akzeptiere ich diesen Titel sehr gerne. (50)

Boulding war kein Sozialist; er glaubte an einen pluralistischen Kapitalismus, der auf einer Marktwirtschaft beruhte. Er war jedoch sehr kritisch gegenüber dem ökonomischen Liberalismus, wie er am stärksten von Milton Friedman vertreten wurde. Es ist interessant zu sehen, daß Boulding den Wert des Marktes als eine Instanz der Ressourcenverteilung und als ein Mechanismus der wirtschaftlichen Entscheidungsfindung nicht bestritt. Seine Opposition gegen Friedman beruhte vielmehr auf der Überzeugung, daß ein großer Teil der wirtschaftlichen Aktivitäten und der Motivationen dafür notwendigerweise außerhalb der Reichweite des Marktes und der Marktkräfte lägen. Er baute seine Argumentation auf seinen drei gesellschaftlichen Organisationskräften auf – Liebe, Angst und Austausch –, die er in *The Image* vorgestellt hatte. Der wirtschaftliche Liberalismus, so argumentierte er, schaue nicht über den Austausch hinaus; er berücksichtige nicht die vielfältigen wirtschaftlichen Aktivitäten, die auf Liebe (dem ›integrativen System‹) und auf Angst (dem ›Drohsystem‹) beruhten. (51) Die Besteuerung, eine Einrichtung legitimer Zwangsausübung, war Teil des Drohsystems. Das Aufziehen der Kinder und die Unterstützung älterer Verwandter, Übertragungen von Stiftungen und staatliche Subventionen, Pensionen, Sozialhilfe und Beihilfen für abhängige Kinder waren allesamt Teil des integrativen Systems. Alle drei organisatorischen Kräfte wurden in jeder Gesellschaft benötigt. Eine Tauschwirtschaft konnte nicht erfolgreich funktionieren ohne ein weitreichendes integratives Netz des Vertrauens und der Bindungen und ohne das legitimierte Drohsystem, das in den Gesetzesbüchern repräsentiert ist. Nur auf den Austausch zu sehen, würde bedeuten, die allgemeine Natur des Wirtschaftslebens mißzuverstehen und einen großen Teil der wirtschaftlichen Aktivitäten zu ignorieren. Boulding wollte die Bedeutung des Tausches als sozialer Organisationskraft nicht herunterspielen; worum es ihm ging, war eine umfassendere Wirtschaftswissenschaft.

Unter der Übertragungswirtschaft verstand Boulding jenen Teil des wirtschaftlichen Lebens, der keine Tauschvorgänge einschloß. Dieses Konzept wurde zum ersten Mal in seinen ›Bemerkungen über eine Theorie der Philantropie‹ (1962) (52) vorgestellt und in *The Grants Economy* (1969) (53) ausgearbeitet. Er selbst erhielt einen kleinen Unterstützungsbetrag von der Ford Foundation für die Untersuchung der Übertragungen, und zusammen mit einem enthusiastischen Mitarbeiter, Martin Pfaff, sowie dessen Frau Anita und Janos Horvath gründete er die Vereinigung zur Untersuchung der Übertragungswirtschaft. 1973 veröffentlichte Boulding das Buch *The Economics of Love and Fear: A Preface to Grants Economics* (›Ökonomik der Liebe und der Angst: Vorwort zu einer Übertragungsökonomik‹), in dem er die allgemeine These vorbrachte, daß ›einseitige Übertragungen überhaupt nichts Äußerliches oder Außergewöhnliches in der allgemeinen Organisation des gesellschaftlichen Lebens sind, sondern ein integrierender und wesentlicher Bestandteil des Systems, ohne den nicht nur die Gemeinschaft, sondern auch die Organisationen und die Gesellschaft selbst praktisch unmöglich wären‹. (54) In diesem Buch entwickelte er eine Mikro- und eine Makrotheorie der Übertragungen und wandte beide Theorien auf Phänomene der Fürsorge, auf die öffentliche Finanzwirtschaft und die Bereitstellung öffentlicher Güter, auf die Organisationstheorie und auf verschiedene zeitgenössische politische Kontroversen an.

In einer Vorlesungsreihe, die er im Jahre 1953 hielt, hatte Boulding zwischen einer ökonomischen Ethik und der heroischen Ethik des Menschen unterschieden. Die ökonomische Ethik werde von den Kaufleuten und Händlern repräsentiert, die sich auf die ›Verlokkungen des hübsch kalkulierten Soll und Habens‹ (55) verlassen; die heroische Ethik war im Besitz der größten Heiligen, Sünder und Fahnenträger der Zivilisation. Beide Formen der Ethik, meinte er, würden in einer Gesellschaft benötigt:

> ...es gibt ein großes Maß an *Komplementarität* zwischen der ökonomischen und der heroischen Ethik in der letzten großen Produktionsfunktion des Universums; das bedeutet, daß Versuche, entweder nur ökonomisch oder nur heroisch zu sein, in der Regel

fehlschlagen. Ohne das Heroische hat der Mensch keinen Sinn; ohne das Ökonomische keinen Verstand. (56)

Zwei Jahrzehnte später war Boulding in der Lage, durch die Untersuchung der Übertragungen der Ökonomik einen Weg aufzuzeigen, für die Behandlung der heroischen Seite des Menschen, deren tiefste Motivationen Liebe und Angst waren, nicht das Streben nach Profit. Die Wirtschaftswissenschaften sollten dadurch lebensnäher und moralisch sensibler werden. Welchen besseren Weg gab es, ihre Reichweite zu vergrößern?

Wenn Boulding die Ökonomik kritisierte, weil sie zu eng begrenzt war, so warb er doch auch für eine breitere Anwendung ökonomischer Methoden. Sein Buch *Conflict and Defence* (›Konflikt und Verteidigung‹ – 1962) (57), Bouldings wichtigster Beitrag zur Friedensforschung, setzte in starkem Maße die Oligopoltheorie als vorrangige Analysemethode für unterschiedliche Konfliktformen ein. Boulding verband die ökonomische Analyse des unvollkommenen Wettbewerbs mit Lewis Richardsons Modell des internationalen Konflikts und der Spieltheorie von John von Neumann und Oskar Morgenstern in dem Versuch, eine allgemeine Theorie des Konflikts zu entwickeln. Sein Ziel bestand darin, zu zeigen, daß Konfliktprozesse nicht zufällig, unbestimmt oder unverständlich seien, denn er glaubte fest daran, daß die Chance für ihre Beherrschung im Verständnis dieser Prozesse lag. Die Wirtschaftstheorie stellte Instrumente zur Erklärung von Verhalten bereit, das großenteils nicht wirtschaftlicher Natur war. In *Economic as a Science* (1970) diskutierte Boulding die Rolle der Wirtschaftswissenschaften beim allgemeinen Studium der Gesellschaft. Er meinte, daß es nützlich wäre, den Begriff des ›biologischen Profits‹ einzuführen und das ökologische Gleichgewicht im Rahmen der ökonomischen Konzeption der unsichtbaren Hand zu diskutieren. (58) Am wichtigsten vielleicht war, daß Boulding die Bedeutung der Wirtschaftswissenschaften für die Entwicklung einer allgemeinen Werttheorie herausstellte. Er war davon überzeugt, daß eine der Hauptschwächen des modernen Denkens das positivistische Vorurteil sei, welches Werturteile als etwas Gegebenes behandelte, das der rationalen Analyse nicht zugänglich sei. Bouldings Wunsch nach einer breit angelegten und vernünftigen Diskussion von Wertungen hing mit seinen tiefreligiösen Gefühlen zusammen. In ›Einige Beiträge der Ökonomik zur Theologie und Religion‹ konzentrierte sich die Diskussion auf die Frage der Werte:

> Wenn der Ökonom also irgend etwas Besonderes im Bereich der Großen Werte zu sagen hat, dann ist es dies, daß Werte, ob groß oder klein, immer das Ergebnis von Wahlhandlungen sind. Werte ›existieren‹ nicht unabhängig von den Handlungen des Wertenden; es sind Quantitäten, die problemlos als Bewertungshandlungen beschrieben werden können. Der ›Preis‹ eines Gutes ist nicht eine physische Quantität wie sein Gewicht; er ist eine Quantität, die als Handlung beschrieben werden kann, sei es als Austausch- oder Bewertungshandlung, und die ohne einen Handelnden bedeutungslos ist. Der Ökonom verschiebt die Wert-Diskussion deswegen vom Wert als ›Ding‹ zur Bewertung als Handlung. (59)

Für Boulding waren auch religiöse Werte untrennbar mit menschlichen Handlungen in dieser Welt verbunden. Was zählte, war das, was getan wurde; das sei der Kern der Religion. Boulding glaubte jedoch, daß der je ausgewählte Handlungsverlauf eher von den Gelegenheiten abhing, die zur Verfügung standen, als von abstrakten Präferenzen, weil die gleiche Menge von Präferenzen durchaus unterschiedliche Verhaltensweisen hervorrufen konnte, wenn die Handlungsmöglichkeiten sich veränderten. Auf dieser These beruhen alle seine Hoffnungen für diese Welt. Die Menschen waren von Natur aus gut; das Ziel bestand darin, sie mit den Handlungsmöglichkeiten zu versehen, die dieses Gut-sein zu realisieren erlaubten. Die Schaffung solcher Gelegenheiten hing vor allem von einer Vermehrung des Wissens ab.

Aus dieser kurzen Übersicht über die späteren Werke Bouldings ist leicht zu ersehen, wie natürlich seine Aussagen über ein Gebiet in seine Aussagen über ein anderes eingingen. Durch all diese Arbeiten floß das gleiche beherrschende ethische Bemühen. Alles wurde durch eine weite ökologische Auffassung sämtlicher Lebensaspekte zusammengehalten. Wachstum und Entwicklung waren im Grunde evolutionär, sie fanden allmählich und in dem Maße statt, wie die Bevölkerung sich in ihrer Größe und Zusammensetzung veränderte. In Bouldings ökologischem Modell spielte das Wissen, das im Sinnbild repräsentiert war, eine wichtige Rolle, deren Wichtigkeit noch in dem Maße zunahm, wie die Mitglieder einer Bevölkerung sich geistig höherentwickelten. Auf dem höchsten Niveau von Mensch und Gesellschaft fände ein Wandel dann als Ergebnis bewußten Wollens statt:

Mit der Entwicklung des menschlichen Bewußtseins wurde der Entwicklungsprozeß wenigstens zum Teil teleologisch, d. h. von einem Sinnbild der Zukunft in den Köpfen der aktiven Teilnehmer geleitet, die in der Lage waren, das System zu beeinflussen. (60)

Boulding führte seine evolutionären Ansichten in zwei Büchern aus, nämlich *The Meaning of the Twentieth Century* (›Die Bedeutung des Zwanzigsten Jahrhunderts‹) und *A Primer on Social Dynamics* (›Eine Einführung in dynamische Gesellschaftstheorien‹). Das erstere hatte den Untertitel ›Die große Umwälzung‹; darin wurde ausgeführt, daß die Gesellschaft im zwanzigsten Jahrhundert einen fundamentalen Wandel von einem ›zivilisierten‹ zu einem ›post-zivilisierten‹ Zustand durchlief – also einem Zustand sehr hoher technologischer Entwicklung. Boulding benannte drei große Zeitalter des Menschen. Das erste war die Präzivilisation, in welcher die Menschen auf einem Subsistenzniveau als Sammler und Jäger lebten. Zwischen 8000 und 3000 v. Chr. begann eine große Umwandlung, die in einem zweistufigen Prozeß die zivilisierte Gesellschaft hervorbrachte. Zuerst kam die Erfindung der Landwirtschaft, die einen Teil der Bevölkerung von der Notwendigkeit der Nahrungsbeschaffung befreite. Dies wiederum führte zur Entstehung von Städten. In der Zivilisationsperiode, die vielleicht 5000 Jahre dauerte, waren zwischen 75 und 80 Prozent der Leute Bauern, die den Rest mit der überschüssigen Nahrung versorgten, die dieser sich durch irgendeine Form des physischen oder geistigen (priesterlichen) Zwanges beschaffte. Irgendwann im Mittelalter begann sich das alles unter dem Einfluß der Technologie zu verändern. Während die Bevölkerung rasch zunahm, sank der Teil der Bevölkerung, der für die Nahrungsmittelproduktion benötigt wurde. Eine Tauschwirtschaft begann das alte Zwangssystem der wirtschaftlichen Ausbeutung abzulösen. Der Lebensstandard stieg.

Boulding behauptete, daß diese zweite große Umwandlung von der zivilisierten zu einer post-zivilisierten Welt sich eigentlich erst richtig im zwanzigsten Jahrhundert bemerkbar machte. Eine Welt des Wohlstandes, der Gerechtigkeit und der persönlichen Erfüllung sei in Reichweite. Der Fortschritt hin zu einer post-zivilisierten Gesellschaft sei jedoch nicht unvermeidlich. Kriege, Übervölkerung und die Erschöpfung der natürlichen Rohstoffe seien Gefahren, die die Gesellschaft zerstören könnten und die von der Gesellschaft deswegen bewußt vermieden werden müßten. Die erfolgreiche Bewerkstelligung der großen Umwandlung hänge von Leuten mit aufgeklärten Sinnbildern der Zukunft und einem Bewußtsein der auf dem Weg lauernden Gefahren ab. Für Boulding gehörten zu diesen Leuten Pierre Teilhard de Chardin, Aldous Huxley und H.G. Wells; diese bildeten zusammen ein unsichtbares Kollegium, das fähig war, das Schicksal des Menschen optimal zu gestalten. Für dieses unsichtbare Kollegium, so Boulding, sei er ein furchtloser Propagandist.

Die dem Buch *The Meaning of the Twentieth Century* zugrundeliegende These war die, daß die Entwicklung der menschlichen Gesellschaft ein evolutionärer Prozeß sei, der aus der Zunahme des Wissens resultiere. Die Entdeckung der Landwirtschaft, die Erfindung neuer Formen der gesellschaftlichen Organisation, die Entwicklung der Technologie – all dies war ursächlich für die Entwicklung des Menschen von der Prä- zur Post-Zivilisation. Boulding hielt diese Geschichtsauffassung für eine grundsätzliche Gegenposition zur dialektischen Interpretation, die Marx in seiner Theorie des historischen Materialismus vorgelegt hatte. Marx sah die Geschichte als eine Abfolge von Wirtschaftsformationen, von denen jedes sich aus einer gewaltsamen Konfrontation zwischen gegensätzlichen Interessen entwickelte, die im vorangehenden System angelegt waren. Es wurde also unterstellt, eine primitive Form des Kommunismus habe zum Aufstieg einer Sklavenhaltergesellschaft geführt, die irgendwann einmal zum Feudalismus hinführte, der seinerseits vom Kapitalismus abgelöst wurde. Marxens Analyse – und Angriff – konzentrierte sich auf das kapitalistische System; im Kapitalismus würde, so Marx, das Elend der Arbeiter so schlimm werden, daß sie sich notwendig gegen die herrschende Klasse der Produktionsmitteleigentümer erheben und diese umstürzen würden, um dann ein für allemal eine kommunistische Gesellschaft zu errichten.

Boulding stimmte nicht nur mit Marxens Voraussagen nicht überein, sondern lehnte auch dessen Begriff des dialektischen Konflikts als bedeutsamer und positiver Kraft in der Menschheitsgeschichte ab. Seine ›Einführung in dynamische Gesellschaftstheorien‹ war ein Angriff auf die Dialektik von Marx. Boulding behauptete, daß es im Drohsystem einer Gesellschaft zwar grundsätzlich dialektische Elemente gäbe, daß diese aber relativ unwichtig im Tauschsystem seien und fast keine Rolle im integrativen System spielten. Alle drei gesellschaftlichen Organisationskräfte waren in der Tat Aspekte des fundamentalen Lernprozesses, der der gesamten Menschheitsgeschichte zugrunde lag. Der dialektische Prozeß förderte nicht den Wissensfortschritt, sondern hemmte ihn, weil dialektische Kämpfe den Menschen daran hinderten, Wissen durch direkte oder wissenschaftliche Methoden anzusammeln; Boulding zufolge bedeuteten diese Kämpfe ›einen Schritt zurück in Richtung auf die Erprobung von Sinnbildern am Erfolg ganzer Kulturen statt durch die Überprüfung des Wissens selbst‹. (61)

Angesichts der Überzeugung Bouldings, daß die Mehrung des Wissens der entscheidende Faktor für den gesellschaftlichen Fortschritt sei, kann es kaum überraschen, daß er den revolutionären Wandel auf den Status bloßer Ereignisse auf der Oberfläche eines größeren Entwicklungsmusters reduzierte. Was wirklich zählte, war die Summe des menschlichen Wissens, d. h. die Noosphäre. Nur durch eine Ausdehnung der Noosphäre würde der Mensch in der Lage sein, sein eigenes Schicksal zu bestimmen und das menschliche Abenteuer wirklich zu einem teleologischen zu machen. Bouldings Vision ist zwar hinreißender, abstrakter und religiöser als diejenige, sagen wir, von John Kenneth Galbraith und seiner im wesentlichen politischen Auffassung der Rolle des Wissens und der Wissensproduzenten, aber dennoch sprechen sie über das gleiche: Die Industriegesellschaft hat für ihre intellektuellen und wissenschaftlichen Zwecke eine Gruppe von Gelehrten und Intellektuellen hervorgebracht, die das Monopol ›des Systems‹ auf gesellschaftliche Zwecksetzungen in Frage stellen kann. In einem Zeitalter, in dem die Technologie alte Sozialstrukturen zertrümmert und durch Kriege Zerstörungen bewirkt hat und heute sogar die globale Umwelt bedroht, bleibt der Glaube an das Wissen als Quelle der Rettung eine gemeinsame Hoffnung der Intellektuellen.

Bouldings besonderer Beitrag bestand darin, das moderne ökonomische und wissenschaftliche Wissen mit moralischen Inhalten versehen zu haben. Er hat sich nicht nur bemüht, Wissenschaft und Religion zu vereinen, sondern sie auch in seinem privaten und öffentlichen Leben zu verkörpern. Seit dem Zweiten Weltkrieg war die Antikriegsbewegung ein vorrangiges Ziel seiner öffentlichen Aktivitäten. Im April 1958 begründete er in Ann Arbor eine Gebetsnachtwache als Protest gegen die andauernden Atombombentests. Zwei Jahre später nahm er mit Tausenden Quäkern an einer Friedensnachtwache vor dem Pentagon teil. Von Anfang an war er gegen den

Vietnamkrieg, und im Jahre 1965 beteiligte er sich an der Planung und Durchführung des ersten Antikriegs-teach-in. 1966 war Boulding als Delegierter des Weltkirchenrates für die Weltkirchenratskonferenz in Genf, wo er als ein führender Ökonom gefeiert wurde, der zugleich praktizierender Christ war.

Im Jahre 1968 wurde Boulding zum Präsidenten der American Economic Association ernannt. In jenem Jahr war dies eine schwierigere Aufgabe als sonst, weil das Jahrestreffen der Vereinigung in Chicago stattfinden sollte. Angesichts des mit Tumulten verbundenen Bundesparteitages der Demokraten und der Polizeieinsätze gegen Anti-Kriegs-Demonstranten wollten viele Ökonomen den Ort der Veranstaltung verlegen. Es gab eine lebhafte Kontroverse, aber es war Bouldings Aufgabe, die Entscheidung zu treffen. Nachdem er sein Gewissen gründlich erforscht hatte, überraschte er viele seiner Kollegen mit seiner Entscheidung, beim alten Plan zu bleiben; er meinte, es entspreche nicht der Tradition der Vereinigung, einseitige politische Aktionen dieser Art vorzunehmen.

1967 nahm er sein Forschungsfreijahr und ging von Michigan als Gastprofessor und Direktor des Forschungsprogramms für dynamische Sozial- und Wirtschaftsstudien an das neue Institut für Verhaltenswissenschaften der Universität von Colorado. Die Stadt Boulder und die Berge gefielen ihm, und er war etwas unglücklich über die mangelnde Unterstützung, die ihm seiner Ansicht nach an der Universität Michigan für seine verschiedenen systemtheoretischen und Friedensforschungsprojekte zuteil geworden war. Im darauffolgenden Jahr wurde er permanentes Mitglied des Lehrkörpers der Universität von Colorado und war sehr zufrieden, mit seiner Arbeit so weitermachen zu können, wie er es wollte.

X

Innerhalb der Zunft der Ökonomen wird Boulding als so etwas wie ein Ketzer angesehen, aber als ein im Grunde harmloser. Als Person ist er vielen seiner Kollegen sehr sympathisch; man nimmt vor ihm den Hut ab wie vor einem, der versucht, den Berufsstand zu erhöhen und zu verbessern. Aber als Ökonom an sich, gemessen an den gegenwärtigen Kriterien der Zunft, wird er nicht gerade völlig ernst genommen. Eine solche Herablassung wird kaum anhalten. Seine frühen Arbeiten zur Preistheorie und zur Theorie der Unternehmung sind zu gut, als daß sie dauernd vernachlässigt werden könnten. Seine Betonung ethischer Werte und seine Arbeiten zur Organisationstheorie, zur Systemtheorie und zur Natur des Konflikts haben die Wirtschaftswissenschaften sicher bereichert. Seine Arbeiten zur Übertragungsökonomik – nicht gerade der glücklichste Name für das, worum es ihm geht – haben ein fruchtbares neues Feld eröffnet für eine Zeit, in der die Rolle des Marktes zurückzugehen scheint.

Obwohl Boulding die meiste Zeit seines Lebens an den Grenzlinien der Wirtschaftswissenschaften gearbeitet hat, ist der Preis, den er für diesen scheinbaren Dilettantismus zahlen mußte, nicht hoch gewesen. Seine akademische Karriere war so erfolgreich wie man sie sich nur wünschen kann, er konnte die Arbeiten schreiben, die er schreiben wollte, er konnte veröffentlichen, was immer aus seinem voluminösen Füller herausfloß, und er war Präsident der angesehensten Vereinigung seiner Disziplin. In bezug auf seine pazifistischen Aktivitäten sagt Boulding, es habe Zeiten gegeben, wo er grundsätzliche Entscheidungen treffen mußte, ›aber ich bin sicher, daß ich dafür im Himmel nicht viel Lob bekommen werde, denn wirklich – jedesmal, wenn ich ein edelmütiges Opfer gebracht habe, habe ich einen besseren Job bekommen‹. Sein ganzes Leben ist wirklich eine begeisternde Geschichte der tolerierten Ketzerei, der anerkannten Kreativität und der belohnten Tugend.

Indem er es akzeptierte, sich durch seine Religion leiten zu lassen, hat Boulding in der Tat seine Arbeit als Ökonom auf das konzentriert, was zweifellos das entscheidendste ungelöste Problem unserer Zeit ist – nämlich den Krieg, das historische Pseudoheilmittel der Menschheit gegen gesellschaftliche und wirtschaftliche Übel. Unvermeidlicherweise sind Kriegsbefürchtungen inmitten ökologischer Bedrohungen, umkämpfter Zugänge zu den beschränkten Rohstoffen der Welt, hoher Inflationsraten, zunehmender Arbeitslosigkeit, Hunger in den armen Ländern und eines drohenden Zusammenbruchs des Weltwährungssystems wieder im Ansteigen begriffen. ›Ist es nicht tragisch‹, fragt der pakistanische Finanzminister Mubaschir Hasan, ›daß nur dann, wenn die Nationen sich auf Kriege eingelassen haben, es plötzliche Schübe kreativer Aktivitäten an der Produktionsfront gegeben hat? Männer und Frauen haben Tag und Nacht geschuftet, statt nur fünf Tage in der Woche zu arbeiten, und haben technologische Durchbrüche erzielt, welche die Produktion ungeheuer vorangetrieben und dazu beigetragen haben, neue Perioden erhöhter Produktivität herbeizuführen.‹ (62) Ist man dabei, Bouldings ›Badewanne‹ noch einmal zu entleeren?

Und ist das der Menschheit häßliches kleines Geheimnis – daß wir tatsächlich Kriege brauchen, um schöpferische Aktivitäten und sozialen Zusammenhalt zu fördern, um all das in uns zu inspirieren und zu entwickeln, was in uns am ›besten‹ ist? Viele Gelehrte – und nicht nur Karl Marx – haben so gedacht. Zum Beispiel folgerte Everett E. Hagen vom Massachusetts Institute of Technology in seiner Studie über Japan, daß die militärische Bedrohung einer Nation ein mächtiger Anreiz für das Wirtschaftswachstum sein könne, wenn sie mit internen Kräften kombiniert werde, die in Richtung auf technischen Fortschritt drängen. Das ist kein neuer Gedanke. Schon die alten Klassiker betonten gebührend die Rolle der Bedrohung durch Feinde als Entwicklungshelfer für den Genius einer Nation. Diese tragische Ironie ist immer noch unter uns. Das Forschungsprojekt mit dem dramatischsten Erfolg in diesem Jahrhundert war das Projekt *Manhattan,* in dem das Können vieler brillanter Wissenschaftler zusammengefaßt und zu dem Zweck koordiniert wurde, die amerikanische Atombombe zu entwickeln, bevor es die Nazis hätten tun können. Auf der anderen Seite verdanken die großen Innovationen der Kriegszeiten ihre Entstehung den großen wissenschaftlichen Fortschritten in der Physik, Chemie, den Ingenieurwissenschaften, den Erdwissenschaften, der Biologie und der Mathematik, die dem Krieg um Jahrzehnte vorausgingen. (63) Die Einsteins, Lawrences, Fermis und von Neumanns brauchten nicht den Krieg, um sich für ihre Suche nach Erkenntnis inspirieren zu lassen.

Gleichwohl ist es aber wahr, daß die Nationen durch den Zweiten Weltkrieg aufgestachelt wurden und fruchtbare menschliche Aktivitäten ihm folgten. Internationale Organisationen wurden geschaffen, um den Handel auszudehnen, die Beschäftigung hochzuhalten und das Realeinkommen zu sichern, um Verzerrungen in den Zahlungsbilanzen zu korrigieren und um Wirtschaften wieder aufzubauen und auf einer Basis erhöhter Gerechtigkeit und Gleichheit zu entwickeln. Der Krieg eröffnete eine Ära des Wachstums; aber nun scheint die Nachkriegszeit sich erschöpft zu haben und verwandelt sich unmerklich und schrecklich in etwas, das wie eine Vorkriegszeit aussieht. Bereitet sich die Menschheit wieder auf eine dieser schwarzen Nächte der Neuschöpfung vor? Im nuklearen Zeitalter möge Gott das verhindern. Der pakistanische Minister drückte es so aus:

> Die Frage, vor der die Welt heute steht, lautet, ob die Zerstörungen und das Blutvergießen, die ein globaler Konflikt fordern würde, wirklich eine Vorbedingung für die Ankurbelung der nationalen Produktionstätigkeit und für eine Umstrukturierung der Weltwirtschaftsordnung auf einer gerechteren Basis darstellen. Müssen die Nationen erst diese schrecklichen Opfer an Leben und Vermögen bringen, bevor sie sich zu den schwierigen Entscheidungen durchringen, die allein die Menschheit vor Hunger und Tod retten könnten? (64)

Doch heute kann sich die Welt ihren historischen Blutsritus als Frühlingsvorspiel für eine neue Wachstumsära nicht mehr leisten. Die Gefahren für die Menschheit und die Umwelt sind zu groß. Die Nationen müssen sich vielmehr zu der schwierigen Aufgabe bequemen, einen Weg zu finden, um die begrenzten Ressourcen der Erde gerechter aufzuteilen und um das Einkommen, das Kapital und das Wissen auf gerechtere Weise zu verteilen. Das ist nicht nur ein Wettkampf zwischen den Reichen und den Armen, wie es die allzu vereinfachende Redeweise der Nachkriegszeit unterstellt hat und es immer noch tut. Vielmehr ist die Zeit für die Erkenntnis gekommen, daß es Ungerechtigkeit nicht nur zwischen arm und reich, sondern auch zwischen Ölländern und Nicht-Ölländern, zwischen Ländern mit viel Nahrung und solchen ohne Nahrung geben kann, und daß solche Ungerechtigkeiten nicht nur zwischen, sondern auch innerhalb der Staaten existieren. Viele der armen Länder vernachlässigen grausam ihre eigenen Armen.

Kenneth Boulding wollte uns beibringen, daß wir lernen müßten, auf der Erde zusammenzuleben. Er verknüpft die wissenschaftliche und technologische Gegenwart mit einer süßeren und einfacheren, humaneren und göttlicheren Vergangenheit. Aber wir werden darniedergehalten durch unsere menschliche Vergangenheit, unsere gemeinen Antagonismen, durch die Starrheit unserer Gewohnheiten und die Schwäche unserer Hoffnung.

In dem mittelalterlichen Mysterienspiel ›Die Erschaffung von Adam und Eva‹ sagt Gott:

> Denn es gäbe nichts Vollkommenes, wenn nicht etwas geschaffen wäre, dem es obläge; nur aus Liebe habe ich die Welt geschaffen, und deswegen soll die Liebe darin zum Ausdruck kommen. (65)

Auf wilde, mutige, vielleicht verrückte, aber auf die freundlichste Art hat Boulding uns die Ökonomik der Vervollkommnung des Menschen und von Gottes irdischem Reich vermacht.

E PLURIBUS UNUM

Ob ich weiß, was Reis ist?
Ob ich weiß, wer das weiß!
Ich weiß nicht, was Reis ist,
ich kenn' nur seinen Preis.

Ob ich weiß, was der Mensch ist?
Ob ich weiß, wer das weiß!
Ich weiß nicht, was der Mensch ist,
Ich kenne nur seinen Preis.

Bertolt Brecht

I

Die Ökonomen sind in der Öffentlichkeit selten sehr beliebt gewesen. Das ist eigenartig, haben sie doch seit jeher betont, daß ihr Gegenstand die Verbesserung der menschlichen Wohlfahrt sei. Gleichwohl nannten die Kritiker sie oft eine herzlose Clique, die sich damit zufrieden gebe, innerhalb der gegebenen Ordnung das Soll und Haben auszurechnen, während ein so großer Teil der Menschheit leidet und stirbt, und die großen Sünden der Gesellschaft weder untersucht noch korrigiert werden.

Sicherlich hatte das öffentliche Ansehen der Ökonomen seine Hoch- und Tiefpunkte. In den ersten beiden Jahrzehnten nach dem Zweiten Weltkrieg – einer Periode des raschen und stetigen Wachstums, hoher Beschäftigung und steigenden Wohlstandes in den Vereinigten Staaten und in den meisten anderen Ländern – erreichte das Prestige der Wirtschaftswissenschaftler einen nie gekannten Höhepunkt. Aber in jüngerer Zeit hat der einst übertrieben gute Ruf der Wirtschaftswissenschaftler etwas gelitten. Im allgemeinen (Boulding und Galbraith waren darin Ausnahmen) sahen sie die Zerstörung der Umwelt nicht voraus, die sich aus der wachsenden Produktion, dem Bevölkerungswachstum und dem technischen Fortschritt ergab. Noch sahen sie die Auswirkungen des schnellen Wirtschaftswachstums auf die Lebensqualität in den Städten voraus.

Die Ökonomen befaßten sich vor allem mit dem wirtschaftlichen Wachstum und der Vollbeschäftigung, doch die beunruhigende Lektion des zurückliegenden Jahrzehnts ist die, daß Wachstum und Vollbeschäftigung keine Antworten auf die Probleme der Vereinigten Staaten oder anderer fortgeschrittener Industriegesellschaften sind. Der steigende Reichtum, die zunehmende Macht der Wirtschaftsorganisationen, die Weigerung der Gesellschaften, Massenarbeitslosigkeit hinzunehmen, nachdem das keynesianische Rezept einmal vorhanden war – das zusammen hat die Inflation zu einem chronischen Problem des Westens gemacht. Der zunehmende Überfluß war zwar angenehm für diejenigen, die davon profitiert haben, aber die Nebenwirkungen zeigten sich in einer Verschärfung sozialer Unzufriedenheit und antisozialen Verhaltens innerhalb der entwickelten Länder und in einem zunehmenden Antagonismus zwischen den reichen und den armen Ländern.

Erst gestern führten Nazismus und Faschismus, deren Nährboden die wirtschaftliche Unsicherheit war, zum schrecklichsten Kriege in der Geschichte. Zunehmende Spannungen in Afrika, im mittleren Osten, in der Karibik und sogar in Westeuropa erinnern deutlich daran, daß die Erhaltung der politischen und wirtschaftlichen Freiheit – und auch des Friedens selbst – wesentlich von der wirtschaftlichen Sicherheit und Zufriedenheit abhängen. Was uns betrifft, so droht als langfristige Gefahr vor allem der Konflikt zwischen reichen und armen Ländern. Die Völker werden ›Freiheit‹ nicht als Ersatz für Nahrung, Kleidung, Unterkünfte und ein gewisses Maß an Sicherheit hinnehmen. In der Tat liegt ein grausamer Widersinn darin, daß politische Repression zur Verteidigung der ›Freiheit‹ eingesetzt wird, weil die arbeitende Bevölkerung Arbeitslosigkeit und zügellose Inflation nicht hinzunehmen bereit ist: das ist die Lehre aus dem Fall Chiles nach 1973. Unmittelbar nach dem Sturz des marxistischen Präsidenten Salvador Allende Gossens versuchte die chilenische Junta, die wirtschaftlichen Schwierigkeiten durch die Anwendung der von Milton Friedman vorgeschlagenen marktwirtschaftlichen und monetaristischen Rezepte zu lösen. Bei der Anwendung dieser Politik machte die Junta die Massenmedien mundtot, verbot die politischen Parteien und schränkte die Gewerkschaften ein.

Kapitalismus und Freiheit sind nicht gerade unzertrennlich. Wirtschaftliche Institutionen existieren nie in einem politischen Vakuum; jede Wirtschaft ist in einer besonderen politischen Kultur eingebettet. Im neunzehnten und frühen zwanzigsten Jahrhundert gab es eine Zeitlang in England und in den Vereinigten Staaten die Illusion, daß die Wirtschaftswissenschaften sich aus der Politik heraushalten könnten – eine Folge der ungewöhnlichen Schönwetterperiode des Laissez-faire-Kapitalismus, die nun verflogen ist.

Gegenwärtig gibt es eine große Gewissenserforschung unter den Ökonomen bezüglich der philosophischen und methodologischen Grundlagen ihrer Disziplin. Viele Ökonomen von heute würden immer noch daran festhalten, daß die Wirtschaftswissenschaft einfach eine Menge analytischer Techniken ist, die auf bestimmte Aspekte der Produktion, der Verteilung, des Austausches und der Konsumtion angewendet werden können. Sie würden darauf beharren, daß die Wirtschaftswissenschaften darauf abzielen, die Effizienz des Ressourceneinsatzes zu verbessern und die Ziele zu verwirklichen, die von den Individuen, Unternehmen oder Regierungen angestrebt werden, daß aber die Ökonomen an sich die Ziele für die Gesellschaft nicht im einzelnen darlegen können. Ihre Wissenschaft, daran würden sie festhalten, gibt ihnen dafür keine Möglichkeiten und keine besonderen Qualifikationen an die Hand, und es wäre elitär oder autoritär, wenn sie es versuchen würden.

Daß die Ökonomik wertfrei sein könne oder solle, ist eine sterile Auffassung, die weder von Boulding noch von Galbraith, Leontief oder Samuelson, ja implizit nicht einmal von Friedman geteilt wird, von denen alle ausgeprägte, wenn auch unterschiedliche Wertauffassungen vertreten, die sie auch im Namen der Gesellschaft geltend zu machen bereit sind.

Ein noch stärkeres Beharren auf einer bestimmten Menge von Werten, besonders den Werten der gesellschaftlichen Gerechtigkeit und der Gleichheit der Einkommensverteilung kommt heute von den ›radikalen Ökonomen‹, die oft Schüler von Marx sind, die in der Regel aber gegen eine autoritäre politische Herrschaft opponieren. Sie lehnen die selbstzufriedene Hinnahme des bestehenden amerikanischen politisch-ökonomischen Systems – wie sie es nennen – durch die sogenannten Ökonomen des Establishments bzw. der herrschenden Lehre ab.

Von unseren fünf Ökonomen steht nur Samuelson im Zentrum der herrschenden Lehre. Friedman steht rechts davon; Galbraith und Leontief haben sich nach links verschoben und stehen jetzt den radikalen bzw. den Ökonomen der neuen Linken ziemlich nahe. Boulding, mit seinem religiösen Glauben an die Liebe und die Vervollkomnung des Menschen steht den Radikalen und ihrer Dialektik fern (er lehnt den Konflikt als eine schöpferische Kraft ab). Aber Boulding ist trotz seiner Freiheitsliebe ein weites Stück von Friedmans Fixierung auf den Markt als Quelle alles Guten oder von Samuelsons Agnostizismus und Bereitschaft, sich innerhalb der Grenzen der traditionellen Wirtschaftswissenschaften einzurichten sowie von seinem Mangel an interdisziplinärem Eifer oder Hoffen, entfernt.

Die radikalen Ökonomen behaupten, daß die berufsmäßig unterkühlten und neutralen Ökonomen des Establishments wissend oder unwissend dazu beigetragen haben, Institutionen zu unterstützen, die den Wohlhabenden und den privaten Konzernen dienen, nicht aber dem breiten öffentlichen Wohl. Die Radikalen werfen der herrschenden Wirtschaftswissenschaft vor, sie sei die Ökonomik der Bourgeoisie. Galbraith, der den Radikalen in diesem Punkte nahesteht, macht den Ökonomen des Establishments den Vorwurf, sie seien keine weltlichen, sondern bourgeoise Philosophen, die in Bann gehalten werden – und dabei mithelfen, daß auch das gewöhnliche Volk in Bann gehalten wird – von ihren ausgefeilten Glaubenssystemen, die sie als ökonomische Wissenschaft maskieren.

Der Keynesianismus, der als Doktrin einmal so revolutionär schien, wird von den Radikalen nur als ein Mittel der Stabilisierung des Kapitalismus angesehen. Diese Doktrin berühre nicht die Machtstruktur, die die Gesellschaft im Interesse der Mächtigen formt, d. h. im Interesse jener, die die großen Konzerne und durch sie die Regierung und das Volk kontrollieren.

Aber es sind nicht nur die Radikalen, die spüren, daß das Zeitalter des Keynesianismus vorüber ist. Sir John Hicks, ein Nobelpreisträger für Wirtschaftswissenschaften, hat den Gedanken vorgebracht, daß das dritte Viertel des zwanzigsten Jahrhunderts tatsächlich das Zeitalter Keynes' gewesen sei, eine Epoche des langanhaltenden Booms, der in der Stagnation und in hoher Inflation endete. (1) Hicks nannte das zweite Viertel das Zeitalter Hitlers, die Epoche des Faschismus, des Krieges und des Völkermordes. Das erste Viertel des Jahrhunderts, das Hicks nicht benannt, war vielleicht die Epoche Henry Fords, das Zeitalter des ungezähmten Industriekapitalismus, der Massenproduktion und des Massenkonsums.

Offensichtlich ist kein Quartal das frei schwebende Produkt eines einzelnen Mannes, der ihm seinen Stempel aufgedrückt hat. Vielmehr scheint jede Epoche eine Gegenbewegung zu der ihr vorausgehenden zu sein. Das Zeitalter des Totalitarismus und des Krieges des zweiten Quartals war demnach die Folge des Zusammenbruchs der alten industriellen Ordnung und der Massenarbeitslosigkeit, welche die Laissez-faire-Ökonomik nicht beheben konnte. Das dritte Vierteljahrhundert, das Zeitalter von Keynes, war dann die Gegenbewegung zu den Katastrophen des zweiten, also der Versuch der kapitalistischen Demokratien, eine Wiederholung der Massenarbeitslosigkeit ohne Rückgriff auf Faschismus oder Krieg zu verhindern. Zumindest während der ersten Hälfte der dritten Epoche war die keynesianische

Revolution ein großer Erfolg; während der 50er und größtenteils auch noch der 60er Jahre erlebte die industrialisierte Welt das, was die Ökonomen eine ›lange Welle‹ der Expansion nennen, in der die Rezessionen schwach und kurz ausfielen.

Es ist eine offene Frage, wieviel von dem langen Nachkriegsboom der keynesianischen Wirtschaftspolitik zugeschrieben werden kann. Einige Länder wandten sie an, andere nicht. Aber wie Professor Hicks herausstellt, war die Wirkung der Länder, die eine keynesianische Wirtschaftspolitik betrieben offensichtlich so stark, daß sie ausreichte, einen allgemeinen Boom auszulösen. Natürlich gab es noch andere Faktoren, die den Boom miterklären, so besonders die Verbindung eines beschleunigten technischen Fortschritts mit einer erhöhten ›sozialistischen‹ Nachfrage der Nationen nach öffentlichen Gütern (nicht nur sozialpolitische Programme, sondern auch militärische Abenteuer in Korea und Vietnam, große Rüstungsprogramme und solche quasimilitärischen Entwicklungen wie die Nuklearenergie und das Weltraumprogramm).

Wie dem auch sei, nach Meinung vieler Leute war der lange Nachkriegsboom eng mit der neuen keynesianischen Doktrin verbunden. Dies war die Ursache des steigenden Ansehens der neuen Wirtschaftslehre; in den Vereinigten Staaten erreichte dieses Ansehen zu Ende der Kennedy- und zu Beginn der Johnson-Regierung einen Höhepunkt. Auf gleiche Weise geriet die keynesianische Wirtschaftspolitik jedoch mit dem Zusammenbruch des Booms und dem Ansteigen der Inflationsraten unter heftigen Beschuß. Viele Ökonomen vertreten die Auffassung, daß die keynesianischen Lehrmeinungen im wesentlichen so ausgerichtet seien, daß man mit ihnen das Problem der Depression dann in den Griff bekommen könne, wenn hohe Arbeitslosigkeit mit einer Deflation und nicht (wie jetzt) mit einer Inflation einhergeht. Sie meinen, daß das keynesianische Hauptinstrument der ›Nachfragesteuerung‹ für die Behandlung der Stagflation – d. h. der Kombination von Stagnation und Inflation – nicht mehr ausreichend sei.

Die Stagflation scheint eine stärkere Konzentration auf die Angebotsseite zu erfordern, mit der Absicht, die Verfügbarkeit der Ressourcen und der Produktionsfaktoren zu erhöhen. Dies bedeutet aber nicht, daß die Bemühungen, die Gesamtnachfrage zu steuern, aufgegeben werden sollen. In Wirklichkeit geht es den Ökonomen darum, auf beiden Seiten der gesamtwirtschaftlichen Angebots-Nachfragegleichung handlungsfähig zu sein. Die Wirtschaftspolitik muß sich auf strukturelle Wirtschaftsprobleme konzentrieren, z.B. auf Programme der Berufsaus- und -weiterbildung, der Erhöhung der Forschungs- und Entwicklungsinvestitionen, der Erhöhung der Rohstoffproduktion, des Umweltschutzes, der Verbesserung der Lebensqualität in Stadtregionen, der Verringerung der Verschwendung von Arbeitskraft (einschließlich jener, die von der Sozialhilfe lebt) und der Verbesserung der Anreize für produktive Wirtschaftsaktivitäten.

›Die Zeit des reinen Keynesianismus ist vorbei‹, meint Neil J. McMullen von der Nationalen Planungsgemeinschaft. (2) ›Was wir benötigen, mag nicht gerade eine Revolution der Wirtschaftswissenschaften sein, aber sicherlich eine Evolution des ökonomischen Denkens – d.h. die Entwicklung einer makroökonomischen Politik, die über das Nachfragemanagement hinausgeht in Richtung auf eine Erhöhung des Angebots und eine Verbesserung der Anreize.‹ Und Robert J. Gordon von der Northwestern University bemerkt: ›Man kann sehr wohl argumentieren, daß die Tage der Stabilisierungspolitik vorbei sind und daß der wirkliche Fortschritt der nächsten zehn bis zwanzig Jahre im Bereich der Steuerung der Ressourcenallokation und der Vermögens- und Einkommensverteilung liegen wird.‹ (3)

In den vergangenen Jahren hat es unter Politikern und in der allgemeinen Öffentlichkeit eine weitverbreitete Antipathie gegen Ökonomen gegeben, deren überwiegende Mehrheit daran festhielt, sich auf die Nachfragesteuerung zu konzentrieren. Diese zunehmende Antipathie war keineswegs nur auf die Vereinigten Staaten beschränkt. In Großbritannien, der Wiege der klassischen und neoklassischen Wirtschaftswissenschaften von Adam Smith bis Lord Keynes, vergab der *New Statesman* 1976 einen Preis für die folgende Definition von 'Ökonom':

> Ein Bewohner des Wolkenkuckucksheims; ein Gelehrter einer veralteten Kunat; ein harmloser akademischer Schaffer, dessen Theorien und Gesetze nur Seifenblasen sind angesichts der Anarchie aus Banditentum, Geiz und Korruption, die in den Geldgeschäften der realen Welt vorherrscht. (4)

Wenn die Ökonomen in den kommenden Jahren ihren guten Ruf in der industrialisierten Welt wiedererlangen wollen, dann müssen sie über die Ökonomik von Smith und Keynes hinausgelangen. Aber viele der führenden Ökonomen zögern noch.

II

Die Führer des wirtschaftswissenschaftlichen Establishments betrachten die Ökonomik immer noch als die Königin der Sozialwissenschaften und als die bei weitem erfolgreichste unter ihnen. Sie behaupten, die Wirtschaftswissenschaft habe diese herausragende Stellung dadurch erreicht, daß sie sich auf Probleme beschränkte, die sie auch lösen konnte.

Professor James Tobin von der Yale Universität meinte, daß der Aufgabenkatalog der Ökonomik sich aus zwei Quellen ableitet: 1. aus exogenen Quellen, d. h. den Problemen der realen Welt, wie z. B. Arbeitslosigkeit und Inflation; und 2. aus endogenen Quellen, d. h. aus der Eigenbewegung der Wirtschaftswissenschaften selbst. (5) Wenn die Ökonomen sich zu sehr um die endlos wechselnden äußeren Probleme kümmern, dann laufen sie Gefahr, den Tageslaunen zu unterliegen; wenn sie sich zu sehr auf interne intellektuelle Probleme konzentrieren, dann laufen sie Gefahr, zunehmend esoterisch und für die Gesellschaft irrelevant zu werden. Tobin meinte, daß es immer dann ein ›goldenes Zeitalter‹ für die Ökonomik gäbe, wenn es zu einer Übereinstimmung zwischen äußerem und innerem Aufgabenkatalog kommt. Eine solche Übereinstimmung habe es gegen Ende des achtzehnten und Anfang des neunzehnten Jahrhunderts gegeben, als die externen Kontroversen in Politik und Wirtschaft über den internationalen Handel, die wirtschaftliche Entwicklung und die protektionistischen Getreidegesetze in England zusammenfielen mit der ‘internen’ Ausformulierung der Theorie des Marktes durch die Ökonomen. Ein weiteres ‘goldenes Zeitalter’ für die Ökonomen gab es in den 30er Jahren, als die Weltwirtschaftskrise mit den Theorien von Keynes, in denen er das Funktionieren der Gesamtwirtschaft erklärte, und mit den statistischen Arbeiten von Simon Kuznets beim National Bureau of Economic Research über die volkswirtschaftliche Gesamtrechnung zusammenfiel.

Steht ein neues goldenes Zeitalter für die Wirtschaftswissenschaft unmittelbar bevor? Die Ökonomen zweifeln daran. Unter den Wirtschaftstheoretikern – besonders unter den jungen – gibt es viel Aufregung über abstrakt-theoretische Themen. Doch diese scheinen sehr weit von den Problemen der wirklichen Welt entfernt zu sein, welche die Ökonomik und andere Disziplinen übergreifen: die Bevölkerungsexplosion, die offensichtliche Machtverschiebung hin zu den ölproduzierenden Ländern, der sich ausweitende Konflikt zwischen den reichen und den armen Ländern, die weltweite Industrialisierung und der Hunger, die Bedrohung der Umwelt und die Erschöpfung der natürlichen Rohstoffe und die Gefahren des Krieges und der nuklearen Katastrophe. Die traditionelle Ökonomik ist schlecht gerüstet für diese Probleme.

Das Auseinanderklaffen zwischen äußerem und innerem Aufgabenkatalog stellt die Ökonomen vor ein Dilemma: ›Ob sie immer mehr über immer weniger zu sagen haben wollen oder... immer weniger über immer mehr‹, wie es Professor Robert Solow vom M. I. T. (Massachusetts Institute of Technology) ausdrückt. Was ihn betrifft, so neigt Professor Solow zur ersten Alternative und meint, daß es den Ökonomen besser anstünde, wenn sie sich bemühten, kompetente Techniker zu sein, ›wie Zahnärzte‹, um einen Ausspruch von Keynes zu verwenden. Aber dies ist eine Wahl, die eine Anzahl von Dissidenten unter den Ökonomen heute als ein Schicksal schlimmer als der Tod ansehen, nämlich als einen Rückzug von den wirklich wichtigen Problemen der Welt.

Wie wir gesehen haben, gibt Galbraith zu, daß die Ökonomen, ›wenn sie dazu entschlossen sind, unbedeutend sein können; wenn sie ein gemütliches Familienleben und regelmäßige Arbeitszeiten vorziehen, können sie ihren Lebensunterhalt weiterhin mit diesem unendlich interessanten Verschleierungsspiel verdienen...‹ (6) Sie können Fragen beantworten, die jedermann, außer Mathematiker und Quizteilnehmer, vermeiden würde. Aber wenn darin ihre ganze Tätigkeit bestünde, dann wären sie ›gesellschaftlich irrelevanter als Keynes' Zahnarzt, denn der würde sich zu einem fachmännischen Rat verpflichtet fühlen, wenn plötzlich, entgegen allen Erwartungen, allen Leuten die Zähne ausfielen.‹ Die Alternative der Ökonomen besteht darin, ihr System zu erweitern, daß es ›die Macht (umfaßt), die sie heute verschleiern‹. (7)

Viele andere Ökonomen, nicht nur die radikalen, haben sich dafür eingesetzt, die Reichweite wie auch die Methoden der Wirtschaftswissenschaften auszudehnen, um zu vermeiden, daß die Ökonomen mit zu enger Perspektive auf die Probleme schauen und zu absurden Resultaten kommen, weil ihr Untersuchungsgegenstand zu eng definiert ist. Zum Beispiel hat Professor Daniel Fusfeld von der Universität Michigan darauf hingewiesen, daß die Ökonomen sich sehr intensiv mit dem *recycling* der arabischen Ölprofite – also mit deren Rückschleusung in den Geldkreislauf – befaßt haben, gleichzeitig aber völlig vernachlässigten, was seiner Meinung nach das eigentliche Problem ist: ›Wie eine Elite die andere ausnimmt, und wie die zweite Elite sich dann zur Wehr setzt.‹ (8) Professor Robert Heilbroner von der New School for Social Research fordert von den Ökonomen ein neues Überdenken solcher Themen wie Bevölkerungswachstum, Sicherungen zur Verhinderung der Umweltkatastrophe, Macht der Konzerne (besonders der multinationalen), Ausbreitung nuklearer Kapazitäten sowie der Möglichkeit, daß die Welt in eine Periode des Niederganges eingetreten ist wie einst das Römische Reich, wo alles langsam zusammenbricht – einschließlich der überkommenen Wertsysteme. (9)

Traditionell ausgerichtete Ökonomen finden derartige Aussagen ziemlich vage und außerhalb des Bereichs der Wirtschaftswissenschaften. Sie bestehen darauf, daß der gegenwärtige Gebrauch der ökonomischen Instrumente zwar begrenzt, aber zumindest doch ›produktiv‹ sei, und sie raten ihrer Zunft dringlich, ihre hart erarbeitete Methodologie nicht einfach wegzuwerfen.

Samuelsons berühmte (manche meinen: berüchtigte) Bemerkung zu diesem Thema ist im letzten Satz seiner Ansprache als Präsident der American Economic Association enthalten: ›Langfristig gesehen arbeitet der Wirtschaftswissenschaftler für die einzige Münze, deren Besitz lohnt – unseren eigenen Applaus.‹ Später sagte er, er habe dies als ›ein Plädoyer (gemeint), die Dinge bei ihrem wirklichen Namen zu nennen ... auch wenn das bedeutet, daß man beim großen Publikum Popularität einbüßt oder gegen ‚den Zeitgeist' anrennt‹. (10)

Professor Solow meint, daß viele Leute die Ökonomen am liebsten mit jenem Betrunkenen vergleichen, der seinen Schlüssel verloren hat und ihn unter der Straßenlaterne sucht, weil er dort wenigstens was sehen kann. Seiner Meinung nach ist dies jedoch ein Witz über diejenigen, die ihn erzählen; denn die Ökonomen *sollten* dort nachsehen, wo sie genügend Licht haben. Andere jedoch, wie etwa Professor Leontief, haben die Nase voll von den ihrer Meinung nach zeitverschwendenden Studien, die nur dazu führen, daß man immer mehr über immer weniger weiß.

Es ist keine Frage, daß das die Zunft der amerikanischen Ökonomen beherrschende Establishment nicht bereit ist, sich zu verändern, sei es in Reaktion auf äußere Kritik oder auf den Druck von Dissidenten, die der Zunft selbst entstammen; und dieses Establishment zieht eine neue Generation nach seinem eigenen Bilde heran. Professor Tobin hat darauf beharrt, daß seine eigene wirtschaftswissenschaftliche Abteilung es zwar verstehe, ›Klempner‹ auszubilden, – d.h. kompetente ökonomische Techniker – daß sie aber nicht in der Lage sei, ›Philosophen-Könige‹ zu produzieren. In jedem Fall zweifelt er den substantiellen Wert solcher ›Philosophen-Könige‹ an: ›Jeder ehrliche Mensch ist seinen Lesern die Erklärung schuldig, warum geglaubt werden müsse, was ich sage‹ meinte Tobin. ›Kann es empirisch bewiesen werden? Kann es beobachtet werden?‹ (11)

Im einzelnen meinte Tobin, daß die Ökonomen, die gerne über ›Macht‹ sprechen würden, eine operational brauchbare Definition dieses Begriffs heranschaffen sollten; jede wirtschaftswissenschaftliche Zeitschrift würde einen solchen Aufsatz gerne veröffentlichen. Bisher sei das noch nicht geschehen, weil es zu schwierig ist – und er selbst hat es versucht.

Aber ist es wirklich so schwierig? Eine Arbeitsdefinition der Macht lautet: Macht sei die Fähigkeit einer Person, eine andere gegen ihren Willen zu einer Handlung zu veranlassen. Könnte eine so definierte Macht gemessen werden im Falle eines Ölkartells, das den ölkonsumierenden Ländern überhöhte Preise aufzwingt? Oder im Falle eines Landes, das das Eigentum eines multinationalen Unternehmens verstaatlicht? Oder im Fall eines anderen Landes, das versucht, die Nationalisierung des Eigentums seiner Multinationalen im ersten Land zu verhindern?

Oder sind das nur Probleme, die von den Ökonomen deswegen nicht gerne behandelt werden, weil sie mit der bestehenden neoklassischen Wirtschaftstheorie und ihren Analysemethoden nicht sauber behandelt werden können? Oder weil, wie Galbraith behauptet, solche Untersuchungen den politischen Frieden stören würden, in dem die meisten Ökonomen gerne leben wollen?

Die Linke behauptet natürlich, daß die Macht bei der wirtschaftlichen Klasse liegt, die die Gesellschaft beherrscht und die Einkommens- und Vermögensverteilung bestimmt, im Gegensatz zu der Grenzproduktivität der Arbeit, des Kapitals und anderer Produktionsfaktoren, wie es die traditionelle Wirtschaftstheorie will. Das ist die Hauptthese von Karl Marx. Es ist nicht gerade eine Neuentdekkung, auch wenn Marx sie vor über einem Jahrhundert gemacht hat. In seiner berühmten Revolutionspredigt von Blackheath, zur

Zeit der Bauernrevolte von 1381, verkündete der Laienprediger John Ball: ›Sie haben Wein und Gewürze und helles Brot; und wir haben Haferkuchen und Stroh und Wasser zum Trinken. Sie leben in Muße und in feinen Häusern; wir haben Leid und Arbeit, den Regen und den Wind der Felder. Und dennoch ist es unsere Arbeit, wir sind es, die diesen Menschen ein so gutes Leben bereiten.‹ (12)

Aber man muß kein Bauernrevolutionär oder Marxist sein, um zu erkennen, daß die Klasse – und die Rasse und die nationale Herkunft – sehr viel mit der Einkommensverteilung zu tun haben, und zwar zu jedem Zeitpunkt wie auch längerfristig. Die konventionellen Ökonomen haben sich während der letzten hundert Jahre zu eng auf die Erhöhung der Effizienz und auf die Ausdehnung der Produktion konzentriert und haben der Verteilung von Vermögen und Einkommen oder der noch umfassenderen Frage der sozialen Gerechtigkeit nur wenig Aufmerksamkeit geschenkt. Sie haben angenommen, daß die Effizienz der offensichtliche (bzw. implizite) Gegenstand ihrer Disziplin sei und daß die Untersuchung der sozialen und wirtschaftlichen Gerechtigkeit jenseits der Grenzen der ›Ökonomik als Wissenschaft‹ liege. Mit ganz wenigen Ausnahmen haben die Ökonomen die Fragen der Gleichheit und Ungleichheit, der Gerechtigkeit und Ungerechtigkeit als Probleme für Philosophen, Juristen oder für die Bürger insgesamt angesehen, nicht jedoch als Fragen, die sie *als Ökonomen* etwas angingen.

Aber solche neueren und gegensätzlichen Arbeiten wie John Rawls ›Eine Theorie der Gerechtigkeit‹ und Robert Nozicks ›Anarchie, Staat und Utopia‹ haben – zusammen mit dem zunehmenden Gerangel und Konflikt in der Welt über Chancengleichheit und gerechtere Einkommensverteilung – den Ökonomen die Notwendigkeit nahegelegt, sich zu diesen kritischen Fragen der Gerechtigkeit und Gleichheit zu äußern, und auch dazu, wie diese Begriffe sich zu anderen ökonomischen Zielen wie Effizienz, Wachstum, Wohlstand und Freiheit verhalten. Wenn es den Ökonomen wirklich darauf ankommt – wie sie sagen –, die Übel der Gesellschaft zu lindern, dann können sie nicht einfach diejenigen Ziele und Werte herauslesen, die bequem in die traditionellen Konzepte und Modelle und Daten ihrer Disziplin passen.

III

Die Ökonomik wurde oft die ›Wissenschaft der Wahlakte‹ genannt. Die klassische Wirtschaftswissenschaft ist ordentlich, bestimmt, gradlinig und klar – wie klassische Musik. Der Professor der konventionellen Ökonomik sagt: Die Produktionsfaktoren sind Boden, Arbeit und Kapital. Die Entscheidungsträger kombinieren die Faktoren, um etwas zu maximieren, sei es die Effizienz, die Produktion, kurzfristige oder langfristige Profite oder das Wachstum. Aber was passiert, wenn Forschung, technischer Wandel, Innovation, neue Ideen, *neues Wissen* (wie es besonders von den Professoren Boulding, Galbraith und Leontief betont wird, wie wir gesehen haben) – wenn also diese Faktoren für die Erhöhung der Produktion und der Produktivität entscheidend werden und dadurch die Natur des zivilisierten Lebens verändern? Der Schwerpunkt verschiebt sich dann von den säuberlich geordneten Produktionsfaktoren zu komplexen und einmaligen menschlichen Persönlichkeiten und – in einer Welt der Konzerne, Regierungsverwaltungen oder Universitäten, wo der kreative Prozeß bis zu einem bestimmten Ausmaß institutionalisiert ist – zu menschlichen Großorganisationen.

Deswegen, so meinen die Kritiker der konventionellen Wirtschaftswissenschaften, müssen die Mauern der Ökonomik eingerissen werden, um die anderen Sozialwissenschaften hereinzulassen. Statt der allzu vereinfachenden Annahme aufzusitzen, der Mensch sei eine Maschine zur Verrechnung von Lust/Schmerz bzw. Profit/Verlust, sollten die Ökonomen die Frage etwas gründlicher untersuchen, warum menschliche Wesen sich so verhalten, wie sie sich verhalten.

Der Bedarf nach einem breiteren und tieferen Analyseansatz in einer Reihe von wirtschaftlichen und gesellschaftlichen Bereichen wird zunehmend erkannt. Die Ökonomen dachten beispielsweise früher, die wesentlichste Aufgabe bei der Modernisierung einer unterentwickelten Wirtschaft bestehe darin, den Kapitalbestand zu erhöhen, sei es durch Kapitalhilfe oder aus internen Quellen. Heute sehen viele ein, daß dies eine lachhaft unzureichende Antwort ist. Die Spannweite gesellschaftlicher, psychologischer, erzieherischer, unternehmerischer, politischer und anderer komplexer Faktoren, die mit dem Prozeß der wirtschaftlichen Entwicklung eines armen Landes verbunden sind, spotten den vereinfachenden Unterstellungen der konventionellen Ökonomik. Und das hartnäckige Andauern der Armut und die Verschlechterung vieler sozialer und umweltlicher Probleme in den reichen, hochentwickelten Gesellschaften sollte die Ökonomen eigentlich veranlassen, die Angemessenheit ihrer Instrumente zur Verbesserung der menschlichen Wohlfahrt – diesem klassischen Ziel der Wirtschaftswissenschaften – in Frage zu stellen.

Meiner Ansicht nach benötigt die Ökonomik zweifellos eine realistischere Konzeption der menschlichen Wohlfahrt, als sie mit den Daten von Pro-Kopf-Einkommen und – Produktion gegeben ist. ›Was macht die Wohlfahrt des Menschen aus?‹, fragte Carlyle im Jahre 1839. Zum Teil die Löhne und die Menge an Brot, die man damit kaufen kann. Aber das sind nur die Präliminarien:

> Kann der Arbeiter darauf hoffen, durch Sparsamkeit und Fleiß einmal Meister zu werden; oder ist ihm eine solche Hoffnung verwehrt? Wie sehen die Beziehungen zu seinem Arbeitgeber aus – gibt es so etwas wie Freundlichkeit und gegenseitige Hilfe oder nur Feindschaft, Opposition und die Ketten der gegenseitigen Notwendigkeit? Mit einem Wort, welchen Grad der Befriedigung kann ein menschliches Wesen in dieser Position zu finden hoffen? Wenn er Hunger leidet, ist seine Befriedigung wahrscheinlich ziemlich gering. Aber selbst bei Überfluß kann seine Unzufriedenheit, sein wirkliches Elend groß sein. Die Gefühle des Arbeiters, ob er meint, gerecht oder ungerecht behandelt worden zu sein; seine gesunde Einstellung, seine Bescheidenheit und sein Wohlstand auf der einen Seite, seine beißende Unruhe, seine Rücksichtslosigkeit, Trinkerei und sein langsamer Verfall auf der anderen – wie sollten Rechnungen und Zahlen all das erfassen können? (13)

In der Tat, wie sollten sie? Unsichtbare, aber wichtige Güter wie Gerechtigkeit und Freundschaft werden von den trockenen Kalkülen der Ökonomik nicht einmal berührt. Aber die Ökonomen fangen an zu erkennen, daß diese Faktoren genauso entscheidend für die menschliche Wohlfahrt sind wie jene Güter, die man etwas bequemer mit Preisschildern versehen kann.

In einem Ansatz, auch für solche Güter Meßgrößen zu entwerfen und auszuarbeiten, haben einige Wissenschaftler versucht, soziale Indikatoren zu entwickeln und sie neben die ökonomischen Indikatoren als Wohlstandsmeßgrößen und Leitgrößen für die Sozialpolitik zu setzen. Das allgemeine Ziel besteht darin, einen numerischen Maßstab bzw. eine Reihe von Maßstäben zu erhalten, die ein Bild von der

Wohlfahrt vermitteln, das wirklichkeitsnäher ist als etwa das Bruttosozialprodukt allein. Paul Samuelson hat in Anlehnung an die Arbeiten von William Nordhaus und James Tobin eine revidierte Version des BSP (Bruttosozialprodukt) vorgelegt, die er den ›wirtschaftlichen Netto-Nutzen‹ nannte; diese Meßgröße berücksichtigt z. B. die Wertschöpfung der Haushaltsarbeit und bringt einige der Unannehmlichkeiten der Urbanisierung wie z. B. Luftverpestung und andere Umweltbelastungen in Abzug. (14)

Die menschliche Wohlfahrt auf diese Weise zu quantifizieren ist unglaublich schwierig, weil die Wohlfahrt ein komplexes kulturelles Bündel darstellt, nicht etwa eine Reihe einzeln aufzählbarer Erscheinungen. Wird die Wohlfahrt z. B. erhöht, wenn die Leute mehr Urlaub haben, aber die Autobahnen verstopft sind, die Strände überlaufen und die Kosten eines Ferienhauses am nahegelegenen Strand verboten hoch sind? Führt ein ›Mehr‹ zu höherer Wohlfahrt oder ein ›Weniger‹? Mehr muß nicht notwendigerweise besser sein, aber weniger auch nicht, wenn es weniger Gesundheit, weniger Bewegungsfreiheit in der Stadt, weniger Musik, weniger Freundschaft, weniger Beschäftigung und wirklich befriedigende Arbeitsplätze bedeutet.

Und es gibt eine weitere große Komplikation: Wohlfahrt ist subjektiv, und die Leute wollen unterschiedliche Dinge. Viele wollen große, schnelle Autos, Elektrogeräte und Kinkerlitzchen, die Annehmlichkeiten eines auffälligen Konsums, sie wollen wilde Tiere erlegen und in Flugzeugen mit doppelter Schallgeschwindigkeit herumfliegen. Andere wollen ein ruhiges Leben und Freiheit von all dem gerade Genannten. Ist es möglich, die bestehende Vielfalt subjektiver Präferenzen mit der Wohlfahrt für alle in Übereinstimmung zu bringen? Garantiert Wahlfreiheit größere subjektive Wohlfahrt für das Individuum oder gar für die Gesellschaft? Was ist, wenn jemand Heroin wählt? Welcher Grad an Freiheit ist für die Menschheit optimal? Jefferson bietet diese Auffassung an, Dostojewski jene, Sartre eine dritte, Camus eine vierte, Leonid Breschnew eine fünfte, Mao Tse-tung eine sechste.

Samuelson, der einen Großteil seines Arbeitslebens damit verbracht hat, die Steine von dem wenig verheißungsvollen Acker der Wohlfahrtsökonomik abzutragen, hat gezeigt, wie die Interaktion der Leute, die ihre subjektiven Präferenzen zu verwirklichen suchen, die Wohlfahrt der Gesellschaft insgesamt erhöht, woraus sich eine

›gesellschaftliche Wohlfahrtsfunktion‹ ergibt, die optimiert werden kann, zumindest theoretisch. Aber Galbraith hat uns vor der Macht derjenigen gewarnt, die den Produktionsprozeß der großen Konzerne unter Kontrolle halten, um andere in einer Weise zu manipulieren, die deren Wohlfahrt *verringert*; er hat den seiner Auffassung nach bestehenden Mythos der Konsumentensouveränität attackiert und behauptet, daß es die großen Produzenten seien, die Souveränität ausübten. Boulding wiederum sieht Liebe und Frieden als die wichtigsten Aspekte der menschlichen Wohlfahrt an.

Die verfälschend einfache Meßmethode der Addition und Subtraktion von Dingen, um das zu bestimmen, ›was den Wohlstand des Menschen ausmacht‹ (Carlyle), scheint tatsächlich bei den Ökonomen einem inhaltsreicheren und besseren Verständnis Platz zu machen, das den einfachen Utilitarismus ersetzt, der so lange die Wirtschaftswissenschaft gekennzeichnet hat. Nach vielen Jahren der Selbstzufriedenheit über den Zustand ihrer Kunst fangen mehr und mehr Ökonomen an, sich umfassendere Fragen darüber zu stellen, was sie tun sollten und wie sie es tun sollten. Dies könnte irgendwann einmal sehr viel damit zu tun haben, wie den Menschen und den Nationen geholfen werden kann, sich rücksichtsvoller und vernünftiger zu verhalten und einander weniger Schaden zuzufügen.

Vielleicht gibt es eine gewisse Gefahr, daß die Wirtschaftswissenschaften – ein zwar begrenztes, aber einige bedeutsame und es auszeichnende Errungenschaften aufweisendes Gebiet – frühzeitig in einem Meer verwandter Disziplinen untergehen wird, bevor es noch einige seiner eher traditionellen Probleme wie die Sicherung von Vollbeschäftigung und Preisstabilität oder die Errichtung einer stabilen, im wesentlichen freien und expandierenden Weltwirtschaft gelöst hat. Doch mir scheint, daß die Anstrengungen zur Lösung selbst dieser herkömmlichen Probleme nicht behindert, sondern nur gefördert würden durch ein besseres Verständnis vieler Sachverhalte, die jenseits der Grenzen der konventionellen Ökonomik liegen.

IV

Um die hochkomplexen Probleme lösen zu können, die in den modernen Gesellschaften in den Vordergrund getreten sind, müssen sich die Ökonomen von der Zwangsjacke befreien, die dem ökonomischen

Denken durch den unkritischen Gebrauch mathematischer Konzepte und Symbole aufgezwungen worden ist. Percy Bridgman, ein hervorragender Mathematiker, Philosoph und Physiker, hat geschrieben, daß – wenngleich es keine scharfe Trennungslinie zwischen ›mathematischer‹ und ›verbaler‹ Ausdrucksweise gibt – unsere traditionellen verbalen Gewohnheiten dennoch ›den höchsten orientierenden und konstruktiven Wert‹ hätten. Die Konzepte, die in der Physik (oder der Ökonomik) tatsächlich verwendet werden und die Operationen, die ihnen Bedeutung verleihen, machen, so Bridgman, nur einen kleinen Teil der großen Menge denkbarer Konzepte und Operationen aus:

> Es ist kein Zufall, daß wir so oft allein durch die sorgfältige Beachtung unserer verbalen Ansprüche in der Lage sind, ein Konzept oder einen Standpunkt zu entwickeln, die für eine ›externe‹ physikalische Situation von Bedeutung sind. Denn unsere verbalen Gewohnheiten haben sich aus einer Millionen Jahre währenden Suche nach angemessenen Methoden entwickelt, die jeweils noch nicht gut genug waren. Offensichtlich ist es für die Ökonomie der geistigen Arbeit wünschenswert, den Gebrauch unserer alten verbalen Gewohnheiten in neuen Situationen soweit wie möglich fortzusetzen, und die Wahrscheinlichkeit zumindest eines Teilerfolges wird durch unsere allgemeine Erfahrung nahegelegt, daß es absolut scharfe Brüche niemals gibt, sondern daß eine Methode, die bisher nicht adäquat war, immer über ihre gegenwärtige Reichweite hinaus mit partieller Gültigkeit extrapoliert werden kann. Gleichermaßen kann man jedoch erwarten, daß die Gültigkeit einer Extrapolation irgendwann einmal aufhört, *so daß man Ungenauigkeiten oder die Unangemessenheit von Konzepten, die durch eine zu unkritische verbale Extrapolation gebildet worden sind, voraussehen kann.* (15)

Bridgman würde es für eine gute Idee halten, alle Konzepte der Physik von einem verbalen Standpunkt aus einer Untersuchung zu unterziehen, um herauszufinden, wie sich jedes Konzept entwickelte, ob sein Nutzen durch seinen Ursprung beschränkt gewesen ist und in welchem Maße es aufgrund seines ›verbalen Dunkelsinns‹ mißbraucht werde. Ich bin davon überzeugt, daß dies in zumindest gleichem Ausmaß auch für die Ökonomik zutrifft, weil – wie John von Neumann und Oskar Morgenstern in ihrer Spieltheorie schrieben – ›unser Wissen über die wichtigen Tatsachen des ökonomischen

Lebens unvergleichlich viel kleiner ist als dasjenige, über das die Physik zu einer Zeit verfügte, als die Mathematisierung dieser Disziplin erreicht wurde‹. Was ist zum Beispiel *Kapital?* Joan Robinson hat darüber eine hochbedeutsame Debatte eröffnet, indem sie zeigte, daß eine bestimmte Gleichung ganz unterschiedliche Ergebnisse zeitigt, je nachdem, wie Kapital darin definiert wird. In solchen Fällen ist die ›Präzision‹ der mathematischen Sprache illusorisch. Der Philosoph Wittgenstein meinte dazu, die gewöhnliche Sprache sei oft ein besserer Führer zum Verständnis neuer und komplexer Probleme als mathematische Symbole, und zwar genau deswegen, weil gewöhnliche Worte etwas vage, allgemein und imstande sind, ihren Bedeutungsgehalt zu verschieben und auf subtile Weise viele der schwierigeren Fragen zu umhüllen, denen die Philosophie – oder Ökonomik – gegenübersteht. (16) Wittgenstein behauptete, daß aus der Illusion, für jedes Wort (oder Symbol) bestehe eine kristallklare, scharf definierte Bedeutung, eine weitere Illusion folge, nämlich die, daß die Umgangssprache Wörter und Sätze benütze, deren Gebrauch unangemessen und etwas unzureichend für ernsthafte Denker sei.

Aber die abstrakte Wirtschaftstheorie ist ein Narkotikum für jene, die in ihrer Schönheit schwelgen – und abgesehen von ihrem ästhetischen Wert mag sie manchmal sogar auch nützlich sein. Es ist praktisch unmöglich, im voraus zu wissen, ob ein Stück abstrakter Arbeit sich als nützlich für die Lösung praktischer Probleme erweisen wird oder nicht. Die Geschichte der Mathematik – wie die der Ökonomik – schließt Fälle beider Art ein. Beispielsweise hat die lineare Programmierung (zu der Samuelson Wesentliches beigetragen hat) sich als äußerst wertvoll für eine ganze Reihe praktischer Probleme erwiesen, z. B. wo ein Erdölkonzern seine Raffinerien ansiedeln soll oder wie die beste Produktmischung für einen Produzenten aussieht. Manche der fortgeschrittenen theoretischen Arbeiten, die heute in der Ökonomik durchgeführt werden, könnten für zukünftige Philosophen oder Wissenschaftler wertvoll sein, auch wenn sie wenig Relevanz für die Probleme der Inflation, der Arbeitslosigkeit oder der wirtschaftlichen Entwicklung haben.

Es gehört zum Wesen der Grundlagenforschung, daß man nicht weiß, wann oder wo der Nutzen anfallen wird. Das gilt besonders für den Ökonomen, der gegenüber dem Naturwissenschaftler insofern im Nachteil ist, als die von ihm aufgestellten Verallgemeinerungen oder ›Gesetze‹ nicht so eindeutig sind. Der Naturwissenschaftler kann seine Theorien oft streng in einem Labor unter kontrollierten Bedingungen testen, aber mit wenigen Ausnahmen ist das Labor des Ökonomen die wirkliche Welt mit all ihren Komplexitäten und experimentellen ›Unreinheiten‹. In dieser Hinsicht unterscheidet sich jedoch die Arbeit des Ökonomen von derjenigen des Naturwissenschaftlers nur dem Grade, nicht der Art nach. Wichtiger ist, daß sowohl der Ökonom wie auch der Naturwissenschaftler an dem schöpferischen Prozeß der Entdeckung der Geheimnisse von Natur oder Gesellschaft beteiligt sind. In der Tat ist das, was die Wissenschaftler tun, eng verwandt mit dem, was ein *Künstler* tut. Der Künstler sucht verborgene Ähnlichkeiten auf und schafft Ordnungen aus dem Chaos. Um mit den Worten des verstorbenen Jacob Bronowski, einem Philosophen der Natur – wie auch der Geisteswissenschaften, zu sprechen:

> Wir schaffen die Natur neu durch den Entdeckungsakt, im Gedicht oder im Theorem. Und das große Gedicht und das grundlegende Theorem sind neu für jeden Leser, und sind doch seine eigenen Erfahrungen, weil er sie selbst neu schafft. Sie sind die Zeichen der Einheit in der Vielfalt; und in dem Augenblick, wo der Sinn dies für sich selbst begreift, sei es in der Kunst oder in der Wissenschaft, setzt das Herz einen Schlag aus. (17)

V

Die Ökonomik mag der Kunst näher sein als der Wissenschaft.

Nicholas Georgescu-Roegen von der Vanderbilt Universität, ein hervorragender Mathematiker und Ökonom, hat die wichtigen Unterschiede zwischen den Modellen der Ökonomik und der Naturwissenschaft herausgestellt. In der Physik, meint er, sei das Modell ein *Recheninstrument,* mit dem der Wissenschaftler die Antwort auf jede Frage berechnen kann, die das physikalische Verhalten des betreffenden physikalischen Systems betrifft; ein solches Modell repräsentiert eine *exakte Blaupause* eines bestimmten Ausschnitts der physikalischen Wirklichkeit. Ein ökonomisches Modell ist jedoch keine exakte Blaupause, sondern, wie Georgescu-Roegen nachweist, ein *analytisches Gleichnis.* (18)

Der Unterschied zwischen einer *Blaupause* und einem *Gleichnis* besteht nach Georgescu-Roegens Auffassung darin, daß jedermann einer Blaupause folgen kann (wie z. B. beim Zusammenbau eines Radioapparates, der als Bausatz gekauft wird) und damit automatisch das erwünschte Resultat erreichen kann; aber niemand, nicht einmal ein vollendeter Ökonom, kann sich auf ein ökonomisches Modell als Anleitung für *automatisches Handeln* verlassen. Ein Gleichnis behauptet eine Ähnlichkeit zwischen zwei im wesentlichen unähnlichen Dingen: hier ist eine Menschenmenge, die um eine Getreidebörse herumschwirrt und verschiedene Mengen von Getreide zu unterschiedlichen Preisen kauft und verkauft; und dort ist ein Paar sich schneidender Angebots- und Nachfragekurven, die eine bestimmte Ähnlichkeit mit dem aufweisen, was um die Getreidebörse herum passiert. Aber die Benutzung des Angebot-Nachfrage-Modells der Ökonomik für praktische Zwecke erfordert nach Georgescu-Roegen ›ein feines Gefühl und viel Spürsinn‹ – ›nennen Sie es eine Kunst, wenn Sie wollen‹. Eine kunstlose Analyse, fügt er hinzu, kann einer Kunst nicht dienlich sein. (19)

In der Physik muß das Modell also exakt sein in bezug auf die genauesten Meßinstrumente, die es zur jeweiligen Zeit gibt, wohingegen es in den Sozialwissenschaften keinen vergleichbaren objektiven Genauigkeitsmaßstab gibt, auch ›keinen Säuretest für die Gültigkeit eines ökonomischen Modells‹. Deswegen kommen die Ökonomen oft zu so weit auseinanderklaffenden Ergebnissen bei im wesentlichen gleichen Daten.

Barbara Bergmann von der Universität Maryland bot dafür in ihrer Rede als Präsidentin der Eröffnungsversammlungen der Eastern Economic Association ein verheerendes Beispiel an:

> In den Wirtschaftswissenschaften gibt es Entwicklungen, die zunächst äußerst vielversprechend aussehen, dann aber oft doch nichts wert sind. Beispielsweise veröffentlichte die Brookings Institution 1971 ein von Gary Fromm herausgegebenes Buch unter dem Titel *Tax Incentives and Capital Spending* (›Steueranreize und Investitionsausgaben‹), in dem von einer 1967 abgehaltenen Konferenz von Experten berichtet wurde. Zu den Fachleuten, die dort zusammengekommen waren, gehörten Robert Hall vom M. I. T. (Massachusetts Institute of Technology) und Dale Jorgenson von Harvard, die ein Arbeitspapier über die Theorie der optimalen Kapitalakkumulation verfaßten, ferner Charles R. Bischoff von der Yale Universität, der ein Arbeitspapier über Verzögerungen bei induzierten Investitionen vorlegte, dann Robert

M. Coen von der Stanford Universität, mit einem Arbeitspapier über den Einfluß des *cash flow* auf das Investitionsverhalten, und schließlich Lawrence R. Klein und Paul Taubman von der Universität Pennsylvania, die ein Papier produzierten, in dem die einschlägige Problemstellung anhand eines vollständigen ökonometrischen Modells untersucht wurde. (20)

Alle diese Arbeitspapiere, so betonte Professor Bergmann, stellten die ›allerbesten Produkte (dar), die die wirtschaftswissenschaftliche Zunft anzubieten hat‹. Aber es gab ein Problem, das Franklin M. Fisher vom M. I. T. als Teilnehmer an der Konferenz so ausdrückte:

> Alle vier Analysen, die in diesem Buch enthalten sind, weisen eine hohe Qualität auf. Jede wendet ein ausgefeiltes ökonometrisches Instrumentarium zur empirischen und theoretischen Analyse eines wichtigen Problems an; jede verfährt auf eine professionelle und überzeugende Weise; jede verbreitet Licht, wo zuvor Dunkelheit herrschte. Wenn es nicht die ungemütliche Tatsache gäbe, daß die vier Analysen sich nun einmal mit demselben Problem befassen, sich in ihren Ergebnissen aber widersprechen, so gäbe es wenig zu diskutieren. Außer diesem Umstand scheint der Beitrag jeder Analyse zur Wirtschaftswissenschaft und zur Wirtschaftspolitik eine sichere Sache zu sein. (21)

Dies ist kein isolierter oder trivialer Fall. Bergmann glaubt, daß die Lösung von besseren Daten abhänge – mehr direkte Wirklichkeitsbeobachtungen aus erster Hand und eine größere Datenproduktion durch Ökonomen, die praktisch die einzigen sogenannten Wissenschaftler sind, die sich damit zufrieden geben, abgestandene Daten aus zweiter Hand zu verwenden, die vorwiegend von staatlichen Stellen für andere Zwecke gesammelt worden sind. Die Ökonomen drücken ihre Augen sogar vor der großen Ungenauigkeit dieser Daten zu, wie Oskar Morgenstern in brillanter Weise in seinem Aufsatz ›Über die Genauigkeit ökonomischer Beobachtungen‹ ausgeführt hat.

Die besten Ökonomen wissen, wie wichtig die Bemühung ist, das Leben direkt zu beobachten und sich auf jede mögliche Art anzusehen, was wirklich vorliegt. Der junge Leontief sandte in China Flugzeuge aus, um die Äcker und Reisfelder zu photographieren; der alte Leontief benutzt seine Augen und Ohren und seine Nase, um die Müllhalden von Tokio, die Zuckerrohrfelder in Kuba, die Fabriken und Eisenbahnen von China zu beobachten, und er hört den Leuten zu. Seinerseits lobt Leontief Marx für seine ›direkte Beobachtung des kapitalistischen Systems‹ im Großbritannien des neunzehnten Jahrhunderts. Samuelson hat angemerkt, daß Arthur Burns empfindsam gewesen sein müsse für den ›Zigarettenqualm‹ in den Verkaufsräumen der Automobilhändler von 1954; Zigarettenqualm kann einen besser – und schneller – informieren, als es die veröffentlichten Daten können. Galbraith reist viel, rollt seine Hosen hoch und macht sich die Füße naß; als er die Untersuchung über die strategischen Bombardierungen leitete, fand er heraus, daß diese Bombardierungen eine viel geringere Wirkung auf das hochentwikkelte Industriesystem Deutschlands hatten als propagiert worden war. Hätten die amerikanische Luftwaffe und das Weiße Haus sich nur an diese Studie erinnert – dann hätten sie erkennen können, wie viel schwieriger es sein würde, den Widerstand in einem rückständigeren agrarwirtschaftlichen Land wie Vietnam durch Luftangriffe zu zerstören!

Barbara Bergmann würde die Monetaristen zu Gesprächen mit den Bankern hinausschicken; sie meint, ein bekannter Monetarist aus Princeton, der von sich behauptet, er habe von einem Banker noch nie etwas gelernt, sei einfach unfähig, einem Banker zuzuhören. Es gibt eine ganze Menge von Leuten, die nur darauf warten, beobachtet und *angehört* zu werden. Ökonomen, die sich dafür entscheiden, in diese Welt *einzutreten,* würden überrascht sein, was es da zu lernen gibt – und wie viel von der bestehenden Wirtschaftstheorie dadurch in Brüche gehen würde.

Was der Ökonom immer benötigt, sind neue und geeignete Modelle, deren Entwicklung echte Kunstfertigkeit erfordert, und ebenso benötigt er Geschicklichkeit, um bestehende Modelle einfallsreich und einsichtig anzuwenden.

Die Ökonomik wird zu einer Kunstfertigkeit, wenn Boulding das Modell der Badewanne, in das die Ressourcen zwar hinein-, aber nicht abfließen, als ein Erklärungsinstrument benutzt, um Licht auf eine grundlegende Ursache des Krieges zu werfen, die darin besteht, daß die Gesellschaft ›den Stöpsel ziehen‹ muß, damit die wirtschaftliche Akkumulation von neuem beginnen kann. Dieses Gleichnis braucht nicht weit hergeholt zu sein; der Zweite Weltkrieg hatte eine lange Periode der Erneuerung des Kapitalstocks zur Folge, womit hohes Wirtschaftswachstum und großer Wohlstand einhergingen; aber diese Periode könnte jetzt an ihrem Ende angekommen sein.

VI

Meiner Meinung nach versuchen die Liberalen, den Bereich des Marktes über die Grenzen hinaus auszudehnen, die für eine wirtschaftlich gesunde und sozial gerechte Gesellschaft angemessen sind. Liberale wie Milton Friedman versuchen, ein System gesellschaftlicher Werte und wirtschaftlicher Institutionen wiederzubeleben, das die Vereinigten Staaten vor dem *New Deal* gekennzeichnet hat, bevor die Vereinigten Staaten und andere kapitalistische Länder sich auf den ›Weg zur Knechtschaft‹ machten, wie Friedrich von Hayek das genannt hat.

Wirtschaftliche Freiheit (die die Liberalen als notwendige Voraussetzung für jegliche Freiheit ansehen) und soziale Gerechtigkeit sind in Wirklichkeit zwei ziemlich unterschiedliche Werte. Wirtschaftliche Freiheit bedeutet das Recht von Individuen oder Unternehmen, autonom zu handeln, also frei von staatlichen Beschränkungen oder Anordnungen (mit sehr wenigen Ausnahmen). Soziale Gerechtigkeit kann am einfachsten als das Prinzip definiert werden, daß Gleiches gleich behandelt wird – und, nicht minder bedeutsam, durch den Zusatz, daß Ungleiches ungleich behandelt wird. (Beispielsweise bedeutet das Prinzip der Steuergerechtigkeit demnach, daß alle Leute mit dem gleichen Einkommen die gleichen Steuern zahlen sollten; und Leute mit höherem oder niedrigerem Einkommen müßten dann höhere oder niedrigere Steuern bezahlen. Oder Gerechtigkeit in der Justiz bedeutet, daß Leute, die wegen des gleichen Verbrechens für schuldig befunden wurden, auch die gleiche Strafe bekommen sollten, daß aber Leute mit einem schwereren Verbrechen auch eine schwerere Strafe erhalten müßten.)

Die entscheidende Frage bei der Bestimmung dessen, was soziale Gerechtigkeit ausmacht, besteht in der Festlegung der wesentlichsten Eigenschaften von Gleichheit und Ungleichheit. Offensichtlich sind die Menschen nicht in jeder Hinsicht gleich; einige sind größer, schwerer, intelligenter oder dynamischer als andere. Vom Standpunkt des Rechts aus behaupten wir in den Vereinigten Staaten, daß alle Bürger gleich sind und die gleiche Behandlung erfahren sollten (mit der Ausnahme von Minderjährigen und bestimmten Gruppen von geistig behinderten Menschen, die anders behandelt werden). Während wir aber sagen, daß alle Menschen in rechtlicher Hinsicht gleich sind, hat es in unserer Gesellschaft nie eine Vermutung dahingehend gegeben, daß alle gleichermaßen wirtschaftlich belohnt werden sollten. Wir vertreten die Auffassung, daß die Vergütung proportional zum wirtschaftlichen Beitrag sein soll. Doch viele unserer Institutionen (wie z. B. die progressive Einkommensteuer, freie öffentliche Schulbildung, Sozialfürsorge, Unterstützungszahlungen) implizieren eine nationale Überzeugung, daß die Einkommensverteilung *etwas* gleicher gemacht werden solle als es die Marktkräfte allein besorgen würden, und wir garantieren jedem Individuum ein Mindesteinkommen, um es vor Hunger und äußerster Not zu schützen.

Ist das die Grenze, bis zu der wir gehen sollten? Oder können wir weitergehen in der Umverteilung der Ergebnisse unseres hochproduktiven Wirtschaftssystems, ohne Freiheit und Effizienz zu untergraben? Darin liegt eines der kritischen Probleme, die unsere Zeit bestimmen, ein Problem, das viele Formen annimmt und nicht nur solche wirtschaftlichen Fragen wie Steuerreform, Erbschaftsgesetze, Sozialhilfe und Mindestlöhne umfaßt, sondern auch solche gesellschaftlichen Fragen wie das *busing* (der Bustransport von Negerkindern in weiße Schulen und von weißen Kindern in Negerschulen), die Integration der Schulen und angemessene ›Quoten‹ für Minoritätsgruppen im Erziehungswesen und beim Arbeitsplatzangebot.

Kernige Konservative haben wenig Schwierigkeiten mit diesen Fragen. Alles, was die Effizienz oder die Freiheit des Systems beeinträchtigt, ist falsch – wirtschaftlich, sozial und moralisch. Sie stehen in der Tradition des Meisters des Laissez-faire aus dem neunzehnten Jahrhundert, Herbert Spencer, der erklärte: ›Das Gebot ›Wer nicht arbeitet, soll auch nicht essen‹ ist einfach die christliche Fassung des universalen Naturgesetzes, unter dem das Leben seine gegenwärtige Blüte erreicht hat – das Gesetz nämlich, daß eine Kreatur, die nicht kräftig genug ist, sich selbst zu erhalten, sterben muß.‹ Spencer war sogar gegen kostenlose öffentliche Bibliotheken, weil den Leuten damit etwas ohne Gegenleistung gegeben und die Faulenzerei ermuntert würde. Die heutigen Spencerianer betrachten das Verlangen nach Gleichheit als Aussaugen des Lebenssaftes aus dem Wirtschaftswachstum, und das sozialistische England dient ihnen als das schrecklichste Beispiel des wirtschaftlichen Verfalls.

Auf der anderen Seite sehen die Verfechter der Gleichheit in dem sich immer weiter ausdehnenden Marktkapitalismus den Zerstörer der menschlichen Würde und der Menschenrechte. Mit Geld kann man Dinge kaufen, die nicht käuflich sein sollten, einschließlich rechtlicher Urteile und politischer Macht; dabei geht unsere formelle nationale Bindung an das Prinzip des gleichen Rechts für alle und der gleichen demokratischen Rechte für alle Bürger zugrunde. Dem Markt, so Arthur Okun von Brookings, wird sogar erlaubt, ›über Leben und Tod zu entscheiden, wie man zum Beispiel an den Kindersterblichkeitsraten der Armen sehen kann, die mehr als anderthalbmal so hoch liegen wie diejenigen der amerikanischen Mittelklasse‹. (22)

Und dennoch gibt es gute Argumente für den Markt, sowohl hinsichtlich der Effizienz wie auch der Freiheit. Privateigentum begrenzt und zügelt die Macht der Regierung. Wie Paul Samuelson schrieb, hat nichts so sehr seinen eigenen Enthusiasmus für diese Eigenschaft des privaten Unternehmertums verstärkt wie die McCarthy-Ära der frühen 50er Jahre. In den 70er Jahren wurde die Abneigung der Liberalen gegen die Macht des Staates durch die Regierung von Richard Nixon wieder bekräftigt. Dies war jedoch nicht ein einfacher Fall von Staatsmacht gegen Privatsektor, denn es bestand eine enge Verbindung zwischen vielen ›privaten Unternehmern‹ und der Regierung, wobei Begünstigungen und Geld in beiden Richtungen hin und hergingen. Ein korruptes Zusammenlegen von privatem Reichtum und politischer Macht würde, wenn man es nicht unterbinden könnte, offensichtlich nichts Geringeres als das Leben der Demokratie selbst bedrohen.

Der Markt stellt, wenn Ehrlichkeit und Wettbewerb darin aufrechterhalten werden können, starke Anreize für Arbeitsleistungen und produktive Beiträge bereit. Wassily Leontief, der eine sozial orientierte Wirtschaftsplanung befürwortet, will solche eigennützigen Anreize gern erhalten. Als Modell der Gesellschaft bietet er dieses Gleichnis an: ›Segel‹ des Profits fangen den Wind ein und bewegen das Staatsschiff voran, während die Planung als ›Ruder‹ der Wirtschaft und Gesellschaft die richtige Richtung gibt. (23) Altruismus und kollektive Loyalität hält er für unzuverlässige Anreize – und fürchtet, daß Zwang oder Unterdrückung sie ersetzen, wenn sie nicht funktionieren.

Aber man kann nicht immer das Beste aus beiden Welten haben; das Problem, dem die Gesellschaft heute gegenübersteht, kann also darin bestehen, daß man etwas Effizienz für mehr Gleichheit opfern muß. Arthur Okun schimpft über jene Konservativen, die die Unabhängigkeitserklärung vergessen, die Erklärung der Menschenrechte ignorieren und die Forderung nach Gleichheit behandeln ›als sei sie eine persönliche Eigenart, vielleicht sogar eine Art Neurose‹. Er bietet das Gleichnis vom ›Eimer mit Loch‹ an, mit dem die Gesellschaft Einkommen von den Reichen zu den Armen transferieren könnte, auch wenn ein großer Teil des Einkommens einfach 'rausläuft und verlorengeht, bevor er je bei den Armen ankommt.

Sollte dann die Einkommensübertragung mit einem löchrigen Eimer trotzdem vorgenommen werden? John Rawls gibt eine klare und eindeutige Antwort: Die Übertragung ist zur Erhöhung der Gleichheit vorzunehmen, es sei denn, eine ungleiche Einkommensverteilung wäre eindeutig zu jedermanns Vorteil; andernfalls sollte die Gleichheit Vorrang haben. Milton Friedman würde eine ebenso klare und eindeutige, nur eine gegenteilige Antwort geben: Vorrang ist der Effizienz einzuräumen. Okuns eigene Antwort ist nicht so eindeutig; er würde irgendwo zwischen diesen beiden Positionen stehen. Er meint, Kapitalismus und Demokratie brauchen sich gegenseitig, ›um der Gleichheit etwas Rationalität zuzufügen und der Effizienz etwas Humanität‹. (24)

Aber nicht die Ökonomen, sondern die Gesellschaft selbst muß sich entscheiden, wie sie das Problem des löchrigen Eimers lösen will oder wie die Domäne des Rechts mit der Domäne des Geldes in Übereinstimmung gebracht werden soll. Das gesellschaftliche Urteil darüber, wie diese unterschiedlichen Anforderungen ausgeglichen werden sollen, hat sich, wenn auch schwankend, im Zuge des Wachstums des Nationaleinkommens etwas mehr in Richtung Gleichheit verschoben.

Diese Verschiebung wurde von Galbraith vorhergesehen und teilweise auch herbeigeführt, indem er brillant argumentierte, daß – so angemessen eine nur sehr begrenzte Verbesserung der wirtschaftlichen Gleichheit früher, in den Zeiten allgemeiner Armut und Knappheit, auch gewesen sein mag – solche Extreme der Ungleichheit heute in einer Gesellschaft im Überfluß nicht mehr angemessen, notwendig oder gerecht seien. Diese Lehre ist immer noch nicht tief genug in die Köpfe eingedrungen.

Genausowenig können wir unsere fortdauernde Vernachlässigung (oder Zerstörung) der sozialen und natürlichen Umwelt im Namen der Markteffizienz oder des Wachstums länger rechtfertigen. Glücklicherweise stehen Gleichheit und Rücksicht nicht immer im Konflikt mit der Effizienz. Herbert Spencer hatte zum Beispiel sicherlich unrecht mit seiner Aussage über die tatsächlichen Auswirkungen öffentlicher Bibliotheken; sie haben sicher mehr zur Verbesserung des ›Humankapitals‹ beigetragen als zum Faulenzertum. Und die Produktionsausfälle, die durch die Verschwendung menschlicher Ressourcen entstehen, sind ziemlich sicher höher als die sozialen Kosten, die für deren Entwicklung aufgewendet werden müßten. Effizienz ist in jedem Fall kein letztes, sondern nur ein instrumentelles Ziel. Nur eine kopflose und zwanghafte Gesellschaft kann in der Effizienz den letzten Zweck allen wirtschaftlichen und gesellschaftlichen Handelns sehen. Die Wirtschaftswissenschaft scheint von dieser Art Kopflosigkeit abzukommen, und das ist gut so.

VII

Trotz ihrer beruflichen Fehlschläge und ihrer wortstarken Gefechte über politische und wirtschaftliche Fragen – und sogar trotz der weitverbreiteten öffentlichen Kritik und des Mißbrauchs, denen sie periodisch unterworfen werden – bleiben die Ökonomen erfolgreich und anscheinend auch einflußreich.

Warum ist das so? Barbara Bergmann meint, daß der Rat der Ökonomen ›so etwas wie ein Wundermittel ist – die Leute wissen, daß es weithin von Quacksalbern produziert wird und daß es häufig nicht funktioniert, aber sie kaufen diese Marke dennoch weiter, weil sie ihren Duft mögen‹. (25)

> Ob man bezüglich ökonomischer Ratschläge nun konservative oder liberale Duftrichtungen bevorzugt, es zeigt sich, daß es ›respektable‹ Ökonomen für jede Richtung gibt, denn es besteht kein alleingültiger Standard, dem alle ›respektablen‹ Ökonomen genügen müßten. Das Fehlen dieses einheitlichen Maßstabes bedeutet, daß es den konservativen Ökonomen freisteht, Ratschläge zu erteilen, die, falls sie befolgt werden, die Lage zumindest kurzfristig für die Wirtschaft und für die Reichen verbessern würden. Und den Ökonomen links von der Mitte steht es frei, Ratschläge zu erteilen, die, falls sie befolgt werden, kurzfristig und tendenziell den unteren Einkommensschichten helfen würden. Insofern können rechtsstehende Gruppen immer Ökonomen finden, die (bei ihrem Eid als ›Wissenschaftler‹) sagen werden, daß die Inflation durch eine Senkung der Gewinnsteuern bekämpft werden müsse, während linksstehende Gruppen ebenfalls immer Ökonomen fin-

den werden, die auf der gleichen wissenschaftlichen Grundlage sagen werden, daß Steuererleichterungen für die unteren Einkommensschichten die richtige Anti-Inflationspolitik seien. Jede Gruppe verfügt somit über die Möglichkeit, so zu tun, als unterstütze die Wirtschaftswissenschaft gerade ihre jeweiligen eigennützigen Forderungen... (26)

Professor Bergmann meint etwas zynisch, daß den Ökonomen ihr Butterbrot insofern auf lange Sicht garantiert sei, trotz oder vielleicht wegen der Tatsache, daß sie die Menge nützlicher Erkenntnisse, denen alle zustimmen können, nicht vergrößern. Aber sie gibt zu, daß viele Ökonomen zumindest Aspirationen hegen, die weiter reichen als ›sich an die Interessentengruppen zu verkaufen oder Übungen in angewandter Mathematik zu vollführen, deren praktische Anwendung niemals erfolgt‹.

Es scheint wirklich unmöglich zu sein, die sozialphilosophischen oder politischen Anschauungen der Ökonomen von ihren wirtschaftlichen zu trennen. War es das, was die Schwedische Akademie der Wissenschaften aussagen wollte, als sie den Nobelpreis für Wirtschaftswissenschaften von 1974 gleichzeitig an Gunnar Myrdal, einen Sozialisten, und an Friedrich von Hayek, einen Liberalen, verlieh?. In der Tat haben sowohl Myrdal wie auch Hayek die Schwierigkeit oder Unmöglichkeit betont, die wirtschaftswissenschaftliche Analyse von politischen, gesellschaftlichen und moralischen Wertungen freizuhalten. Mydral hat behauptet, daß ›die Probleme in den Sozialwissenschaften – nicht nur die praktischen Fragen, was getan werden sollte, sondern auch die theoretischen Probleme der Bestimmung von Fakten und der Beziehungen zwischen den Fakten – nicht rational behandelt werden können ohne eindeutige, konkrete und explizierte Wertprämissen‹. (27) Und Hayek hat in seiner Rede zur Verleihung des Nobelpreises die von ihm sogenannte ›szientistische‹ Haltung der Ökonomen angegriffen einen Ansatz, den er ›entschieden unwissenschaftlich im eigentlichen Wortsinne‹ nannte, ›weil er eine mechanische und unkritische Anwendung von Denkgewohnheiten auf Gebiete impliziert, die sich von denen unterscheiden, für welche sie entwickelt worden sind‹. (28)

Die Öffentlichkeit läßt sich normalerweise durch die Anmaßung irgendeines Ökonomen, er vertrete die reine wissenschaftliche Lehre, nicht hinters Licht führen; sie klassifiziert die Ökonomen in extrem Rechte, Konservative, Leute der Mitte, Liberale und Linke, und sie weiß, daß dies oft ihre Analysen oder Empfehlungen beeinflußt. Aber manche Ökonomen täuschen sich bisweilen selbst, und senken damit nur ihr eigenes Niveau und das ihrer Berufsgruppe, weil sie versuchen, ihre persönlichen Wertanschauungen mit wissenschaftlicher Autorität zu verbrämen. (29)

Schließlich und endlich aber ist die Kontroverse zwischen den Ökonomen kein Fehler – im Gegenteil, sie ist ein wesentlicher Teil des Prozesses, durch den Wahrheit entdeckt und Werte expliziert werden.

Dieser nach vielen Richtungen geführte Diskurs unter den Ökonomen war nie intensiver als heute. Paul Samuelson schreibt, daß die ›neue Wirtschaftslehre‹ – also die Ökonomik von Keynes und Samuelson, die immer noch die herrschende Lehre der ökonomischen Zunft ist – heute an vier Fronten heftigen Angriffen ausgesetzt ist. Erstens sind da die konservativen Interessenten, deren historische Ablehnung einer staatlichen Wirtschaftspolitik zur Förderung von Vollbeschäftigung und Preisstabilität Samuelson zufolge ohne ›intellektuelles Interesse ist – entweder man spürt das oder man spürt's nicht‹.

Zweitens sind da die Liberalen, wie z. B. Milton Friedman,die uns daran erinnert haben, ›was der Markt-Preismechanismus leisten kann und was es die Gesellschaft kostet, wenn diese Lehre ignoriert wird‹. An dritter Stelle kommt der einzigartige Angriff von John Kenneth Galbraith, zu dessen Kreuzzug für eine größere Berücksichtigung von Programmen im öffentlichen Sektor Samuelson selbst sagt: ›Nur weiter so‹. Und viertens schließlich sind da die neuen Linken, ›die Kinder des Überflusses, (die), auch nachdem der Vietnamkrieg nun glücklicherweise hinter uns liegt, entsprechend dem Zeitplan, den Schumpeter vor dreißig Jahren prognostiziert hat, zunehmend kritischer gegenüber dem bestehenden System eingestellt sind‹. (30) Sie mögen Kinder des Überflusses sein, die neuen Linken, aber es sind auch Kinder von Marx, die das Ökonomenestablishment dafür an den Ohren ziehen, daß es die Rolle der Klasse und der Macht im Wirtschaftssystem übersieht oder herunterspielt. Sie stehen außerhalb der Tore des Establishments, aber ihre Stimmen werden gehört. Ebenso wie die Stimmen des moralischen und ethischen Engagements, wie die von Kenneth Boulding und Wassily Leontief.

Ergibt sich aus diesen vielfältigen Stimmen eine gemeinsame ökonomische Wissenschaft? Auf eine sonderbare Weise – ja: ein Dialog gelehrter Streiter, die gegenseitig ihre Tricks kennen; ein Wettkampf von Intellektuellen um den öffentlichen Einfluß, den sie manchmal besitzen.

Dort, wo sie am besten und desinteressiert waren, haben die Ökonomen versucht, ein rätselhaftes und lebenswichtiges Phänomen zu untersuchen – die Wirtschaft –, und Mittel zu finden gegen deren wirkliche und ernst zu nehmende Mängel; sie haben versucht, die Verhältnisse rational zu gestalten, um dadurch die Wohlfahrt der Gesellschaft zu fördern, auch wenn sie diese in unterschiedlicher Weise interpretiert haben; und sie haben versucht, der Gesellschaft und den Staatsmännern die Wahrheit näherzubringen. Das sind hohe und ehrgeizige Ziele, die trotz aller Unzulänglichkeiten der Ökonomen vernünftiger sind als das Vertrauen in die blinden Kräfte der Geschichte.

ANHANG

ANMERKUNGEN

Paul Anthony Samuelson

1 Thorstein Veblen: The Intellectual Pre-eminence of Jews in Modern Europe. Political Science Quarterly 34 (March 1919), S. 33–42; wiederabgedruckt in: Essays in Our Changing Order, hrsg. Leon Ardzrooni. New York 1934; und in: Leonard Silk: Veblen: A Play in Three Acts. New York 1966, S. 8.

2 Paul A. Samuelson: Economics in a Golden Age: A Personal Memoir, in: The Twentieth Century Sciences: Studies in the Biography of Ideas, hrsg. Gerald Holton. New York 1972, S. 161.

3 Samuelson: A Note on Measurement of Utility, in: Review of Economic Studies 4 (February 1937), S. 155–161. Dieser Aufsatz und alle anderen wissenschaftlichen Aufsätze, die von Professor Samuelson zwischen 1937 und 1971 veröffentlicht worden sind, sind wiederabgedruckt in: The Collected Scientific Papers of Paul A. Samuelson, Bde. 1–2, hrsg. Joseph E. Stiglitz. Cambridge, Mass. 1966; Bd. 3, hrsg. Robert C. Merton. Cambridge, Mass. 1972.

4 Samuelson: Some Aspects of the Pure Theory of Capital, in: Quarterly Journal of Economics 51 (May 1937), S. 469–496.

5 Samuelson: A Note on the Pure Theory of Consumer's Behavior, in: Economica 5 (February 1938), S. 61–71.

6 Samuelson: Welfare Economics and International Trade, in: American Economic Review 28 (June 1938), S. 261–266.

7 Samuelson: The Empirical Implications of Utility Analysis, in: Econometrica 6 (October 1938), S. 344–356.

8 Samuelson: Interactions between the Multiplier Analysis and the Principle of Acceleration, in: Review of Economics and Statistics 21 (May 1939), S. 75–78; © 1939 by the President and Fellows of Harvard College.

9 Samuelson: Foundations of Economic Analysis. Cambridge, Mass., 1948.

10 Samuelson: Vorwort zur japanischen Ausgabe von Foundations of Economic Analysis (1967).

11 Samuelson: Economics in a Golden Age, S. 170.

12 Samuelson: Maximum Principles in Analytical Economics (Nobelpreisrede 1970), in: Science 173 (September 1971), S. 996–997.

13 Samuelson: Economics: An Introductory Analysis. 1. Aufl. New York 1948. Weitere Auflagen sind alle drei Jahre herausgekommen bis zur 10. Aufl. im Jahre 1976. (Deutsche Ausgabe: Volkswirtschaftslehre. Eine Einführung. Köln 1972.)

14 Samuelson: Intertemporal Price Equilibrium: A Prologue to the Theory of Speculation, in: Weltwirtschaftliches Archiv 79 (Dezember 1957), S. 181–219.
15 Ebd., S. 209.
16 Samuelson: Personal Freedoms and Economic Freedoms in a Mixed Economy, in: The Business Establishment, hrsg. E.F. Cheit. New York 1964, S. 624–626.
17 Wassily Leontief: Einleitung zu The Research Revolution, von Leonard Silk. New York 1960, S. 6–8.
18 Samuelson: Economics in a Golden Age, S. 160–161.
19 Samuelson: Comment on Ernest Nagel: Assumptions in Economic Theory, in: Papers and Proceedings of the American Economic Association, 29. Dezember 1962, S. 1774.
20 Ebd.
21 Thomas Kuhn: The Structure of Scientific Revolutions. Chicago 1962, 1970. (Deutsche Ausgabe: Die Struktur wissenschaftlicher Revolutionen. Frankfurt a. M. 1967.)
22 Dies war die ›richtige‹ Antwort auf eine Frage in einem Geschichte-Test der *New York Times,* veröffentlicht am 2. Mai 1976, S. 1, 65.
23 Samuelson: Modern Economic Realities and Individualism, in: Individualism in Twentieth-Century America, hrsg. Gordon Mills, in: Texas Quarterly (Sommer 1963), S. 137.
24 Milton Friedman: Capitalism and Freedom. Chicago 1962. (Deutsche Ausgabe: Kapitalismus und Freiheit. Stuttgart 1971.)
25 Samuelson: Modern Economic Realities and Individualism, S. 135–136.
26 Lewis Thomas: The Lives of a Cell. New York 1974.
27 Samuelson: Maximum Principles in Analytical Economics, S. 997.

Milton Friedman

1 Milton Friedman: The Economic Theorist, ursprünglich veröffentlicht unter dem Titel Wesley C. Mitchell as an Economic Theorist, in: Journal of Political Economy (December 1950); wiederabgedruckt in: Wesley Clair Mitchell, the Economic Scientist, hrsg. Arthur F. Burns. New York 1952, S. 237–238.
2 Paul A. Samuelson: Harold Hotelling as Mathematical Economist, in: American Statistician 14 (June 1960), S. 21; wiederabgedruckt in: The Collected Scientific Papers of Paul A. Samuelson. Cambridge, Mass. 1966, Bd. 2, S. 1588.
3 Friedman: Consumer Expenditures in the United States. Washington, D.C., 1939, S. 830.
4 Friedman: Studies in Income and Wealth. New York 1938, Bd. 2, S. 123.
5 Ebd., S. 127.
6 Ebd., S. 129–130.
7 Friedman: Vorwort zu Capitalism and Freedom. Chicago 1962.

8 Friedman und Simon Kuznets: Income from Independent Professional Practice. New York 1945, S. 11.
9 Ebd., S. 137.
10 Friedman et al: Taxing to Prevent Inflation. New York 1943, S. 83–84.
11 Ebd., S. 131.
12 Ebd., S. 136–137.
13 Ebd., S. 140.
14 Friedman: Essays in Positive Economics. Chicago 1953, S. 253.
15 Ebd., S. 253, Anm. 2.
16 Friedman: An Economist's Protest. Glen Ridge, N. J., 1972, S. 15–16.
17 Friedman: The Spendings Tax as a Wartime Fiscal Measure, in: American Economic Review 33 (March 1943), S. 54.
18 Friedman: An Economist's Protest, S. 158.
19 Ebd., S. 15.
20 Paul H. Douglas: In the Fullness of Time. New York 1972, S. 127–128.
21 Friedman and George Stigler: Roofs or Ceilings? The Current Housing Problem. Great Barrington, Mass., 1946, S. 9.
22 Ebd., S. 10.
23 Ebd., S. 10.
24 Friedman: Essays in Positive Economics.
25 Ebd., S. 4.
26 Ebd., S. 6.
27 Ebd., S. 14–15.
28 Ebd., S. 39.
29 Ebd., S. 39.
30 Ebd., S. 39.
31 Ebd., S. 41–42.
32 Friedmans Anwendung einfacher, auf der Erfahrung der Vergangenheit basierender Modelle läßt sich gut am OPEC-Fall illustrieren. Im Juni 1974 schrieb er: ›Die Tendenz zur Verringerung der Macht eines Kartells wird durch eine... zentrale wirtschaftswissenschaftliche Aussage bestärkt: je erfolgreicher das Kartell, desto größer der Druck, dem es nicht nur aufgrund der Verringerung des Konsums und eines zunehmenden, von außerhalb des Kartells kommenden Angebots ausgesetzt ist, sondern auch aufgrund des Drucks innerhalb des Kartells. Die Mitglieder eines Kartells haben konfligierende Interessen. Jedes will, daß die anderen ihre Produktion zurückschrauben, während es selbst die Produktion ausdehnen möchte, um von den hohen Preisen zu profitieren. Dieser Prozeß war im Öl-Kartell offensichtlich. Libyen, der Iran, Irak und einige andere Mitglieder der OPEC haben lauthals immer höhere Preise gefordert, während sie selbst so viel wie möglich produzierten, um in den Genuß der hohen Preise zu kommen. Bis jetzt sind sie erfolgreich gewesen, weil sie Saudi-Arabien und Kuweit überreden konnten, die gesamte Last der Produktionseinschränkungen zu tragen. Aber die von Saudi-Arabien und Kuweit zu tragenden Einschränkungen werden immer größer und ihre Bereitschaft dazu immer kleiner werden, wenn der Druck auf die Preise aufgrund

zurückgehender Konsumtion und alternativer Energiequellen zunehmen wird. Das Kartell wird zusammenbrechen – wie jedes solche Kartell in der Vergangenheit –, lange bevor die Produktion von Saudi-Arabien und Kuweit den Nullpunkt erreicht hat...
Diese Überlegungen erklären, warum meiner Meinung nach die ›Energiekrise‹ stark übertrieben worden ist, warum sie als eine unserer ersten Sorgen verschwinden wird und warum der Ölpreis auf ein Niveau zurückgehen wird, das viel näher am Preisniveau der Zeit vor dem Oktober 1973 als am Niveau der kurz danach erreichten Höchstpreise liegen wird.‹ (Milton Friedman, Ein freies Mittagessen gibt es nicht, Chicago 1975, S. 307–308.) Allerdings waren auch andere Kartellmitglieder – darunter nicht nur Saudi-Arabien, sondern auch ein so armes Land wie Nigeria – bereit, die Produktion zu drosseln, um den Kartellpreis hoch- und das Kartell zusammenzuhalten. Eine Erholung der Weltwirtschaft nach der Krise von 1973–75 würde die Ölnachfrage wieder verstärken und die Verhandlungsmacht des Kartells wieder erhöhen. Friedman war bereit, diese zuversichtliche Prognose über den Rückgang des Ölpreises ungefähr auf das Niveau vor dem Oktober 1973 und über das Auseinanderbrechen des Ölkartells zu machen, ohne sich um die komplexen Studien zur Weltölnachfrage oder zur bevorstehenden Erschöpfung der Rohölreserven in den kommenden fünfzig Jahren zu kümmern. Er konnte auch den politischen Kitt zwischen den Ölproduzenten ignorieren: die anti-israelischen Zielsetzungen der arabischen Länder und das Bemühen der Kartellmitglieder, sich mit den anderen unterentwickelten Entwicklungsländern gegen die reichen Industrieländer zu verbünden. Ein einfaches Marktmodell machte solche Überlegungen vermutlich überflüssig.

33 Nicholas Georgescu-Roegen: Analytical Economics. Cambridge, Mass., 1966, S. 117.

34 Friedman und Anna J. Schwartz: A Monetary History of the United States, 1867–1960. Princeton 1963.

35 Friedman: Esssays in Positive Economics, S. 41–42.

36 Vgl. Don Patinkin: The Chicago Tradition, the Quantity Theory and Friedman, in: Journal of Money, Credit and Banking 1 (February 1969), S. 46–70.

37 Abba P. Lerner: Keynesianism – an Exaggerated Demise and a Premature Funeral. Conference on the Relevance of the New Deal to the Present Situation. City University of New York, 23.–25. Juni 1975.

38 Friedman: Capitalism and Freedom, S 54.

39 Friedman: Some Comments on the Significance of Labor Unions for Economic Policy, in: The Impact of the Union. New York 1951.

40 *New York Times,* 28. Oktober 1971.

41 Friedman: Have Monetary Policies Failed?, in: American Economic Association convention, New Orleans, 28. Dezember 1971.

42 Friedman: Capitalism and Freedom, S. 169.

43 Ebd., S. 21.

John Kenneth Galbraith

1 In: *More* 4 (October 1974), S. 20.
2 John Kenneth Galbraith: Berkeley in the Thirties, in: Economics, Peace and Laughter. Boston 1971, S. 347. (Deutsche Ausgabe: Wirtschaft, Friede und Gelächter. München, Zürich 1972.)
3 Leonard S. Silk: The Problem of Communication, in: Papers and Proceedings of the 66th Annual Meeting of the American Economic Association, Boston, 27.–29. Dezember 1963, in: American Economic Review 54 (May 1964), S. 595–609.
4 E.C. Hughes: Professions, in: Daedalus (Fall 1963), S. 657.
5 Galbraith: Berkeley in the Thirties, S. 349.
6 Ebd., S. 351–352.
7 Galbraith: Monopoly Power and Price Rigidities, in: Quarterly Journal of Economics 50 (May 1936), S. 456–475.
8 Galbraith und John D. Black: The Quantitative Position of Marketing in the United States, in: Quarterly Journal of Economics 49 (May 1935), S. 394–413.
9 Galbraith: Monopoly Power, S. 468.
10 Ebd., S. 473.
11 Ebd., S. 475.
12 Ebd., S. 473.
13 Henry S. Dennison und Galbraith: Modern Competition and Business Policy. New York 1938.
14 Morris E. Leeds, Ralph E. Flanders, Lincoln Filene, und Henry S. Dennison: Towards Full Employment. New York 1938.
15 Galbraith: How Keynes Came to America, in: Economics, Peace and Laughter, S. 50.
16 Galbraith: A Theory of Price Control. Cambridge 1952, S. 17.
17 *New York Times,* 6. Juni 1943, Teil 4, S. 8.
18 *New York Times,* 28. May 1943, S. 29.
19 *New York Times,* 25. Mai 1943, S. 1.
20 Vgl. Galbraith: A Retrospect on Albert Speer, in: Economics, Peace and Laughter, S. 288–302.
21 Die beiden vorausgegangenen Aufsätze waren Reflections on Price Control, in: Quarterly Journal of Economics 60 (August 1946), S. 475–489, und The Disequilibrium System, in: American Economic Review 37 (June 1947), S. 287–302.
22 F. W. Taussig: Price-Fixing as Seen by a Price Fixer, in: Quarterly Journal of Economics 33 (February 1919), S. 205–241.
23 Arnold Weber: Making Wage Controls Work, in: The Public Interest (Winter 1973), S. 28–40.
24 Galbraith: Theory of Price Control, S. 4.
25 Ebd., S. 7.
26 Ebd., S. 9.
27 Ebd., S. 24.

28 Ebd., S. 60.
29 Ebd., S. 71.
30 V. S. Navasky: Galbraith on Galbraith, in: *New York Times Book Review*, 25. Juni 1967, S. 3.
31 Plato: Gorgias, 454D–455A.
32 Galbraith: American Capitalism, 2. Aufl. Boston 1962, S. 9. (Deutsche Ausgabe: Der amerikanische Kapitalismus im Gleichgewicht der Wirtschaftskräfte. Stuttgart, Wien, Zürich 1956.)
33 Ebd., S. 17.
34 Ebd., S. 55.
35 Ebd., S. 96.
36 Ebd., S. 111.
37 Ebd., S. 170.
38 Ebd., S. 200.
39 Ebd., S. 201.
40 Plato: Gorgias, 459C.
41 Galbraith: The Great Crash. Boston 1954. (Deutsche Ausgabe: Der große Krach 1929. Die Geschichte einer Illusion, die in den Abgrund führte. Stuttgart 1963.)
42 Galbraith: Economics and the Art of Controversy. New Brunswick, N.J. 1955.
43 Ebd., 2. Aufl. New York 1959, S. ix.
44 Ebd.
45 Galbraith: The Affluent Society, Taschenbuchausgabe. New York 1958, S. 18. (Deutsche Ausgabe: Gesellschaft im Überfluß, München, Zürich 1959.)
46 Ebd., S. 22.
47 Ebd., S. 116.
48 Ebd., S. 124.
49 Ebd., S. 196.
50 Ebd., S. 267.
51 Ebd., S. 271.
52 Zu diesen Arbeiten gehören u.a.: Journey to Poland and Yugoslavia (1958), ein Tagebuch; The Liberal Hour (1960), eine Aufsatzsammlung; The McLandress Dimension (1962, 1963), seine pseudonym geschriebene Satire; The Scotch (1964), Erinnerungen; How to Get Out of Vietnam (1967), ein politisches Pamphlet; Indian Painting (1968), eine zusammen mit M. S. Randhawa geschriebene Geschichte; The Triumph (1968), eine Novelle; Ambassador's Journal (1969), Bericht über die Jahre in Indien; How to Control the Military (1969), ein politisches Pamphlet; Economics, Peace and Laughter (1971), eine Aufsatzsammlung; A China Passage (1973), ein Tagebuch.
53 Galbraith: Ambassador's Journal, Taschenbuchausgabe. New York 1970, S. XIV.
54 Galbraith: The New Industrial State. Boston 1967, S. IX. (Deutsche Ausgabe: Die moderne Industriegesellschaft. München, Zürich 1968.)

55 Ebd., S. 7.
56 Ebd., S. 12.
57 Ebd., S. 23–24.
58 Thorstein Veblen: The Engineers and the Price System (1921); Neuausgabe New York 1963, S. 64–67 und passim.
59 Galbraith: New Industrial State, S. 58–59.
60 Ebd., S. 168–169.
61 Ebd., S. 376.
62 Ebd., S. 61.
63 Ebd., S. 399.
64 Galbraith: Economics and the Public Purpose. Boston 1973, S. IX. (Deutsche Ausgabe: Wirtschaft für Staat und Gesellschaft. München, Zürich 1973.)
65 Ebd., S. 324.
66 Galbraith: Power and the Useful Economist, wiederabgedruckt in: Leonard Silk: Capitalism: The Moving Target. New York 1974, S. 136–156.

Wassily Leontief

1 Wenn nicht anders vermerkt, entstammen die wörtlichen Zitate von Professor Leontief einem Tonband-Interview, das der Autor zusammen mit Robert Silvers und Emma Rothschild durchgeführt haben; die beiden letztgenannten haben mir ihre Anschriften freundlicherweise zur Verfügung gestellt.
2 Zuerst veröffentlicht in: Weltwirtschaftliches Archiv 22 (Oktober 1925), S. 338–344, und: Weltwirtschaftliches Archiv. Chronik und Archivalien 22 (1925), S. 265–269. Russische Übersetzung: Balans narodnogo khoziaistva SSSR – metodologicheskii rasbor rabotii TSSU, in: Planovoe Khoziaistvo, Nr. 12 (Moskau 1925), S. 254–258. Englische Übersetzung in: N. Spulber (Hrsg.: Foundations of Soviet Strategy for Economic Growth: Selected Short Soviet Essays, 1924–1930. Bloomington 1964, S. 88–94.
3 William Henry Spiegel: The Growth of Economic Thought. Englewood Cliffs, N.J., 1971, S. 200.
4 Wassily Leontief: Quantitative Input and Output Relations in the Economic System of the United States, in: Review of Economic Statistics 18 (August 1936), S. 39–59.
5 Leontief: The Structure of the American Economy, 1919–1929. Cambridge, Mass. 1941.
6 Leontief: Input-Output Economics, in: Scientific American 185 (October 1951), S. 8.
7 W. Isard und Phyllis Kaniss: The 1973 Nobel Price for Economic Science, in: Science 182 (9. November 1973), S. 569–571.
8 Leontief: Sails and Rudders, Ship of State, in: *New York Times,* 16. März

1973; wiederabgedruckt in: Capitalism: The Moving Target, vgl. Leonard Silk. New York 1974, S. 101–104.

9 Leontief: Primer for the Great Society, in: *New York Review of Books,* 15. Dezember 1966.

10 Leontief: The Structure of Development, in: Scientific American 209 (September 1963), S. 148–164.

11 Leontief: The Rates of Long-Run Economic Growth and Capital Transfer from Developed to Underdeveloped Areas, in: Essays in Economics: Theories and Theorizing. New York 1966, S. 200–215.

12 Leontief: Theoretical Note on Time-Preference, Productivity of Capital, Stagnation and Economic Growth, in: ebd., S. 175–184.

13 Leontief: An Institute for Technical Economics, in: Bulletin of the Atomic Scientists 21 (September 1965), S. 46.

14 Leontief: Environmental Repercussions and the Economic Structure: An Input-Out Approach, in: Review of Economics and Statistics 52 (August 1970), S. 262–271.

15 Leontief: Mysterious Japan: A Diary, in: *New York Review of Books,* 4. Juni 1970, S. 23–29.

16 Leontief: Essays in Economics, S. VIII.

17 W. Leontief: Theoretical Assumptions and Non-Observed Facts, in: American Economic Review 61 (March 1971), S. 1.

18 Robert Dorfman: Wassily Leontief's Contribution to Economics, in: Swedish Journal of Economics 75 (1973), S. 430–449.

19 Leontief: Bigger and Better?, in: *New York Review of Books,* 4. Mai 1972, S. 35.

20 Leontief: Einleitung zu Leonard Silk: The Research Revolution. New York 1960, S. 1–8.

21 W. Leontief: Bigger and Better?, S. 34–35.

22 Leontief: The Significance of Marxian Economics for Present-Day Economic Theory, in: Essays in Economics, S. 78.

23 Leontief: The Decline and Rise of Soviet Economic Science, in: Essays in Economics, S. 224.

24 Leontief: The Limits of Economics, in: *New York Review of Books,* 20. Juli 1972, S. 32.

25 Leontief: Decline and Rise of Soviet Economic Science, S. 225.

26 Ebd., S. 226.

27 Leontief: Notes on a Visit to Cuba, in: *New York Review of Books,* 21. August 1969, S. 16.

28 Leontief: The Trouble with Cuban Socialism. Morristown, N.J., 1973, S. 1–2; Nachdruck aus *New York Review of Books* 1971.

29 Ebd., S. 6.

30 Leontief: Socialism in China, in: Atlantic Monthly (March 1973), S. 74.

31 Ebd., S. 80–81.

32 Ebd., S. 81.

Kenneth E. Boulding

1 Kenneth E. Boulding: There is a Spirit (Sonnet Nr. 11, in: Naylor Sonnets). New York 1945, S. 11.
2 Howard Brinton: Friends for 300 Years. New York 1952.
3 Boulding: Collected Papers. Bd. 1. Boulder, Colo., 1971 S. VIII–IX.
4 Boulding: The Place of the ›Displacement Cost‹ Concept in Economic Theory, in: Economic Journal 42 (March 1932), S. 137–141; und Boulding: Collected Papers. Bd. 1, S. 6.
5 Ebd., S. 4.
6 Cynthia Earl Kerman: Creative Tension: The Life and Thought of Kenneth Boulding. Ann Arbor 1973, S. 121.
7 Boulding: Economic Analysis. New York 1941, S. XVIII.
8 Zitiert nach Kerman: Creative Tension, S. 121.
9 Boulding: Sonnett Nr. 1, in: There is a Spirit (Naylor Sonnet), S. 3.
10 Pierre Teilhard de Chardin: The Mysticism of Science (1939), wiederabgedruckt in: Human Energy, übersetzt von J. M. Cohen. New York 1969, S. 164.
11 Ebd., S. 180.
12 Boulding: New Nations for Old, Pendleton Hill Pamphlet Nr. 17. Wallingford, Pa. 1942, S. 20–28.
13 Boulding: The Practice of the Love of God. William Penn Lecture. Philadelphia 1942, S. 20–21.
14 Boulding: Collective Bargaining and Fiscal Policy, in: American Economic Review 40 (May 1950), S. 306–320; auch in: Collected Papers, Bd. 1, S. 275–291.
15 Boulding: Collected Papers, Bd. 1, S. XI.
16 Boulding: The Economics of Peace. New York 1945, S. 252. (Deutsche Ausgabe: Friedenswirtschaft. Bern 1945.)
17 Ebd., S. V.
18 Ebd., S. 181.
19 Boulding: The Consumption Concept in Economic Theory, in: American Economic Review 35 (May 1945), S. 1–14; auch in: Collected Papers, Bd. 1, S. 153–168.
20 Boulding: A Reconstruction of Economics. New York 1950, S. 194.
21 Ebd., S. VII.
22 Ebd., S. VII–VIII.
23 Derek de Solla Price: Science since Babylon. New Haven 1961, S. 54, 99.
24 Vgl. Pierre Teilhard de Chardin: The Formation of the Noosphere (1947), wiederabgedruckt in: The Future of Man, übersetzt von Norman Denny. New York 1964, S. 161–191.
25 Boulding: A Conceptual Framework for Social Science, in: Papers of the Michigan Academy of Science, Arts and Letters 37 (1951); auch in: Boulding: Beyond Economics. Ann Arbor 1970, S. 57–63, und in: Collected Papers, Bd. 4 (erscheint demnächst).

26 Boulding: Economics as a Social Science, in: The Social Sciences at Mid-Century: Essays in Honor of Guy Stanton Ford. Minneapolis 1952, S. 70–83; auch in: Collected Papers, Bd. 3 (erscheint demnächst).
27 Boulding: Toward a General Theory of Growth, in: Canadian Journal of Economics and Political Science 19 (August 1953), S. 326–340; wiederabgedruckt in: Boulding: Beyond Economics, S. 64–82, und in: Collected Papers, Bd. 3.
28 Boulding: Contributions of Economics to the Theory of Conflict, in: Bulletin of the Research Exchange on the Prevention of War 3 (May 1955), S. 51–59; auch in: Collected Papers, Bd. 5.
29 Boulding: The Malthusian Model as a General System, in: Social and Economic Studies 4 (September 1955), S. 195–205; auch in: Collected Papers, Bd. 1, S. 451–463.
30 Boulding: Notes on the Information Concept, in: Exploration 6 (1955), S. 103–112; auch in: Collected Papers, Bd. 4.
31 Boulding: Protestantism's Lost Economic Gospel, in: Christian Century 67 (1950), S. 970–972.
32 Boulding: Religious Perspectives of College Teaching in Economics, in: Religious Perspectives of College Teaching, hrsg. Hoxie N. Fairchild. New York (1952), S. 360–383; auch in: Boulding: Beyond Economics, S. 179–197.
33 Boulding: Religious Foundations of Economic Progress, in: Harvard Business Review 30 (May–June 1952), S. 33–40; wiederabgedruckt in: Beyond Economics, S. 198–211, und in: Collected Papers, Bd. 3.
34 Boulding: The Quaker Approach in Economic Life, in: The Quaker Approach, hrsg. John Kavanaugh. New York 1953, S. 43–58.
35 Boulding: The Organizational Revolution (1953); Neuauflage Chicago 1968, S. XVII.
36 Ebd., S. XXXV.
37 Ebd., S. 49.
38 Ebd., S. 67–68.
39 Ebd., S. 178.
40 Ebd., S. 198.
41 Boulding: The Practice of the Love of God, S. 3.
42 Boulding: Organizational Revolution, S. 218.
43 Ebd., S. 217.
44 Ebd., S. 193.
45 Ebd., S. 220–221.
46 Boulding: Organization and Conflict, in: Journal of Conflict Resolution I (June 1957), S. 122–134; wiederabgedruckt in: American National Security: A Reader in Theory and Policy, hrsg. Morton Berkowitz und P.G. Bock. New York 1965, S. 327–336.
47 Boulding: National Images and the International System, in: Journal of Conflict Resolution 3 (June 1959), S. 120–131; auch in: Collected Papers, Bd. 5.
48 Boulding: The Image. Ann Arbor 1956, S. 18. (Deutsche Ausgabe: Die

neuen Leitbilder. Düsseldorf 1958.)

49 Ebd., S. 155.

50 Boulding: An New Look at Institutionalism, in: Collected Papers, Bd. 2, S. 100; dieser Aufsatz erschien ursprünglich in: American Economic Review 47 (May 1957), S. 1–12.

51 Boulding: Economic Libertarianism, in: Conference on Savings and Residential Financing 1965: Proceedings. Chicago 1965, S. 30–42; auch in: Beyond Economics, S. 43–54.

52 Boulding: Notes on a Theory of Philanthropy, in: Philanthropy and Public Policy, hrsg. Frank G. Dickinson, National Bureau of Economic Research, 1962, S. 57–71.

53 Boulding: The Grants Economy, in: Papers of the Michigan Academy of Science, Arts and Letters 1 (Winter 1969), S. 3–11; auch in: Collected Papers, Bd. 2, S. 475–485. (Deutsch: Über die reine Theorie der Stiftung ›Grants Economy‹ und Philanthropie 1973.)

54 Boulding: The Economy of Love and Fear; A Preface to Grants Economics. Belmont, Cal., 1973, S. 47.

55 Silk paraphrasiert hier zwei Zeilen aus Wordsworths Gedicht ›Ecclesiastical Sonnet No. XLIII‹: high Heaven rejects the lore of nicely calculated less and more...‹.

56 Boulding: The Skills of the Economist. Cleveland 1958, S. 182–183. Diese Vorlesungen wurden ursprünglich in Brasilien im Sommer 1953 gehalten.

57 Boulding: Conflict and Defense. New York 1963, S. 248.

58 Boulding: Economics as a Science. New York 1970. (Deutsche Ausgabe: Ökonomie als Wissenschaft. München 1976.)

59 Boulding: Some Contributions of Economics to Theology and Religion, in: Beyond Economics, S. 223. Dieser Aufsatz erschien ursprünglich in: Religious Education (Dezember 1957), S. 446–450; auch in: Collected Papers, Bd. 4.

60 Boulding: The Meaning of the Twentieth Century. New York 1964, S. 192.

61 Boulding: A Primer on Social Dynamics. New York 1970, S. 62.

62 Mubashir Hasan: Ansprache auf dem Jahrestreffen des Internationalen Währungsfonds und der Weltbank, Washington, D.C., 1. Oktober 1974.

63 Leonard Silk: The Research Revolution. New York 1960, S. 50.

64 M. Hasan.

65 Everyman and Medieval Miracle Plays, hrsg. A.C. Cawley. New York 1959, S. 13.

E Pluribus Unum

1 Sir John Hicks: The Crisis in Keynesian Economics. New York 1974, S. 1–3.

2 Zitiert nach Leonard Silk: Some Find Keynes Policies Outmoded, in: *New York Times,* 21. April 1976, S. 49, 53.

3 Ebd., S. 54.
4 *New Statesman,* 12. März 1976, S. 339.
5 Zitiert nach Leonard Silk: Paradox for Economists, in *New York Times,* 30. Oktober 1974, S. 63.
6 John Kenneth Galbraith: Economics and the Public Purpose. Boston 1973, S. 324.
7 Ebd., S. 324.
8 Zitiert nach Silk: Paradox for Economists, S. 63.
9 Robert L. Heilbroner: Business Civilization in Decline. New York 1975.
10 Paul A. Samuelson: Economists and the History of Ideas. Rede als Präsident der American Economic Association, in: American Economic Review 52 (March 1962), S. 18.
11 Zitiert nach Silk: Paradox for Economists, S. 63.
12 J.R. Green: A Short History of the English People. New York 1916, S. 250.
13 Thomas Carlyle: Chartism, in: English and Other Critical Essays. New York 1915, S. 172–173.
14 Paul A. Samuelson: Economics. 9. Aufl. New York 1973, S. 195–197.
15 P.W. Bridgman: The Nature of Thermodynamics. New York 1961, S. X–XI.
16 Arne Naess: Four Modern Philosophers. Chicago 1968, S. 149–153.
17 J. Bronowski: Science and Human Values. New York 1965, S. 20.
18 Nicolas Georgescu-Roegen: Analytical Economics. Cambridge, Mass., 1966, S. 116.
19 Ebd., S. 116–117.
20 Barbara R. Bergmann: Have Economists Failed? Rede als Präsidentin der Eastern Economic Association. Albany, N.Y., 27. Oktober 1974, S. 4–6.
21 Ebd., S. 5.
22 Arthur M. Okun: Equality and Efficiency. Washington, D.C., 1975, S. 22.
23 Wassily Leontief: Sails and Ruddders, Ship of State, in: Capitalism: The Moving Target, hrsg. Leonard Silk, S. 101–104.
24 Okun: Equality and Efficiency, S. 120.
25 Bergmann: Have Economists Failed?, S. 3.
26 Ebd., S. 3–4.
27 Gunnar Myrdal: Challenge to Affluence. New York 1963, S. VI; vgl. auch sein: Value in Social Theory. New York 1958.
28 Friedrich A. von Hayek: The Pretense of Knowledge. Nobelpreisrede Stockholm, 11. Dezember 1974; vgl. auch sein: Scientism and the Study of Society, in: Economica 9 (August 1942), S. 267–291.
29 Leonard Silk: The Problem of Communication. Papers and Proceedings of the 66th Annual Meeting of the American Economic Association. Boston, 27.–29. Dezember 1963, in: American Economic Review 54 (May 1964), S. 595–609.
30 Samuelson: Liberalism at Bay. Zweite Gerhard Colm Memorial Lecture. New School for Social Research, 5. März 1971.

REGISTER

Alexander, Sidney 20
Allende, Salvador 241
Ayres, Professor 225

Ball, George 114
Ball, John 250
Balzac, Honoré de 151
Bergmann, Barbara 258, 259, 260, 265, 266
Bergson, Abram 20
Berle, Adolf A. 106
Bertalanffy, Ludwig von 221
Birkhoff, George D. 23, 24
Bischoff, Charles R. 258
Bliss, Gilbert 19
Bortklewicz, Ladislaus 155
Boulding, Elise 205
Boulding, Elizabeth 192
Boulding, John Russell 212
Boulding, Kenneth E. 9, 189ff., 240, 242, 251, 267
Boulding, William 192
Brecht, Bertolt 239
Breschnew, Leonid 253
Bridgmann, Percy 255
Brinton, Howard 193
Bronowski, Jacob 257
Brown, Prentiss 114
Buckley, William F., Jr. 26
Bundy, McGeorge 144
Burbank, Harold Hitchings 20, 22
Burns, Arthur F. 42, 55, 56, 81, 91, 260

Camus, Albert 253
Carlson, Anton 19
Carlyle, Thomas 252, 254
Cassel, Gustav 195
Castro, Fidel 183
Catledge, Turner 114
Chamberlin, Edwin H. 36, 37, 78, 105, 106
Chisholm, Shirley 47
Clausewitz, Karl von 27
Clay, Lucius 116
Coen, Robert 259
Cole, Fay-Cooper 19
Coleman, James 43
Commons, John R. 63, 225
Copeland, M. A. 60, 61, 62

Darrow, Clarence 16
Davenport, H. J. 49
Davidson, Norman 17
Dennison, H. S. 109, 110
Dewey, John 59
Dickenson, Angie 137
Director, Aaron 56, 62
Djilas, Milovan 186
Dorfman, Robert 178
Dostojewski, Fjodor 253
Douglas, Paul 57, 72, 74

Eisenhower, Dwight D. 165
Eliot, T. S. 153
Erdmann, Henry 102
Evans, W. Duane 164

Filene, Lincoln 110
Fisher, Franklin M. 259
Fisher, Irving 67, 202
Flanders, Ralph E. 110
Fleisch, Robinson 106
Ford, Gerald 90, 171

Ford, Henry 243
France, Anatole 45
Franklin, Benjamin 186
Friedman, Milton 8, 9, 15, 19, 27, 28, 29, 37, 39, 45, 46, 51ff., 159, 226, 241, 242, 264, 267
Friedman, Rose D. 62
Fromm, Gary 258
Fusfeld, Daniel 247

Galbraith, Catherine 109
Galbraith, John Kenneth 9, 20, 71, 99ff., 171, 232, 240, 242, 243, 247, 249, 251, 254, 260, 264, 267
Gay, Edwin F. 159
Georgescu-Roegen, Nicholas 80, 257, 258
Gibbs, Willard 49
Goldwater, Barry 91, 92
Goodwin, Richard 20
Gordon, Robert 20, 245
Greenspan, Alan 90
Grether, Ewald 103
Groves, Harold 63

Hagen, Everett E. 235
Hahn, Lew 114
Hall, Robert 258
Hansen, Alvin H. 20, 21, 110
Hart, Albert 19, 207
Hasan, Mubashir 234–236
Hawtrey, R. G. 195
Hayek, Friedrich von 31, 33, 261, 266
Heilbronner, Robert 248
Heller, Walter W. 63, 64
Henderson, Leon 69, 70, 111, 114
Hicks, Sir John 243, 244
Hitler, Adolf 203, 243
Hobsen, William 73
Hoffenberg, Marvin 164
Hoover, Calvin Bryce 102
Hope, Anthony 11
Horvath, Janos 227
Hotelling, Harold 58
Hughes, Everett C. 103
Hume, David 174
Humphrey, Hubert 179
Hutchinson, W. T. 19
Huxley, Aldous 231

Isard, Walter 165

Jefferson, Thomas 253
Johnson, G. G., Jr. 111
Johnson, Harry 82
Johnson Lyndon B. 63, 114, 135, 138, 142, 244
Jones, Homer 55, 56
Jorgenson, Dale 258

Kalecki, Michael 14
Kaniss, Phyllis 165
Kelman, Herbert 221, 222
Kenen, Peter 21
Kennedy, Jacqueline 137
Kennedy, John F. 28, 63, 104, 136–138, 142, 244
Kennedy, Joseph, Jr. 104
Kerr, Senator 28
Keynes, John Maynard 7, 8, 21, 25, 26, 50, 69, 76, 103, 105, 111, 144, 147, 181, 195, 202, 243, 245–247, 267
Keynes, John Neville 76
Klein, Lawrence 259
Kluckhohn, Clyde 221
Kneeland, Hildegarde 59
Knight, Frank 19, 37, 56–58, 73, 78, 83, 87, 197, 198, 202
Knight, M. M. 103
Koopmans, Tjaling 41
Kuhn, Thomas 39
Kuznets, Simon 60, 159, 246
Kyes, Roger M. 165

Lange, Oskar 14, 24
Lasswell, Harold 19, 221
Leeds, Morris E. 110
Lenin, Wladimir 154
Leontief, Estelle 159
Leontief, Wassily 8, 9, 20, 29, 35, 77, 78, 151ff., 242, 248, 251, 259, 263, 267

Lerner, Abba 24, 83
Locke, John 174
Ludwig XV. 47, 157
Ludwig XVI. 47
Lundberg, Erik 24

MacArthur, Douglas 116
McCarthy, Eugene 138
McCarthy, Joseph 29, 116, 127
McCracken, Paul 91, 92
McGeachy, Mary 101
McGovern, George 146, 179
McNamara, Robert 144
Mack, Ruth 66
McMullen, Neil J. 245
Malthus, Thomas 18, 44, 200, 214
Marshak, Jacob 24
Marshall, Alfred 44, 77, 103, 129, 177, 195, 200
Martin, E. M. 60–62
Marx, Karl 156, 174, 181–183, 196, 231, 235, 242, 249, 259, 267
Mathers, Kirtley 30
Maxon, Lou 114
Means, Gardiner C. 106
Merton, Robert K. 19
Metzler, Lloyd 20, 24
Mill, John Stuart 44, 45, 200
Mises, Ludwig von 90
Mitchell, Wesley C. 55, 56, 58–60, 62, 63, 65, 76, 80, 81, 159, 225
Moore, Marianne 189
Morgenstern, Oskar 228, 255, 259
Morton, Walter 64
Musgrave, Richard 20
Myrdal, Gunnar 47, 266

Nachman, Gerald 101
Neumann, John von 24, 228, 255
Niebuhr, Reinhold 220
Nixon, Richard M. 29, 71, 82, 92–94, 96, 111, 117, 144, 147, 179, 181, 263
Nordhaus, William 253
Nozick, Robert 250
Nutter, Warren 91

Okun, Arthur 263

Paish, F. W. 68
Pareto, Vilfredo 162
Patinkin, Don 82
Pechman, Joseph A. 63
Perlman, Selig 63, 64
Pfaff, Anita 227
Pfaff, Martin 227
Phelps-Brown, Henry 195
Pigou, Arthur 195
Plato 121
Poe, Randall 101
Pollock, Jackson 175
Pompadour, Jeanne 157
Price, Derek de Solla 213
Pusey, Edward 116

Quesnay, François 157, 161

Radnor, Roy 17
Ramsey, Frank 41
Rand, Ayn 51, 90
Rapoport, Anatol 221
Rawls, John 250, 264
Rayburn, Sam 28
Read, Leonard 74
Redfield, Robert 19
Ricardo, David 161, 200
Richardson, Lewis 228
Richardson, Stephen 221
Robbins, Lionel 43, 194
Robinson, Joan 36, 37, 58, 69, 78, 105, 256
Rogin, Leo 103
Romer, Alfred 19
Roosevelt, Franklin D. 113, 162
Rostow, Walt 144
Ruskin, John 73

Salant, Walter 20, 69
Salant, William 20, 110
Samuelson, Marion 8, 9, 22
Samuelson, Paul A. 11ff., 58, 59, 75, 78, 110, 144, 159, 201, 242, 248, 253, 263, 267
Samuelson, Robert 17

Sartre, Jean-Paul 253
Schultz, Henry 57
Schultz, Theodore 27, 207
Schuman, Frederick 19
Schumpeter, Joseph 20, 24, 35, 124, 198, 202
Schwartz, Anna J. 91
Shaw, George Bernard 193, 196
Shoesmith, Beulah 17
Shoup, Carl 66, 69, 71
Shultz, George 93
Schultz, Henry 155
Simons, Henry 57, 73, 81
Sismondi, Jean 156
Smiley, Malcoln 17
Smith, Adam 36, 44, 53, 54, 56, 129, 161, 174, 186, 200, 245
Sokrates 202
Solow, Robert 247, 248
Sombart, Werner 155
Speer, Albert 114
Spencer, Herbert 261, 264
Spengler, Joseph 102
Spinoza, Baruch 99
Stalin, Joseph 186, 187
Stein, Herbert 93
Stevenson, Adlai 136
Stigler, George 19, 25, 74, 75
Sweezy, Alan 20, 110
Sweezy, Paul 20

Talleyrand, Charles 22
Taubman, Paul 259
Taussig, F. W. 116
Teilhard de Chardin, Pierre 204, 214, 231
Thomas, Lewis 49
Thomas, Norman 16
Tobin, James 20, 246, 249, 253
Tolley, Howard 102
Tolstoi, Leo 154
Triffin, Robert 20
Tsuru, Shigeto 20
Twain, Mark 31

Veblen, Thorstein 15, 49, 59, 63, 103, 140, 181, 225
Viner, Jacob 19, 24, 57

Wallich, Henry 20, 91
Wallis, Allan 19, 71, 72
Walras, Léon 44, 77, 161
Weber, Arnold 116
Wells, Henry George 193, 196, 231
Wesley, John 192
Wiener, Norbert 212
Wilson, E. B. 20
Winslow, Dekan 30
Wirth, Louis 18
Witte, Edwin E. 63, 64
Wittgenstein, Ludwig 256
Woodcock, Leonard 179

Young, Allyn A. 105

Anmerkung des Übersetzers

Für ihre wertvolle Mithilfe bei der Korrektur der Fahnen und für viele stilistische Verbesserungen möchte ich meiner Frau Waltraud Willke herzlich danken. Mein Dank gilt auch Frau Karin Hossfeld für ihre überaus gewissenhafte Mitarbeit bei der Erstellung des Typoskriptes.

Hinweise auf deutsche Ausgaben der im Text zitierten Literatur sind in die Anmerkungen eingearbeitet. Die Seitenangaben beziehen sich jedoch immer auf die englischen Originalausgaben.